JN222970

Advances in Financial Machine Learning

ファイナンス機械学習

金融市場分析を変える機械学習アルゴリズムの理論と実践

MARCOS LÓPEZ DE PRADO
マルコス・ロペス・デ・プラド［著］

長尾慎太郎・鹿子木亨紀［監訳］
大和アセットマネジメント［訳］

一般社団法人金融財政事情研究会

Published by John Wiley & Sons, Inc., Hoboken, New Jersey.
Published simultaneously in Canada.

訳者まえがき

本書は“Advances in Financial Machine Learning (Wiley, 2018)”の翻訳書である。金融分野にフォーカスした機械学習の書籍は英語でも数少ない。当分野の第一人者といえるマルコス・ロペス・デ・プラドによって書かれた原書は、中国語・韓国語・ロシア語にも翻訳されて広く読まれている。

あらためて解説するまでもなく、近年の機械学習（Machine Learning）、あるいは人工知能（AI）の発展は目覚ましいものがある。自動運転、音声認識、機械翻訳、将棋や囲碁などの分野では、機械学習アルゴリズムによるブレイクスルーが次々と報告され、人間のパフォーマンスを上回る性能を叩き出している。

こうしたAIによるブレイクスルーが、金融市場においても起こると考える人は少なくないだろう。投資運用はデータ分析の世界なので、そこにAIを導入すれば人間の能力を超えたAIファンドマネージャーが市場を支配するようになる。あるいは、人間のカリスマファンドマネージャーの思考をそっくりそのまま模倣できるAIが開発できる日も遠くないと考えるかもしれない。

ところが、金融分野においてはそうはうまくいっていないのが現状である。まさにマルコスが本書の第1章で語るように、機械学習にとってファイナンスは別物であり、ファイナンス機械学習は独立した新分野なのである。金融分野が機械学習にとってむずかしいものとなっている理由は本書の全体にわたって述べられている。市場効率性がもたらす低いS/N比（シグナル／ノイズ比）は金融市場の予測可能性にとって大きなチャレンジとなり、金融時系列データは非定常であり常に構造変化にさらされている。本書はそうした困難に立ち向かうための道具立てを、全22章にわたって解説するものである。

機械学習についての本であるにもかかわらず、ディープニューラルネットワーク（DNN）、畳み込みニューラルネットワーク（CNN）、ランダムフォレスト（RF）、サポートベクターマシン（SVM）などの個別の学習アルゴリズムの解説が出てこないのも本書の特徴である。本文にも書いてあるように、ファイナンスは他分野で成功を収めた機械学習アルゴリズムをもってくるだけで、プラグアンドプレイによって成果が得られる分野ではない。どの機械学習アルゴリズムを使う場合にも共通する、金融データを扱う際の注意点を詳述しているのが、本書のユニークな点である。

本書は金融データの前処理（Part 1）に始まり、機械学習モデリング（Part 2）、バックテスト（Part 3）、新しい特徴量のアイデア（Part 4）に加え、マルチプロセッシングや量子コンピュータによるハイパフォーマンスコンピューティング（HPC）（Part 5）までカバーした意欲的な本である。幅広いトピックを詰め込んだ一冊であり、一読しただけですべての内容を理解するのはむずかしいかもしれない。スニペットをヒントにコードを書き、興味を惹かれたトピックには豊富に紹介されている参考文献にあたるなどして、本書を活用していただきたい。

トピックの幅も広く高度な内容も含む本書を翻訳するにあたり、数多くの金融関連書籍の翻訳を監修してきた長尾慎太郎さんと、長尾さんをリーダーとする大和アセットマネジメントの優秀なクオンツの皆さんとともに取り組むことができたことは望外の幸運であった。

ファイナンス・投資運用における機械学習の研究・活用はまだ始まったばかりである。このエキサイティングな試みに挑戦する実務家にとって、本書はたくさんのヒントを与えてくれるであろう。

注：
本書のスニペットで紹介するPythonコードは原書のコードのコメント部分のみ和訳したものである。書籍の制約によりPythonのコード規則にあわない改行が入っているなど、そのまま入力して動作するものではないが、読者の環境にあわせて参考コードとして活用していただきたい。

訳者を代表して
鹿子木　亨紀

著者について

マルコス・ロペス・デ・プラド（Marcos López de Prado）は True Positive Technologies（TPT）社のチーフ・インベストメント・オフィサー（CIO）であり、コーネル大学工学部の実務家教授（Professor of Practice）である。機械学習アルゴリズムとスーパーコンピュータを用いた運用戦略の開発において20年以上の経験を有する。AQR キャピタル・マネジメントにおいて初代機械学習部門ヘッドを務め、自らの有する特許を AQR に売却したのち TPT 社を設立した。それ以前にはグッゲンハイム・パートナーズの Quantitative Investment Strategies（QIS）ビジネスの創設リーダーとして、130億ドルの資金を運用し優れたリスク控除後リターン（情報レシオ2.3）を提供した。
投資戦略のマネジメントのかたわら、マルコスは2011年から2018年にかけてローレンス・バークレー国立研究所（米国エネルギー省科学局）のリサーチ・フェローとして活動した。主要な学会誌に機械学習およびスーパーコンピューティングの学術論文を多数発表し、The Journal of Financial Data Science の設立者兼共同編集者も務めている。SSRN によって経済学分野で最も引用数の多い論文著者のひとりとしてランクされている。著書に Advances in Financial Machine Learning（Wiley, 2018）がある。
マドリード・コンプルテンセ大学において計量経済学（2003）および数理ファイナンス（2011）の２つの博士号を取得。スペインの National Award of Academic Excellence を受賞（1999）。ハーバード大学とコーネル大学において博士研究員として研究に従事した。アメリカ数学会によるとマルコスのエルデシュ数は #2 であり、2019年には The Journal of Portfolio Management 誌から “Quant of the Year Award” を受賞した。

【監訳者紹介】

長尾　慎太郎（ながお　しんたろう）

全体監修
大和アセットマネジメント調査部 チーフクオンツアナリスト。東京大学工学部原子力工学科卒、北陸先端科学技術大学院大学知識科学研究科修了・修士（知識科学）。

鹿子木　亨紀（かのこぎ　みちのり）

全体監修および第１章、第11章、第12章の翻訳も担当
米系クオンツ運用会社 ポートフォリオマネージャー。東京大学工学部計数工学科卒、京都大学大学院工学研究科応用システム科学専攻修了（工学修士）、フランス INSEAD にて MBA 取得。CFA 協会認定証券アナリスト。

【翻訳者紹介】

外尾　光法（ほかお　みつのり）	大和アセットマネジメント調査部　第２章
中川　憲保（なかがわ　のりやす）	大和アセットマネジメント戦略運用部　第３章、第15章
田中　　陸（たなか　りく）	大和アセットマネジメント調査部　第４章、第７章、第17章
近藤　洋平（こんどう　ようへい）	大和アセットマネジメント調査部　第５章、第９章、第10章
吉田　直生（よしだ　なお）	大和アセットマネジメント戦略運用部　第６章、第８章
渋川　卓也（しぶかわ　たくや）	大和アセットマネジメント調査部　第13章、第14章
酒井　章平（さかい　しょうへい）	大和アセットマネジメント調査部　第16章
木村　笙子（きむら　しょうこ）	大和アセットマネジメント調査部　第18章、第19章
江口　潤一（えぐち　じゅんいち）	大和アセットマネジメント調査部、CFA 協会認定証券アナリスト　第20章、第21章
北川　和貴（きたがわ　かずき）	大和アセットマネジメント調査部　第22章

目　次

はじめに

Part 1　データ分析

Part 2 モデリング

第6章 アンサンブル法

第7章 ファイナンスにおける交差検証法

第8章 特徴量の重要度

第9章 交差検証法によるハイパーパラメータの調整

Part 3　バックテスト

第10章　ベットサイズの決定

第11章　バックテストの危険性

第12章　交差検証によるバックテスト

第16章　機械学習によるアセットアロケーション

Part 4　金融市場分析のための特徴量

第17章　構造変化

第18章　エントロピー特徴量

第19章　マイクロストラクチャーに基づく特徴量

Part 5　ハイパフォーマンスコンピューティング

第20章　マルチプロセッシング（多重処理）とベクトル化

第21章　総当たり法と量子コンピュータ

第22章　ハイパフォーマンス計算知能と予測技術

Kesheng Wu and Horst Simon

はじめに

第1章

ファイナンス機械学習という新分野

1.1　はじめに

機械学習（Machine Learning）はわれわれの生活のほぼすべてを変えようとしている。つい最近まで人間のエキスパートだけが実行できたタスクを、機械学習アルゴリズムが実行できるようになっている。金融の世界においても、革新的なテクノロジーを活用して今後数世代にわたり人々が投資をする手法に変革をもたらすことができる、というエキサイティングな局面を迎えている。本書は、過去20年にわたり、筆者が最も要求レベルの高い機関投資家の資金を運用する際に役立ってきた、科学的に裏付けされた機械学習技術について解説する。

投資に関する書籍は主に２つのカテゴリーのいずれかに分類される。１つ目は、自らが教えることを実践したことがない人によって書かれた本である。そうした本は、たいへんエレガントな数式を用いて、実在しない世界について説明している。ある理論が論理的に正しいからといって、それが現実世界でも正しいとはいえないのである。もう１種類の本は、厳密な理論なしに解説をしようとするものである。こうした本は実際の観測結果を説明するために、数学的ツールを誤って使用する。そのモデルはオーバーフィットであり、実装した際には役に立たない。アカデミックな研究と論文は金融市場での実用と切り離されており、トレーディング・投資における実践的手法は適切な科学に根ざしたものではない。

本書を執筆するにあたっての１つ目の動機は、学術界と実務界の分断を越えることである。筆者はこの分断の両側にいたことがあり、これを越えることのむずかしさも、片方だけに安住することの安易さも理解している。重要なのはバランスである。本書は、単にそれが数学的に美しいからという理由だけで理論を提唱することはなく、単にワークするようにみえるという理由だけでソリューションを提案することもない。筆者の目標は、経験から発生し、かつ厳密に形式化された知識を伝えることである。

２つ目の動機は、金融をその目的に資するものとしたいという願いからきている。筆者は、いま金融がわれわれの社会に対して果たしている役割について不満をもっており、学術論文や新聞などでそのことについて発信してきた。投資家は、いかさま師が準備してマスメディアが宣伝した当てずっぽうのギャンブルに資金を投じるように仕向けられている。近い将来、機械学習が金融に普及すると、サイエンスが勘を駆逐し、投資はギャンブルではなくなる。筆者は、本書の読者がこの革命に参加することを願っている。

３つ目の動機は、多くの人々が機械学習を投資に活用することの複雑さを理解できていないことにある。これは特に伝統的なジャッジメンタルな運用会社が「クオンタメンタル」分野に手を出そうとしている場合に顕著である。機械学習に対する彼らの高い期待は残念ながら裏切られるが、これは機械学習が役に立たないからではなく、誤った方法で機械学習を使うためである。今後数年で、多くの運用会社が、学界やシリコンバレーから持ち込まれた既製の機械学習アルゴリズムに基づいて投資をするだろうが、勝つことはできない（よりよい機械学習ソリューションに負ける）と筆者は予測する。群集の英知に勝つことは、顔認識や自動運転よりも困難なのである。本書を通じて、たとえばバックテストのオーバーフィッティングのように、機械学習にとってファイナンス分野が特にむずかしい応用対象となっている要因について、解決の方法を身につけていただければ幸いである。ファイナンス機械学習は、スタンダードな機械学習と関連してはいるものの別個の独立した分野であり、本書はそれを解説するものである。

1.2　ファイナンス機械学習プロジェクトが失敗する主な原因

数理ファイナンス分野における失敗の可能性は高く、ファイナンス機械学習においては特に高い。数少ない成功者のみが多くの運用資産を集め、投資家に優れたパフォーマンスを継続的に提供できる。しかしながら、これは本書で説明する理由によって、きわめてまれな例となっている。過去20年の間に、筆者は多くの新顔がやってきては去っていき、新しい運用会社が設立されてはシャットダウンしていくのをみてきた。筆者の経験上、これらの失敗例すべてに共通する１つの致命的なミスが存在する。

1.2.1　シーシュポス（訳注）のパラダイム

裁量的なポートフォリオマネージャー（PM）は、決められた理論やルールに基づいて投資判断を行うことはない（もしそうするのであれば、彼らはシステマティックなPMだ）。彼らは生のニュースを収集・分析し、もっぱら自らの判断と直観に基づいて投資する。投資判断にはそれぞれ根拠となるストーリーが存在する。それぞれの投資判断のロジックを完全に理解できる人はいないため、運用会社はそれぞれのPMが独立して、お互いに干渉せず仕事をさせることにより、分散を図っている。裁量的PMたちのミーティングに参加したことがあれば、いかにミーティングが長くてまとまりがないか知っているだろう。各PMはある特別な事例の情報にこだわり、事実に基づいた実証的なエビデンスなしに論理の飛躍が行われる。だからといって、裁量的PMが皆成功しないわけではない。その逆で、成功するPMは存在する。ここで重要なのは、彼らはチームとして働けないのが自然だということである。裁量的PMを50人集めたら、彼らはお互いに影響し合いはじめ、やがて読者は１人分の仕事に対して50人分の給料を払うことになるであろう。したがって、彼らを独立して働かせ、コミュニケーションを最小限にするほうが合理的なのである。

ところが、同じ手法をクオンツまたは機械学習プロジェクトに適用すると

（訳注）　シーシュポスはギリシャ神話に登場する人物で、神を欺いた罰として巨大な岩を山頂まで持ち上げ、山頂付近で岩が転がり落ちる苦行を永遠に繰り返したとされる。

大惨事が起こる。経営者視点では、裁量的PMに対してうまくいったことをクオンツに対しても行いたくなる。そこで50人のPhDを採用して、それぞれに6カ月かけて投資戦略を開発せよと命じると、このアプローチは失敗する。それぞれのPhDは皆有効な投資戦略を一生懸命探し、最終的には、①バックテストのオーバーフィッティングによってできた誤ったパターン検知モデルあるいは、②スタンダードなファクター投資戦略で、投資理論の裏付けはあるが有名すぎてシャープレシオが低い戦略　のいずれかに落ち着くであろう。いずれのアウトプットも投資家を満足させられず、プロジェクトは取りやめになるだろう。もしこのうち5人のPhDが真に有効なモデルを開発できたとしても、その収益は50人分のコストをカバーするには足りず、この優秀な5人は適正な報酬を求めてどこかほかのところに行ってしまうだろう。

1.2.2　メタ戦略パラダイム

もし読者が機械学習戦略を1人でつくれと命じられたとしたら、皆が読者が失敗するほうに賭けるであろう。それは100の投資戦略をつくることに匹敵する。データの選択と処理、ハイパフォーマンスコンピューティングのインフラづくり、ソフトウェア開発、特徴量分析、執行シミュレーション、バックテストなどの要素を含むきわめて複雑な仕事である。仮に、こうした点についてシェアドサービスが提供されているとしても、その場合は読者はいわばBMWの工場で、工場の設備をすべて使ってよいから車1台を1人で組み立てよといわれているようなものである。あるときは溶接工、あるときは電気エンジニア、あるときは機械エンジニア、別のときには塗装工、と役割をこなし、失敗し、また溶接の作業に戻ったりする。これがまともなやり方だろうか。

筆者が知る限り、成功しているクオンツファームはすべて、メタ戦略パラダイムを採用している（López de Prado［2014］）。したがって、本書は個人ではなく、チームにとってのリサーチマニュアルとして書かれている。本書を読めば、リサーチ工場全体と、組立ラインの各ポイントをつくりあげる方法を学ぶことができる。1人ひとりのクオンツの役割は、プロセス全体の概観を理解しつつ、特定のタスクに集中してそのエキスパートとなることである。本書では工場の設計プランを説明し、幸運に依存することなくチームワークによって予想可能な開発ができるような手法を解説する。これはバークレー研究所や米国国立研究所が、周期律表に追加された16の新しい元素を発見したり、MRI や PET スキャンの基礎となる研究をした際にとったのと同じ方法である。これらの発見は特定個人によるものではなく、全員が貢献することによってチームとして達成されたものである。もちろん、このような「ファイナンス研究所」をつくりあげるには時間がかかり、有能な経験者も必要である。だが、こうした組織的協力体制による実証されたパラダイムと、シーシュポス的にクオンツが１人ひとり山頂に岩を押し上げようとするパラダイムと、どちらが成功確率が高いだろうか。

1.3 本書の構成

本書は互いに関連するコンセプトをひもとき、順序だてて解説する。本書の各章は、読者が以前の章を読んでいることを前提としている。Part 1 は、金融データを機械学習アルゴリズムに適したかたちに整形する手法について解説する。Part 2 は、こうしたデータに対して機械学習アルゴリズムでリサーチを行う手法について解説する。偶然に頼って（おそらく誤りの）結果が出るまで試行を繰り返すのではなく、科学的なプロセスで真の発見をするリサーチプロセスについて解説する。Part 3 は、発見に対してバックテストを実施して、発見が誤りである可能性を評価する手法について解説する。

Part 1 から Part 3 までで、データ分析、モデルリサーチ、評価という全体のプロセスを概観することができる。Part 4 ではデータに立ち戻り、有効な特徴量を抽出する新しい手法を紹介する。そして Part 5 では、これらのプロセスを支える計算能力の土台となる、ハイパフォーマンスコンピューティングのレシピを解説する。

1.3.1 プロダクションチェーン別にみた本書の構成

金や銀の採掘は、16世紀や17世紀には比較的単純な作業であった。100年足らずの間に、スペイン財宝艦隊がヨーロッパ内の貴金属の流通量を４倍にした。そのような時代はとうの昔に終わり、現代では採掘者は複雑な産業的手法を用いて、何トンもの土壌のなかからマイクロスコープ（顕微鏡）サイズの金の粒子を抽出しなければならない。しかし、金の総採掘量が下がったわけではない。逆に、現在のマイクロスコープサイズの金粒子の採掘量は１年当り2,500トンであり、これはスペインの征服者が16世紀に採掘していた年平均1.54トンとは比較にならないほど大きい。目にみえる金は、地球上の金の埋蔵量のなかでは無限小に近い割合なのである。エル・ドラド（黄金郷）は常にそこにあったのだ……探検家ピサロが剣と引き換えに顕微鏡をもってさえいれば。

投資戦略の発見も、同じような道筋をたどっている。10年前には１人の個人がマクロスコープの（つまり、計量経済学のようなシンプルな数学的手法を使って）アルファを発見することは比較的よくあることだったが、いまではその可能性はゼロに収束しつつある。現在、マクロスコープのアルファを探求しようとする個人は、その経験や知識レベルにかかわらず、かなり分が悪い戦いをしている。残されている真のアルファはマイクロスコープ的であり、発見するためには資本集約的で産業的な手法が必要になる。金の場合と同様に、アルファがマイクロスコープ化していることは、アルファの総量が少なくなっていることを意味していない。現代のマイクロスコープ的アルファは、これまでの歴史でみられたマクロスコープ的アルファよりも潤沢に存在しているのである。大きな利潤を得ることができるが、そのためにはヘビーな機械学習ツールが必要になる。

それでは、現代のアセットマネージャー内部のプロダクションチェーンの構成要素をみてみよう。

1.3.1.1　データキュレーター（Data Curators）

すべてのデータを収集し、クリーニングし、インデックス化し、保管し、調整し、プロダクションチェーンに提供するのがこのチームの役目である。データはテーブル構造だったり階層構造だったりし、整列されていたりされていなかったりで、ヒストリカルデータであったりリアルタイムデータであったりする。チームメンバーは市場のマイクロストラクチャーや、FIX

などのデータプロトコルの専門家である。彼らはデータが発生したコンテキストを理解するためにデータハンドラを開発する。たとえば、注文がキャンセルされて別のレベルで再発注されたか、再発注なしにキャンセルされたか、などのコンテキストである。内容には資産クラスごとに違いがある。たとえば、債券は交換されたり繰上償還されたりするし、株式は分割、逆分割、議決権行使などの対象になる。先物・オプションはロールされなければならない。このチームに必要な専門知識は本書のスコープを超えるが、第1章の一部でデータキュレーションの話題を扱う。

1.3.1.2　特徴量アナリスト（Feature Analysts）

生データを情報のあるシグナルに変換するのがこのチームの役目である。情報のあるシグナルは、金融変数を予測する性能をもつ。チームメンバーは情報理論、信号抽出と処理、ビジュアル化、ラベリング、重み付け、分類器、そして特徴量の重要度分析手法のエキスパートである。たとえば、特徴量アナリストは、①指値での売り注文がキャンセルされて成り行きの売り注文に変更される、②指値での買い注文がキャンセルされてより低い価格での買い注文に変更される　ときに急落の可能性が高まることを発見するかもしれない。このような発見はそれ自体が投資戦略にはならないが、売買執行、流動性リスクのモニタリング、マーケットメイキング、ポジションサイズの決定などの別の用途で活用できる。よくある間違いは、特徴量アナリストは投資戦略を開発すると考えることである。そうではなく、特徴量アナリストは発見を集めてカタログ化し、他のチームが有効活用できるようにするのである。第2章から第9章、第17章から第19章が、この重要なチームのための章である。

1.3.1.3　ストラテジスト（Strategists）

このチームが、情報のある特徴量を実際の投資アルゴリズムに変換する。ストラテジストは特徴量のライブラリを解析して投資戦略構築のためのアイデアを探す。これらの特徴量は、幅広い金融商品やアセットクラスを研究する複数のアナリストが発見したものである。ストラテジストの目標は、これらの観察に意味を見出し、これらを説明できる一般的な「理論」を構築することである。投資戦略は、この理論の正当性を検証するために設計された実験にすぎないのである。このチームのメンバーは、金融市場と経済学に深い理解をもつデータサイエンティストである。彼らが構築する理論は、多く集められた特徴量を説明するものでなければならない。特にこれらの理論によって、取引相手がわれわれに対して金銭を失うような経済的メカニズムを見つけなければならない。それは行動バイアスによるものか。情報の非対称性によるものか。規制からくる制約によるものか。特徴量はブラックボックスによって発見されたものかもしれないが、投資戦略はホワイトボックスで開発しなければならない。カタログ上の特徴量をつなぎあわせるだけでは、理論を構築することはできない。投資戦略を決定した後、ストラテジストはアルゴリズムを実現するコードを書き、プロトタイプを後述するバックテストチームに提出する。第10章から第16章がこのチーム向けの章である。ただし、本書は特定の投資戦略を記述するわけではないことをご理解いただきたい。

1.3.1.4 バックテスター（Backtesters）

さまざまなシナリオのもとでの投資戦略のパフォーマンスを評価するのがこのチームの仕事である。シナリオのうちの1つは、もし歴史が繰り返すならばその戦略がどういうパフォーマンスをあげるかというものである。しかし、歴史は確率過程のとりうる結果のうちのたった1つにすぎず、将来において最も可能性の高いものであるとは必ずしもいえない。よってこのほかのシナリオも評価する必要があり、それによって投資戦略の長所と弱点を知ることができる。このチームのメンバーは実証的・実験的な手法に対する深い理解をもつデータサイエンティストである。よいバックテスターは、投資戦略がどのように構築されたかのメタ情報を分析に取り入れる。具体的にいうとバックテスターは、投資戦略を開発する過程で実施された試行回数を考慮することにより、バックテストのオーバーフィットの可能性を評価しなければならない。このチームの評価結果は、第11章で明らかになる理由により、他のチームが再利用することはできない。バックテストの結果は経営陣だけに知らされ、他のチームに知らされてはならないのである。第11章から第16章で、このチームが実施する分析の手法について議論する。

1.3.1.5 デプロイメントチーム（Deployment Team）

デプロイメントチームの役目は投資戦略のコードを本番環境に統合することである。いくつかの構成要素は複数の投資戦略によって再利用されることもあり、共通の特徴量を利用する場合には特にそうである。このチームのメンバーはアルゴリズムの専門家であり、ハードコアな数理プログラマーである。デプロイされた内容が、受け取ったプロトタイプと一致していることを確認することも、彼らの仕事の一部である。実装を最適化して、実行段階での遅延を最小化するのも役目である。本番環境での計算処理には時間的制約があるため、プロセススケジューラ、自動化サーバ（Jenkins）、ベクトル化、マルチスレッド化、マルチプロセス化、GPU（NVIDIA）、分散コンピューティング（Hadoop）、高性能コンピューティング（Slurm）、並列計算などの技術を活用する。第20章から第22章で、ファイナンス機械学習においてこのチームがかかわるトピックについて述べる。

1.3.1.6 ポートフォリオオーバーサイト（Portfolio Oversight）

投資戦略が実際に配備された後は、次のようなクルススホノルム（cursus honorum、名誉のコース）をたどることになる。

① エンバーゴ（Embargo）……まず、バックテスト終了日以降のデータに対して投資戦略を走らせる。そうした期間はバックテスターによって確保されたものかもしれないし、実装の遅れによって生まれるものかもしれない。このエンバーゴ（猶予）期間のパフォーマンスがバックテスト結果と整合的であれば、投資戦略は次のステージに進むことになる。

② 紙上のトレーディング（Paper Trading）……この段階では、投資戦略を生の、リアルタイムのデータに対して走らせる。これにより、パフォーマンスはデータ処理の遅延時間、計算の遅延時間、その他観測からポジション構築までの時間経過を反映したものになる。紙上のトレーディングは、投資戦略が期待どおりに機能するという十分なエビデンスが得られるまで継続される。

③ 卒業（Graduation）……この段階で、投資戦略は単独あるいは他の戦略との組合せによって、実際の資金を管理することになる。パフォーマンスは正確に計測され、リスク、リターン、コストのアトリビューション分析

がなされる。

④ 再配分（Re-allocation）……本番でのパフォーマンスに基づき、卒業後の戦略に対する配分は、ポートフォリオ分散の観点から頻繁かつ自動的に再評価される。一般的には、ある戦略に対する配分は凹関数に従う。当初（卒業時）の配分は小さい。時間が経過し、投資戦略が期待どおりに機能していれば、配分は増やされる。さらに時間が経過するとパフォーマンスは減衰し、配分は次第に小さくされる。

⑤ 退役（Decommission）……あらゆる戦略はいつかは退役させられる。期待以下のパフォーマンスが十分に長い間続き、戦略の根拠となる理論が実証的エビデンスによって裏付けられなくなったと結論づけられたときに、退役が決定される。

通常は、新しい戦略をリリースする際には、以前の戦略と並行して走らせるのが望ましい。新旧の両バージョンはともに上記のライフサイクルを経過し、旧戦略はより長いトラックレコードからくる確信レベルを考慮したうえで、分散の観点からより小さなウェイトを配分されることになる。

1.3.2 戦略コンポーネント別にみた本書の構成

多くの運用マネージャーが、富の秘訣は非常に複雑な機械学習アルゴリズムを構築することだと信じている。彼らは失望することになるだろう。それが単に最先端の分類器をコーディングするだけのように簡単なことであれば、シリコンバレーにいる多くの人たちが億万長者になっていることだろう。成功する運用戦略は、複数の要素からなる。表１－１は、そのような成功する運用戦略を開発するにあたり、本書の各章がどの部分の課題解決に役立つかを示している。

本書のすべての部分で、筆者が発表した学術論文へのリファレンスを提示している。本書内で詳述するかわりに紹介する論文では、各テーマに対する詳細な分析をみることができる。筆者の引用論文はすべて、印刷可能なフォーマットで筆者のウェブサイト www.QuantResearch.org から無料でダウンロードすることができる。

表1－1　各章が扱う課題の概要

Part	章	データ	ソフトウェア	ハードウェア	数学	メタ戦略	過学習
1	2	X	X				
1	3	X	X				
1	4	X	X				
1	5	X	X		X		
2	6		X				
2	7		X			X	X
2	8		X			X	
2	9		X			X	
3	10		X			X	
3	11		X		X		X
3	12		X		X		X
3	13		X		X		X
3	14		X		X		X
3	15		X		X		X
3	16		X		X	X	X
4	17	X	X		X		
4	18	X	X		X		
4	19	X	X				
5	20		X	X	X		
5	21		X	X	X		
5	22		X	X	X		

1.3.2.1　データ

【課題】ゴミを入れればゴミしか出てこない（Garbage in, garbage out）。

【解決法】独自で、扱いにくいデータを利用すること。もし読者がこのデータの唯一のユーザーなのであれば、その価値がどうあれ、すべて読者のものである。

【どうやって】

・第2章……データを正しく構造化する。

・第3章……情報あるラベルづけをする。

・第4・5章……非IID系列を正しくモデリングする。

・第17～19章……予測に役立つ特徴量を発見する。

1.3.2.2　ソフトウェア

【課題】専門的タスクにはカスタマイズしたツールが必要になる。

【解決法】独自のクラスを自分で開発する。一般的なライブラリを利用することは、ライバルも同じ井戸を掘っていることを意味する。

【どうやって】

・第２～22章……本書全体にわたり各章で、独自の関数を開発している。読者の問題解決のためには、本書の例に従いながら、読者も独自の関数を開発すべきである。

1.3.2.3　ハードウェア

【課題】機械学習は、あらゆる数学的タスクのなかで最も計算量を必要とする。

【解決法】HPC（高機能計算）の専門家になること。もし可能であれば国立研究所と共同でスーパーコンピュータを利用する。

【どうやって】

・第20～22章……マルチプロセシングアーキテクチャの考え方を理解する。ライブラリをコーディングする際は常に、並列呼び出しを可能にするよう構成すること。本書でその多くの例をみることができる。

・第21章……量子コンピューティングのアルゴリズムを開発する。

1.3.2.4　数　　学

【課題】数学的証明は、数年、数十年、あるいは数百年を要することがある。そんなに長く待ってくれる投資家はいない。

【解決法】実験的な数学を利用すること。むずかしくて扱いにくい問題は、証明によってではなく実験によって解決すること。たとえば、Bailey, Borwein, and Plouffe［1997］は円周率 π を計算するSpigot アルゴリズムを証明なしに開発した。それ以前は、そのような数学的発見は不可能と考えられていた。

【どうやって】

・第５章……メモリーを保持するデータ変換手法を理解する。

・第11～15章……運用戦略の価値を評価するための、ヒストリカルシミュレーションより信頼性の高い実験的手法を理解する。

・第16章……インサンプルで最適なアルゴリズムが、アウトオブサンプルで機能しないことはよくある。運用の成功を数学的に証明することはできない。リサーチのためには、実験的手法を利用すべきである。

・第17・18章……構造変化を検出する手法、また金融時系列データが保有する情報量を定量化する手法を学ぶ。

・第20章……分散コンピューティングのためのキューイング手法を学び、複雑なタスクを分割して計算を高速化する。

・第21章……量子コンピュータで使われる離散的手法を学ぶ。

1.3.2.5　メタ戦略

【課題】アマチュアは富を生み出す魔法の手法があると信じながら、1つひとつの運用戦略を開発する。プロフェッショナルは、運用戦略を大量生産できる手法を開発する。富は車をつくることではなく、自動車工場をつくることによって生み出される。

【解決法】ビジネスとして考える。目標は工場のように機能するリサーチラボを稼働させることであり、発見はインスピレーションによってではなく、整然としたハードワークによってもたらされる。最初の米国国立研究所の創設者であるアーネスト・ローレンスの哲学でもある。

【どのように】

・第7～9章……アセットクラスをまたいで機能する特徴量を発見するリサーチプロセスを構築する。その際に、金融データの多重共線性に注意する。

・第10章……複数の予測を1つのベットに統合する。

・第16章……アウトオブサンプルで有効に機能する手法を用いて、資金を運用戦略に配分する。

1.3.2.6　過学習（オーバーフィッティング）

【課題】標準的な交差検証はファイナンスにおいては失敗する。ファイナンスにおける発見は、テストと選択におけるいくつものバイアスにより、ほとんどが偽の発見である。

【解決法】

・何をする場合でも、オーバーフィットにつながっている可能性を問うこと。自らの仕事に懐疑的になり、付加価値を提供しているかを常に問い続けること。

・オーバーフィットは、非倫理的である。オーバーフィットは、実際には提供できないが、有望にみえる結果をつくりだす。オーバーフィットをそれと知りつつ行うのであれば、それは科学的詐欺である。多くの学術研究がそれを行っているからといって、行ってよいわけではない。本来学術研究は自分にも他人にも経済的損失を及ぼすものではないはずである。

・またオーバーフィットは、読者の時間、リソース、機会の無駄遣いである。富が得られるのは、アウトオブサンプルのリターンによってのみである。読者が成功するのは、投資家の富を増やした後に限られる。

【どのように】

・第11～15章……3つのバックテスト手法を紹介するが、ヒストリカルシミュレーションはその1つでしかない。どのバックテスト手法にもある程度はオーバーフィットの可能性があり、どの程度かを定量化する手法を学ぶことが重要である。

・第16章……アセットアロケーションにおいて、アウトオブサンプルのパフォーマンスを犠牲にすることによりインサンプルのシグナルをオーバーフィットするようなことのないロバストな手法を学ぶ。

1.3.3 よくある落とし穴別にみた本書の構成

しかし同時に、機械学習は万能薬ではない。機械学習の柔軟性と強力さには、ダークサイドがある。誤った使い方をすると、機械学習は統計的なまぐれをパターンと混同してしまう。この事実が、ファイナンスデータのS/N比の低さという特徴と組み合わさると、不注意なユーザーが誤った発見をつくりだすスピードを加速することになる。本書は、機械学習のエキスパートがファイナンスデータに機械学習技術を適用する際に、最も陥りがちな落とし穴を示す。表1－2は本書の各章で解説する、落とし穴とその解決策の一覧である。

表1－2　ファイナンス機械学習におけるよくある落とし穴

#	カテゴリー	落とし穴	解決策	章
1	認識論的	シーシュポスのパラダイム	メタ戦略パラダイム	1
2	認識論的	バックテストによるリサーチ	特徴量の重要度分析	8
3	データ処理	時間順のサンプリング	売買高クロック	2
4	データ処理	整数次差分	分数次差分	5
5	分類	固定時間軸ラベリング	トリプルバリア法	3
6	分類	サイドとサイズの同時学習	メタラベリング	3
7	分類	非IID標本のウェイトづけ	独自性によるウェイトづけ、順次ブートストラッピング	4
8	評価	交差検証におけるリーケージ	パージングとエンバーゴ	7、9
9	評価	ウォークフォワード（ヒストリカル）バックテスト	組合せパージング交差検証	11、12
10	評価	バックテストのオーバーフィッティング	人工データのバックテスティング、収縮シャープレシオ	10～16

1.4　想定する読者

本書は、金融データセットに特有の課題に対応するための先進的な機械学習手法について解説する。ここでいう「先進的な」手法とは、理解がたいへん困難な手法のことではないし、最新のディープニューラルネット、RNN、CNNなどのことを指すわけではない。本書は、機械学習の経験者が、金融データに機械学習アルゴリズムを適用しようとする際に直面する疑問に対する答えを提供する。

もし読者が機械学習の初学者で、こうしたアルゴリズムを扱った経験がないのであれば、本書はあなた向きでは（まだ）ない。本書で扱う問題点に実際に出くわしたことがなければ、それを解決することの有益さを理解するのもむずかしいであろう。本書を読む前に、機械学習の優れた入門書をいくつか読むことをお勧めする。章末の参考文献リストに列挙した。

本書のコアな対象読者は、機械学習のバックグラウンドをもった投資プロフェッショナルである。本書の目的はそうした読者が、本書で学んだ知識をマネタイズし、金融をモダナイズすることに貢献し、投資家に真の価値を提供してくれることにある。

本書はほかに、機械学習を金融以外の分野で実践してきたデータサイエンティストも対象としている。もし読者がGoogleで働いていたときにディープニューラルネットワークを用いた顔認識を行っていたのに、金融データに対してはアルゴリズムをうまく適用できないと思っているならば、本書が役に立つであろう。いくつかの手法の背景を理解するのはむずかしいだろうが(例:メタラベリング、トリプルバリア法、fracdiffなど)、我慢してほしい。投資ポートフォリオマネジメント経験を積めばゲームのルールが理解でき、これらの手法の意味も理解できるようになるであろう。

1.5　前提とする知識

投資運用は最も学際的な研究分野の1つであり、本書もそれを反映している。本書の隅々まで理解するためには、機械学習、マーケットマイクロストラクチャー、ポートフォリオ管理、数理ファイナンス、統計学、計量経済学、線形代数、最適化、離散数学、信号処理、情報理論、オブジェクト指向プログラミング、並列処理、スーパーコンピューティングにおける実践的な知識が必要となる。

Pythonは機械学習のデファクトスタンダード言語であり、読者はコーディング経験があることが前提となる。scikit-learn（sklearn)、pandas、numpy、scipy、multiprocessing、matplotlib等のライブラリの経験も必要である。本書中のコードはこれらのライブラリの関数を、pandasはpd、numpyはnp、matplotlibはmplなどの一般的なプリフィクスをつけて呼び出している。これらライブラリについては膨大な書籍があり、すべてについて詳細な知識を得ることは不可能であろう。本書を通じて、これらライブラリのたとえば既知のバグなどの実装段階の課題について触れる。

1.6 FAQ

●**機械学習アルゴリズムはファイナンスでどのように役立つのですか。**

金融の実務においてはあらかじめ決まったルールに基づいて意思決定がされることが多い。たとえばオプションのプライシング、アルゴリズム取引、リスクモニタリングなどである。こうした分野ではすでに自動化がなされ、金融市場を超高速でハイパーコネクテッドな情報交換ネットワークに変貌させた。こうしたタスクを実行する際には、コンピュータはルールに従って可能な限り速く動作することを求められる。高頻度取引（HFT）はこの主要な例である。より詳細な議論についてはEasley, López de Prado, and O'Hara［2013］を参照されたい。

金融のアルゴリズム化を止めることはできない。1968年6月12日から1968年12月31日の間、ニューヨーク証券取引所は毎週水曜日を休場として、バックオフィスがペーパーワークをすませられるようにする必要があった。想像できるだろうか。われわれが住む世界はもう違う世界になっており、そして10年後にはさらによくなっているであろう。なぜなら、新しい時代の自動化はルールに従うことではなく、判断を下すことだからである。人間はおそれや希望やアジェンダに影響される感情的な生き物であり、事実に基づいた意思決定をするのが得意ではなく、その意思決定が利益相反をはらむものである場合には特にそうである。そのような状況においては、機械がデータから学習して事実に基づく意思決定をしてくれると投資家の助けとなるであろう。これは投資戦略の策定のみならず、ローンの審査、債券の格付、企業の分類、人材採用、収益の予測、インフレの予測など、ほぼすべての金融アドバイスに当てはまる。さらに、機械はそうプログラムされれば、常に法律を遵守するであろう。もし疑わしい決定がなされた場合は、投資家はログを確認し、何が起こったかを正確に理解することができる。アルゴリズムに基づく運用プロセスを改善するのは、完全に人間に依存したプロセスを改善するよりもはるかに容易である。

●機械学習アルゴリズムは、投資において人間に勝てるのでしょうか。

チェスにおいて、コンピュータは人間に勝てないと信じられていた頃のことを思い出せるだろうか。あるいはJeopardyでは。ポーカーは。囲碁は。何百万年にもわたる進化（あるいは遺伝的アルゴリズム）がサルの脳をこの3次元世界に適したものにしてきた。ところが、さらに高次元の世界でのパターン認識においては、この進化がじゃまになっている。機械学習アルゴリズムは、3次元世界と同じく、100次元世界でもパターン認識をすることができる。アルゴリズムが単純な間違いを犯すのをみて人々は笑うかもしれないが、アルゴリズムはわれわれの数百万年の歴史のうちほんの少しだけしか存在していないことを忘れないでほしい。アルゴリズムは日々向上していくが、人間はそうではない。人類の学習スピードの遅さは、金融のように変化の速い世界では不利な条件となる。

●では、人間の投資家はもう必要ないのでしょうか。

まったくそんなことはない。コンピュータにチェスで勝てる人間はもういないが、同時に、コンピュータを活用する人間にチェスで勝てるコンピュータも存在しない。裁量的PMは機械学習アルゴリズムを敵に回すと不利となるが、裁量的PMが機械学習を使いこなすと優れた結果を得られる可能性がある。これがいわゆる「クオンタメンタル」アプローチである。本書では、数学的な予測を、ファンダメンタルに基づいた人間による予測と組み合わせるための手法を解説する。特に、第3章において紹介するメタラベリングという新しい手法は、裁量的な判断に機械学習のレイヤーを組み合わせるものである。

●ファイナンス機械学習は、従来の計量経済学とどのように異なるのですか。

計量経済学は、伝統的な統計学の手法を、金融経済データ系列に対して適用するものである。計量経済学の主要なツールは重回帰分析であり、これはガウスが1794年時点ですでに活用していた、18世紀の手法である（Stigler[1981]）。スタンダードな計量経済モデルは学習をしない。21世紀のファイナンスのような複雑な事象を、共分散行列の逆行列を求めるというシンプルな手法によって把握できるようには思えない。

実証科学は、観察に基づいて理論を組み立てるものである。観察データをモデリングする統計手法が線形回帰なのであれば、リサーチャーはデータの複雑さを認識できず、そこから導き出される理論はひどく単純で使い物にならないであろう。経済とファイナンスにおいて過去70年以上意味ある進歩がみられないことの原因は、計量経済学にあると筆者は考えている（Calkin and López de Prado［2014a、2014b］）。

中世の天文学者は何百年もかけて、観察をベースに天体力学の理論をつくりあげた。その理論は非円軌道を聖書と矛盾するとして考慮しないものであった。モデルの予測誤差は大きく、それを説明するためにさらに複雑な理論をつくらねばならなかった。ケプラーが無謀にも非円の（楕円形の）軌道を考慮したときに初めて、はるかにシンプルで一般的なモデルによって惑星の位置を驚くべき精度で予測できるようになった。天文学者たちが非円軌道を考慮に入れなかったら世界は一体どうなっていただろう。そして、経済学者たちがついに非線形関数を考慮しはじめたら世界は一体どうなるだろう。われわれにとってのケプラーはどこにいるのだろう。ケプラーなければニュートンもなく、よってファイナンスには「プリンキピア（自然哲学の数学的原理）」はいまだ存在していない。

近年では、クオンツファンドマネージャーは機械学習手法を試し、成功している。機械学習アルゴリズムは明示的に指示されることなしに、高次元空間においてパターンを学習できる。ありがちな誤解として、機械学習手法はブラックボックスだというものがある。これは必ずしも正しくない。正しく使えば、機械学習モデルは理論を置き換えるのではなく、理論を導くものとなる。ある事象を予測するのにどの特徴量が有効かわかれば、その理論的説明を構築し、別のデータセットに対してテストを行うことができる。経済学・金融の学生は、計量経済学ではなく機械学習を学ぶほうがよい。計量経済学は金融の学術研究に（いまのところ）役立つが、ビジネスで成功するためには機械学習が必要となるのである。

●機械学習アルゴリズムをブラックボックスとして切り捨てる人にはどう対応しますか。

本書を読めば、機械学習アルゴリズムは読者にとってホワイトボックスになるであろう。機械学習は透明性が高く、明確に定義された、明快なパターン認識関数である。ほとんどの人にとっては読者のような知識がないため、機械学習は魔術師の箱のように思える。「ウサギはどこからやってきたの？どういうトリック？」という具合である。人々は、自分が理解できないものを信用しない。彼らの偏見は無知からくるものであり、それにはソクラテスのシンプルな治療法が有効である——つまり教育である。他の主張としては、われわれは自分の脳を使っているが、脳科学者は脳が働くメカニズムを完全に理解してはいない（つまり、ブラックボックスである）。

われわれは時折、救いがたいラッダイト（産業革命反対）運動者に出会う。ネッド・ラッドは英国レスター出身の織工で、1779年に２台のニット製造機を破壊したといわれる。産業革命が到来したときには、機械化に怒る暴徒が労働をサボタージュし、目につく機械をすべて破壊した。織物工業の労働者が産業機械を破壊したため、英国政府は機械の破壊を犯罪とする法案を可決しなければならなかった。1811年と1816年の間には英国の大部分が反乱状態にあり、ラッダイト運動者と戦う英国軍の数は、イベリア半島でナポレオン軍と戦った数よりも多かったといわれている。ラッダイト運動は、最終的には武力により鎮圧された。ブラックボックス運動が同じ結末をたどらないことを願おう。

●なぜ、本書は個別の機械学習アルゴリズムを扱わないのですか。

本書の内容は、読者が選択する機械学習アルゴリズムにかかわらず有効である。畳み込みニューラルネットワーク（CNN）、AdaBoost、ランダムフォレスト、サポートベクターマシンなど、どの機械学習アルゴリズムを選択しても、共通の問題点に直面する。データ構造化、ラベリング、重み付け、定常変換、交差検証、特徴量選択、特徴量の重要度、オーバーフィッティング、バックテストなどである。金融データのモデリングにおいてはこれらの問題点は些細なものではなく、独自のアプローチを開発しなければならない。それが、本書の中心である。

●同じテーマを扱う他の本のお勧めはありますか。

筆者が知る限り、本書は金融分野に特化した、機械学習手法の完全で系統だった活用法を議論する最初の本である。金融データ構造を扱う章にはじまり、金融時系列データのラベリング、標本の重み付け、時系列データの差分演算と続き、Part 3のすべては運用戦略のバックテストの話題に充てられている。たしかに、これまでにも標準的な機械学習アルゴリズムを金融データに適用している出版物（多くは学術論文）は数多く存在したが、本書が提供するのはそれとは異なる。筆者のねらいは、ファイナンス機械学習をとりわけ困難にしている独特の厄介な事柄を扱うことである。他の新分野と同じく、これは急速に発展している分野であり、主要な発展があれば本書をアップデートするつもりである。将来の版で取り扱ってほしいトピックがあれば、筆者（mldp@quantresearch.org）までコンタクトしてほしい。喜んで新章を加え、提案をくれた読者の名前を引用したいと思う。

●いくつかの章やセクションの内容が理解できません。どうしたらよいでしょうか。

筆者のアドバイスは、各章の最後に列挙している参考文献を読んでみることである。本書を執筆するときには、読者は過去の文献になじみがあることを前提としており、さもないと本書はフォーカスを失ってしまうだろう。もし参考文献を読んだ後でもそのセクションが理解できないならば、おそらくその内容が運用プロフェッショナルにとっては自明の内容と関連している（文献にそう書いていないとしても）からかもしれない。たとえば第2章は先物価格をロールにあわせて調整する手法について扱っており、これは教科書にはあまり書かれていないが、実務家にとってはよく知られた内容である。そうした場合には筆者が定期的に開催するセミナーに参加して、質疑応答で質問してほしい。

●バックテストのオーバーフィッティングについて本書がこれほどこだわるのはなぜですか。

理由は2つ。1つ目は、バックテストのオーバーフィッティングが、すべての数理ファイナンスにおいておそらく最も重要な未解決課題であるためである。コンピュータサイエンスにおけるP≠NP理論と同様である。もし仮にバックテストにおけるオーバーフィッティングを確実に避ける方法があるのなら、バックテストを銀行に預けて利子を得ることだってできるだろう。その場合バックテストは現金と同様であり、セールス資料ではなくなる。ヘッジファンドは、運用戦略により確信をもって資金を配分するであろう。投資家がとるリスクは小さくなり、より高いフィーを喜んで払うであろう。規制当局は、スキルと知識についての信頼できるエビデンスに基づき、ヘッジファンドに対して免許を与え、いかさま師が入り込む余地はなくなるだろう。バックテストについて議論していない投資本は読むに値しないというのが筆者の意見である。CAPM、APT、アセットアロケーション、リスクマネジメントについて論じながら、その根拠となる実証分析が実は誤った発見である可能性を検討していない本を読む価値があるだろうか。

2つ目の理由は、機械学習はリサーチの強力な武器であるとともに、危険な武器でもあるからである。計量経済分析においてバックテストのオーバーフィッティングが問題となるならば、機械学習の柔軟性は常に脅威となる。特にファイナンスにおいては、データセットが短期間であり、S/N比が低く、環境変数をコントロールしつつ実験が行える実験室が存在しないため、顕著である（López de Prado [2015]）。こうした懸念点に触れていない機械学習の本は、有益どころか有害である。

●本書での数式の命名規則はどのようなものですか。

本書を書き始めたときには、すべての章を通して同じ記号を数式変数や関数に割り当てるつもりだった。たとえば確率的最適制御のように単一のトピックのみを扱うのであれば、その方法でよかっただろう。しかし本書は幅広い数学的分野について議論するもので、各分野には独自の慣例がある。各分野の文献の標準記法に従わなければ読者は参考文献を参照するのがむずかしくなるので、よって本書の数学記号は章ごとに使い分けられている。混乱を避けるため、各章でそこでの命名規則を解説している。数式の多くには対応するコードのスニペットがあるので、疑問が生じた場合にはコードを参照してほしい。

●第22章を書いたのはだれですか。

機械学習はIBM、Google、Facebook、Amazon、Netflix、Teslaなどの企業によって発明された、あるいは完成されたと認識している人が多い。たしかに、こうしたテクノロジー企業は近年機械学習のヘビーユーザーになっている。こうした企業は有名な機械学習の実績（Jeopardy! やアルファ碁など）をスポンサーしており、それが前述の認識のもとになっている。

しかしながら、米国国立研究所が機械学習において最も長いトラックレコードと経験をもつ研究所の1つである、と聞いたら驚く読者もいるかもしれない。これらの研究所は機械学習がクールといわれる以前から同技術を活用しており、何十年にもわたって機械学習を用いて驚くべき科学的発見を成功させてきた。Netflixが読者が次に観るべき映画として何を推薦すべきか予測することは意義あることだが、宇宙の拡大速度を推定したり、地球温暖化によってどの海岸線が影響を受けるかを予測したり、国家レベルの電力グリッドの機能不全を回避することも、同様に意義深いことである。これらはバークレー研究所のような研究機関が日々、静かにしかし勤勉に、機械学習を活用して解決しようとしている課題のうちの一部である。

第22章では、Horst Simon博士とKesheng Wu博士が、米国国立研究所の副所長とプロジェクトリーダーとして、ビッグデータ、HPC、機械学習を活用した大規模な科学研究を実施するにあたって得た知見を述べている。大学での体制とは異なり、国立研究所では学際的チームが強力な分業体制で入念に練られた手法に従って、科学的偉業を達成している。このようなプロダクションチェーンに基づく研究モデルは約90年前にバークレー研究所において誕生したものであり、1.2.2と1.3.1で解説するメタ戦略モデルのもととなっている。

1.7 謝　辞

ローレンス・バークレー国立研究所副所長のHorst Simon博士と、バークレー研究所および国立エネルギー研究科学コンピューティングセンター（NERSC）で複数のプロジェクトを主導しているKesheng Wu博士には、第22章の執筆を担当していただいた。機械学習には膨大な計算機パワーが必要であり、筆者の研究は彼らの寛大なサポートと指導なしでは不可能だっただろう。第22章で2人は、バークレー研究所がいかにして世界中の研究者のスーパーコンピューティングのニーズを満たしているのか、機械学習とビッグデータが今日の科学におけるブレイクスルーにどのような役割を果たしているのかについて語ってくれている。

Riccardo Rebonato教授は本書の草稿を最初に読み、出版するよう筆者に勧めてくれた。本書のトピックについてのFrank Fabozzi教授との対話は、本書をこのかたちにつくりあげるうえで不可欠なものであった。学界においてFrankとRiccardoのような実務経験をもつ人はまれであり、金融業界において両氏のような優れた学術経験をもつ人も非常にまれである。

過去20年で、筆者は本書のトピックについて100に近い数の論文、書籍（とその一部の章）、講義、ソースコード等を発表してきた。数えたところこれらの発表物の共著者は30名以上になる。David H. Bailey教授（15件）David Easley教授（8件）、Maureen O'Hara教授（8件）、Jonathan M. Borwein教授（6件）などである。本書はある意味で彼らの作品でもあり、彼らのサポートと洞察、彼らとの長年にわたるアイデア交換なしでは完成しなかったであろう。彼らへのクレジットをすべて記述するには本書ではスペースが足りないため、共同制作物を集めたリンク集を作成した。http://www.quantresearch.org/Co-authors.htm

最後にはなるが、本書の推敲と図表の作成を手伝ってくれた筆者の研究チームのメンバーに感謝したい。Diego Aparcio, Lee Cohn博士、Michael Lewis博士、Michael Lock博士、Yaxiong Zeng博士、Zhibai Zhang博士。

◆引用文献

Bailey, D., P. Borwein, and S. Plouffe (1997): "On the rapid computation of various polylogarithmic constants." *Mathematics of Computation*, Vol. 66, No. 218, pp. 903–913.

Calkin, N. and M. López de Prado (2014a): "Stochastic flow diagrams." *Algorithmic Finance*, Vol. 3, No. 1, pp. 21–42.

Calkin, N. and M. López de Prado (2014b): "The topology of macro financial flows: An application of stochastic flow diagrams." *Algorithmic Finance*, Vol. 3, No. 1, pp. 43–85.

Easley, D., M. López de Prado, and M. O'Hara (2013): *High-Frequency Trading*, 1st ed. Risk Books.

López de Prado, M. (2014): "Quantitative meta-strategies." *Practical Applications, Institutional Investor Journals*, Vol. 2, No. 3, pp. 1–3.

López de Prado, M. (2015): "The Future of Empirical Finance." *Journal of Portfolio Management*, Vol. 41, No. 4, pp. 140–144.

Stigler, Stephen M. (1981): "Gauss and the invention of least squares." *Annals of Statistics*, Vol. 9, No. 3, pp. 465–474.

◆参考文献

Abu-Mostafa, Y., M. Magdon-Ismail, and H. Lin (2012): *Learning from Data*, 1st ed. AMLBook.

Akansu, A., S. Kulkarni, and D. Malioutov (2016): *Financial Signal Processing and Machine Learning*, 1st ed. John Wiley & Sons-IEEE Press.

Aronson, D. and T. Masters (2013): *Statistically Sound Machine Learning for Algorithmic Trading of Financial Instruments: Developing Predictive-Model-Based Trading Systems Using TSSB*, 1st ed. CreateSpace Independent Publishing Platform.

Boyarshinov, V. (2012): *Machine Learning in Computational Finance: Practical Algorithms for Building Artificial Intelligence Applications*, 1st ed. LAP LAMBERT Academic Publishing.

Cerniglia, J., F. Fabozzi, and P. Kolm (2016): "Best practices in research for quantitative equity strategies." *Journal of Portfolio Management*, Vol. 42, No. 5, pp. 135–143.

Chan, E. (2017): *Machine Trading: Deploying Computer Algorithms to Conquer the Markets*, 1st ed. John Wiley & Sons.

Gareth, J., D. Witten, T. Hastie, and R. Tibshirani (2013): *An Introduction to Statistical Learning: with Applications in R*, 1st ed. Springer.

Geron, A. (2017): *Hands-On Machine Learning with Scikit-Learn and TensorFlow: Concepts, Tools, and Techniques to Build Intelligent Systems*, 1st ed. O'Reilly Media.

Gyorfi, L., G. Ottucsak, and H. Walk (2012): *Machine Learning for Financial Engineering*, 1st ed. Imperial College Press.

Hackeling, G. (2014): *Mastering Machine Learning with Scikit-Learn*, 1st ed. Packt Publishing.

Hastie, T., R. Tibshirani, and J. Friedman (2016): *The Elements of Statistical Learning*, 2nd ed. Springer-Verlag.

Hauck, T. (2014): *Scikit-Learn Cookbook*, 1st ed. Packt Publishing.

McNelis, P. (2005): *Neural Networks in Finance*, 1st ed. Academic Press.

Raschka, S. (2015): *Python Machine Learning*, 1st ed. Packt Publishing.

Part 1

データ分析

第2章

金融データの構造

2.1　はじめに

本章では、非構造化金融データの扱い方と、非構造化データを機械学習アルゴリズムの利用に適した構造化データセットへと変換する方法を学習する。一般に、加工ずみデータセットは使わないほうが望ましい。というのも、そういったデータから得た知見はたいてい、既知のものや、すぐに発見されるようなものである可能性が高いからである。非構造化の元データを収集し、有益な特徴量を抽出できるように加工するところから始めるのが理想的である。

2.2　金融データの基本形式

金融データは、さまざまな形式で提供される。表２－１に４つの基本的な金融データの形式を示してある。左から右に行くほど多様性が増している。次節では、それらの性質と用途について説明する。

2.2.1　ファンダメンタルデータ

ファンダメンタルデータには、規制当局への報告書と事業分析の情報が含まれる。大半は財務会計データであり、これらは四半期ごとに発表される。ファンダメンタルデータに特有の性質は、データ時点と発表時点に間隔があ

表２－１　４つの基本的な金融データの形式

ファンダメンタルデータ	市場データ	アナリティクス（分析ずみデータ）	オルタナティブデータ
・資産 ・負債 ・売上げ ・費用／利益 ・マクロ経済指標 ・…	・価格／利回り／インプライドボラティリティ ・出来高 ・配当金／クーポン ・建玉 ・建値提示／取消し ・アグレッサー ・…	・アナリスト推奨 ・信用格付 ・利益予想 ・ニュースセンチメント ・…	・衛星／CCTV 画像 ・Google サーチ ・Twitter／チャット ・メタデータ ・…

ることだ。データ発表時点を正確に確認し、分析では、一般に公開されて利用可能となった時点以降の情報のみを利用しなければならない。初心者がよく起こす誤りは、報告期間の最終日にその情報が公開されたと仮定することである。これは現実にはありえない。

たとえば、ブルームバーグが配信するファンダメンタルデータには、発表日より（多くは１カ月半）前の日付である報告期間の最終日の日付が付与されている。言い換えると、ブルームバーグはそれらの値に、いまだ発表されていない時点の日付を付与していることになる。信じがたいことに、毎年、誤った日付が付与されたファンダメンタルデータを使った数多くの論文が発表されており、特に、ファクター投資に関する文献では顕著である。データ日付を修正すると、それらの論文で報告された相当数の発見は再現できない。

ファンダメンタルデータの第二の性質は、「後日入力値」と「後日修正値」が、かなり存在することである。「後日入力値」とは、データ日付時点では不明であった欠損データに対して後から値が与えられていることである。「後日修正値」とは、公表時点では誤っていた値を後から修正した値のことである。企業は四半期財務データの最初の発表日以降、かなり時間が経過してから複数の修正をすることがあり、データベンダーはその修正値で初期値を上書きすることがある。ここでの問題は、修正値が最初の発表日には知られていないことである。一部のデータベンダーは、各項目の複数の発表日と値を格納してこの問題を回避している。たとえば、通常、四半期GDP値には3つの値、つまり、最初の公表値と2回の月次修正値がある。それにもかかわらず、最後に公表された修正値を使いながら、対応する日付を最初の公表日にしたり、さらには、GDP報告期間の最終日としたりする研究がごく普通に存在する。第11章では、バックテストの誤りについて議論し、このミスとその意味するところを再検討する。

ファンダメンタルデータは厳格に規則化され、その更新頻度は低い。市場に反映されやすいため、いまではあまり利用価値は残っていない。それでも、他のデータと組み合わせて使用すると役立つだろう。

2.2.2 市場データ

市場データには、取引所（CMEなど）や注文執行の場（MarketAccessなど）で行われるすべての取引活動が含まれる。あらゆる種類の非構造化情報である生のデータフィードを提供するデータプロバイダを利用するのが理想的である。たとえば、トレーディングブックを完全に再構成できるFIXメッセージや、BWIC（入札希望競争：Bid Wanted In Competition）のやりとりの全データなどである。

すべての市場参加者は特徴的な痕跡を取引記録に残すので、忍耐強く調べれば、競合他社の次の動きを予測する方法を発見できるだろう。たとえば、プレデター（捕食者）・アルゴリズムは、TWAP（時間加重平均価格：Time-Weighted Average Price）アルゴリズムが残す非常に特徴のある痕跡を利用して、引値取引（通常はヘッジ）に先回りして取引をする（Easley, López de Prado, and O'Hara[2011]）。

GUI（Graphical User Interface）を用いたツールによって取引を行う人間のトレーダーは、多くの場合、切りのよい売買単位で取引を行う。この事実を利用すると、ある特定の時間の出来高のうち、何％が彼らからの注文であるかを推定し市場の特定の動きと関連づけることが可能である。

FIX データの目立った特徴の1つは、ファンダメンタルデータとは異なり処理するのが簡単ではないことである。そのうえ非常にデータ量が多く、毎日10TB 以上生成される。このため、これらは戦略研究のためのとても興味深いデータセットになる。

2.2.3 アナリティクス（分析ずみデータ）

アナリティクスは、企業財務、市場、オルタナティブ、さらには別のアナリティクスの集合体などの元ソースを加工したものと考えることができる。アナリティクスの特徴は、情報の内容ではなく、元のソースから簡単には得られない独特な方法で処理されていることである。投資銀行やリサーチ会社は、企業のビジネスモデルや活動、競合相手、将来展望などを詳細に分析し付加価値情報として販売している。一部の専門企業は、ニュース報道や、ソーシャルメディアから抽出したセンチメントなどのオルタナティブデータを加工した統計情報を販売している。

アナリティクスの肯定的な面は、シグナルが生のソースから抽出されていることである。否定的な面は、アナリティクスは高額であること、加工手法にバイアスが存在したり不透明であったりすること、自分たちが唯一の利用者ではないことである。

2.2.4 オルタナティブデータ

Kolanovic and Krishnamachari[2017]は、個人（ソーシャルメディア、ニュース、ウェブ検索など）、ビジネスプロセス（取引、企業データ、政府機関など）、センサー（衛星、地理位置情報、天気、CCTV など）から生成されたオルタナティブデータを区別している。よく使われている人工衛星からの画像や動画情報には、タンカーの監視やトンネルの交通状況、駐車場の利用率などが含まれる。

他の情報元からは得られない1次情報であることが、オルタナティブデータの真の特徴である。エクソン・モービルの増益発表や株価の上昇、最新の報告書に対するアナリストコメントなどのすべてに先行して、タンカーや掘削機、パイプラインの輸送量に変動がみられた。しかもこれらの変動は、他のデータに反映される数カ月前に発生していたのである。だが、オルタナティブデータには、費用とプライバシーの2つの問題点がある。すべてのスパイ（諜報）技術は高価であり、そして、監視される側の会社は異議を唱えるだろう。もちろん、無関係の人はいうまでもない。

オルタナティブデータによる作業は、まさに特殊で困難を伴う。だが、保存、加工、取扱いがむずかしいデータほど、最も期待できるデータであると心に留めておくべきである。データインフラチームを苛立たせるようなデータセットは役立つとみなしてよい。競合他社は、データ管理上の理由で利用しなかったり、途中で諦めたり、誤った処理をしたりするかもしれないからである。

2.3 バー（Bar）

機械学習アルゴリズムが非構造化データを利用できるようにするためには、データ構造を解析し、価値のある情報を抽出し、正規化して保存する必要がある。ほとんどの機械学習アルゴリズムは、抽出データがテーブル形式となっていることを前提としている。金融関係者は、これらのテーブルの行を「バー」と呼ぶことが多い。バーの方式は、2種類に区別できる。①標準バー方式、これは先行研究で一般的にみられる。②情報ドリブン方式、こちらはより高度で（まだ）該当するジャーナル論文は見当たらないが、洗練された実務家はこれを使っている。本節では、それらのバーを形成する方法について説明する。

2.3.1 標準バー

いくつかのバーの構築方式は、金融業界ではかなり一般的で、ほとんどのデータベンダーがAPIで提供するほどである。これらの方式の目的は、不規則な頻度（「不均一系列」とも呼ばれる）で到着する一連の観測値を、規則的なサンプリングに同期させて均一な系列に変換することである。

2.3.1.1 タイムバー

タイムバーは、一定の時間間隔、たとえば1分ごとに1回情報をサンプリングすることによって得られる。ふつう、収集される情報は以下のものである。

・タイムスタンプ
・出来高加重平均価格（VWAP）
・始値（寄り付きの）価格
・終値（大引けの）価格
・高値
・安値
・出来高

など。

おそらく実務家や学者の間ではタイムバーが最も人気があるが、2つの理由からその利用を避けるべきである。第一に、市場は一定の時間間隔で情報を処理しない。寄り付き後の時間帯は、正午前後（先物では真夜中）よりもはるかに活発に取引されている。人間にとっては、日照サイクルに応じて1日を区分することは合理的である。しかし、今日の市場は人間の緩い監視のもと取引するアルゴリズムによって操られている。このため、CPU処理のサイクルのほうが一定の時間間隔より分析においてはずっと重要になる（Easley, López de Prado, and O'Hara[2011]）。タイムバーは、取引が閑散な時間では過剰にサンプリングし、活発な時間では過少にサンプリングすることになってしまう。第二に、一定時間ごとにサンプリングされた系列は、統計的な性質が好ましくないものになる。たとえば、系列相関、分散不均一性、非正規分布リターンなどだ（Easley, López de Prado, and O'Hara[2012]）。GARCHモデルは、1つには誤ったサンプリングに伴う分散不均一性を扱うために開発された。次節でみるように、まずは取引活況度に依存するような形式にバーを加工することでこの問題を回避してみよう。

2.3.1.2　ティックバー（取引ごとのバー）

ティックバーの背後にあるアイデアは簡単である。つまり、あらかじめ決めた取引数（たとえば1,000ティック）が発生するたびに、前節で列挙したサンプル変数（タイムスタンプ、VWAP、始値など）を抽出する。これにより、サンプリングを情報到着（ティック発生速度）と同期させることができる。

Mandelbrot and Taylor[1967]等は、サンプリングを取引数の関数とすれば、望ましい統計的特性を示すことに初めて気がついた。「一定の取引数における価格変動は、ガウス分布に従うといえる。一定の時間内の価格変動は、分散無限大の安定パレート分布に従うといえる。任意の時間内における取引数はランダムであるため、上記の説明は必ずしも矛盾していない」。

Mandelbrot と Taylor の論文以来、サンプリングを取引活動の関数とすれば、IID 正規分布に近いリターンが達成されることを複数の研究が確認している（Ané and Geman[2000]を参照）。これは重要な点である。なぜなら、多くの統計手法は、観測値が IID ガウス過程から生成されると仮定しているからである。直観的には、推論は安定したサンプルからのみ行えるため、ティックバーを使うとタイムバーよりも優れた推論が可能となる。

ティックバーは、異常値に注意して構築しなければならない。多くの取引所は、寄り付きと大引けで板寄せ方式の取引を行う。板寄せまでは、板（オーダーブック）には買い注文と売り注文が決済されずに蓄積されていく。板寄せでは大量の取引が１つの決済価格で行われる。板寄せ方式による取引は、１ティックと記録されていても数千ティックに相当する可能性がある。

2.3.1.3 ボリュームバー（出来高バー）

ティックバーにも問題点があり、分割注文があるとティック数に恣意性が入り込んでしまう。ある板に10単位数の売り注文が１つあるとする。１回の注文でこの10単位を買うと１ティックとして記録される。かわりに、同じ板に１単位の売り注文が10個ある場合には、１回の買い注文は10回の別々の取引として記録される。さらに、売買のマッチングエンジンは、運営上の都合で１つの注文単位を分割して複数の注文単位として処理することさえある。

ボリュームバーは、一定数の（株式、先物など）売買単位が執行されるごとにサンプリングを行うことで、この問題を回避する。たとえば、ティック数とは関係なく、先物が1,000単位執行されるごとに価格をサンプリングするといった具合である。

最近では想像することもむずかしいが、1960年代には顧客はたいていの場合ティック価格に関心をもっていたため、業者が出来高データを公表することはほとんどなかった。出来高が報告されはじめた後、Clark[1973]は、出来高サンプリングによるリターンが、ティックバーによるサンプリングよりも優れた統計的特性（IIDガウス分布により近い）を示すことを確認した。タイムバーやティックバーよりもボリュームバーが好ましい別の理由もある。市場マイクロストラクチャー理論のいくつかは、価格と出来高の相互作用を研究するからである。第19章で解説するように、こういった変数の１つに応じてサンプリングする手法は、市場マイクロストラクチャー分析に役立つ研究成果だ。

2.3.1.4　ドルバー

ドルバーは、事前に決めた売買代金が取引されるごとにサンプリングされる。もちろん、ここでの“ドル”は証券の建値で用いる通貨を意味しており、ユーロバー、ポンドバー、円バー、（ゴールドバー（金の延べ棒）はおふざけになるだろうが）とはだれもいわない。

ドルバーの背景にある論理的根拠について、いくつか例をあげて説明する。第一に、ある期間で100％上昇した株式を分析したいとする。期末にこの株式を1,000ドル分売却するには、期初に1,000ドルで買った株式の半分を取引する必要がある。言い換えると、取引する株数は売買代金の関数となる。したがって、とりわけ大きな価格変動がある場合の分析では、ティックやボリュームではなく、売買代金でサンプリングしたバーのほうが合理的である。この点を実証することは可能だ。E-mini S&P 500先物のティックバーとボリュームバーをあるバーサイズで計算すると、１日当りのバー数は年によって大きく変動してしまう。一方で、固定したバーサイズで１日当りのドルバー数を算出してみると、数年単位でみても変動の範囲と速度は低下する。図２－１は、ティック、ボリューム、ドルの固定バーサイズのサンプリング方法による１日当りの指数加重平均バー数をプロットしたものである。

ドルバーがタイムバー、ティックバー、およびボリュームバーよりも興味深い第二の論拠は、コーポレートアクションの結果、証券の存続期間中に発行済株式数が何度も変わることである。株式分割や株式併合の調整後でも、新株発行や自社株買い（2008年の大不況以来、よく行われている）など、

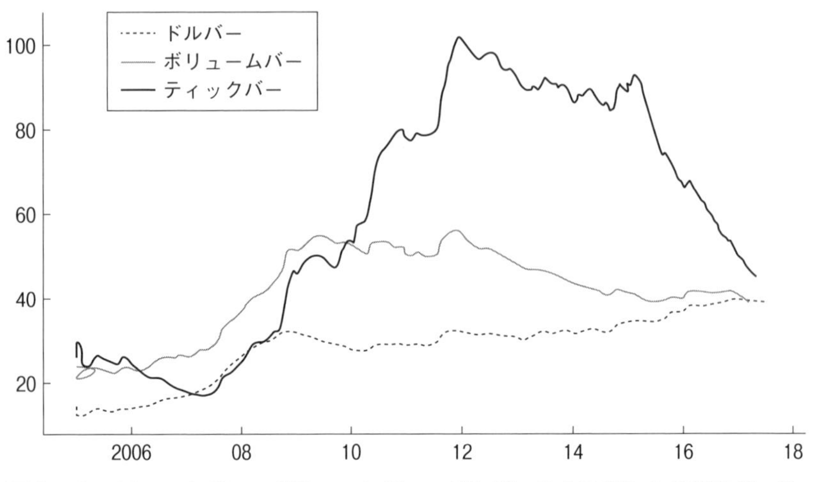

図2－1　ティックバー、ボリュームバー、ドルバーの1日当たりの平均バー数

ティック数や出来高に影響を与えるコーポレートアクションがある。ドルバーは、これらのコーポレートアクションが発生しても安定的に推移する傾向がある。それでも、時間の経過に対してバーのサイズを一定としないドルバーをサンプリングする必要が生じるかもしれない。その場合は、バーサイズを会社の浮動株時価総額（株式の場合）や債務残高（債券の場合）の関数として動的に調整することができる。

2.3.2　情報ドリブンバー（情報駆動バー）

情報ドリブンバーの目的は、新しい情報が市場に到達したとき、より高頻度にサンプリングをすることである。この文脈では、「情報」という言葉を市場マイクロストラクチャーの趣旨で使用している。第19章でみるように、市場マイクロストラクチャー理論は売り買いの不均衡なボリューム（出来高）の持続性を非常に重視しているが、それはその現象が情報をもつトレーダーの存在を示唆するからである。インフォームドトレーダー（情報をもつトレーダー）の市場への参加とサンプリングとを同期させることによって、価格が新しい均衡水準に達する前に意思決定を行うことが可能になる。本節では、情報の到達を知らせる各種の指標を使ってバーをサンプリングする方法を探求する。

2.3.2.1 ティックインバランスバー（ティック不均衡バー）

$\{(p_t, v_t)\}_{t=1,\dots,T}$ をティック系列とする。ここで p_t はティック t の価格であり、v_t はティック t の出来高である。いわゆるティックルールによって、次のような系列 $\{b_t\}_{t=1,\dots,T}$ を定義する。

$$b_t = \begin{cases} b_{t-1} & \text{if } \Delta p_t = 0 \\ \dfrac{|\Delta p_t|}{\Delta p_t} & \text{if } \Delta p_t \neq 0 \end{cases}$$

ここで $b_t \in \{-1, 1\}$ であり、境界条件 b_0 は直前のバーの終端値 b_T と整合性が合うように設定される。ティックインバランスバー（TIB：Tick Imbalance Bar）の背景にあるアイデアは、ティックのインバランス（不均衡）が期待値を越えるたびにバーをサンプリングすることである。そのために、ティック符号（ティックルールに従って付けられた正負の符号）の累積値が所定の閾値を超えたところでティックインデックス T を決定する。次に、T を決定する手順について議論する。

第一に、T 期間でのティックインバランスを次のように定義する。

$$\theta_T = \sum_{t=1}^{T} b_t$$

第二に、バーの開始時点における θ_T の期待値 $E_0[\theta_T] = E_0[T](P[b_t = 1] - P[b_t = -1])$ を計算する。ここで、$E_0[T]$ はティックバーのサイズの期待値、$P[b_t = 1]$ は買いティックの無条件確率、$P[b_t = -1]$ は売りティックの無条件確率である。$P[b_t = 1] + P[b_t = -1] = 1$ であるから、$E_0[\theta_T] = E_0[T](2P[b_t = 1] - 1)$、となる。実際の計算では、$E_0[T]$ は前のバーまでの T の指数加重移動平均値、$(2P[b_t = 1] - 1)$ は前のバーまでの b_t の指数加重移動平均値として推定することができる。

第三に、ティックインバランスバー（TIB）を以下の条件を満たすような T^* 連続ティックのサブセットとして定義する。

$$T^* = \arg\min_T \{|\theta_T| \geq E_0[T]|2P[b_t = 1] - 1|\}$$

ここで、期待インバランスのサイズは$\left|2\mathrm{P}[b_t=1]-1\right|$である。$\theta_T$が期待値より不均衡（インバランス）になる最小の$T$が条件を満たすことになる。したがって、TIBsは情報を持つトレーダーによる取引（一方向の取引を引き起こす非対称的な情報）の存在下で、より頻繁に発生することになる。事実、TIBsは（出来高、価格、ティックに関係なく）同量の情報を含む取引の塊（バケット）として理解できる。

2.3.2.2 ボリューム／ドルインバランスバー（出来高／売買代金不均衡バー）

ボリュームインバランスバー（VIB：Volume Imbalance Bar）とドルインバランスバー（DIB：Dollar Imbalance Bar）の背景にあるアイデアは、ティックインバランスバー（TIB）の概念の拡張である。ボリューム（出来高）やドル（売買代金）の不均衡が期待値から乖離したときに、バーをサンプリングする。ティックルールと境界条件b_0は、TIBsについての説明と同じ考え方に基づき、次のサンプルのインデックスTを決定するための手順を決める。

第一に、期間Tの不均衡（インバランス）を定義する。

$$\theta_T=\sum_{t=1}^{T}b_t v_t$$

ここで、v_tは出来高（VIBの場合）もしくは、売買代金（DIBの場合）を表し、どちらでサンプリングするかによって、このどちらかを選択することになる。

第二に、バーの開始時点におけるθ_Tの期待値を計算する。

$$\mathrm{E}_0[\theta_T]=\mathrm{E}_0\left[\sum_{t|b_t=1}^{T}v_t\right]-\mathrm{E}_0\left[\sum_{t|b_t=-1}^{T}v_t\right]=\mathrm{E}_0[T]\Big(\mathrm{P}[b_t=1]\mathrm{E}_0[v_t|b_t=1]$$

$$-\mathrm{P}[b_t=-1]\mathrm{E}_0[v_t|b_t=-1]\Big)$$

ここで、$v^+=\mathrm{P}[b_t=1]\mathrm{E}_0[v_t|b_t=1]$、$v^-=\mathrm{P}[b_t=-1]\mathrm{E}_0[v_t|b_t=-1]$とすれば、$\mathrm{E}_0[T]^{-1}E_0[\Sigma_t v_t]=\mathrm{E}_0[v_t]=v^++v^-$と表せる。$v^+$と$v^-$は、$v_t$の初期の期待値を買いによる成分と売りによる成分に分解したものと考えることができる。よって、次のようになる。

$$\mathrm{E}_0[\theta_T]=\mathrm{E}_0[T](v^+-v^-)=\mathrm{E}_0[T]\left(2v^+-\mathrm{E}_0[v_t]\right)$$

実際の計算では、$\mathrm{E}_0[T]$は前のバーまでのTの指数加重移動平均値、$\left(2v^+-\mathrm{E}_0[v_t]\right)$ は前のバーまでのb_tv_tの指数加重移動平均値として推定することができる。

第三に、以下の条件を満たすように、VIBまたはDIBをT^*連続ティックのサブセットとして定義する。

$$T^*=\arg\min_T\left\{|\theta_T|\geq\mathrm{E}_0[T]\left|2v^+-\mathrm{E}_0[v_t]\right|\right\}$$

ここで、期待インバランスのサイズは$\left|2v^+-\mathrm{E}_0[v_t]\right|$である。$\theta_T$が期待値より不均衡（インバランス）になる最小の$T$が条件を満たすことになる。これは、ボリュームバーやドルバーの情報基準と似たものであり、ティック数に影響を与える分割注文や寄り付きなどで発生する外れ値に対する同様の懸念に対処する。さらに、コーポレートアクション問題にも対処する。なぜなら、ここで述べた手順には一定のバーサイズがないからである。かわりに、バーサイズは動的に調整される。

2.3.2.3　ティックランバー（ティック連バー、TRB：Tick Runs Bar）

TIBs、VIBs、およびDIBsは、取引をティック数や出来高、売買代金で測定し、注文フローの不均衡を監視する。大口トレーダーは注文板を一掃したり、アイスバーグオーダー（訳注：注文の一部のみを板に公開するオーダー）を使用したり、親注文を複数の子注文にスライスしたりする。それらはすべて、$\{b_t\}_{t=1,\cdots,T}$の系列中にラン（訳注：連、同じ値の繰り返し）の痕跡を残す。この理由から、出来高全体のうちの買いの連続性を監視し、その連続性が期待値から逸脱したときにサンプリングすることは役立つであろう。

第一に、現在のランの長さを

$$\theta_T=\max\left\{\sum_{t|b_t=1}^{T}b_t,\ -\sum_{t|b_t=-1}^{T}b_t\right\}$$

と定義する。

第二に、バーの開始時点におけるθ_Tの期待値を計算する。

$$E_0[\theta_T] = E_0[T] \max\{P[b_t = 1], 1 - P[b_t = 1]\}$$

実際の計算では、$E_0[T]$は前のバーまでのTの指数加重移動平均値、$P[b_t = 1]$は前のバーまでの買いティック数比率の指数加重移動平均値として推定することができる。

第三に、以下の条件を満たすように、ティックランバー（TRB）をT^*連続ティックのサブセットとして定義する。

$$T^* = \arg\min_T \{\theta_T \geq E_0[T] \max\{P[b_t = 1], 1 - P[b_t = 1]\}\}$$

ここで、ランのティック数の期待値は、$\max\{P[b_t = 1], 1 - P[b_t = -1]\}$によって推定される。$\theta_T$が期待値より大きなランとなる最小の$T$が条件を満たすことになる。このランの定義では、連続系列の中断を許すことに注意する。つまり、最長の連続系列の長さを測定するかわりに、売りと買い両側のティックの数を打ち消しなしでカウントする（両者の差をとってインバランスを計測するのではない）。バーの形成においてこれは連続系列の長さを測定するよりもより有用な定義であることがわかる。

2.3.2.4 ボリューム／ドルランバー（出来高／売買代金ランバー）

ボリュームランバー（VRB：Volume Runs Bar）とドルランバー（DRB：Dollar Runs Bar）は、上記のランの定義をそれぞれ出来高と売買金額に拡張したものである。直観的には、これらは売りまたは買いで取引された出来高や売買金額が期待値を上回ったときにバーをサンプリングする方法である。ティックルールの慣習的な命名法に従い、バーの直近の観測値のインデックスTを決定する。

第一に、出来高または売買金額のランを次のように定義する。

$$\theta_T = \max\left\{\sum_{t|b_t=1}^{T} b_t v_t, -\sum_{t|b_t=-1}^{T} b_t v_t\right\}$$

ここで、v_tは出来高（VRBの場合）もしくは、売買金額（DRBの場合）のいずれかを表し、どちらでサンプリングするかによって、このどちらかを選択する。

第二に、バーの開始時点におけるθ_Tの期待値を計算する。

$$\mathrm{E}_0[\theta_T]=\mathrm{E}_0[T]\max\{\mathrm{P}[b_t=1]\mathrm{E}_0[v_t|b_t=1],(1-\mathrm{P}[b_t=1])\mathrm{E}_0[v_t|b_t=-1]\}$$

実際の計算では、$\mathrm{E}_0[T]$は前のバーまでのTの指数加重移動平均値、$\mathrm{P}[b_t=1]$は前のバーまでの買いティック比率の指数加重移動平均値、$\mathrm{E}_0[v_t|b_t=1]$は前のバーまでの買い出来高の指数加重移動平均値、$\mathrm{E}_0[v_t|b_t=-1]$は前のバーまでの売り出来高の指数加重移動平均値として推定することができる。

第三に、以下の条件を満たすように、ボリュームランバー（VRB）をT^*連続ティックのサブセットとして定義する。

$$T^*=\arg\min_T\{\theta_T\geq\mathrm{E}_0[T]\max\{\mathrm{P}[b_t=1]\mathrm{E}_0[v_t|b_t=1],$$
$$(1-\mathrm{P}[b_t=1])\mathrm{E}_0[v_t|b_t=-1]\}\}$$

ここで、ランの出来高期待値は、$\max\{\mathrm{P}[b_t=1]\mathrm{E}_0[v_t|b_t=1]$、$(1-\mathrm{P}[b_t=1])\mathrm{E}_0[v_t|b_t=-1]\}$となる。$\theta_T$が期待値より大きいランとなる最小の$T$が条件を満たすことになる。

2.4 マルチプロダクト（多資産構成による商品）の取扱い

時として、時間の経過とともに動的にウェイトを調整する必要がある証券の時系列のモデル化に関心をもつことがある。別の機会には、不規則に発生するクーポンや配当の支払、またはコーポレートアクションから影響を受ける証券を取り扱わなければならないこともある。調査中の時系列の性質を変えてしまうイベントは、適切に扱われなければならない。さもないと、構造変化を不注意に組み込んでしまい、間違った研究成果につながることになる（詳細は第17章を参照）。この問題は多くの場合にみられる。たとえば、変化するウェイトをもつスプレッドのモデル化、配当／クーポンを再投資する必要があるバスケット、または、リバランスが必要なバスケット、インデックスの構成銘柄が変更されるときや、満期を迎えた証券や納会を迎えた限月を他の証券／限月に乗り換えるときなどである。

先物は適例である。筆者の経験によると、先物データを扱うときに不必要に苦労する人は、たいていロールをうまく扱う方法を知らない。先物のスプレッド、株式や債券のバスケットに基づく戦略についても同様といえる。次節では、あたかも1つの現物商品であるかのように、証券のバスケットをモデル化する方法を紹介する。この方法を「ETF トリック」と呼ぶ。というのも、これはトータルリターン ETF のように、複雑なマルチプロダクトのデータセットを1つのデータセットへ変換することを目的としているからである。なぜこれが役立つのだろうか。それは、原系列の複雑さやその組成にかかわらず、現物のような商品（期限切れのない現物証券）の取引のみを仮定したプログラムコードを記述できるからである。

2.4.1 ETF トリック

先物スプレッドを売買する戦略を開発するとしよう。いくつかの厄介な事象は、証券それ自体ではなくスプレッドを扱うことから生じる。第一に、スプレッドはウェイトのベクトルに依存するが、そのウェイトは時間とともに変化する。その結果、価格が変化しなくても、スプレッド自体が変化する可能性がある。そういった事例が発生すると、この系列を取引するモデルは、PnL（損益の正味時価価値）がそのウェイトの収束によって生じたと誤って信じてしまう。第二に、スプレッドは価格を表すものではないため、負値をとることがある。これがしばしば問題になるのは、多くのモデルが価格は正値のみをもつと仮定しているからである。第三に、すべての構成証券が正確に同期した時刻で取引されているのではないため、最新の公表価格や遅延時間リスクなしで常にスプレッドを取引ができるとは限らない。また、ビッドアスクスプレッドのような執行コストも考慮する必要がある。

これらの問題の回避には、スプレッドに1ドル投資したと仮定して、その価値の時系列データを生成する方法がある。系列の変化は PnL の変化を反映し、系列は厳密に（最悪でも無限小で）正であり、インプリメンテーションショートフォール（訳注：執行に係るコスト）を考慮したものとする。これはあたかも ETF のように、モデル化したり、シグナルを生成したり、取引を行ったりすることができる系列となる。2.3節で説明した各種の方法で作成されたバーのヒストリカルデータが与えられたとする。これらのバーは次の列から構成されている。

- $o_{i,t}$ は、証券 $i=1,\cdots,I$ のバー $t=1,\cdots,T$ における原データの始値。
- $p_{i,t}$ は、証券 $i=1,\cdots,I$ のバー $t=1,\cdots,T$ における原データの終値。
- $\varphi_{i,t}$ は、証券 $i=1,\cdots,I$ のバー $t=1,\cdots,T$ における1点のUSD（米ドル）値。これは為替レートも含む。
- $v_{i,t}$ は、証券 $i=1,\cdots,I$ のバー $t=1,\cdots,T$ における出来高。
- $d_{i,t}$ は、証券 i がバー t で支払うキャリーやクーポン、配当。マージンコストや資金調達コストを考慮してもよい。

ここで、すべての証券 $i=1,\cdots,I$ はバー $t=1,\cdots,T$ で取引可能とする。言い換えると、ある証券が期間 $[t-1,t]$ で取引ができない時間があっても、少なくとも時刻 $t-1$ および時刻 t においては取引可能とする（市場は開いていて、その瞬間には注文執行が可能）。バー $B\subseteq\{1,\cdots,T\}$ でリバランス（またはロール）されたアロケーションベクトル ω_t で表される先物バスケットの場合、1ドルの投資価値 $\{K_t\}$ は次のように求まる。

$$h_{i,t}=\begin{cases}\dfrac{\omega_{i,t}K_t}{o_{i,t+1}\varphi_{i,t}\sum_{i=1}^{I}|\omega_{i,t}|} & \text{if } t\in B\\ h_{i,t-1} & \text{otherwise}\end{cases}$$

$$\delta_{i,t}=\begin{cases}p_{i,t}-o_{i,t} & \text{if}(t-1)\in B\\ \Delta p_{i,t} & \text{otherwise}\end{cases}$$

$$K_t=K_{t-1}+\sum_{i=1}^{I}h_{i,t-1}\varphi_{i,t}(\delta_{i,t}+d_{i,t})$$

ここで、AUM（投資価値）の初期値は $K_0=1$ と設定する。

変数 $h_{i,t}$ は、時刻 t における証券 i の保有数（証券数または枚数）を表す。変数 $\delta_{i,t}$ は $t-1$ から t までの市場価値の変化である。利益または損失は、$t\in B$ で常に再投資されるため、価格が負値にはならないことに注意する。配当 $d_{i,t}$ は K_t に含まれているため、配当についての戦略上の配慮は必要ない。式 h_t のなかに項 $\omega_{i,t}\left(\sum_{i=1}^{I}|\omega_{i,t}|\right)^{-1}$ が存在する目的はアロケーションのレバレッジ化を解消するためである。先物価格系列では、ロール時刻 t において新限月の価格 $p_{i,t}$ を知ることができないので、最も近い時刻の価格 $o_{i,t+1}$

を用いる。

τ_iは証券iを1ドル取引するコスト、たとえば、$\tau_i=1E-4$（1ベーシスポイント）などとする。この戦略には、観察されるすべてのバーtについてわかっていなければならない3つの追加変数がある。

① リバランスコスト……アロケーションのリバランスコスト変数$\{c_t\}$は、$c_t=\sum_{i=1}^{I}(|h_{i,t-1}|p_{i,t}+|h_{i,t}|o_{i,t+1})\varphi_{i,t}\tau_i, \forall t\in B$となる。$K_t$に$c_t$は含まれていない。さもないと、アロケーションのリバランス時にスプレッドが縮小した場合、架空の利益が発生してしまう。プログラムコードでは、$\{c_t\}$を（負の）配当として扱えばよい。

② ビッドアスクスプレッド……この仮想ETFの1単位の売買コスト$\{\tilde{c}_t\}$は、$\tilde{c}_t=\sum_{i=1}^{I}|h_{i,t-1}|p_{i,t}\varphi_{i,t}\tau_i$となる。1単位の売買時には、仮想ETFのビッドアスクスプレッドと等しいコスト$\tilde{c}_t$を差し引く必要がある。

③ 取引高……取引高$\{v_t\}$は、バスケット内の最も流動性が低い銘柄に依存する。$v_{i,t}$を、バーt、銘柄iの取引高とする。取引可能なバスケット単位数は、$v_t=\min_i\left\{\frac{v_{i,t}}{|h_{i,t-1}|}\right\}$となる。

取引コスト関数は線形である必要はなく、これらの非線形コストは上記の情報に基づく戦略でシミュレートすることができる。ETFトリックのおかげで、あたかも取引期限のない1つの現物商品であるかのように、先物バスケット（または1銘柄の先物）をモデル化することができる。

2.4.2 PCA（主成分分析）によるウェイト

関心のある読者は、López de Prado and Leinweber[2012]やBailey and López de Prado[2012]で、ヘッジウェイト計算のための実用的手法を数多く見つけることができるだろう。完全を期するため、前節でのベクトル$\{\omega_t\}$を導出する方法の1つを再検討する。平均μ（$N\times 1$ベクトル）、共分散行列V（$N\times N$行列）を持つIID多変量ガウス過程を考える。この確率過程は、証券をN種類保有するポートフォリオの株式リターンや債券の利回り変化、オプションのボラティリティ変化などの不変な確率変数を記述する。Vの主成分をすべて使って決定されるリスク分布に従うアロケーションベクトルω

を計算したい。

第一に、スペクトル分解 $VW=W\Lambda$ を行う。ここで W の列は、Λ の対角要素が降順になるように並べる。第二に、アロケーションベクトル ω が与えられると、ポートフォリオのリスクは次のように計算できる。$\sigma^2=\omega'V\omega=\omega'W\Lambda W'\omega=\beta'\Lambda\beta=(\Lambda^{1/2}\beta)'(\Lambda^{1/2}\beta)$。ここで、$\beta$ は ω の直交基底への射影を表す。第三に、Λ は対角行列であり、したがって $\sigma^2=\sum_{n=1}^{N}\beta_n^2\Lambda_{n,n}$ となり、n 番目の成分のリスク寄与は $R_n=\beta_n^2\Lambda_{n,n}\sigma^{-2}=[W'\omega]_n^2\Lambda_{n,n}\sigma^{-2}$ かつ $R'1_N=1$ であり、ここで 1_N はすべての成分が1の N 次ベクトルである。また、$\{R_n\}_{n=1,\cdots,N}$ は各直交成分にまたがるリスク分布と解釈できる。

第四に、ユーザーが定義したリスク分布 R を与えるベクトル ω を計算したい。これまでの計算課程から、$\beta=\left\{\sigma\sqrt{\frac{R_n}{\Lambda_{n,n}}}\right\}_{n=1,\cdots,N}$ となり、これは新しい（直交）基底におけるアロケーションを表す。第五に、元の基底によるアロケーションは $\omega=W\beta$ によって与えられる。ω を再スケーリングすることは単に σ を再スケーリングすることであるため、リスク分布は一定に保たれる。図2－2は、分散の逆数によるアロケーションポートフォリオの主成分ごとのリスクへの寄与を示している。分散が最も高い成分（成分1と成分

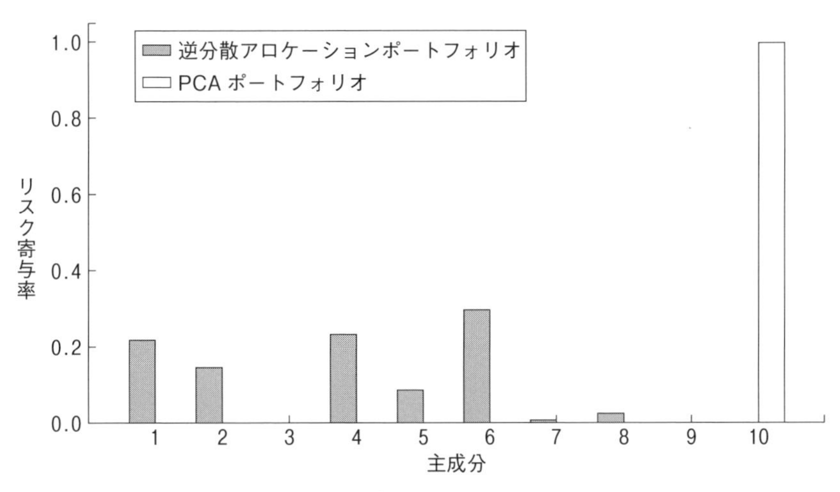

図2－2　主成分ごとのリスク寄与率

2）を含むほとんどすべての主成分は、リスクに寄与している。対照的に、PCAポートフォリオでは、分散が最も小さい成分のみがリスクに寄与する。

スニペット2.1では、このメソッドを実装した。このメソッドは、ユーザー定義のリスク分布 R が引数riskDist（デフォルト値はNone）で渡される。riskDistがNoneの場合、コードはすべてのリスクを最小固有値の主成分に割り当て、重みは最後の固有ベクトルが σ（riskTarget）に一致するように再スケーリングされる。

スニペット 2.1 リスク分布RのPCAウェイト

```
def pcaWeights(cov,riskDist = None,riskTarget =1.):
  # リスク分布に従うように riskTarget を一致させる
  eVal,eVec = np.linalg.eigh(cov) # エルミート行列であること
  indices = eVal.argsort()[::-1] # eVal を大きい順に並べ替える
  eVal,eVec = eVal[indices],eVec[:,indices]
  if riskDist is None:
    riskDist = np.zeros(cov.shape[0])
    riskDist[-1]=1.
  loads = riskTarget*(riskDist/eVal)**.5
  wghts = np.dot(eVec,np.reshape(loads,(-1,1)))
  #ctr =(loads/riskTarget)**2*eVal # riskDist の確認
  return wghts
```

2.4.3 同一銘柄の先物ロール

ETFのトリックは、1レグスプレッド（限月間スプレッド）の特別なケースとして、1銘柄の先物取引のロールを扱うことができる。しかし、1銘柄の先物取引を扱う場合の等価でより直接的な手法は、時系列の累積ロールギャップをつくり、価格系列からそのギャップ系列を差し引く方法である。スニペット2.2は、このロジックの実装を示している。これは、ブルームバーグからダウンロードしたティックバー系列を格納したHDF5（訳注：Hierarchical Data Format 5、データを格納するファイル形式の一種）テーブルを使用する。ブルームバーグフィールドの意味は以下のとおり。

・FUT_CUR_GEN_TICKER……価格と先物取引を関連づけする識別子。値はロールごとに変わる。
・PX_OPEN……該当するバーの始値。
・PX_LAST……該当するバーの終値。
・VWAP……該当するバーの出来高加重平均価格。

関数rollGapsの引数matchEndは、先物系列のロールをフォワード（matchEnd=False）でするか、バックワード（matchEnd=True）でするかを決定する。フォワードロールでは、ロールされる先物系列の開始時の価格は、原系列の開始時の価格と一致する。バックワードロールでは、ロールされる先物系列の最終価格は、原系列の最終価格と一致する。

スニペット 2.2 価格系列からギャップ系列を差し引く

```
def getRolledSeries(pathIn,key):
  series = pd.read_hdf(pathIn,key = 'bars/ES_10k')
  series['Time']=pd.to_datetime(series['Time'],format =
  '%Y%m%d%H%M%S%f')
  series = series.set_index('Time')
  gaps = rollGaps(series)
  for fld in ['Close','VWAP']:series[fld]- = gaps
  return series
#———————————————————————————————————————————
def rollGaps(series,dictio ={'Instrument':'FUT_CUR_GEN_
TICKER','Open':'PX_OPEN', \
  'Close':'PX_LAST'},matchEnd = True):
  # 前限月の終値と後限月の始値のロールギャップの計算
  rollDates = series[dictio['Instrument']].drop_duplicates
  (keep = 'first').index
  gaps = series[dictio['Close']]*0
  iloc = list(series.index)
  # ロールする前日のインデックス
  iloc =[iloc.index(i)-1 for i in rollDates]
```

```
    gaps.loc[rollDates[1:]]=series[dictio['Open']].loc
    [rollDates[1:]]- \
      series[dictio['Close']].iloc[iloc[1:]].values
    gaps = gaps.cumsum()
    if matchEnd:gaps- = gaps.iloc[-1] # バックワードロール
    return gaps
```

ロール価格は、PnLおよびポートフォリオの時価評価のシミュレーションに使用される。しかし、ポジション調整と資金の使用量を決めるには原価格を使用する必要がある。特にコンタンゴの状態で売られた先物取引では、ロール価格は実際に負になりうることに留意すること。これを確認するため、綿花2番先物や天然ガス先物系列でスニペット2.2を実行する。

一般には負でないロール系列で作業したいが、その場合、次のように1ドル投資の価格系列をつくる。①時系列のロール先物価格を計算する、②ロール価格の変化を前回の原価格で割ってリターン（r）を計算する、③これらのリターンを使用して価格系列を作成する（つまり、(1 + r).cumprod()）。スニペット2.3はこのロジックを示している。

スニペット 2.3　負にならないロール価格系列

```
raw = pd.read_csv(filePath,index_col =0,parse_dates = True)
gaps = rollGaps(raw,dictio = {'Instrument':'Symbol','Open':
'Open','Close':'Close'})
rolled = raw.copy(deep = True)
for fld in ['Open','Close']:rolled[fld]- = gaps
rolled['Returns'] = rolled['Close'].diff()/raw['Close'].shift
(1)
rolled['rPrices']=(1+ rolled['Returns']).cumprod()
```

2.5　特徴量サンプリング

これまで、一群の非構造化金融データから、連続で均一で構造化されたデータセットを生成する方法を学んできた。そのようなデータセットをそのまま機械学習アルゴリズムに入力することもできるが、一般的には、２つの理由からこれはお勧めできない。第一に、いくつかの機械学習アルゴリズム（たとえば、SVM）は、大きなサンプルサイズに対してうまく機能しない。第二に、機械学習アルゴリズムは、適切なサンプルのみで学習を行うと最高の精度を達成する。たとえば、次回の絶対値で５％のリターンが正（５％急騰）になるか負（５％急落）になるかを予測したいとする。任意のランダムな時刻では、そのような予測の精度は低くなる。しかしながら、特定の相場材料があった後の次回の５％絶対リターンの正負の予測を分類器にかけると、より正確な予測を達成するのに役立つ特徴量を見つける可能性が高くなる。本節では特徴量行列を生成するためにバーをサンプリングする方法を、適切な訓練例を用いて議論する。

2.5.1　データ量削減のためのサンプリング

前述のように、構造化データセットから特徴量サンプリングをする理由の１つは、使用するデータ量を削減し機械学習アルゴリズムに適合させるためである。この操作は、ダウンサンプリングとも呼ばれる。これは、一定の間隔で順番にサンプリング（等間隔サンプリング）するか、一様分布を用いてランダムにサンプリング（一様サンプリング）するか、で行われることが多い。

等間隔サンプリングの主な利点は、その単純さにある。欠点は、間隔が恣意的であり、最初のバーの位置によって結果が異なってしまう可能性があることである。一様サンプリングは、バーの集合全体からサンプルを均一に抽出することによって、これらの問題に対処する。それでも、どちらの方法も予測力や情報量の観点からは、サンプルが最も適切な観測値のサブセットを必ずしも含むとは限らない、という批判を受けている。

2.5.2　イベントベースサンプリング

普通、ポートフォリオマネージャーは構造変化（第17章）、シグナルの抽出（第18章）、またはマイクロストラクチャー現象（第19章）などのイベントが発生した後にベットを行う。これらのイベントは、マクロ経済統計の発表、ボラティリティの急上昇、平衡水準からのスプレッドの著しい逸脱などと関連している可能性がある。イベントを重要なものとして特徴づけ、それらの状況下において正確な予測関数が存在するかどうかを機械学習アルゴリズムに学習させることができるであろうか。おそらく、答えは「No」だ。このような場合には、イベントを構成するものを再定義するか、代替機能を使用して再試行したい。説明のために、有効なイベントベースのサンプリング方法について議論する。

2.5.2.1 CUSUMフィルタ

CUSUMフィルタは、測定した値の平均値が目標値から離れていくかを検出するために設計された品質管理方法である。局所定常過程から生じるIID観測値 $\{y_t\}_{t=1,\cdots,T}$ を考える。累積値を

$$S_t = \max\{0, S_{t-1} + y_t - \mathrm{E}_{t-1}[y_t]\}$$

と定義する。ここで境界条件は $S_0 = 0$ である。この手法は、ある閾値 h（フィルタサイズ）に対し、$S_t \geq h$ を満たした最初の時点 t でなんらかの動作を行うときに使える。また、$y_t \leq \mathrm{E}_{t-1}[y_t] - S_{t-1}$ の条件下では、常に $S_t = 0$ であることに注意しよう。このゼロフロア条件は、S_t が負となるような下方乖離を回避することを意味している。なぜなら、フィルタはリセットレベルである0からの上方乖離を識別するように設定されているからである。具体的には、閾値は次の場合に動作する。

$$S_t \geq h \Leftrightarrow \exists\ \tau \in [1, t] \left| \sum_{i=\tau}^{t} (y_i - \mathrm{E}_{i-1}[y_t]) \geq h \right.$$

上昇方向に対するこの概念は下落方向を含むように拡張することができ、次のように対称的なCUSUMフィルタを定義することができる。

$$S_t^+ = \max\{0, S_{t-1}^+ + y_t - \mathrm{E}_{t-1}[y_t]\},\ S_0^+ = 0$$

$$S_t^- = \min\{0, S_{t-1}^- + y_t - \mathrm{E}_{t-1}[y_t]\},\ S_0^- = 0$$

$$S_t = \max\{S_t^+,\ -S_t^-\}$$

Lam and Yam[1997]は、前回の高値または安値からの絶対リターン h が観測されるごとに、交互に売買シグナルが生成される投資戦略を提案している。彼らは、そのような戦略がFama and Blume[1966]によって研究され

た、いわゆる「フィルタ取引戦略」と等価であることを示している。ここで示したCUSUMフィルタの使用方法はそれとは異なる。つまり、$S_t \geq h$の場合に限りバーを時点tでサンプリングしS_tをリセットする。スニペット2.4は、対称CUSUMフィルタの実装を示した。ここで、$E_{t-1}[y_t]=y_{t-1}$である。

スニペット 2.4 対称CUSUMフィルタ

```
def getTEvents(gRaw,h):
  tEvents,sPos,sNeg = [],0,0
  diff = gRaw.diff()
  for i in diff.index[1:]:
    sPos,sNeg = max(0,sPos + diff.loc[i]),min(0,sNeg + diff.
    loc[i])
    if sNeg<-h:
      sNeg =0;tEvents.append(i)
    elif sPos>h:
      sPos =0;tEvents.append(i)
  return pd.DatetimeIndex(tEvents)
```

関数getTEventsは、フィルタ処理される原時系列（gRaw）と、閾値（h）の2つの引数を受け取る。CUSUMフィルタの実用的な特長の1つは、gRawが閾値の近辺をうろついている場合に複数のイベントが発生しないことである。このような過剰なイベント発生は、ボリンジャーバンドのような一般的な市場シグナルの欠陥である。gRawがイベントを発生させるには、長さhのランが必要である。図2－3は、ある価格系列に対してCUSUMフィルタが抽出したサンプルを示している。

変数S_tは、構造変化に対する統計値、エントロピー、または市場マイクロストラクチャーの測定など、第17章から第19章で説明する特徴量のいずれにも基づくことができる。たとえば、SADFが前回のリセットレベルから十分に乖離するたびに、イベントを発生させることができる（第17章で詳述する）。このイベントドリブンバーのサブセットが得られたら、イベントの発生が実用的で知的な情報を構成しているかどうかを機械学習アルゴリズムに判断させればよい。

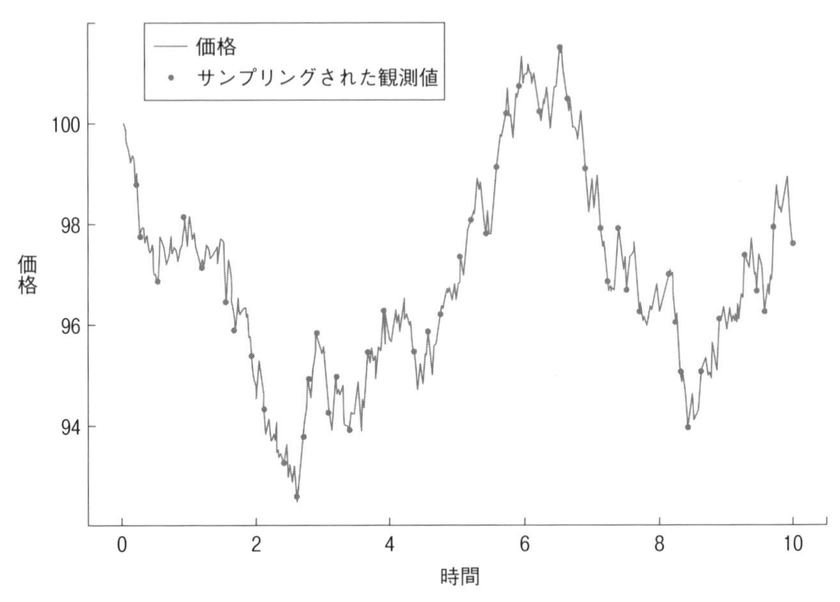

図２－３　CUSUMサンプリング価格系列

練習問題

2.1　E-mini S&P 500先物ティックデータに対して：

(a)　ティックバー、ボリュームバー、およびドルバーを作成せよ。ETFトリックでロール処理をすること。

(b)　週次で、ティックバー、ボリュームバー、ドルバーの数を数えよ。バー数を時系列でプロットせよ。週次バー数が最も安定しているのはどの方式か。それはなぜか。

(c)　３つのバー方式のリターンの系列相関を計算せよ。最も低い系列相関をもっている方式はどれか。

(d)　バー系列を月ごとのサブセットに分割する。バー方式ごとにサブセットのリターン分散を計算し、リターン分散の分散を計算する。分散が最小となるのはどの方法か。

(e)　３つのバー方式でリターンのジャック＝ベラ正規性検定をせよ。最小検定量統計はどんな手法で得られるだろうか。

2.2 E-mini S&P 500先物データに対して、ドルバーとドルインバランスバーを計算せよ。どちらのバーの系列相関が大きいか。それはなぜか。

2.3 E-mini S&P 500先物およびEurostoxx 50先物のドルバー系列に対して：

(a) ETF トリックで系列を作成し、2.4.2節の手法を用いて $\{\hat{\omega}_t\}$ ベクトルを計算せよ。（ヒント：ロール日にはEUR / USDの為替値が必要となる）

(b) S&P 500 / Eurostoxx 50スプレッドの時系列を作成せよ。

(c) ADF 検定を用いてこの系列が定常であることを確認せよ。

2.4 E-mini S&P 500先物ドルバーに対して：

(a) 移動平均周り５％幅のボリンジャーバンドを計算せよ。価格がバンドを外側（バンドの内側からバンドの外側）へクロス（交差）する回数を数えよ。

(b) CUSUM フィルタを使用してバーをサンプリングする。ここで、$\{y_t\}$ はリターン、h=0.05とする。サンプル数はいくつになるか。

(c) ２つのサンプル系列の移動標準偏差を計算せよ。どちらの不均一性が小さいか。なぜこのような結果となるのか。

2.5 練習問題2.4で作成したバーを用いて：

(a) CUSUM フィルタを用いてバーをサンプリングせよ。$\{y_t\}$ は絶対リターン、h=0.05とする。

(b) サンプリングされたバーの移動標準偏差を計算せよ。

(c) この結果と練習問題2.4の結果を比較せよ。どの手順が最も分散不均一のサンプルとなったか。それはなぜか。

◆引用文献

Ané, T. and H. Geman (2000): "Order flow, transaction clock and normality of asset returns." *Journal of Finance*, Vol. 55, pp. 2259–2284.

Bailey, David H., and M. López de Prado (2012): "Balanced baskets: A new approach to trading and hedging risks." *Journal of Investment Strategies* (*Risk Journals*), Vol. 1,

No. 4 (Fall), pp. 21–62.
Clark, P. K. (1973): "A subordinated stochastic process model with finite variance for speculative prices." *Econometrica*, Vol. 41, pp. 135–155.
Easley, D., M. López de Prado, and M. O'Hara (2011): "The volume clock: Insights into the high frequency paradigm." *Journal of Portfolio Management*, Vol. 37, No. 2, pp. 118–128.
Easley, D., M. López de Prado, and M. O'Hara (2012): "Flow toxicity and liquidity in a high frequency world." *Review of Financial Studies*, Vol. 25, No. 5, pp. 1457–1493.
Fama, E. and M. Blume (1966): "Filter rules and stock market trading." *Journal of Business*, Vol. 40, pp. 226–241.
Kolanovic, M. and R. Krishnamachari (2017): "Big data and AI strategies: Machine learning and alternative data approach to investing." White paper, JP Morgan, Quantitative and Derivatives Strategy. May 18.
Lam, K. and H. Yam (1997): "CUSUM techniques for technical trading in financial markets." *Financial Engineering and the Japanese Markets*, Vol. 4, pp. 257–274.
López de Prado, M. and D. Leinweber (2012): "Advances in cointegration and subset correlation hedging methods." *Journal of Investment Strategies* (*Risk Journals*), Vol. 1, No. 2 (Spring), pp. 67–115.
Mandelbrot, B. and M. Taylor (1967): "On the distribution of stock price differences." *Operations Research*, Vol. 15, No. 5, pp. 1057–1062.

第3章

ラベリング

3.1 はじめに

第2章では、非構造化データセットから金融関連の特徴量をもつ行列 X を作成する方法について説明した。教師なし学習アルゴリズムではその行列 X から直接パターンを学習することができる。たとえば、それが階層的クラスタを含むかどうかなどである。一方、教師付き学習アルゴリズムでは、X の各行がラベルまたは値の配列 y に関連づけられることが必要で、それによって未知の特徴量サンプルに対するこれらのラベルまたは値を予測することを目的としている。本章では、金融データにラベルづけをする方法について説明する。

3.2 固定時間ホライズン法

金融分野においては、ほとんどすべての機械学習の論文は固定時間ホライズン法を用いて観測データにラベルを付けている。この方法は以下のように説明できる。

インデックス $t=1, \cdots, T$ のバーから得られた I 行の特徴量行列 $\{X_i\}_{i=1,\cdots,I}$ を考える。ここで $I \leq T$ とする。第2章2.5節では、特徴量の集合 $\{X_i\}_{i=1,\cdots,I}$ を生成するサンプリング方法について説明した。次のように、観測値 X_i にラベル $y_i \in \{-1, 0, 1\}$ を付与する。

$$y_i=\begin{cases}-1 & \text{if}\, r_{t_{i,0},t_{i,0}+h}<-\tau \\ 0 & \text{if}\, |r_{t_{i,0},t_{i,0}+h}|\leq\tau \\ 1 & \text{if}\, r_{t_{i,0},t_{i,0}+h}>\tau\end{cases}$$

ここで、τは定義済みの定数閾値、$t_{i,0}$はX_iが発生した直後のバーのインデックス、$t_{i,0}+h$は$t_{i,0}$からh番目のバーのインデックス、$r_{t_{i,0},t_{i,0}+h}$はバー期間hにおける次式で示される価格リターンである。

$$r_{t_{i,0},t_{i,0}+h}=\frac{p_{t_{i,0}+h}}{p_{t_{i,0}}}-1$$

論文ではほとんどの場合、時間を区切った足（タイムバー）が使用されるため、hは固定時間ホライズンを意味する。章末の引用文献の節では複数の機械学習の研究をあげているが、そのうちDixon et al.[2016]はこのラベリング方法の最近の例である。これは一般的な方法ではあるが、ほとんどの場合は、いくつかの理由でこのアプローチを避けるべきである。第一に、第2章でみたように、タイムバーはよい統計的性質を示さない。第二の問題は、観測されたボラティリティに関係なく、同じ閾値が適用されることである。たとえば$\tau=1E-2$として$y_i=1$と観測値にラベルを付けるとき、実現ボラティリティが$\sigma_{t_{i,0}}=1E-4$（たとえば夜間のセッション中）の場合もあれば、$\sigma_{t_{i,0}}=1E-2$（たとえば寄り付き周辺）の場合もある。この場合、たとえ夜間セッション中のリターン$r_{t_{i,0},t_{i,0}+h}$が予測可能で統計的に有意であっても、ラベルの大多数は0になってしまう。

言い換えれば、タイムバーに従って、固定された閾値によって観測値にラベルづけをすることはよくある誤りである。いくつかのよりよい方法がある。1つ目は、ローリング指数加重標準偏差を用いて計算した可変閾値$\sigma_{t_{i,0}}$によりラベルづけをする方法である。2つ目は、ボラティリティが一定（等分散性）に近くなる、出来高バーまたはドルバーを使用する方法である。しかし、これら2つの改良法でも、固定時間ホライズン方式の重要な欠陥、つまり価格は経路依存であるという欠点を見逃している。すべての投資戦略には、ポートフォリオマネージャーが自ら課したもの、リスク部門によって設定されたもの、マージンコール（追証請求）によって引き起こされたものなどの、ストップロス制限がある。現実には取引所によってロスカットされたであろうポジションから利益を得る戦略を構築することは、単純に非現実的である。投資に関する文献のほとんどが観測値にラベルづけすることの重要性について考慮していないことは、これらの文献の現状をよく示している。

3.3 動的閾値の計算

前節で論じたように、実際には投資戦略に含まれるリスクの関数である利益確定とストップロス制限を設定すべきである。さもなければ、その時点のボラティリティレベルに比して、時には高すぎたり（$\tau \gg \sigma_{t_{i,0}}$）、低すぎたり（$\tau \ll \sigma_{t_{i,0}}$）する目標を設定することになってしまう。

スニペット3.1は日中の推定ポイントで日次ボラティリティを計算するものである。ここで、ローリング指数加重標準偏差には`span0`日の期間を適用している。`pandas.Series.ewm`関数の詳細については、pandasの資料を参照いただきたい。

スニペット 3.1 日次ボラティリティ推定

```
def getDailyVol(close,span0=100):
  # 日次ボラティリティ、close(株価系列)に従いインデックス再作成
  df0=close.index.searchsorted(close.index-pd.Timedelta(days=1))
  df0=df0[df0>0]
  df0=pd.Series(close.index[df0–1], index=close.index[close.
  shape[0]-df0.shape[0]:])
  # 日次リターン
  df0=close.loc[df0.index]/close.loc[df0.values].values-1
  df0=df0.ewm(span=span0).std()
  return df0
```

本章をとおして、この関数の出力を使用して、デフォルトの利益確定とストップロスの制限を設定できる。

3.4 トリプルバリア法

ここでは、既存の文献では見当たらない新しいラベリング方法を紹介する。読者が資産運用の専門家であるならば、この方法がより理にかなっていることに同意するはずである。3つのバリアのうち最初に触れたバリアに従って観測値をラベルづけするので、これをトリプルバリア方式と呼ぶ。まず、2つの水平バリア（horizontal barrier）と1つの垂直バリア（vertical barrier）を設定する。2つの水平バリアは、プロフィットテイク（利食い）とストップロス（損切り）の限度額によって定義し、これらは推定ボラティリティ（実現もしくはインプライド）の動的関数とする。第3のバリアは、ポジションをとってから経過したバーの数として定義し、これは有効期限を意味する。上部バリアに最初に触れた場合、観測値を1とラベルづけする。下部バリアに最初に触れた場合、観測値に－1とラベルづけする。垂直方向のバリアに最初に触れた場合、2つの選択肢がある。リターンの符号とするか、または0とするかである。限度内で損益を実現したという意味において、筆者は個人的には前者を好むが、読者の扱う特定の問題において0のほうがうまく機能するかどうかは自ら探求していただきたい。

ここで、トリプルバリア方式が経路依存であることに気づくかもしれない。観測値にラベルをつけるには、経路の全域 $\left[t_{i,0}, t_{i,0}+h\right]$ を考慮する必要がある。ここで、h は垂直バリア（有効期限）を定義する。最初のバリア接触の時間を $t_{i,1}$、および観測された特徴量に対応するリターンを $r_{t_{i,0},t_{i,1}}$ で表す。ここで、$t_{i,1} \leq t_{i,0}+h$ であり、水平バリアは必ずしも対称でなくともよい。

スニペット3.2はトリプルバリア方式を実装している。この関数は4つの引数を受け取る。

・`close`……価格の pandas Series

・`events`……次の列を含む pandas DataFrame

　`t1`……垂直バリアのタイムスタンプ。値が `np.nan` の場合、垂直方向のバリアはない。

　`trgt`……水平バリアの幅の単位。

・`ptSl`……2つの非負 float 値のリスト：

ptSl[0]……上部バリアの幅を設定するためにtrgtに乗算する係数。0の場合、上部バリアはない。

ptSl[1]……下部バリアの幅を設定するためにtrgtに乗算する係数。0の場合、下部バリアはない。

・molecule……シングルスレッドによって処理されるイベントインデックスのサブセットを含むリスト。その使用法は本章の後半で解説する。

スニペット 3.2 トリプルバリア法

```
def applyPtSlOnT1(close,events,ptSl,molecule):
  # t1(イベント終了)前に行われた場合は、ストップロス／利食いを実施
  events_=events.loc[molecule]
  out=events_[['t1']].copy(deep=True)
  if ptSl[0]>0:pt=ptSl[0]*events_['trgt']
  else:pt=pd.Series(index=events.index) # NaNs
  if ptSl[1]>0:sl=-ptSl[1]*events_['trgt']
  else:sl=pd.Series(index=events.index) # NaNs
  for loc,t1 in events_['t1'].fillna(close.index[-1]).
  iteritems():
    df0=close[loc:t1] #価格経路
    df0=(df0/close[loc]-1)*events_.at[loc,'side'] #リターン
    #ストップロスの最短タイミング
    out.loc[loc,'sl']=df0[df0<sl[loc]].index.min()
    #利食いの最短タイミング
    out.loc[loc,'pt']=df0[df0>pt[loc]].index.min()
  return out
```

この関数からの出力は、各バリアに触れたときのタイムスタンプ（もしあれば）を含むpandas DataFrameである。前述の説明からわかるように、このメソッドは3つのバリアのそれぞれを無効とする可能性を考慮している。このバリアの設定をトリプレット［pt,sl,t1］で表す。ここで、0はバリアが非アクティブであることを意味し、1はバリアがアクティブであることを意味する。設定可能な8つの設定は次のとおり。

・3つの便利な設定

[1, 1, 1]……これは標準的な設定で、3つのバリア出口条件を定義する。利益を実現するのが理想であるが、損失に対する最大許容範囲と保有期間も設定している。

[0, 1, 1]……この設定では、ロスカットされない限り、指定の数のバーの後に終了する。

[1, 1, 0]……この設定では、ロスカットされない限り、利食いを待ち続けることになる。利食いもしくはロスカットが起こらない限りポジションをとり続けようとすることになり、これはやや非現実的である。

・あまり現実的でない3つの構成：

[0, 0, 1]……これは固定時間ホライズン法と同じである。出来高、価格、または情報ドリブンのバーに適用し、期間内に複数の予測が更新されるような場合には、依然として有益である。

[1, 0, 1]……利益が得られるか最大保有期間を超えるまでポジションが保有され、期間中の未実現損失は考慮しない。

[1, 0, 0]……利益が出るまでポジションが保有される。損失を出しているポジションを何年間も維持する可能性を意味する。

・2つの非論理的な構成

[0, 1, 0]……これは目的がない設定で、ロスカットされるまでポジションを保持する。

[0, 0, 0]……バリアがない条件。ポジションは永久に保持され、ラベルは生成されない。

図3－1は、トリプルバリア方式の2つの異なる設定を示している。(a)の設定は［1, 1, 0］で、最初に触れたバリアは下の水平バリアである。(b)の設定は［1, 1, 1］で、最初に触れたバリアは垂直バリアである。

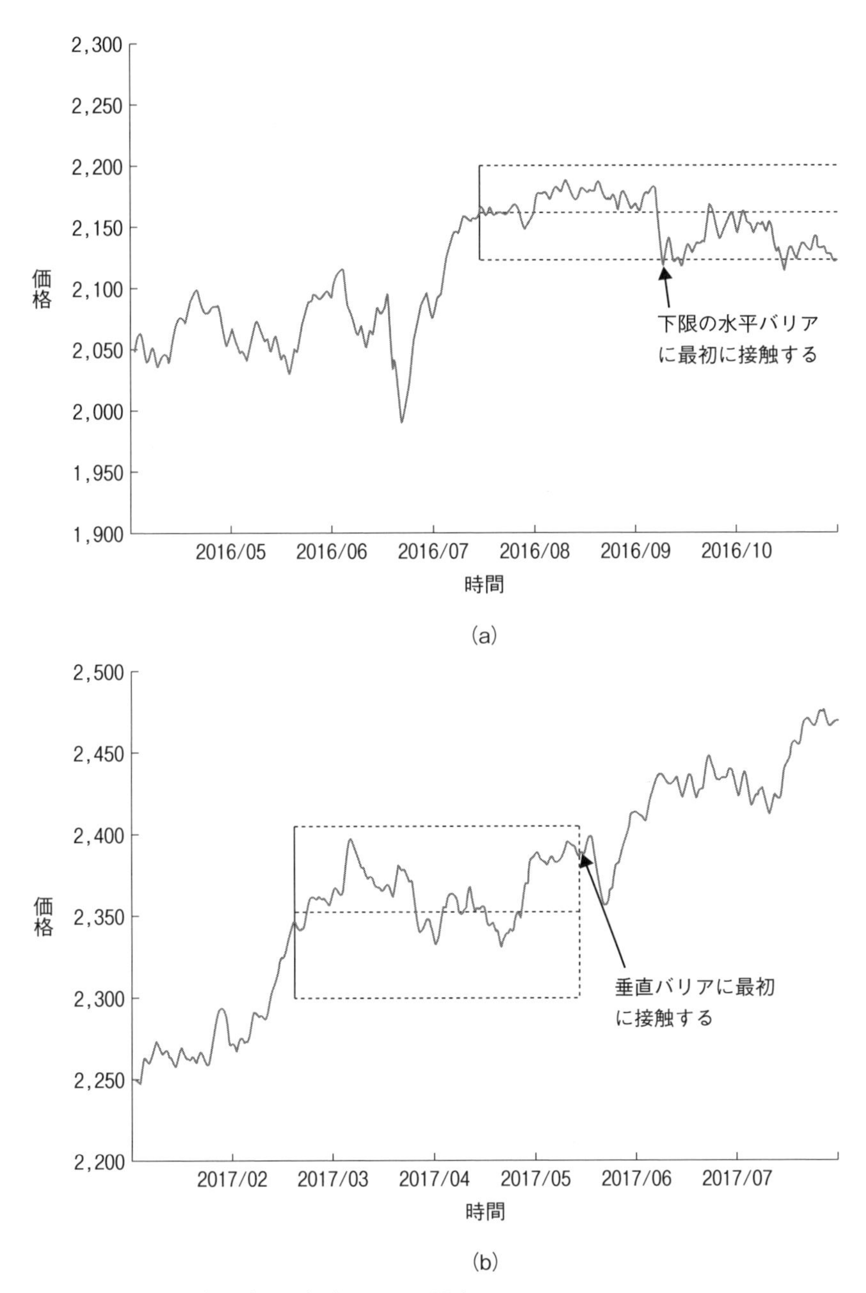

図３－１　トリプルバリア方式の２つの設定

3.5 サイド（side、買いか売りか）とサイズ（size）の学習

本節では、機械学習のアルゴリズムがベットのサイドとサイズについての学習を行えるようにサンプルにラベルづけを行う方法について説明する。

自分のポジションの符号（ロング（買い）またはショート（売り））を設定するための基礎となるモデルがない場合には、サイドの学習が重要となる。そのような状況下では、ポジションのサイドがわからないため、利食いのバリアとストップロスのバリアを区別することはできない。学習によってサイドを予測することは、水平バリアがないか、または水平バリアが対称的でなければならないことを意味する。

スニペット3.3は、最初のバリアに触れる時間を見つける関数 getEvents を実装している。この関数は以下の引数を受け取る。:

- close……価格の pandas Series
- tEvents……すべてのトリプルバリアを生成するタイムスタンプを含む pandas のタイムインデックス。これらは、第2章2.5節で説明したサンプリング手順によって選択されたタイムスタンプである。
- ptSl……2つのバリアの幅を設定する非負 float 値。値が0の場合は、それぞれの水平バリア（利食いおよび／またはストップロス）を無効にすることを意味する。
- t1……垂直バリアのタイムスタンプの pandas Series。垂直バリアを無効にしたい場合は、False を渡す。
- trgt……絶対リターンで表現されたターゲットの pandas Series。
- minRet……トリプルバリアの検索を実行するために必要な最小目標リターン。
- numThreads……関数によって同時に使用されているスレッドの数。

スニペット 3.3　最初にバリアに接触する時間の取得

```
def getEvents(close,tEvents,ptSl,trgt,minRet,numThreads,t1
=False):
  #1) ターゲットの定義
  trgt=trgt.loc[tEvents]
```

```
trgt=trgt[trgt>minRet] # minRet
#2) t1(最大保有期間)の定義
if t1 is False:t1=pd.Series(pd.NaT,index=tEvents)
#3) イベントオブジェクトを作成し、t1にストップロスを適用
side_=pd.Series(1.,index=trgt.index)
events=pd.concat({'t1':t1,'trgt':trgt,'side':side_}, \
  axis=1).dropna(subset=['trgt'])
df0=mpPandasObj(func=applyPtSlOnT1,pdObj=('molecule',events.
index), \
  numThreads=numThreads,close=close,events=events,ptSl=
  [ptSl,ptSl])
# pd.min は nan を無視する
events['t1']=df0.dropna(how='all').min(axis=1)
events=events.drop('side',axis=1)
return events
```

$I=1E6$、$h=1E3$と仮定すると、評価する条件の数は最大10億個である。マルチスレッドに精通していない限り、多くの機械学習タスクは非常に高い計算コストがかかるが、これもその１つである。ここで並列コンピューティングが登場する。第20章では、本書全体で使用するいくつかのマルチプロセッシング関数について説明する。

関数 mpPandasObj はマルチプロセッシングエンジンを呼び出す。これについては、第20章で詳しく説明する。現時点では、単にこの関数が applyPtSlOnT1 を並行して実行することを知っていれば十分である。

関数 applyPtSlOnT1は、各バリアが触れられたときのタイムスタンプを（あれば）返す。次に、最初のタッチの時刻は、applyPtSlOnT1によって返される３つのうちの最も早い時刻である。われわれはベットのサイドを学習しなければならないので、引数として ptSl＝[ptSl,ptSl]を渡し、常にロングサイドとなるように任意にセットする（水平バリアは対称であるため、サイドは最初のタッチの時間を決定することとは無関係）。この関数からの出力は次の列をもつ pandas DataFrame である。

・t1……最初のバリアに触れたときのタイムスタンプ。
・trgt……水平バリアを生成するために使用されたターゲット。

スニペット3.4は垂直バリアを定義する1つの方法を示している。このスニペットはtEventsの各インデックスに対して、numDaysの日数後またはその直後の、次のプライスバーのタイムスタンプを求める。こうして求めた垂直バリアは、getEventsのオプション引数t1として渡すことができる。

スニペット 3.4 垂直バリアの追加

```
t1=close.index.searchsorted(tEvents+pd.Timedelta(days=numDays))
t1=t1[t1<close.shape[0]]
t1=pd.Series(close.index[t1],index=tEvents[:t1.shape[0]]) # 終了時にNaNs
```

最後に、スニペット3.5で定義するgetBins関数を使って観測値にラベルをつける。引数は、上で説明したevents DataFrameと、価格のpandas Seriesであるcloseである。出力は次の列を含むDataFrameである。:

・ret……最初にバリアに接触した時点で実現したリターン。
・bin……ラベル{−1, 0, 1}。値はリターンの符号としているが、垂直バリアが最初に触れられたときには0としてラベルづけするように関数を簡単に調整することができる。これは練習問題に載せている。

スニペット 3.5 サイドとサイズのラベルづけ

```
def getBins(events,close):
  #1) イベント発生時の価格
  events_=events.dropna(subset=['t1'])
  px=events_.index.union(events_['t1'].values).drop_duplicates()
  px=close.reindex(px,method='bfill')
  #2) outオブジェクトを生成
  out=pd.DataFrame(index=events_.index)
  out['ret']=px.loc[events_['t1'].values].values/px.loc[events_.index]-1
  out['bin']=np.sign(out['ret'])
  return out
```

3.6 メタラベリング

ベットのサイドを設定するためのモデルがあると仮定する。次にそのベットのサイズを学習する必要があり、その大きさとしてはまったくポジションをもたない（サイズ0の）可能性も含まれている。これは実務家がよく直面する状況である。売りたいのか買いたいのかはわかっているが、残っている課題はそのベットにどれくらいの金額を投入するかということである。機械学習アルゴリズムがサイドを学習する必要はなく、適切なベットサイズを教えてくれるだけでよい。これまでにこの一般的な問題について説明している書籍や論文がないことを聞いても、いまや驚くことはないであろう。ありがたいことに、この問題は本章での解説で終わりにすることができる。ここではこの問題をメタラベリングと呼ぶことにする。というのも、外因的な1次モデルの使い方を学習する2次機械学習モデルをつくりたいからである。

まったく新しい getEvents 関数を作成するのではなく、メタラベリングを扱うために、前のコードを修正する。最初に、新しい side オプション引数（デフォルトは None）を受け取る。これは1次モデルによって決定されたベットのサイドを示す。side が None ではない場合、この関数はメタラベリングが有効であると理解する。次に、サイドがわかったので、利益確定とストップロスを効果的に区別することができる。前節で説明したように、水平バリアは対称である必要はない。ここで、引数 ptSl は2つの非負 float 値のリストであり、ptSl[0]は trgt に掛けて上部バリアの幅を設定する係数であり、ptSl[1]は trgt に乗算して下部バリアの幅を設定する係数である。どちらかの値が0の場合、そのバリアは無効になる。スニペット3.6では、これらの機能拡張が実装されている。

スニペット 3.6 メタラベリングを組み込むための getEvents の拡張

```
def getEvents(close,tEvents,ptSl,trgt,minRet,numThreads,t1
=False,side=None):
  #1) ターゲットの定義
  trgt=trgt.loc[tEvents]
  trgt=trgt[trgt>minRet] # minRet
```

```
  #2) t1(最大保有期間)の定義
  if t1 is False:t1=pd.Series(pd.NaT,index=tEvents)
  #3) イベントオブジェクトを作成し、t1にストップロスを適用
  if side is None:side_,ptSl_=pd.Series(1.,index=trgt.index),
  [ptSl[0],ptSl[0]]
  else:side_,ptSl_=side.loc[trgt.index],ptSl[:2]
  events=pd.concat({'t1':t1,'trgt':trgt,'side':side_}, \
    axis=1).dropna(subset=['trgt'])
  df0=mpPandasObj(func=applyPtSlOnT1,pdObj=('molecule',events.
  index), \
    numThreads=numThreads,close=inst['Close'],events=events,
    ptSl=ptSl_)
  # pd.min は nan を無視する
  events['t1']=df0.dropna(how='all').min(axis=1)
  if side is None:events=events.drop('side',axis=1)
  return events
```

同様に、メタラベリングを扱えるように、getBins 関数を拡張する必要がある。

スニペット3.7ではそのために必要となる変更点を実装している。

スニペット 3.7　メタラベリングを組み込むためのgetBinsの拡張

```
def getBins(events,close):
  '''
  イベント結果を計算する(もしあれば、ロングかショートかの情報を含む)。
  events は次の情報を保持する DataFrame:
  —events.index はイベント開始時間
  —events['t1'] はイベント終了時間
  —events['trgt'] はイベントのターゲット
  —events['side'](オプション)はアルゴのポジションサイドを意味する
  ケース1:('side' が events に含まれていない場合):bin は(-1,1)の
  いずれか <- 価格変動によるラベル
```

```
ケース2：('side'がeventsに含まれている場合)：binは(0,1)のいずれか<-pnl(メタラベリング)によるラベル
'''
#1) events発生時の価格
events_=events.dropna(subset=['t1'])
px=events_.index.union(events_['t1'].values).drop_duplicates()
px=close.reindex(px,method='bfill')
#2) outオブジェクトを生成
out=pd.DataFrame(index=events_.index)
out['ret']=px.loc[events_['t1'].values].values/px.loc[events_.index]-1
#メタラベリング
if 'side' in events_:out['ret']*=events_['side']
out['bin']=np.sign(out['ret'])
# メタラベリング
if 'side' in events_:out.loc[out['ret']<=0,'bin']=0
return out
```

スニペット3.5では`out['bin']`のラベルがとりうる値が{−1，0，1}であったのに対し、ここでは`out['bin']`のラベルがとりうる値は{0，1}である。機械学習アルゴリズムは、ベットするかしないか、二値予測を決定するように訓練される。予測ラベルが1の場合、ポジションのサイドは1次モデルによって決定されており、2次モデルの予測を使用してベットサイズを導出できる。

3.7 メタラベリングの使用方法

二項分類問題には、第1種の誤り（false positive、偽陽性）と第2種の誤り（false negative、偽陰性）との間のトレードオフが存在する。一般的に、二項分類器の真陽性率を上げると、偽陽性率も上がる傾向がある。二項分類

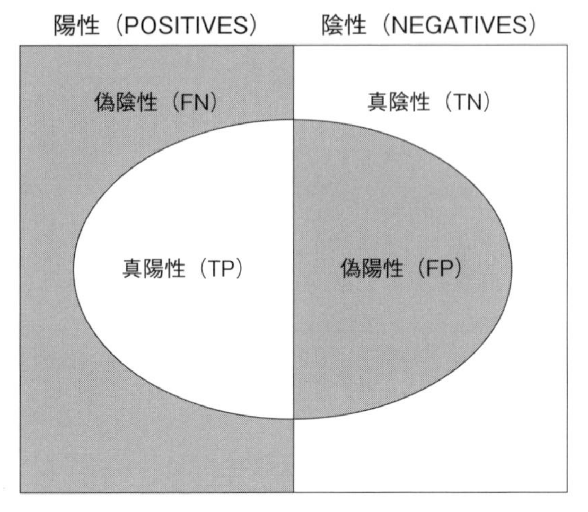

図３－２　「混同行列」の視覚化

器の受信者動作特性曲線（ROC 曲線、Receiver Operator Characteristics curve）は、真陽性（TP）率を増加させる際のコストを、偽陽性率の増加により測定する。

図３－２は、いわゆる「混同行列」を示している。一連の観測値には、条件に当てはまるもの（陽性、左の長方形）、および条件に当てはまらないもの（陰性、右の長方形）がある。二項分類器は、いくつかの項目が条件（楕円）を示すと予測する。ここで、TP 領域には真陽性（true positive）が含まれており、TN 領域には真陰性（true negative）が含まれている。また、２種類のエラーである、偽陽性（FP）と偽陰性（FN）が示されている。「適合率（precision）」は、TP の面積の楕円形の面積に対する比率であり、「再現率（recall）」は TP の面積の左の長方形の面積に対する比率である。分類問題での再現率の概念（またの名を真陽性率ともいう）は、仮説検定における「検出力」に類似している。「正解率（accuracy）」とは、TP 領域と TN 領域の合計を全領域（四角形）で割ったものである。一般的に、FP 領域を小さくすると、FN 領域が大きくなるというトレードオフが成立する。これは通常、より高い適合率は陽性判定の数が少ないことを意味し、再現率が低くなるためである。それでも、分類器の全体的な効率を最大にする適合率と

再現率の組合せがある。F1スコアは、適合率と再現率の調和平均により分類器の効率性を測定する指標である（これについては第14章で詳しく説明する）。

メタラベリングは、より高いF1スコアを達成したい場合に特に有効である。まず、適合率がそれほど高くなくても高い再現率を示すような１次モデルを構築する。次に、１次モデルによる正解予測に対してメタラベリングを適用することによって低い適合率を修正する。

メタラベリングは、大部分の陽性のケースがすでに１次モデルによって識別された後で、偽陽性を除外することによってF1スコアを増加させる。言い換えれば、２次機械学習アルゴリズムの役割は、１次モデルによる陽性判定が真か偽かを判定することである。２次モデルの目的は投資機会を見つけることではなく、１次モデルが提示した投資機会を採用するか見送るかを決定することである。

メタラベリングは、４つの理由から、手もちの手段としておくべき非常に強力なツールである。

第一に、機械学習アルゴリズムはブラックボックスと批判されることがよくある点である（第１章を参照）。しかしメタラベリングを使用すると、（経済理論に基づいたファンダメンタルモデルなどの）ホワイトボックスの上に機械学習システムを構築できる。「クオンタメンタル（quantamental）」による資産運用を行っている組織にとって、ファンダメンタルなモデルを機械学習モデルに変換するこの能力は、メタラベリングを非常に有益なものにするだろう。第二に、メタラベルを適用した場合、オーバーフィットの影響は限定的なものとなる。というのも、機械学習はベットのサイドを決定せず、ベットサイズのみを決定するからである。第三に、サイズの予測からサイドの予測を切り離すことによって、メタラベルは洗練された戦略構成を可能にする。たとえば、上昇相場を引き起こす要因と、下落相場を引き起こす要因が異なる場合である。その場合、ある１次モデルの買い推奨に基づいてロングポジション専用の機械学習戦略を作成し、それとはまったく異なる１次モデルの売り推奨に基づいてショートポジション専用の機械学習戦略を作成するとよいだろう。第四に、小さなベットで高い精度を達成しても、大きなベットで低い精度となるならば戦略が破綻してしまう。優れた投資機会を発見することと同じくらい重要なのは、適切なベットサイズを設定することであるので、そのきわめて重要な決定（サイズの決定）を正しく行うことのみに専念する機械学習のアルゴリズムを構築することは理にかなっている。第10章でこの4番目のポイントについては再度取り上げる。筆者の経験上、メタラベリングを用いた機械学習モデルにより、標準のラベリングモデルよりもロバストで信頼性の高い結果を得ることができる。

3.8 クオンタメンタルな手法

メディアでは、多くのヘッジファンドがクオンタメンタルアプローチを採用していることをよく報じている。Googleで軽く検索しても、最も伝統的なヘッジファンドを含む多くのヘッジファンドが、人間の専門知識とクオンタメンタルな手法を組み合わせるために設計されたテクノロジーに何千万ドルも投資しているという記事が表示される。メタラベリングはまさしくこれらの人々が待ち望んでいたものであることがわかる。その理由をみていこう。

価格を予測できると思われる一連の特徴量（変数）があるが、どのように予測したらいいかはわからないとしよう。ベットのサイドを決定するためのモデルをもっていないので、サイドとサイズの両方を学習する必要がある。ここで3.5節において学んだことを適用して、対称の水平バリアをもつトリプルバリア方式に基づいていくつかのラベルを作成する。これで、アルゴリズムを訓練データにフィットさせ、テストデータを用いて予測精度を評価する準備が整った。あるいは、次のようにすることもできる。

① 1次モデルの予測を使用してメタラベルを生成する。この場合、水平バリアは対称である必要はないことを思い出そう。

② モデルを同じ訓練データにもう1度フィットさせる。だが、今度は生成したばかりのメタラベルを使用する。

③ 1次機械学習モデルの「サイド」と2次機械学習モデルの「サイズ」を組み合わせる。

メタラベリングレイヤーは、機械学習アルゴリズム、計量経済学的方程式、テクニカルトレードルール、ファンダメンタル分析などの任意の1次モデルにいつでも追加できる。そして、それらは人間の直観のみに基づいて生成された予測も含まれる。その場合、メタラベリングを使用することにより、裁量的なポートフォリオマネージャーの投資アイデアを実行すべきかやめておくべきかを判断できる。このようなメタラベリングを用いた機械学習アルゴリズムで使用される特徴量は、市場情報からバイオメトリック統計、心理テストまで多岐にわたる。たとえば、裁量的ポートフォリオマネージャーは市場のレジーム変化を迅速に把握できるため、構造的な変化がある場合（第17章）特によい判断を行う傾向があることがメタラベリングを用いた機械学習アルゴリズムによりわかるかもしれない。逆に、睡眠不足、疲労、体重に変化があったときなど、ストレス下のポートフォリオマネージャーは不正確な予測をする傾向にあることもわかるかもしれない。多くの職業では定期的な心理学的検査が必要であり、メタラベリングを用いた機械学習アルゴリズムは、これらのスコアが、現在のポートフォリオマネージャーの予測に対する自信度を評価するのにも関連があることを発見するかもしれない。ひょっとするとこれらの要因のどれも裁量的なポートフォリオマネージャーに影響を及ぼさず、彼らの頭脳は感情とは無関係に、冷徹な計算機のように働くのかもしれない。私はそうではないと予想するので、メタラベリングはあらゆる裁量的ヘッジファンドにとって必須の機械学習手法になると考える。近い将来、あらゆる裁量的ヘッジファンドはクオンタメンタルな組織になるだろう。そしてメタラベリングはその移行を行うための明確な道を提供することになるだろう。

3.9 不要なラベルの削除

いくつかの機械学習分類器は、分析対象のクラスが過度に不均衡なときはうまく機能しない。そのような状況では、出現回数がきわめて少ないラベルを削除し、より一般的に出現するクラスに焦点をあわせることが好ましい。スニペット3.8は出現回数がきわめて少ないラベルに関連する観測値を削除する手順を示している。関数 `dropLabels` は、残りのクラスが2つしかない場合を除き、比率 minPct 以下の出現頻度のクラスに関連する観測値を削除する。

スニペット 3.8 出現回数が少ないラベルの削除

```
def dropLabels(events,minPct=.05):
  # ウェイトを適用し、不十分なラベルを削除する例
  while True:
    df0=events['bin'].value_counts(normalize=True)
    if df0.min()>minPct or df0.shape[0]<3:break
    print 'dropped label',df0.argmin(),df0.min()
    events=events[events['bin']!=df0.argmin()]
  return events
```

ちなみに、不要なラベルを落としたいもう1つの理由は、次の sklearn の既知のバグである：https://github.com/scikit-learn/scikit-learn/issues/8566。この種のバグは sklearn の実装における非常に基本的な仮定に起因しているため、解決するのは簡単ではない。この特定の例では、エラーは、構造化配列や pandas オブジェクトではなく、標準の numpy 配列で動作するという sklearn の仕様によるものである。読者が本章を読んでいる時点、または近い将来に修正されるとは考えにくい。後の章では、独自のクラスを構築して sklearn の機能を拡張することによって、この種の実装エラーを回避する方法を学ぶ。

練習問題

3.1 E-mini S&P 500先物のドルバー（dollar bars）を構築せよ。：

(a) 閾値が日次収益の標準偏差（スニペット3.1）である対称 CUSUM フィルター（第2章2.5.2.1節）を適用せよ。

(b) numDays＝1として、pandas Series t1に対してスニペット3.4を用いよ。

(c) これらのサンプリングされた特徴量に対して、トリプルバリア法を適用せよ。ここで ptSl＝[1,1]、t1は(b)で作成した系列とする。

(d) `getBins` を適用してラベルを生成せよ。

3.2 練習問題3.1から、スニペット3.8を使用して出現回数が少ないラベルを削除せよ。

3.3 垂直バリアが最初に触れたときに常に0を返すように `getBins` 関数（スニペット3.5）を修正せよ。

3.4 一般的なテクニカル分析の統計（移動平均のクロスなど）に基づいてトレンドフォロー戦略を作成せよ。各観測値に対して、モデルはサイドを示すが、ベットサイズは示さないとする。

(a) `ptSl`＝[1,2] および `t1`（numDays＝1）に対するメタラベルを導出せよ。スニペット3.1で計算された日次標準偏差を `trgt` として使用すること。

(b) ランダムフォレストモデルを訓練して、トレードするかどうかを決定せよ。基礎となるモデル（移動平均のクロス）がサイドを {−1, 1} として決定しているため、RF モデルの決定はトレードするかどうかの {0, 1} である。

3.5 ボリンジャーバンド（Bollinger bands）に基づく平均回帰戦略を作成せよ。各観測値に対して、モデルはサイドを示すが、ベットサイズは示さないとする。

(a) `ptSl`＝[0,2] および `t1`（numDays＝1）に対するメタラベルを導出せよ。スニペット3.1で計算された日次標準偏差を `trgt` として使用すること。

(b) ランダムフォレストモデルを訓練して、トレードするかどうかを決定せよ。特徴量として使用するものは、ボラティリティ、系列相関、および練習問題3.4で使った移動平均のクロスである。

(c) 1次モデルからの予測の精度はどの程度であるか（つまり、2次モデルがベットをフィルタリングしない場合）。適合率、再現率、およびF1スコアはいくらか。

(d) 2次モデルによる予測の精度はどの程度であるか。適合率、再現率、およびF1スコアはいくらか。

◆参考文献

Ahmed, N., A. Atiya, N. Gayar, and H. El-Shishiny (2010): "An empirical comparison of machine learning models for time series forecasting." *Econometric Reviews*, Vol. 29, No. 5–6, pp. 594–621.

Ballings, M., D. van den Poel, N. Hespeels, and R. Gryp (2015): "Evaluating multiple classifiers for stock price direction prediction." *Expert Systems with Applications*, Vol. 42, No. 20, pp. 7046–7056.

Bontempi, G., S. Taieb, and Y. Le Borgne (2012): "Machine learning strategies for time series forecasting." *Lecture Notes in Business Information Processing*, Vol. 138, No. 1, pp. 62–77.

Booth, A., E. Gerding and F. McGroarty (2014): "Automated trading with performance weighted random forests and seasonality." *Expert Systems with Applications*, Vol. 41, No. 8, pp. 3651–3661.

Cao, L. and F. Tay (2001): "Financial forecasting using support vector machines." *Neural Computing & Applications*, Vol. 10, No. 2, pp. 184–192.

Cao, L., F. Tay and F. Hock (2003): "Support vector machine with adaptive parameters in financial time series forecasting." *IEEE Transactions on Neural Networks*, Vol. 14, No. 6, pp. 1506–1518.

Cervelló-Royo, R., F. Guijarro, and K. Michniuk (2015): "Stockmarket trading rule based on pattern recognition and technical analysis: Forecasting the DJIA index with intraday data." *Expert Systems with Applications*, Vol. 42, No. 14, pp. 5963–5975.

Chang, P., C. Fan and J. Lin (2011): "Trend discovery in financial time series data using a casebased fuzzy decision tree." *Expert Systems with Applications*, Vol. 38, No. 5, pp. 6070–6080.

Kuan, C. and L. Tung (1995): "Forecasting exchange rates using feedforward and recurrent neural networks." *Journal of Applied Econometrics*, Vol. 10, No. 4, pp. 347–364.

Creamer, G. and Y. Freund (2007): "Aboosting approach for automated trading." *Journal of Trading*, Vol. 2, No. 3, pp. 84–96.

Creamer, G. and Y. Freund (2010): "Automated trading with boosting and expert weighting." *Quantitative Finance*, Vol. 10, No. 4, pp. 401–420.

Creamer, G., Y. Ren, Y. Sakamoto, and J. Nickerson (2016): "A textual analysis algorithm for the equity market: The European case." *Journal of Investing*, Vol. 25, No. 3, pp. 105–116.

Dixon, M., D. Klabjan, and J. Bang (2016): "Classification-based financial markets prediction using deep neural networks." *Algorithmic Finance*, forthcoming (2017). Available at SSRN: https://ssrn.com/abstract=2756331.

Dunis, C., and M. Williams (2002): "Modelling and trading the euro/US dollar exchange rate: Do neural network models perform better?" *Journal of Derivatives & Hedge Funds*, Vol. 8, No. 3, pp. 211–239.

Feuerriegel, S. and H. Prendinger (2016): "News-based trading strategies." *Decision Support Systems*, Vol. 90, pp. 65–74.

Hsu, S., J. Hsieh, T. Chih, and K. Hsu (2009): "A two-stage architecture for stock price forecasting by integrating self-organizing map and support vector regression." *Expert Systems with Applications*, Vol. 36, No. 4, pp. 7947–7951.

Huang, W., Y. Nakamori, and S. Wang (2005): "Forecasting stock market movement direction with support vector machine." *Computers & Operations Research*, Vol. 32, No. 10, pp. 2513–2522.

Kara, Y., M. Boyacioglu, and O. Baykan (2011): "Predicting direction of stock price indexmovement using artificial neural networks and support vector machines: The sample of the Istanbul Stock Exchange." *Expert Systems with Applications*, Vol. 38, No. 5, pp. 5311–5319.

Kim, K. (2003): "Financial time series forecasting using support vector machines." *Neurocomputing*, Vol. 55, No. 1, pp. 307–319.

Krauss, C., X. Do, and N. Huck (2017): "Deep neural networks, gradient-boosted trees, random forests: Statistical arbitrage on the S&P 500." *European Journal of Operational Research*, Vol. 259, No. 2, pp. 689–702.

Laborda, R. and J. Laborda (2017): "Can tree-structured classifiers add value to the investor?" *Finance Research Letters*, Vol. 22 (August), pp. 211–226.

Nakamura, E. (2005): "Inflation forecasting using a neural network." *Economics Letters*, Vol. 86, No. 3, pp. 373–378.

Olson, D. and C. Mossman (2003): "Neural network forecasts of Canadian stock returns using accounting ratios." *International Journal of Forecasting*, Vol. 19, No. 3, pp. 453–465.

Patel, J., S. Sha, P. Thakkar, and K. Kotecha (2015): "Predicting stock and stock price index movement using trend deterministic data preparation and machine learning techniques." *Expert Systems with Applications*, Vol. 42, No. 1, pp. 259–268.

Patel, J., S. Sha, P. Thakkar, and K. Kotecha (2015): "Predicting stock market index using fusion of machine learning techniques." *Expert Systems with Applications*, Vol. 42, No. 4, pp. 2162–2172.

Qin, Q., Q. Wang, J. Li, and S. Shuzhi (2013): "Linear and nonlinear trading models with gradient boosted random forests and application to Singapore Stock Market." *Journal of Intelligent Learning Systems and Applications*, Vol. 5, No. 1, pp. 1–10.

Sorensen, E., K. Miller, and C. Ooi (2000): "The decision tree approach to stock selection." *Journal of Portfolio Management*, Vol. 27, No. 1, pp. 42–52.

Theofilatos, K., S. Likothanassis, and A. Karathanasopoulos (2012): "Modeling and trading the EUR/USD exchange rate using machine learning techniques." *Engineering, Technology & Applied Science Research*, Vol. 2, No. 5, pp. 269–272.

Trafalis, T. and H. Ince (2000): "Support vector machine for regression and applications to financial forecasting." *Neural Networks*, Vol. 6, No. 1, pp. 348–353.

Trippi, R. and D. DeSieno (1992): "Trading equity index futures with a neural network." *Journal of Portfolio Management*, Vol. 19, No. 1, pp. 27–33.

Tsai, C. and S. Wang (2009): "Stock price forecasting by hybrid machine learning techniques." *Proceedings of the International Multi-Conference of Engineers and Computer Scientists*, Vol. 1, No. 1, pp. 755–760.

Tsai, C., Y. Lin, D. Yen, and Y. Chen (2011): "Predicting stock returns by classifier ensembles." *Applied Soft Computing*, Vol. 11, No. 2, pp. 2452–2459.

Wang, J. and S. Chan (2006): "Stock market trading rule discovery using two-layer bias decision tree." *Expert Systems with Applications*, Vol. 30, No. 4, pp. 605–611.

Wang, Q., J. Li, Q. Qin, and S. Ge (2011): "Linear, adaptive and nonlinear trading models for Singapore Stock Market with random forests." Proceedings of the 9th IEEE International Conference on Control and Automation, pp. 726–731.

Wei, P. and N. Wang (2016): "Wikipedia and stock return: Wikipedia usage pattern helps to predict the individual stock movement." Proceedings of the 25th International Conference Companion on World Wide Web, Vol. 1, pp. 591–594.

Żbikowski, K. (2015): "Using volume weighted support vector machines with walk forward

testing and feature selection for the purpose of creating stock trading strategy." *Expert Systems with Applications*, Vol. 42, No. 4, pp. 1797–1805.
Zhang, G., B. Patuwo, and M. Hu (1998): "Forecasting with artificial neural networks: The state of the art." *International Journal of Forecasting*, Vol. 14, No. 1, pp. 35–62.
Zhu, M., D. Philpotts and M. Stevenson (2012): "The benefits of tree-based models for stock selection." *Journal of Asset Management*, Vol. 13, No. 6, pp. 437–448.
Zhu, M., D. Philpotts, R. Sparks, and J. Stevenson, Maxwell (2011): "A hybrid approach to combining CART and logistic regression for stock ranking." *Journal of Portfolio Management*, Vol. 38, No. 1, pp. 100–109.

第4章

標本の重み付け

4.1　はじめに

第3章では、金融関連の観測データにラベルづけをする新しい方法をいくつか示した。そこではトリプルバリア法とメタラベリングという2つの新しい概念を導入し、それらがクオンタメンタル投資戦略を含む金融分野への応用においていかに有用であるかを説明した。本章では、現実の金融関連の実務上至るところに現れるもう1つの問題、つまり観測値が独立同分布（IID）な過程によって生成されているのではないという問題に対処するための、標本の重み付けの使い方を学ぶ。ほとんどの機械学習の文献はIIDの仮定を置いて書かれており、金融における機械学習の応用の多くが失敗する1つの理由は、そうした仮定が金融関連の時系列データの場合には非現実的であるためである。

4.2　重複した結果

第3章でわれわれは観測された特徴量 X_i にラベル y_i を割り当てたが、そこでは y_i は区間 $[t_{i,0}, t_{i,1}]$ 上で発生するプライスバーの関数であった。$t_{i,1} > t_{j,0}$ かつ $i < j$ のとき、y_i と y_j はどちらも共通のリターン $r_{t_{j,0}, \min\{t_{i,1}, t_{j,1}\}}$、すなわち区間 $[t_{j,0}, \min\{t_{i,1}, t_{j,1}\}]$ のリターンに依存する。その示唆するところは、ラベル系列 $\{y_i\}_{i=1,\cdots,I}$ は、任意の2つの連続した結果の間に重複があ

るとき、つまりあるiについて$t_{i,1} > t_{i+1,0}$であるときは、いつもIIDではないということである。

投資ホライズンを$t_{i,1} \leq t_{i+1,0}$に制限することでこの問題を回避するとしよう。この場合、すべての特徴量の結果は次に観測される特徴量よりも前、あるいはその始点において決定されるため、重複は起こらない。しかし、それは特徴量のサンプリング頻度が結果を決定するのに使われるホライズンによって制限されるような粗末なモデルにつながることになる。たとえば、もし1カ月持続する結果を調査したいのならば、特徴量は（月次や週次など）最大でも月次までの頻度で抽出される必要がある。もう一方で、もしサンプリング頻度を高めてたとえば日次にするのならば、結果のホライズンも1日に縮めなければならない。さらに、仮にトリプルバリア法のような経路依存的なラベリング方法を適用したいのであれば、サンプリング頻度は最初のバリアへの到達タイミングに依存することになる。たとえ読者が何をしても、重複を取り除くために結果のホライズンを制限するのは悲惨な解法である。したがって$t_{i,1} > t_{i+1,0}$となることを許容しなければならないが、これにより前述の結果の重複の問題に戻ってしまうことになる。

この状況は、現実の金融関連の実務における特徴である。金融以外のほとんどの分野における機械学習の研究者は、観測値がIIDな過程から抽出されていることを仮定することができる。たとえば、血液のサンプルをたくさんの患者から入手してコレステロールを計測することを考えよう。もちろん、さまざまな基礎的な共通要因がコレステロールの分布の平均と標準偏差に影響を与えるだろうが、それでもサンプルは独立である。つまり、被験者ごとの観測値は1つである。ここで仮に、血液サンプルを採取したが、実験室のだれかが血液をそれぞれの試験管からそれらの右に並んでいる9本の試験管にこぼしてしまったとしよう。つまり、試験管10には患者10の血液だけでなく、患者1から患者9までの血液も含まれていて、試験管11には患者11だけでなく患者2から患者10までの血液も含まれているという具合である。いま、読者は患者それぞれのコレステロール水準を正確に知ることなしに、高コレステロールを予測できる特徴量（食事、運動、年齢など）を決定する必要がある。これはわれわれが金融の世界における機械学習で直面するのと同等の問題であり、しかもそれはこぼしたパターンが非決定論的で未知だという追加的なハンディキャップを伴う。金融の世界は、機械学習の応用においては、プラグアンドプレイの対象ではない。金融の世界に簡単に機械学習が適用できるという人の話を聞くのは、時間とお金の無駄である。

非IIDラベルの問題に対処する方法はいくつか存在するが、本章では重複した結果の不適切な影響を修正するようなサンプリングと重み付けの方法をデザインすることによってその問題に取り組む。

4.3 同時発生的なラベルの数

2つのラベルy_iとy_jがどちらも、少なくとも1つの共通のリターン$r_{t-1,t}=\frac{p_t}{p_{t-1}}-1$の関数であるとき、この2つのラベルは時点$t$において同時発生的であるという。重複は完全である必要はない。ここで「完全」とは両方のラベルが同じ時間区間に及んでいるという意味である。本節では、あるリターン$r_{t-1,t}$の関数であるラベルの数を計算する。まず、各時点$t=1,\cdots,T$に対して、バイナリ数列$\{1_{t,i}\}_{i=1,\cdots,I}$を形成する。ここで、$1_{t,i}\in\{0,1\}$である。$[t_{i,0},t_{i,1}]$が$[t-1,t]$と重なるとき、かつそのときに限り$1_{t,i}=1$とし、それ以外の場合は$1_{t,i}=0$とする。ラベルのスパン$\{[t_{i,0},t_{i,1}]\}_{i=1,\cdots,I}$は第3章で導入したt1オブジェクトで定義されていることに注意しよう。次に、tにおける同時発生的なラベルの数c_tを、$c_t=\sum_{i=1}^{I}1_{t,i}$として計算する。スニペット4.1はこのロジックの実装を示している。

スニペット 4.1 ラベルの独自性(ユニークネス)の推定

```
def mpNumCoEvents(closeIdx,t1,molecule):
  '''
  バーごとの同時発生的な事象の数を計算する
  +molecule[0]はウェイトが計算される最初の日付
  +molecule[-1]はウェイトが計算される最後の日付
  t1[molecule].max()の前に始まる事象はすべて計算に影響する
  '''
  #1) 期間 [molecule[0],molecule[-1]]に及ぶ事象を見つける
```

```
# クローズしていない事象は他のウェイトに影響しなければならない
t1=t1.fillna(closeIdx[-1])
# 時点 molecule[0]またはその後に終わる事象
t1=t1[t1>=molecule[0]]
# 時点 t1[molecule].max()またはその前に始まる事象
t1=t1.loc[:t1[molecule].max()]
#2) バーに及ぶ事象を数える
iloc=closeIdx.searchsorted(np.array([t1.index[0],
    t1.max()]))
count=pd.Series(0,index=closeIdx[iloc[0]:iloc[1]+1])
for tIn,tOut in t1.iteritems():count.loc[tIn:tOut]+=1.
return count.loc[molecule[0]:t1[molecule].max()]
```

4.4 ラベルの平均独自性

本節では、ラベルの独自性（重複がないこと）を、その存続期間にわたる平均的な独自性として推定する。はじめに、時点 t におけるラベル i の独自性を $u_{t,i}=1_{t,i}c_t^{-1}$ として計算する。次に、ラベル i の平均独自性を、ラベル

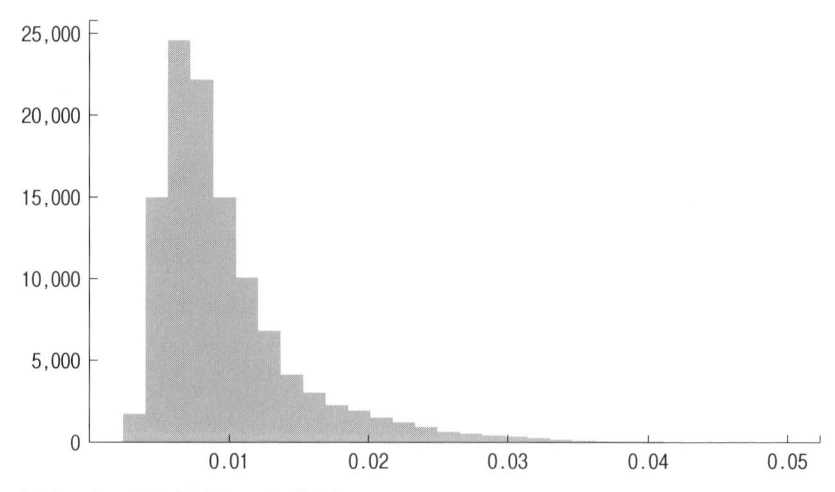

図4－1　独自性のヒストグラム

の存続期間にわたる $u_{t,i}$ の平均値 $\bar{u}_i=\left(\sum_{t=1}^{T}u_{t,i}\right)\left(\sum_{t=1}^{T}1_{t,i}\right)^{-1}$ として計算する。この平均独自性は、事象の存続期間における c_t の調和平均の逆数として解釈することもできる。図4－1はオブジェクトt1から導かれた独自性の値のヒストグラムをプロットしたものである。スニペット4.2はこの計算を実装している。

スニペット 4.2 ラベルの平均独自性の推定

```
def mpSampleTW(t1,numCoEvents,molecule):
  # 事象の存続期間にわたる平均独自性を導出する
  wght=pd.Series(index=molecule)
  for tIn,tOut in t1.loc[wght.index].iteritems():
    wght.loc[tIn]=(1./numCoEvents.loc[tIn:tOut]).mean()
  return wght
#———————————————————————————————————————
numCoEvents=mpPandasObj(mpNumCoEvents,('molecule',
    events.index),numThreads,
    closeIdx=close.index,t1=events['t1'])
numCoEvents=numCoEvents.loc[~numCoEvents.index \
    .duplicated(keep='last')]
numCoEvents=numCoEvents.reindex(close.index).fillna(0)
out['tW']=mpPandasObj(mpSampleTW,('molecule',
    events.index),numThreads,
    t1=events['t1'],numCoEvents=numCoEvents)
```

関数mpPandasObjを再び利用して、マルチプロセッシング（第20章参照）を通じて計算を高速化していることに注意しよう。ラベル i の平均独自性 $\bar{u}_i$ を計算するためには、将来の時点events['t1']になるまでは利用できない情報が必要である。しかし、このことは問題ではない。なぜなら、$\{\bar{u}_i\}_{i=1,\cdots,I}$ はラベルの情報とともに訓練データセットにおいて使われるのであり、テストデータセットにおいては使われないからである。これらの $\{\bar{u}_i\}_{i=1,\cdots,I}$ はラベルの予測には使われないため、情報のリークはない。したがって、この処理によって、重複のない結果という点に関してそれぞれの観測された特徴量に0から1までの独自性スコアを割り当てることができる。

4.5 分類器のバギングと独自性

I個の要素をもつ集合からI回の復元抽出を行って、ある要素iを選ばない確率は、$(1-I^{-1})^I$である。サンプルサイズが大きくなると、その確率は極限値$\lim_{I\to\infty}(1-I^{-1})^I=e^{-1}$に収束する。このことは、抽出される独自な観測値の割合は$(1-e^{-1})\approx\frac{2}{3}$であることが期待されることを意味する。

ここで、重複のない結果の最大の個数が$K\leq I$であるとしよう。上と同じように、I個の要素をもつ集合からI回の復元抽出を行ってある重複のない要素iを選ばない確率は$(1-K^{-1})^I$である。サンプルサイズが大きくなると、その確率は$(1-I^{-1})^{I\frac{K}{I}}\approx e^{-\frac{K}{I}}$と近似することができる。ある要素がサンプリングされる回数は、平均$\frac{I}{K}\geq 1$のポワソン分布に従う。これは、誤ってIIDな抽出を仮定すると過剰なサンプリングをしてしまうことを示唆している。$I^{-1}\sum_{i=1}^{I}\bar{u}_i\ll 1$である観測値で復元抽出（ブートストラップ）を行うと、インバッグの観測値は①互いに冗長で、②アウトオブバッグの観測値と非常に似通っているということが次第に起こりやすくなる。抽出の冗長性はブートストラップを非効率にする（第6章参照）。たとえばランダムフォレストの場合、そのなかのすべてのツリーは、本質的には単一のオーバーフィット（過剰適合）された決定木にとてもよく似たものとなるだろう。そして、ランダムな抽出によってアウトオブバッグの例はインバッグのものと非常に似たものとなるため、アウトオブバッグの正解率はおおいに誇張されるだろう。この2つ目の問題には第7章で取り組み、非IIDな観測値のもとでの交差検証について解説する。ここでは1つ目の問題、すなわち$I^{-1}\sum_{i=1}^{I}\bar{u}_i\ll 1$である観測値のもとでのバギングに集中することにしよう。

1つ目の解決策は、ブートストラップを行う前に重複した結果を除外することである。だが、重複は完全ではないため、単に部分的な重複があるからといって観測値を除外することは、極度な情報の損失という結果を招くだろう。この解決策に従うことは勧めない。

2つ目のよりよい解決策は、冗長な情報を含む結果の不適切な影響を軽減するために、平均独自性 $I^{-1}\sum_{i=1}^{I}\bar{u}_i$ を利用することである。すなわち、観測値のうち`out['tW'].mean()`だけの割合、またはその数倍の数だけ抽出するという手法である。sklearnの`sklearn.ensemble.BaggingClassifier`クラスは引数`max_samples`を受け取るが、それを`max_samples=out['tW'].mean()`と指定することができる。これにより、インバッグの観測値はその独自性よりもはるかに高い頻度で抽出されることがなくなる。しかしながら、ランダムフォレストには`max_samples`の機能がないため、解決策はたくさんの決定木を合成することである。この方法については第6章でさらに議論する。

4.5.1 逐次ブートストラップ (Sequential Bootstrap)

3つ目のさらによい解決策は、逐次ブートストラップ法である。この方法では、冗長性をコントロールするように変動する確率のもとで抽出がなされる。Rao et al.［1997］は、K 個の異なるオリジナルの観測値が現れるまで逐次復元再抽出を行う方法を提案している。このスキームは興味深いものではあるが、われわれが考えている金融の世界における問題には十分には適合していない。これ以後の節では、重複のある結果の問題に直接的に取り組む代替的な方法を導入する。

まず、観測値 X_i を一様分布 $i \sim U[1, I]$ から抽出する。すなわち、任意のある値 i を抽出する確率は当初は $\delta_i^{(1)} = I^{-1}$ である。2回目の抽出では、重複度の高い結果を伴う観測値 X_j を抽出する確率を減らしたい。ここで、ブートストラップは反復抽出を許容するため、やはり X_i を再び抽出する可能性があるが、X_i とそれ自身には重複（実際には完全な重複）があるため、その確率を減らしたいのだということに注意しよう。それまでに抽出した要素の（反復を含む）列を φ で表そう。これまでに、$\varphi^{(1)} = \{i\}$ であることがわかっている。時点 t における j の独自性は $u_{t,j}^{(2)} = 1_{t,j}\left(1 + \sum_{k \in \varphi^{(1)}} 1_{t,k}\right)^{-1}$ である。これは、既存の抽出列 $\varphi^{(1)}$ に別の j を加えた結果得られる独自性である。j の平均独自性は j の存続期間にわたる $u_{t,j}^{(2)}$ の平均値 $\bar{u}_j^{(2)} = \left(\sum_{t=1}^{T} u_{t,j}\right)\left(\sum_{t=1}^{T} 1_{t,j}\right)^{-1}$ である。これで、更新された確率 $\left\{\delta_j^{(2)}\right\}_{j=1,\cdots,I}$、

$$\delta_j^{(2)} = \bar{u}_j^{(2)} \left(\sum_{k=1}^{I} \bar{u}_k^{(2)} \right)^{-1}$$

に基づいて2回目の抽出を行うことができる。ここで、$\left\{\delta_j^{(2)}\right\}_{j=1,\cdots,I}$は合計が1になるように規格化されている。すなわち、$\sum_{j=1}^{I}\delta_j^{(2)}=1$である。このようにして2回目の抽出を行い、$\varphi^{(2)}$を更新し、$\left\{\delta_j^{(3)}\right\}_{j=1,\cdots,I}$を再評価することができる。このプロセスを$I$回の抽出が行われるまで繰り返す。この逐次ブートストラップ法では、重複は（さらに反復さえも）依然として起こりうるが、その可能性が減少していくという利点がある。逐次ブートストラップから得られるサンプルは、標準的なブートストラップから抽出されるサンプルよりもはるかにIIDに近くなる。これは、標準的なブートストラップ法と比較して、$I^{-1}\sum_{i=1}^{I}\bar{u}_i$の増加を測定することで確かめられる。

4.5.2 逐次ブートストラップの実装

スニペット4.3は、バーのインデックス（`barIx`）と第3章で何回か用いたpandasのSeriesである`t1`という2つの引数からインディケーター行列を導いている。ここで、`t1`は特徴量が観測される時点を含むインデックスと、ラベルが決定される時点を含む値の列によって定義されることを思い出そう。この関数の出力は、どの（プライス）バーがそれぞれの観測データのラベルに影響するかを示すバイナリ行列である。

スニペット 4.3 インディケーター行列の構築

```
import pandas as pd,numpy as np
#———————————————————————————————————————
def getIndMatrix(barIx,t1):
  # インディケーター行列を計算する
  indM=pd.DataFrame(0,index=barIx,
    columns=range(t1.shape[0]))
  for i,(t0,t1) in enumerate(t1.iteritems()):
    indM.loc[t0:t1,i]=1.
  return indM
```

スニペット4.4は、それぞれの観測された特徴量の平均独自性を返す。その入力はgetIndMatrixによって構築されたインディケーター行列である。

スニペット 4.4 平均独自性の計算

```
def getAvgUniqueness(indM):
  # インディケーター行列から平均独自性を計算する
  c=indM.sum(axis=1) # 同時発生性
  u=indM.div(c,axis=0) # 独自性
  avgU=u[u>0].mean() # 平均独自性
  return avgU
```

スニペット4.5は逐次ブートストラップによって抽出された特徴量のインデックスを返す。入力はインディケーター行列（indM）とオプション引数であるサンプルの長さ（sLength）で、そのデフォルト値（抽出の回数）はindMの列数に等しい。

スニペット 4.5 逐次ブートストラップからの抽出

```
def seqBootstrap(indM,sLength=None):
  # 逐次ブートストラップを通じてサンプルを生成する
  if sLength is None:sLength=indM.shape[1]
  phi=[]
  while len(phi)<sLength:
    avgU=pd.Series()
    for i in indM:
      indM_=indM[phi+[i]] # indMを縮める
      avgU.loc[i]=getAvgUniqueness(indM_).iloc[-1]
    prob=avgU/avgU.sum() # 抽出確率
    phi+=[np.random.choice(indM.columns,p=prob)]
  return phi
```

4.5.3 数値例

1組のラベル$\{y_i\}_{i=1,2,3}$を考え、ラベルy_1はリターン$r_{0,3}$の関数、ラベルy_2はリターン$r_{2,4}$の関数、ラベルy_3はリターン$r_{4,6}$の関数であるとしよう。結果の重複はインディケーター行列$\{1_{t,i}\}$によって表され、

$$\{1_{t,i}\} = \begin{bmatrix} 1 & 0 & 0 \\ 1 & 0 & 0 \\ 1 & 1 & 0 \\ 0 & 1 & 0 \\ 0 & 0 & 1 \\ 0 & 0 & 1 \end{bmatrix}$$

である。

逐次ブートストラップの手順は$\varphi^{(0)} = \emptyset$と一様分布の確率$\delta_i = \frac{1}{3}, \forall i = 1, 2, 3$から始まる。まず、$\{1, 2, 3\}$から数字を1つランダムに抽出し、2が選ばれたとしよう。$\{1, 2, 3\}$から2回目の抽出を行う前に（ブートストラップは反復抽出を行うということを思い出そう）、抽出における確率を調整する。これまでに抽出された観測値の集合は$\varphi^{(1)} = \{2\}$である。1つ目の特徴量の平均独自性は$\bar{u}_1^{(2)} = \left(1 + 1 + \frac{1}{2}\right)\frac{1}{3} = \frac{5}{6} < 1$、2つ目の特徴量の平均独自性は$\bar{u}_2^{(2)} = \left(\frac{1}{2} + \frac{1}{2}\right)\frac{1}{2} = \frac{1}{2} < 1$、3つ目の特徴量の平均独自性は$\bar{u}_3^{(2)} = 1$である。これより、2回目の抽出における確率は$\delta^{(2)} = \left\{\frac{5}{14}, \frac{3}{14}, \frac{6}{14}\right\}$となる。ここで注目すべきは次の2点である。①最初の抽出で選ばれた特徴量($i = 2$)は最も高い重複度をもつため、最も小さい確率が割り振られる。②$\varphi^{(1)}$に含まれていない2つの抽出される可能性のある値のうち、$i = 3$は$\varphi^{(1)}$と重複のないラベルであるので、$\delta_3^{(2)}$に最も大きい確率が割り振られる。次に、2回目の抽出で3が選ばれたとしよう。3回目かつ最後の抽出に対する確率の更新は、練習問題としておく。スニペット4.6は、この例におけるインディケーター行列$\{1_{t,i}\}$の逐次ブートストラップを実行する。

スニペット 4.6　逐次ブートストラップの例

```
def main():
  # 特徴量の観測値それぞれに対するt0、t1
  t1=pd.Series([2,3,5],index=[0,2,4])
  barIx=range(t1.max()+1) # バーのインデックス
  indM=getIndMatrix(barIx,t1)
  phi=np.random.choice(indM.columns,size=indM.shape[1])
```

```
  print phi
  print 'Standard uniqueness:',getAvgUniqueness(indM[phi])\
    .mean()
  phi=seqBootstrap(indM)
  print phi
  print 'Sequential uniqueness:',getAvgUniqueness(\
    indM[phi]).mean()
  return
```

4.5.4 モンテカルロ法

試行的な方法を通じて、逐次ブートストラップの効率を評価することができる。スニペット4.7には、観測値の数 numObs（I）に対してランダムな t1 系列を生成する関数を記載している。それぞれの観測値は 0 と numBars を境界とする一様分布から抽出されるランダムな数としてつくられる。ここで、numBars はバーの数（T）である。観測値が及ぶバーの数は 0 と maxH を境界とする一様分布からランダムに数を抽出することによって決まる。

スニペット 4.7 ランダムな t1系列を生成

```
def getRndT1(numObs,numBars,maxH):
  # ランダムな t1系列を生成
  t1=pd.Series()
  for i in xrange(numObs):
    ix=np.random.randint(0,numBars)
    val=ix+np.random.randint(1,maxH)
    t1.loc[ix]=val
  return t1.sort_index()
```

スニペット4.8はこのランダムな t1系列を取得し、インプライドインディケーター行列 indM を導出する。次に、この行列に２つの処理を行う。１つ目は、標準的なブートストラップ（ランダムな復元抽出）から平均独自性を導く。２つ目に、逐次ブートストラップのアルゴリズムを適用して平均独自性を導く。結果はディクショナリとして出力される。

スニペット 4.8 標準的ブートストラップと逐次ブートストラップによる独自性

```
def auxMC(numObs,numBars,maxH):
  # 並列にした補助関数
  t1=getRndT1(numObs,numBars,maxH)
  barIx=range(t1.max()+1)
  indM=getIndMatrix(barIx,t1)
  phi=np.random.choice(indM.columns,size=indM.shape[1])
  stdU=getAvgUniqueness(indM[phi]).mean()
  phi=seqBootstrap(indM)
  seqU=getAvgUniqueness(indM[phi]).mean()
  return {'stdU':stdU,'seqU':seqU}
```

これらの演算は何度も繰り返す必要がある。スニペット4.9は第20章で議論するマルチプロセッシングを用いてこのモンテカルロ法を実装している。たとえば、numObs=10、numBars=100、maxH= 5 のもとで、10の 6 乗回の反復を行うモンテカルロ法を実行するには、24コアのサーバーでおよそ 6 時間かかる。並列処理を行わないと、同様のモンテカルロ法を行うのにおよそ 6 日間かかる。

スニペット 4.9 マルチスレッド化したモンテカルロ法

```
import pandas as pd,numpy as np
from mpEngine import processJobs,processJobs_
#———————————————————————————————————————
def mainMC(numObs=10,numBars=100,maxH=5,numIters=1E6,
numThreads=24):
  # モンテカルロ法
  jobs=[]
  for i in xrange(int(numIters)):
    job={'func':auxMC,'numObs':numObs,'numBars':numBars,
      'maxH':maxH}
    jobs.append(job)
```

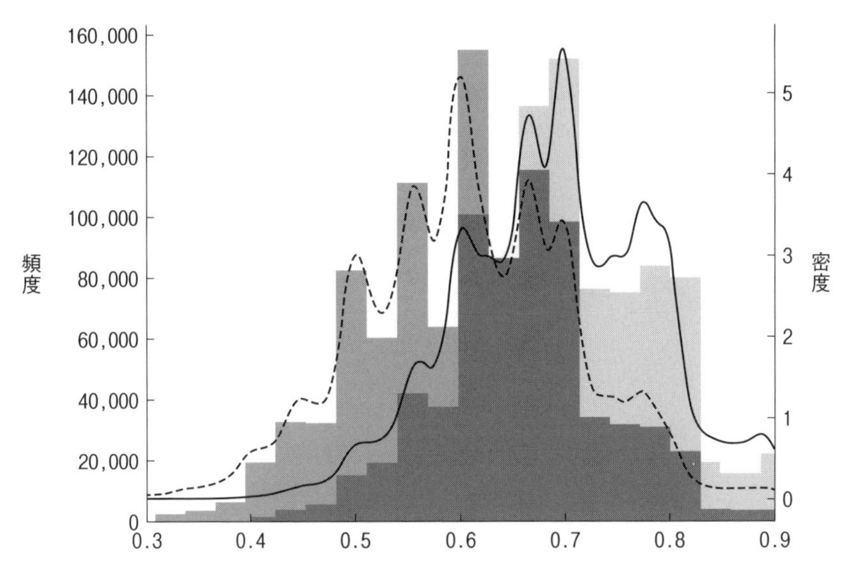

図4－2　標準的なブートストラップと逐次ブートストラップのモンテカルロ法

```
    if numThreads==1:out=processJobs_(jobs)
    else:out=processJobs(jobs,numThreads=numThreads)
    print pd.DataFrame(out).describe()
    return
```

図4－2は、標準的なブートストラップで得られた標本（左）と逐次ブートストラップで得られた標本（右）の独自性のヒストグラムをプロットしたものである。標準的なブートストラップでの平均独自性のメディアンは0.6、逐次ブートストラップでの平均独自性のメディアンは0.7である。平均の差に対するANOVAの検定の結果は、ほとんど無視できるほど小さい（訳注：2つの分布の平均値が同じである可能性は低い）。統計的には、逐次ブートストラップ法から得られた標本の独自性の期待値は、いかなる信頼水準においても標準的なブートストラップによる期待値を上回っている。

4.6　リターンによるサンプルの重み付け

これまでの節では、IIDに近い標本をブートストラップによって得る方法を学んだ。本節では、機械学習アルゴリズムの訓練のためにこれらの標本の重み付けをする方法を導入する。重複度の高い結果を重複のない結果と同じように考えてしまうと、重複度の高い結果に不釣り合いなウェイトを与えることになる。同時に、大きな絶対リターンと結びついたラベルは、無視できるほど小さい絶対リターンと結びついたラベルよりも高い重要度を与えられるべきである。つまり、観測値には独自性と絶対リターン両方の関数によって重み付けをする必要がある。

ラベルがリターンの符号（標準的なラベリングでは$\{-1, 1\}$、メタラベリングでは$\{0, 1\}$）の関数であるとき、標本のウェイトはイベント存続期間$[t_{i,0}, t_{i,1}]$におけるリターンの合計を使って以下のように定義できる。

$$\tilde{w}_i = \left| \sum_{t=t_{i,0}}^{t_{i,1}} \frac{r_{t-1,t}}{c_t} \right|$$

$$w_i = \tilde{w}_i I \left(\sum_{j=1}^{I} \tilde{w}_j \right)^{-1}$$

したがって、$\sum_{i=1}^{I} w_i = I$である。（sklearnを含む）ライブラリは通常、デフォルトのウェイトが1であることを仮定してアルゴリズムのパラメータを定義しているので、これらのウェイトの合計がIになるように規格化した。

この方法の根拠は、観測値にユニークに帰属させることができる絶対対数リターンの関数として、それらに重み付けしたいということにある。しかし、「ニュートラルな」（リターンが閾値を下回る）ケースがあると、この方法はうまくいかない。ニュートラル（「0」）を正しく分類するためには、低いリターンには高いウェイトを与えるべきで、その逆ではないからである。「ニュートラルな」ケースは信頼度の低い「－1」または「1」の予測として表すことができるので、必要ではない。これが、一般に「ニュートラルな」ケースを落とすべきだという理由の1つである。スニペット4.10はこの方法を実装している。

スニペット 4.10　絶対リターンの帰属による標本ウェイトの決定

```
def mpSampleW(t1,numCoEvents,close,molecule):
  # リターンの大きさにより標本ウェイトを調整する
  # 加法的にするために対数リターンにする
```

```
    ret=np.log(close).diff()
    wght=pd.Series(index=molecule)
    for tIn,tOut in t1.loc[wght.index].iteritems():
        wght.loc[tIn]=(ret.loc[tIn:tOut]/numCoEvents \
            .loc[tIn:tOut]).sum()
    return wght.abs()
#———————————————————————————————————————
out['w']=mpPandasObj(mpSampleW,('molecule',
        events.index),numThreads,
        t1=events['t1'],numCoEvents=numCoEvents,close=close)
out['w']*=out.shape[0]/out['w'].sum()
```

4.7 時間減衰

市場は適応系（adaptive systems）である（Lo[2017]）。市場で時間が経過するにつれて、古い事例はより新しいものに比べて関連性を失う。そのため、通常は標本のウェイトを新しい観測値が入ってくるにつれて減衰させることが望ましい。$d[x]\geq 0,\ \forall x\in\left[0,\sum_{i=1}^{I}\bar{u}_i\right]$を、前節で導いた標本のウェイトにかける時間減衰ファクターとしよう。最後の（最新の時点の）ウェイトは減衰がない、すなわち$d\left[\sum_{i=1}^{I}\bar{u}_i\right]=1$であり、その他のすべてのウェイトはこれにあわせて調整される。$c\in[-1,1]$を、次のように減衰関数を決定するユーザー定義パラメータとする。：$c\in[0,1]$のとき、$d[1]=c$として線形減衰；$c\in(-1,0)$のとき、$d\left[-c\sum_{i=1}^{I}\bar{u}_i\right]=0$として$\left[-c\sum_{i=1}^{I}\bar{u}_i,\sum_{i=1}^{I}\bar{u}_i\right]$の区間では線形減衰かつ$d[x]=0,\ \forall x\leq -c\sum_{i=1}^{I}\bar{u}_i$とする。区分的に線形な関数$d=\max\{0,a+bx\}$に対しては、以下の境界条件によってそのような要求が満たされる。：

① $d=a+b\sum_{i=1}^{I}\bar{u}_i=1\Rightarrow a=1-b\sum_{i=1}^{I}\bar{u}_i$

② c の値を条件として：

(a) $d = a + b0 = c \Rightarrow b = (1 - c)\left(\sum_{i=1}^{I} \bar{u}_i\right)^{-1}, \forall c \in [0, 1]$

(b) $d = a - bc\sum_{i=1}^{I} \bar{u}_i = 0 \Rightarrow b = \left[(c + 1)\sum_{i=1}^{I} \bar{u}_i\right]^{-1}, \forall c \in (-1, 0)$

スニペット4.11はこのかたちの時間減衰ファクターを実装している。ここで、時間とは実際に経過した時間を意味するものではないことに注意しておく。この実装では、経過した時間に基づく減衰では冗長な観測値がある場合にウェイトをあまりにも早く減らしてしまうので、累積独自性 $x \in \left[0, \sum_{i=1}^{I} \bar{u}_i\right]$ にしたがって減衰させている。

スニペット 4.11 時間減衰ファクターの実装

```
def getTimeDecay(tW,clfLastW=1.):
  # 観測された独自性(tW)に区分線形な減衰を適用する
  # 最も新しい観測値のウェイト=1,
  # 最も古い観測値のウェイト=clfLastW
  clfW=tW.sort_index().cumsum()
  if clfLastW>=0:slope=(1.-clfLastW)/clfW.iloc[-1]
  else:slope=1./((clfLastW+1)*clfW.iloc[-1])
  const=1.-slope*clfW.iloc[-1]
  clfW=const+slope*clfW
  clfW[clfW<0]=0
  print const,slope
  return clfW
```

いくつかの興味深いケースについて議論しておく価値があるだろう。：

・$c = 1$ は、時間減衰がないことを意味する。

・$0 < c < 1$ は、時間経過に従ってウェイトが線形に減衰することを意味するが、すべての観測値はその古さにかかわらず正のウェイトを与えられる。

・$c = 0$ は、観測値が古くなるにつれてウェイトが線形的に0に収束することを意味する。

・$c < 0$ は、観測値のうち最も古い $|c|$ の部分には0のウェイトを与えられる

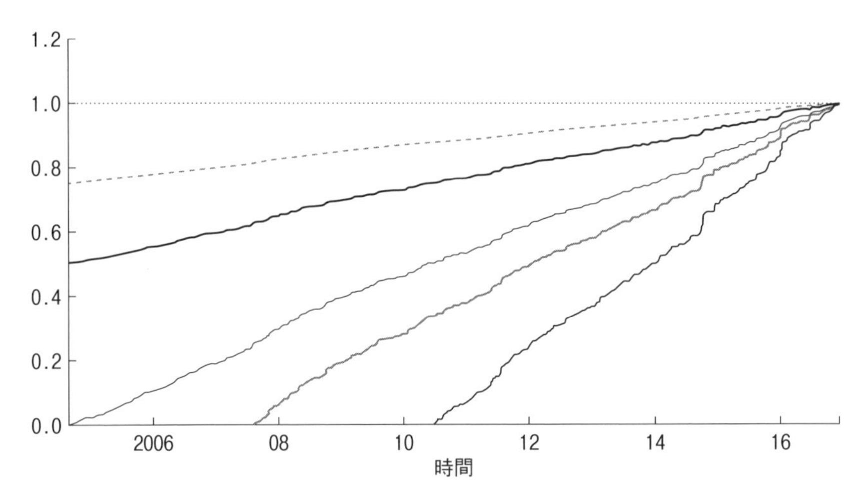

図4－3　区分線形な時間減衰ファクター

（つまり、メモリーから消去される）ことを意味する。

図4－3は$c \in \{1, 0.75, 0.5, 0, -0.25, -0.5\}$に対する減衰ファクターを適用した後の減衰したウェイト`out['w']*df`を示している。必ずしも実用的ではないが、$c > 1$とすることで観測値が古くなるにつれてウェイトを増加させることもできる。

4.8　クラスの重み付け

標本の重み付けに加えて、クラスの重み付けを適用することもしばしば有用である。クラスウェイトとは、少数しか存在しないラベルを補正するウェイトのことである。これは最も重要なクラスがまれにしか現れない分類問題において特に重要である（King and Zeng［2001］）。たとえば、2010年5月6日のフラッシュクラッシュのような流動性危機を予測したいとしよう。こうしたイベントは、そうしたイベント間に起こるほかの多くの観測データに比べて発生頻度はまれである。それらのまれなラベルに結びつく標本に高いウェイトを割り当てない限り、機械学習アルゴリズムは最も平凡なラベルの正解率を最大化し、フラッシュクラッシュはまれなイベントではなく外れ値とみなされてしまう。

機械学習のライブラリは通常、クラスの重み付けを扱う機能を実装している。たとえば、sklearnは1ではなく`class_weight[j]`で重み付けをして、`class[j]`（$j=1, \cdots, J$）の標本における誤差にペナルティを科す機能がある。その結果、ラベルjに大きいクラスウェイトを与えると、アルゴリズムはjにおいて高い正解率を達成するようになる。クラスウェイトが合計でJにならない場合は、分類器の正則化パラメータを変化させるのと同様の効果となる。

金融分野での応用においては、分類アルゴリズムの標準的なラベルは$\{-1, 1\}$の2値であり、その予測確率がごくわずかに0.5を上回りかつある閾値を下回る場合には0（つまりニュートラル）のケースを意味する。あるクラスが他のクラスよりも高い正解率で分類できるのが望ましいという理由はないので、デフォルトとして`class_weight='balanced'`を指定するのがよい。これを選択すると、すべてのクラスが等しい頻度で現れたのと同様に扱えるように観測値に重み付けし直す。バギングした分類器の場合は、引数として`class_weight='balanced_subsample'`としたほうがよいこともある。これは`class_weight='balanced'`がデータセット全体ではなくインバッグのブートストラップされた標本に適用されることを意味する。詳細については、sklearnで`class_weight`を実装しているソースコードを読むとよい。また、次のバグが報告されていることにも注意しよう。：https://github.com/scikit-learn/scikit-learn/issues/4324

練習問題

4.1　第3章で、最初のバリアに到達するタイムスタンプのpandasのSeriesを`t1`とし、そのインデックスは観測値のタイムスタンプであった。これは`getEvents`関数の出力であった。

(a)　E-mini S&P 500 先物のティックデータから導かれたドルバーについて、Series `t1`を計算せよ。

(b)　関数`mpNumCoEvents`を適用して、各時点で重複している結果の数を計算せよ。

(c) 第1軸に同時発生的なラベルの数の時系列を、第2軸にリターンの指数加重移動標準偏差の時系列をプロットせよ。

(d) 同時発生的なラベルの数（x 軸）とリターンの指数加重移動標準偏差（y 軸）の散布図を作成せよ。関係性はみられるだろうか。

4.2 関数 mpSampleTW を使って、各ラベルの平均独自性を計算せよ。この時系列の次数1の系列相関 AR（1）はいくらだろうか。それは統計的に有意だろうか。それはなぜだろうか。

4.3 $I^{-1}\sum_{i=1}^{I}\bar{u}_i \ll 1$ であるような金融データセットにランダムフォレストを適合させよ。

(a) アウトオブバッグの平均正解率はいくらだろうか。

(b) 同じデータセットでの（シャッフルなしの）k-分割交差検証の平均正解率はいくらだろうか。

(c) なぜ交差検証の正解率よりもアウトオブバッグの正解率が非常に高いのだろうか。どちらがより正確、もしくはバイアスが少ないだろうか。このバイアスの原因は何だろうか。

4.4 4.7節のコードを変更して、指数時間減衰ファクターを適用せよ。

4.5 トレンドフォローモデルによって決定される事象にメタラベルを適用したとしよう。ここで、ラベルのうち3分の2は0で、3分の1は1とする。

(a) クラスウェイトをバランスさせずに分類器を適合させたらどうなるだろうか。

(b) ラベル1は真陽性（true positive）を、ラベル0は偽陽性（false positive）を意味する。バランスさせたクラスウェイトを適用することで、分類器は真陽性により注意を払い、偽陽性により注意を払わなくなる。これが理にかなっているのはなぜだろうか。

(c) バランスさせたクラスウェイトを適用する前後で、ラベルの予測値の分布はどのようになっているだろうか。

4.6 4.5.3節において、最後の抽出に対する確率を更新せよ。

4.7 4.5.3節で、2回目の抽出で再び2が選ばれたとしよう。3回目の

抽出に対して更新された確率はどのようになるだろうか。

◆引用文献

Rao, C., P. Pathak and V. Koltchinskii (1997): "Bootstrap by sequential resampling." *Journal of Statistical Planning and Inference*, Vol. 64, No. 2, pp. 257–281.

King, G. and L. Zeng (2001): "Logistic Regression in Rare Events Data." Working paper, Harvard University. Available at https://gking.harvard.edu/files/0s.pdf.

Lo, A. (2017): *Adaptive Markets*, 1st ed. Princeton University Press.

◆参考文献

標本の重み付けは機械学習の文献でよく目にするトピックである。しかし、本章で議論した実践的な問題は、それを扱うアカデミックな文献が極端に少ない投資実務の特徴である。以下にあげる文献では、本章で議論した問題のいくつかにわずかに触れている。

Efron, B. (1979): "Bootstrap methods: Another look at the jackknife." *Annals of Statistics*, Vol. 7, pp. 1–26.

Efron, B. (1983): "Estimating the error rote of a prediction rule: Improvement on cross-validation." *Journal of the American Statistical Association*, Vol. 78, pp. 316–331.

Bickel, P. and D. Freedman (1981): "Some asymptotic theory for the bootstrap." *Annals of Statistics*, Vol. 9, pp. 1196–1217.

Gine, E. and J. Zinn (1990): "Bootstrapping general empirical measures." *Annals of Probability*, Vol. 18, pp. 851–869.

Hall, P. and E. Mammen (1994): "On general resampling algorithms and their performance in distribution estimation." *Annals of Statistics*, Vol. 24, pp. 2011–2030.

Mitra, S. and P. Pathak (1984): "The nature of simple random sampling." *Annals of Statistics*, Vol. 12, pp. 1536–1542.

Pathak, P. (1964): "Sufficiency in sampling theory." *Annals of Mathematical Statistics*, Vol. 35, pp. 795–808.

Pathak, P. (1964): "On inverse sampling with unequal probabilities." *Biometrika*, Vol. 51, pp. 185–193.

Praestgaard, J. and J. Wellner (1993): "Exchangeably weighted bootstraps of the general empirical process." *Annals of Probability*, Vol. 21, pp. 2053–2086.

Rao, C., P. Pathak and V. Koltchinskii (1997): "Bootstrap by sequential resampling." *Journal of Statistical Planning and Inference*, Vol. 64, No. 2, pp. 257–281.

第5章

分数次差分をとった特徴量

5.1　はじめに

裁定取引の影響によって、金融時系列データは低いシグナルノイズ比を示すことが知られている（López de Prado[2015]）。加えて、整数次差分のように、データを定常時系列に変換するための標準的な手法は、メモリー（時系列の平均値を時間経過に従ってシフトさせる過去の水準の長期履歴）を取り除くことでさらにシグナルを弱めてしまうことになる。価格データは過去の長期間の水準の履歴に依存しており、価格時系列の値はメモリーをもっている。一方、リターンのように整数次差分をとった時系列は、有限のサンプル期間外の履歴がすべて無視されているという意味で、メモリーが除去されている。いったん定常時系列への変換を行って、データからすべてのメモリーを取り除いた後に、統計学者たちは残されたシグナルを取り出すために複雑なテクニックを用いている。このような複雑なテクニックをメモリーが除去された時系列に適用した結果、偽の発見が得られることがあるのは驚くべきことではない。本章では、可能な限り多くのメモリーを保持しつつ、データを定常的なものにする変換方法を紹介する。

5.2　定常性とメモリーのジレンマ

ファイナンスの分野では、時系列データが非定常であることが普通である。時系列データが非定常となる原因は、メモリーが存在するためである。推論のための分析を行うため、研究者たちはリターン（もしくは価格の対数変化率）、イールドの変化やボラティリティの変化など、不変のプロセスを扱う必要がある。これらのデータ変換は時系列データを定常にはするが、元の時系列のメモリーをすべて失う羽目になる（Alexander[2001]、第11章）。定常性は推論のために必要な性質ではあるが、メモリーはモデルの予測力の基礎となるものなので、信号処理の場合にメモリーをすべて消そうとするのはありえない。たとえば、均衡（定常）モデルでは、予測を行うために、価格プロセスが長期の期待値からどれだけ離れているかを評価するためにメモリーが必要である。リターンは定常ではあるがメモリーがなく、価格はメモリーをもっているが定常ではないというジレンマがある。ここで、次のような疑問が生じる——可能な限り多くのメモリーを保持しながら、価格時系列データを定常にするための最小の差分とは何であろうか。そこで、メモリーのすべてを消去しているわけではない定常時系列を考えるために、リターンの概念を一般化しよう。このフレームワークのもとでは、リターンは他の多くの可能性があるなかでの（多くの場合には次善の）価格の変換の一種にすぎない。

共和分メソッドの重要な要素の1つとして、時系列データについてメモリーを活用しながらモデル化できることがある。しかし、なぜ0次差分という特別な場合が最もよい結果をもたらすのだろうか。0次差分は1ステップの差分と同じくらい恣意的なものである。両極端（一方は完全に差分をとった時系列であり、もう一方はまったく差分をとっていない時系列である）の間には、高い予測精度をもつ機械学習モデルをつくるという目的のために分数次差分を通じて調査できる幅広い領域がある。

通常、教師あり学習のアルゴリズムには定常的な特徴量が必要である。その理由は、これまでみたことがない（ラベルづけされていない）観測値を事前にラベルづけされた学習データの集合へとマッピングすることで、新しい観測値のラベルを推論するためである。もし、特徴量が定常でなければ、新しい観測値をたくさんの既知の学習データへとマッピングすることができない。しかし、定常性は予測力を保証しない。定常性は機械学習アルゴリズムが高いパフォーマンスをあげるための必要条件であるが、十分条件ではない。問題は、定常性とメモリーのトレードオフが存在することである。差分をとることで時系列をより定常にすることは常に可能であるが、その代償としてメモリーを消してしまうことになり、予測という機械学習アルゴリズムの目的を損なうことになる。本章では、このジレンマを解決する手法の1つを学んでいく。

5.3 文献レビュー

ほとんどすべての金融時系列分析の文献は、整数次差分によって非定常時系列を定常にするという前提に基づいている（例としてHamilton[1994]をあげる)。このことから2つの疑問が生じる：①なぜ（対数価格によるリターン計算に用いられるような）整数である1次の差分が最適なのか。②過度の差分化は、文献が効率的市場仮説を支持するようなバイアスをもたらしている理由の1つなのか。

分数次差分（fractional differentiation）を予測のための時系列分析に用いるという考えは、少なくともHosking[1981]にさかのぼる。この論文では、差分の次数として分数値を許すことで、ARIMA過程の一種を一般化している。分数次差分をとった過程は長期の正または負の系列相関を示し、標準的なARIMAの手法よりも予測力が高くなるため、有用である。同じ論文のなかで、Hoskingは「Granger[1978]によるわずかな言及を除いて、分数次差分はこれまで時系列分析に関連して言及されてこなかった」と述べている。

Hoskingの論文の後、このテーマについての文献は非常に少なく、たった9名の著者（Hosking、Johansen、Nielsen、MacKinnon、Jensen、Jones、Popiel、Cavaliere、Taylor）によって8報の論文が出版されただけである。詳細は参考文献を参照のこと。これらの論文の多くは、連続な確率過程での分数次差分の高速な計算方法（例：Jensen and Nielsen[2014]）のようなテクニカルな問題に関連するものである。

確率過程の微分は計算量的に高コストな操作である。本章では、定常な時系列を得るための実用的で非伝統的な新しい方法をとる。それは、差分オペレーターを非整数次に一般化する手法である。

5.4 手　法

バックシフトオペレーターBを、$B^k X_t = X_{t-k}$、kは0以上の整数として、実数値をとる特徴量行列$\{X_t\}$に適用することを考える。たとえば、$(1-B)^2 = 1-2B+B^2$は$B^2 X_t = X_{t-2}$のもとで$(1-B)^2 X_t = X_t - 2X_{t-1} + X_{t-2}$のようになる。このとき、任意の正の整数$n$について、$(x+y)^n = \sum_{k=0}^{n} \binom{n}{k} x^k y^{n-k} = \sum_{k=0}^{n} \binom{n}{k} x^{n-k} y^k$であることに注意すること。実数$d$について、二項級数は$(1+x)^d = \sum_{k=0}^{\infty} \binom{d}{k} x^k$と表される。

分数次モデルでは、指数dは実数値をとることができ、次のような二項級数展開で定義される。

$$
\begin{aligned}
(1-B)^d &= \sum_{k=0}^{\infty} \binom{d}{k} (-B)^k = \sum_{k=0}^{\infty} \frac{\prod_{i=0}^{k-1} (d-i)}{k!} (-B)^k \\
&= \sum_{k=0}^{\infty} (-B)^k \prod_{i=0}^{k-1} \frac{d-i}{k-i} \\
&= 1 - dB + \frac{d(d-1)}{2!} B^2 \\
&\quad - \frac{d(d-1)(d-2)}{3!} B^3 + \cdots
\end{aligned}
$$

5.4.1 長期メモリー

正の非整数実数値dがどのようにメモリーを保持するかみてみよう。この算術級数は、内積

$$
\tilde{X}_t = \sum_{k=0}^{\infty} \omega_k X_{t-k}
$$

からなる。ただし、ウェイトωは、

$$
\omega = \left\{ 1, -d, \frac{d(d-1)}{2!}, -\frac{d(d-1)(d-2)}{3!}, \cdots, (-1)^k \prod_{i=0}^{k-1} \frac{d-i}{k!}, \cdots \right\}
$$

で、値 X は、

$$X=\{X_t, X_{t-1}, X_{t-2}, X_{t-3}, \cdots, X_{t-k}, \cdots\}$$

である。

d が正の整数であるときには、$\prod_{i=0}^{k-1}\frac{d-i}{k!}=0, \forall k>d$ が成り立ち、d 回前以前のメモリーは失われる。たとえば、$d=1$ の場合には、$\prod_{i=0}^{k-1}\frac{d-i}{k!}=0, \forall k>1$ および $\omega=\{1, -1, 0, 0, \cdots\}$ が成り立ち、リターンの計算に一致する。

5.4.2 イテレーションによる推定（反復処理による推定）

ウェイト ω の列をみると、$\omega_0=1$ とすれば、$k=0, \cdots, \infty$ についてウェイトを以下のような反復的に得ることができる。

$$\omega_k=-\omega_{k-1}\frac{d-k+1}{k}$$

図５－１は各次数で分数次差分をとるために使うウェイトの列をプロット

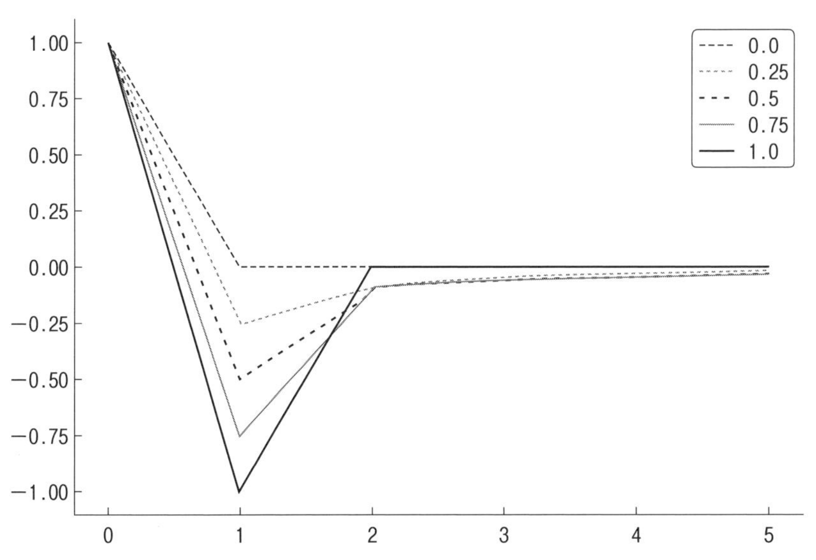

図５－１　k(x 軸)を増やしたときの ω_k(y 軸)。それぞれの線は $d\in[0, 1]$ を0.25刻みで変えたものに対応

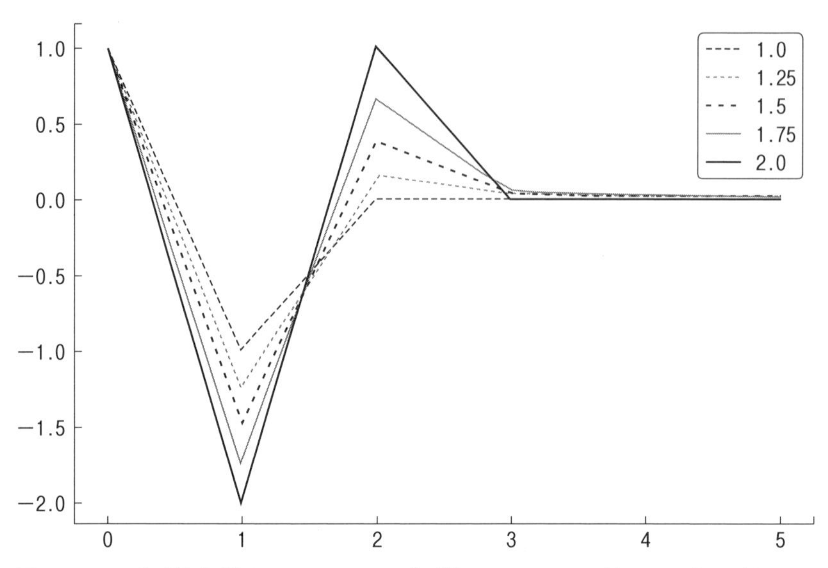

図5－2　k(x軸)を増やしたときのω_k(y軸)。それぞれの線は$d \in [1, 2]$を0.25刻みで変えたものに対応

したものである。凡例はそれぞれの列を得るために使ったdを表し、x軸はkを表し、y軸はω_kの値を表している。たとえば、$d = 0$では、$\omega_0 = 1$以外のウェイトは0になる。これは差分の系列が元のものと一致する場合に当たる。$d = 1$では、$\omega_0 = 1, \omega_1 = -1$以外のウェイトは0になる。これは、標準的な1次の整数差分であり、対数価格リターンを導出する。これら2つのケースの間の場合はいずれも、$\omega_0 = 1$の後のすべてのウェイトは負で、かつ-1より大きくなる。

図5－2は$d \in [1, 2]$を0.25刻みで変えてウェイトの列をプロットしたものである。$d > 1$では、$\omega_1 < -1$かつ$\forall k \geq 2$において$\omega_k > 0$であることがわかる。

スニペット5.1はこれらのプロットを作成するために使ったコードである。

スニペット 5.1　ウェイト関数

```
def getWeights(d,size):
  w=[1.]
  for k in range(1,size):
```

```
        w_=-w[-1]/k*(d-k+1)
        w.append(w_)
    w=np.array(w[::-1]).reshape(-1,1)
    return w
#———————————————————————————————————————————————
def plotWeights(dRange,nPlots,size):
    w=pd.DataFrame()
    for d in np.linspace(dRange[0],dRange[1],nPlots):
        w_=getWeights(d,size=size)
        w_=pd.DataFrame(w_,index=range(w_.shape[0])[:: -1],
                        columns=[d])
        w=w.join(w_,how='outer')
    ax=w.plot()
    ax.legend(loc='upper left');mpl.show()
    return
#———————————————————————————————————————————————
if __name__=='__main__':
    plotWeights(dRange=[0,1],nPlots=11,size=6)
    plotWeights(dRange=[1,2],nPlots=11,size=6)
```

5.4.3　収束性

ここではウェイトの収束性について考える。これまでの結果から、$k>d$ では、$\omega_{k-1}\neq 0$ であれば $\left|\frac{\omega_k}{\omega_{k-1}}\right| = \left|\frac{d-k+1}{k}\right| < 1$ であり、そうでなければ $\omega_k = 0$ であることがわかる。ゆえに、単位円内の要素の無限積になるため、ウェイトは漸近的に 0 へと収束する。また、正の d と $k<d+1$ について、$\frac{d-k+1}{k} \geq 0$ であるから、ウェイトの符号は 1 項ごとに替わることになる。非整数の d については、$k \geq d+1$ の領域で、$\mathrm{int}[d]$ が偶数であれば ω_k は負の値のみを、奇数であれば正の値のみをとる。すなわち、$\mathrm{int}[d]$ が偶数のとき $\lim_{k\to\infty}\omega_k = 0^-$（左から 0 に収束する）、奇数のとき $\lim_{k\to\infty}\omega_k = 0^+$（右から 0 に収束する）が成り立つ。$d \in (0, 1)$ という特殊な場合には、$\forall k > 0$

について$-1<\omega_k<0$が成り立つ。ウェイトの符号が1項ごとに替わることは、メモリーが減衰または長期間で見てオフセットされることを意味し、$\{\tilde{X}_t\}_{t=1,\cdots,T}$が定常になるために必要な性質である。

5.5 実　装

本節では、次の2つの実装の選択肢を調べる。標準的な「拡大ウインドウ」法、ならびに「固定幅ウインドウ分数次差分（FFD：fixed-width window fracdiff）」法と呼ぶ新しい方法である。

5.5.1 拡大ウインドウ

実際上どのように（有限の）時系列の分数次差分をとるかを議論しよう。T個の観測値の時系列$\{X_t\}$, $t=1,\cdots,T$を考える。データ量の制約があることから、分数次差分をとった値$\tilde{X}_T$は無限個のウェイト級数について計算することはできない。たとえば、最後の点$\tilde{X}_T$はウェイト$\{\omega_k\}$, $k=0,\cdots,T-1$を用い、$\tilde{X}_{T-l}$はウェイト$\{\omega_k\}$, $k=0,\cdots,T-l-1$を用いるであろう。これは最初の点は最後の点と比べて異なる量のメモリーをもつであろうことを意味する。各lについて、相対ウェイト損失$\lambda_l=\frac{\sum_{j=T-l}^{T}|\omega_j|}{\sum_{i=0}^{T-1}|\omega_i|}$を定めることができる。ある許容水準$\tau\in[0,1]$のもとで、$\lambda_{l^*}\leq=\tau$かつ$\lambda_{l^*+1}>\tau$であるような値$l^*$を求めることができる。この値$l^*$はウェイト損失が許容可能な閾値を超える、すなわち$\lambda_t>\tau$（例：$\tau=0.01$）となる最初の結果$\{\tilde{X}_t\}_{t=1,\cdots,l^*}$に対応することになる。

これまでの議論から、λ_{l^*}は$\{\omega_k\}$の収束速度に依存し、$\{\omega_k\}$の収束速度は$d\in[0,1]$に依存することは明らかである。$d=1$のときは、すべての$k>1$に対して$\omega_k=0$となり、すべての$l>1$に対して$\lambda_l=0$となるので、$\tilde{X}_1$を捨てるだけで十分である。$d\to 0^+$（右から0に近づく）とき、l^*が増加し、ウェイト損失$\lambda_{l^*}\leq\tau$を維持するために、はじめの$\{\tilde{X}_t\}_{t=1,\cdots,l^*}$の大部分を削除する必要がある。図5－3は、サイズ1E4のE-mini S&P 500先物トレードバーのロールフォワードの、パラメータ$d=0.4$、$\tau=1$の分数次差分（上

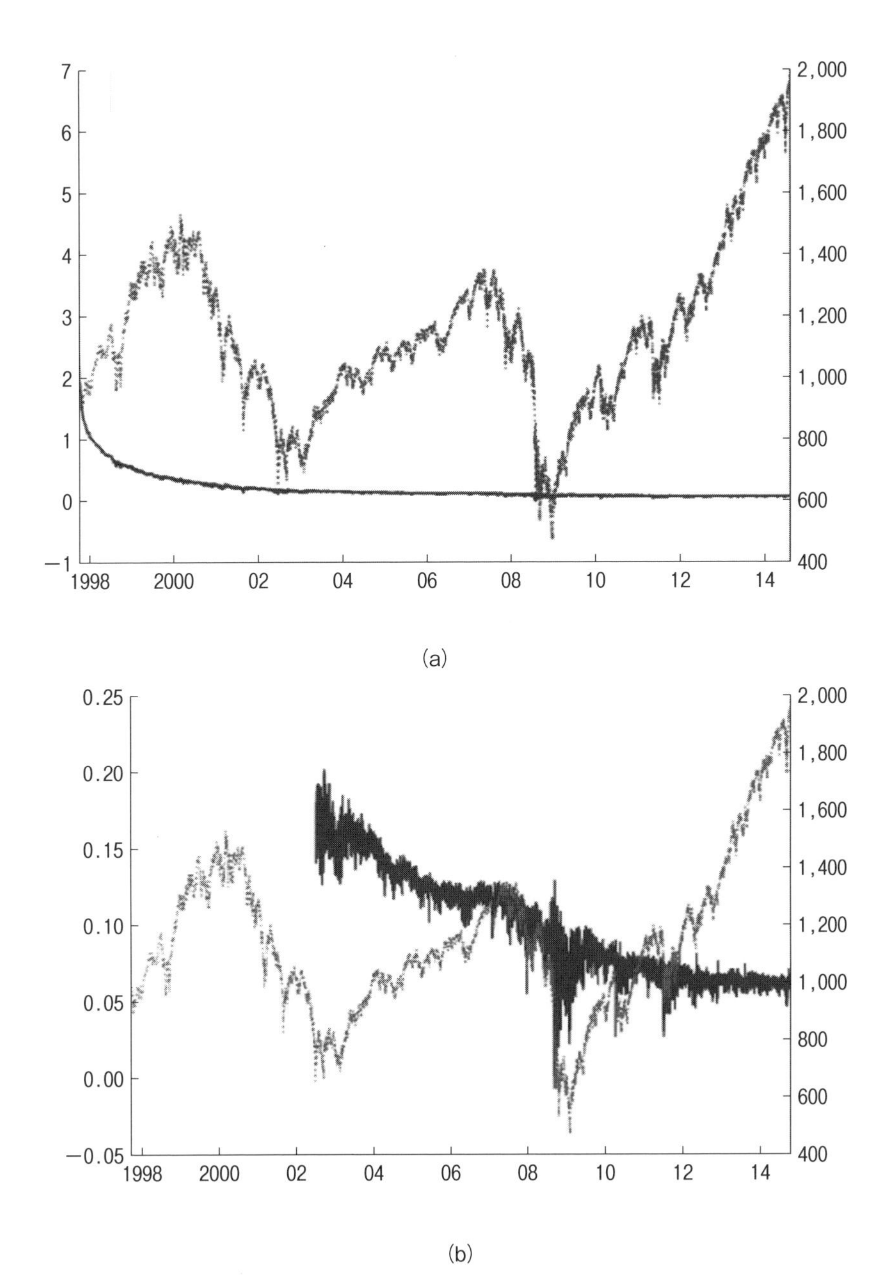

図5－3　拡大ウインドウによる分数次差分。ウェイト損失をコントロールする前（上図）とウェイト損失をコントロールした後（下図）

図）とパラメータ $d=0.4$、$\tau=1E-2$ の分数次差分（下図）のプロットである。

どちらのプロットでも負のドリフトがみられるのは、ウインドウが拡大するにつれて最初の観測値に負のウェイトが加えられていくためである。ウェイト損失をコントロールしない場合、負のドリフトが顕著であり、トレンドのみが示されることになる。下図では、ウェイト損失をコントロールした後の負のドリフトはいくらか緩やかになっているが、値が拡大ウインドウ上で計算されるため、依然としてかなりの値になる。この問題は、スニペット5.3で実装される固定幅ウインドウで修正できる。

スニペット 5.2　標準的な分数次差分（拡大ウインドウ）

```
def fracDiff(series,d,thres=.01):
  '''
  NaN を処理しながら、ウインドウ幅を拡大していく
  注意1：thres=1のとき、スキップされるデータはない
  注意2：d は[0, 1]の範囲でなく任意の正値でよい
  '''
  #1) 最長の系列に対してウェイトを計算する
  w=getWeights(d,series.shape[0])
  #2) ウェイト損失閾値に基づいてスキップする最初の計算結果を決める
  w_=np.cumsum(abs(w))
  w_/=w_[-1]
  skip=w_[w_>thres].shape[0]
  #3) 値にウェイトを適用する
  df={}
  for name in series.columns:
    seriesF,df_=series[[name]].fillna(method='ffill').dropna(),pd.Series()
    for iloc in range(skip,seriesF.shape[0]):
      loc=seriesF.index[iloc]
```

```
        # NA を排除
        if not np.isfinite(series.loc[loc,name]):continue
        df_[loc]=np.dot(w[-(iloc+1):,:].T,
                        seriesF.loc[:loc])[0,0]
      df[name]=df_.copy(deep=True)
    df=pd.concat(df,axis=1)
    return df
```

5.5.2 固定幅ウインドウ分数次差分

もう1つの方法として、分数次差分は、固定幅ウインドウを使用して計算できる。つまり、係数$|\omega_k|$が特定の閾値（τ）を下回った後にウェイトを無視する。これは$|\omega_{l^*}|\geq\tau$かつ$|\omega_{l^*+1}|\leq\tau$であるような最初のl^*を見つけ、新しい変数$\widetilde{\omega}_k$を

$$\widetilde{\omega}_k=\begin{cases}\omega_k & \text{if } k\leq l^* \\ 0 & \text{if } k>l^*\end{cases}$$

と定義し、$t=T-l^*+1,\cdots,T$について$\widetilde{X}_t=\sum_{k=0}^{l^*}\widetilde{\omega}_k X_{t-k}$とすることと等価である。図5－4は、サイズ1$E$4のE-mini S&P 500先物トレードバー

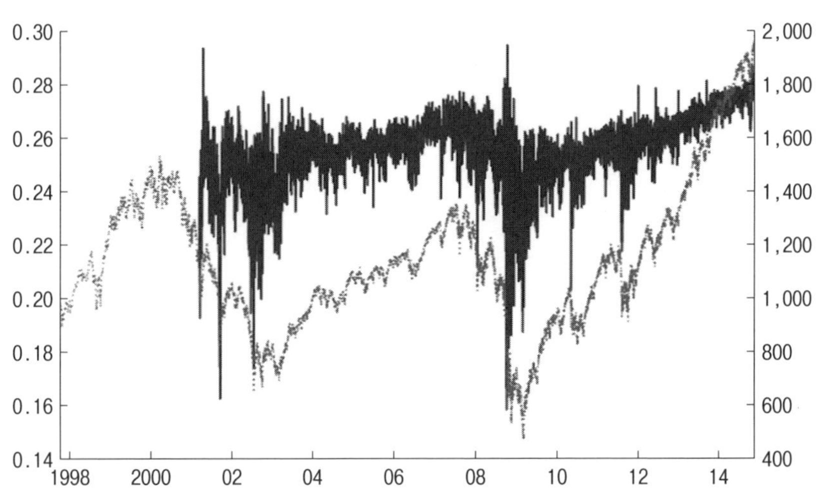

図5－4　固定幅ウインドウでウェイト損失をコントロールした分数次差分

のロールフォワードの分数次差分 $d=0.4$、$\tau=1E-5$ のプロットである。

この方法には、すべての推定値 $\{\tilde{X}_t\}_{t=l^*,\cdots,T}$ で同じベクトルの重みが使用されるという利点があるため、拡大ウインドウでウェイトが追加されることによる負のドリフトが回避される。その結果、期待どおり、ドリフトを発生させずに水準とノイズが融合される。メモリー由来の歪度および過剰な尖度のために、分布はもはやガウス分布ではないが、定常的である。スニペット5.3はこのアイデアの実装である。

スニペット 5.3 固定幅ウインドウ分数次差分という新しい方法

```
def getWeights_FFD(d,thres):
  w,k=[1.],1
  while True:
    w_=-w[-1]/k*(d-k+1)
    if abs(w_)<thres:break
    w.append(w_);k+=1
  return np.array(w[::-1]).reshape(-1,1)
#----------------------------------------------------------------
def fracDiff_FFD(series,d,thres=1e-5):
  # 固定幅ウインドウ(新たな解決策)
  w,width,df=getWeights_FFD(d,thres),len(w)-1,{}
  for name in series.columns:
    seriesF,df_=series[[name]].fillna(method='ffill').dropna(
    ),pd.Series()
    for iloc1 in range(width,seriesF.shape[0]):
      loc0,loc1=seriesF.index[iloc1-width],seriesF.index
      [iloc1]
      # NAを排除
      if not np.isfinite(series.loc[loc1,name]):continue
      df_[loc1]=np.dot(w.T,seriesF.loc[loc0:loc1])[0,0]
    df[name]=df_.copy(deep=True)
  df=pd.concat(df,axis=1)
```

```
    return df
```

5.6 最大限メモリーを保存した定常性

時系列 $\{X_t\}_{t=1,\cdots,T}$ を考える。この時系列に固定幅ウインドウ分数次差分（FFD）法を適用して、得られた分数次差分系列 $\{\tilde{X}_t\}_{t=l^*,\cdots,T}$ が定常になるような最小の係数 d^* を計算できる。この係数 d^* は、定常性を得るために除去される必要があるメモリーの量を定量化する。$\{X_t\}_{t=l^*,\cdots,T}$ がすでに定常である場合は、$d^*=0$ である。$\{X_t\}_{t=l^*,\cdots,T}$ が単位根を含む場合は、$d^*<1$ である。$\{X_t\}_{t=l^*,\cdots,T}$ が（バブル時のように）爆発的な振る舞いを示す場合は、$d^*>1$ である。特に興味深いケースは $0<d^*\ll 1$ のような、元の時系列が「穏やかな非定常」な場合である。この場合、差分をとる必要があるが、完全整数差分は過剰にメモリー（および予測力）を取り除いてしまうのである。

図5－5はこのコンセプトのよい例である。右側の y 軸が示しているのは、ETF トリック（第2章参照）を用いてロールフォワードし、日次にダウンサンプリングし、限月発会日にさかのぼった E-mini S&P 500先物の対

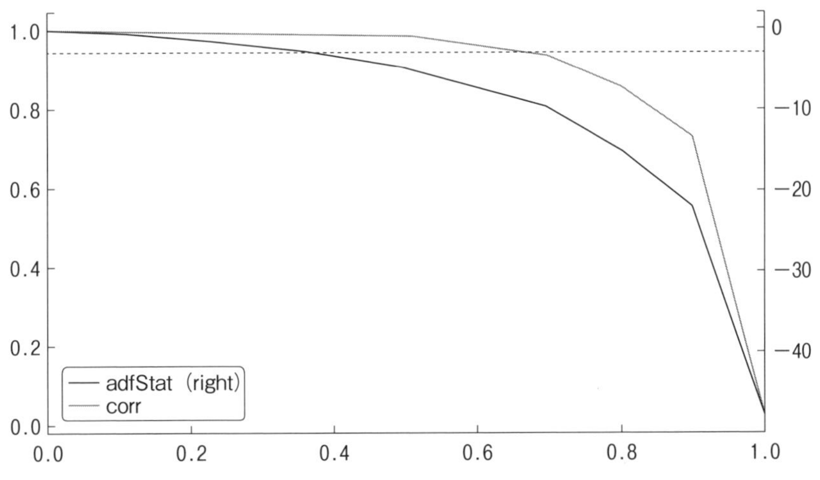

図5－5　E-mini S&P 500先物対数価格における d と ADF 統計量の関係

数価格から計算したADF統計量をプロットしたものである。x軸は、ADF統計量を計算するのに用いる時系列を生成するために使用されたd値を表している。元の時系列のADF統計量は-0.3387であるのに対し、リターン時系列のADF統計量は-46.9114である。95%の信頼水準では検定の臨界値は-2.8623であり、ADF統計量は$d=0.35$付近でその閾値と交差している。左のy軸が示しているのは、元の系列$d=0$と差分時系列との相関をさまざまなdの値でプロットしたものである。$d=0.35$では、相関はまだ非常に高く、0.995である。このことから、本章で紹介した手順によって、過度にメモリーを放棄することなく定常性を得ることができたことが確認できる。これとは対照的に、元の時系列とリターン時系列の相関はわずか0.03であり、標準的な整数次差分は時系列のメモリーをほぼ完全に消去することを示している。

ほぼすべてのファイナンス分野の論文は整数次差分$d=1\gg0.35$を適用することによって定常性を回復させようとしている。これは、ほとんどの研究が時系列の差分を過剰に取っており（over-differentiated）、すなわち標準的な計量経済学の仮定を満たすために必要な量よりもはるかに多くメモリーを消去してきたことを意味する。スニペット5.4には、これらの結果を得るために使用されるコードが記されている。

スニペット 5.4　ADF検定をパスする最小のDの探索

```
def plotMinFFD():
  from statsmodels.tsa.stattools import adfuller
  path,instName='./','ES1_Index_Method12'
  out=pd.DataFrame(columns=['adfStat','pVal','lags',
                            'nObs','95% conf','corr'])
  df0=pd.read_csv(path+instName+'.csv',index_col=0,parse_
  dates=True)
  for d in np.linspace(0,1,11):
    # 日次データへの変換
    df1=np.log(df0[['Close']]).resample('1D').last()
    df2=fracDiff_FFD(df1,d,thres=.01)
```

```
        corr=np.corrcoef(df1.loc[df2.index,'Close'],df2
        ['Close'])[0,1]
        df2=adfuller(df2['Close'],maxlag=1,regression='c',autola
        g=None)
        # ADF 検定結果と臨界値
        out.loc[d]=list(df2[:4])+[df2[4]['5%']]+[corr]
    out.to_csv(path+instName+'_testMinFFD.csv')
    out[['adfStat','corr']].plot(secondary_y='adfStat')
    mpl.axhline(out['95 %  conf'].mean(),linewidth=1,color='r',
    linestyle='dotted')
    mpl.savefig(path+instName+'_testMinFFD.png')
    return
```

E-mini 先物の例は決して例外ではない。表5－1は、世界で最も流動性のある87の先物、d のさまざまな値に FFD(d)を適用した後の ADF 統計量を示している。すべての場合において、リターンの計算に使用される標準の $d=1$ は、過剰に差分をとっていることを示している。実際、すべての場合において定常性は $d<0.6$で得られる。オレンジジュース先物（JO1 Comdty）や生牛先物（LC1 Comdty）のように、差分をまったくとる必要がない場合もあった。

5.7 結　論

要約すると、ほとんどの計量経済分析は2つのパラダイムのうちの1つに従っている。

① Box-Jenkins……リターンは定常だが、メモリーは失われている。

② Engle-Granger……対数価格はメモリーをもつが、非定常である。非定常な時系列に対して、メモリーを保持したまま回帰分析を行うためのトリックに共和分がある。しかし、共和分関係にある変数の数は限られており、そして共和分ベクトルは不安定であることで評判が悪い。

これとは対照的に、本章で紹介した FFD のアプローチは、定常性を得る

表5－1　最も流動性のある先物取引に対するFFD(d)のADF統計量

	0	0.1	0.2	0.3	0.4	0.5	0.6	0.7	0.8	0.9	1
AD1 Curncy	−1.7253	−1.8665	−2.2801	−2.9743	−3.9590	−5.4450	−7.7387	−10.3412	−15.7255	−22.5170	−43.8281
BO1 Comdty	−0.7039	−1.0021	−1.5848	−2.4038	−3.4284	−4.8916	−7.0604	−9.5089	−14.4065	−20.4393	−38.0683
BP1 Curncy	−1.0573	−1.4963	−2.3223	−3.4641	−4.8976	−6.9157	−9.8833	−13.1575	−19.4238	−26.6320	−43.3284
BTS1 Comdty	−1.7987	−2.1428	−2.7600	−3.7019	−4.8522	−6.2412	−7.8115	−9.4645	−11.0334	−12.4470	−13.6410
BZ1 Index	−1.6569	−1.8766	−2.3948	−3.2145	−4.2821	−5.9431	−8.3329	−10.9046	−15.7006	−20.7224	−29.9510
C1 Comdty	−1.7870	−2.1273	−2.9539	−4.1642	−5.7307	−7.9577	−11.1798	−14.6946	−20.9925	−27.6602	−39.3576
CC1 Comdty	−2.3743	−2.9503	−4.1694	−5.8997	−8.0868	−10.9871	−14.8206	−18.6154	−24.1738	−29.0285	−34.8580
CD1 Curncy	−1.6304	−2.0557	−2.7284	−3.8380	−5.2341	−7.3172	−10.3738	−13.8263	−20.2897	−27.6242	−43.6794
CF1 Index	−1.5539	−1.9387	−2.7421	−3.9235	−5.5085	−7.7585	−11.0571	−14.6829	−21.4877	−28.9810	−44.5059
CL1 Comdty	−0.3795	−0.7164	−1.3359	−2.2018	−3.2603	−4.7499	−6.9504	−9.4531	−14.4936	−20.8392	−41.1169
CN1 Comdty	−0.8798	−0.8711	−1.1020	−1.4626	−1.9732	−2.7508	−3.9217	−5.2944	−8.4257	−12.7300	−42.1411
CO1 Comdty	−0.5124	−0.8468	−1.4247	−2.2402	−3.2566	−4.7022	−6.8601	−9.2836	−14.1511	−20.2313	−39.2207
CT1 Comdty	−1.7604	−2.0728	−2.7529	−3.7853	−5.1397	−7.1123	−10.0137	−13.1851	−19.0603	−25.4513	−37.5703
DM1 Index	−0.1929	−0.5718	−1.2414	−2.1127	−3.1765	−4.6695	−6.8852	−9.4219	−14.6726	−21.5411	−49.2663
DU1 Comdty	−0.3365	−0.4572	−0.7647	−1.1447	−1.6132	−2.2759	−3.3389	−4.5689	−7.2101	−10.9025	−42.9012
DX1 Curncy	−1.5768	−1.9458	−2.7358	−3.8423	−5.3101	−7.3507	−10.3569	−13.6451	−19.5832	−25.8907	−37.2623
EC1 Comdty	−0.2727	−0.6650	−1.3359	−2.2112	−3.3112	−4.8320	−7.0777	−9.6299	−14.8258	−21.4634	−44.6452
EC1 Curncy	−1.4733	−1.9344	−2.8507	−4.1588	−5.8240	−8.1834	−11.6278	−15.4095	−22.4317	−30.1482	−45.6373
ED1 Comdty	−0.4084	−0.5350	−0.7948	−1.1772	−1.6633	−2.3818	−3.4601	−4.7041	−7.4373	−11.3175	−46.4487
EE1 Curncy	−1.2100	−1.6378	−2.4216	−3.5470	−4.9821	−7.0166	−9.9962	−13.2920	−19.5047	−26.5158	−41.4672
EO1 Comdty	−0.7903	−0.8917	−1.0551	−1.3465	−1.7302	−2.3500	−3.3068	−4.5136	−7.0157	−10.6463	−45.2100
EO1 Index	−0.6561	−1.0567	−1.7409	−2.6774	−3.8543	−5.5096	−7.9133	−10.5674	−15.6442	−21.3066	−35.1397

ER1 Comdty	−0.1970	−0.3442	−0.6334	−1.0363	−1.5327	−2.2378	−3.2819	−4.4647	−7.1031	−10.7389	−40.0407
ES1 Index	−0.3387	−0.7206	−1.3324	−2.2252	−3.2733	−4.7976	−7.0436	−9.6095	−14.8624	−21.6177	−46.9114
FA1 Index	−0.5292	−0.8526	−1.4250	−2.2359	−3.2500	−4.6902	−6.8272	−9.2410	−14.1664	−20.3733	−41.9705
FC1 Comdty	−1.8846	−2.1853	−2.8808	−3.8546	−5.1483	−7.0226	−9.6889	−12.5679	−17.8160	−23.0530	−31.6503
FV1 Comdty	−0.7257	−0.8515	−1.0596	−1.4304	−1.8312	−2.5302	−3.6296	−4.9499	−7.8292	−12.0467	−49.1508
G1 Comdty	0.2326	0.0026	−0.4686	−1.0590	−1.7453	−2.6761	−4.0336	−5.5624	−8.8575	−13.3277	−42.9177
GC1 Comdty	−2.2221	−2.3544	−2.7467	−3.4140	−4.4861	−6.0632	−8.4803	−11.2152	−16.7111	−23.1750	−39.0715
GX1 Index	−1.5418	−1.7749	−2.4666	−3.4417	−4.7321	−6.6155	−9.3667	−12.5240	−18.6291	−25.8116	−43.3610
HG1 Comdty	−1.7372	−2.1495	−2.8323	−3.9090	−5.3257	−7.3805	−10.4121	−13.7669	−19.8902	−26.5819	−39.3267
HI1 Index	−1.8289	−2.0432	−2.6203	−3.5233	−4.7514	−6.5743	−9.2733	−12.3722	−18.5308	−25.9762	−45.3396
HO1 Comdty	−1.6024	−1.9941	−2.6619	−3.7131	−5.1772	−7.2468	−10.3326	−13.6745	−19.9728	−26.9772	−40.9824
IB1 Index	−2.3912	−2.8254	−3.5813	−4.8774	−6.5884	−9.0665	−12.7381	−16.6706	−23.6752	−30.7986	−43.0687
IK1 Comdty	−1.7373	−2.3000	−2.7764	−3.7101	−4.8686	−6.3504	−8.2195	−9.8636	−11.7882	−13.3983	−14.8391
IR1 Comdty	−2.0622	−2.4188	−3.1736	−4.3178	−5.8119	−7.9816	−11.2102	−14.7956	−21.6158	−29.4555	−46.2683
JA1 Comdty	−2.4701	−2.7292	−3.3925	−4.4658	−5.9236	−8.0270	−11.2082	−14.7198	−21.2681	−28.4380	−42.1937
JB1 Comdty	−0.2081	−0.4319	−0.8490	−1.4289	−2.1160	−3.0932	−4.5740	−6.3061	−9.9454	−15.0151	−47.6037
JE1 Curncy	−0.9268	−1.2078	−1.7565	−2.5398	−3.5545	−5.0270	−7.2096	−9.6808	−14.6271	−20.7168	−37.6954
JG1 Comdty	−1.7468	−1.8071	−2.0654	−2.5447	−3.2237	−4.3418	−6.0690	−8.0537	−12.3908	−18.1881	−44.2884
JO1 Comdty	−3.0052	−3.3099	−4.2639	−5.7291	−7.5686	−10.1683	−13.7068	−17.3054	−22.7853	−27.7011	−33.4658
JY1 Curncy	−1.2616	−1.5891	−2.2042	−3.1407	−4.3715	−6.1600	−8.8261	−11.8449	−17.8275	−25.0700	−44.8394
KC1 Comdty	−0.7786	−1.1172	−1.7723	−2.7185	−3.8875	−5.5651	−8.0217	−10.7422	−15.9423	−21.8651	−35.3354
L1 Comdty	−0.0805	−0.2228	−0.6144	−1.0751	−1.6335	−2.4186	−3.5676	−4.8749	−7.7528	−11.7669	−44.0349

95% 信頼水準での ADF 検定の臨界値は −2.8623である。表中のすべての対数価格系列は $d<0.6$ で定常性が得られ、多くのものは $d<0.3$ で定常性が得られている。

ためにすべてのメモリーをあきらめる必要はないことを示している。また、機械学習の予測に関しては、共和分のトリックは必要ない。FFDに精通すると、メモリー（または予測力）を放棄することなく定常性を得ることができる。

実際には、次のような特徴量の変換を試すことを勧める。まず、時系列の累計を計算する。これによって、ある程度の差分をとることが必要になる。次に、さまざまな$d \in [0, 1]$に対してFFD(d)系列を計算する。3番目に、FFD(d)のADF統計量のp値が5％を下回るような最小のdを決める。4番目に、予測に用いる特徴量としてFFD(d)の時系列を使用する。

練習問題

5.1　IIDな（独立で同一分布に従う）ガウス過程に従う時系列を生成せよ。これは、メモリーがなく、定常な時系列である。

(a)　この時系列についてADF統計量を計算せよ。p値はいくつか。

(b)　観測値の累計を計算せよ。これはメモリーのない非定常時系列である。

(i)　この累計時系列は何次の和分か。

(ii)　この時系列のADF統計量を計算せよ。p値はいくつか。

(c)　この時系列の差分を2回とろう。この過度に差分をとった時系列のp値はいくつか。

5.2　正弦（sin）関数に従う時系列を生成せよ。

(a)　この時系列についてADF統計量を計算せよ。p値はいくつか。

(b)　すべての観測値を同じ正値だけシフトし、累計を計算せよ。これはメモリーをもつ非定常時系列である。

(i)　この時系列のADF統計量を計算せよ。p値はいくつか。

(ii)　$\tau = 1E-2$として拡大ウインドウ分数次差分を適用せよ。p値が5％を下回る最小のdとしてどのような値が得られるだろうか。

(c)　$\tau = 1E-5$としてFFDを適用せよ。p値が5％を下回る最小の

dとしてどのような値が得られるだろうか。

5.3　練習問題5.2(b)の時系列を用いよ。

(a)　時系列に正弦関数をフィッティングせよ。決定係数はいくつか。

(b)　FFD($d=1$)を適用し、時系列に正弦関数をフィッティングせよ。決定係数はいくつか。

(c)　FFD(d)への正弦フィッティングの決定係数が最大になるdの値はいくつか。それはなぜか。

5.4　E-mini S&P 500先物のドルバーの時系列を用いよ。いくつかの$d\in[0, 2]$についてスニペット5.3のコードを用いて `fracDiff_FFD(fracDiff_FFD(series, d), −d)` を計算せよ。何が得られるか。それはなぜか。

5.5　E-mini S&P 500先物のドルバーの時系列を用いよ。

(a)　対数価格の累計をとることで新しい時系列を作成せよ。

(b)　$\tau=1E-5$としてFFDを適用せよ。新しい時系列が定常となる最小の$d\in[0, 2]$を求めよ。

(c)　分数次差分時系列と元の（変換していない）時系列の相関を計算せよ。

(d)　元の時系列と分数次差分時系列に対してEngle-Grangerの共和分検定を行ってみよう。2つの時系列は共和分の関係にあるだろうか。それはなぜか。

(e)　分数次差分時系列についてJarque-Bera正規性検定を実施せよ。

5.6　練習問題5.5の分数次差分時系列を用いよ。

(a)　hは時系列の標準偏差の2倍としてCUSUMフィルタ（第2章参照）を適用せよ。

(b)　フィルタを通したタイムスタンプを特徴量行列のサンプリングに用いよ。特徴量の1つとして分数次差分をとった値を用いよ。

(c)　日次標準偏差の2倍の大きさの水平バリアと5日間の垂直バリアとしてトリプルバリア法を用いてラベルを作成せよ。

(d)　以下の場合について決定木バギング分類器（a bagging classifier of decision trees）をフィッティングせよ。

(i) 観察された特徴量を第4章のシーケンシャル法を用いてブートストラップした場合。

(ii) ブートストラップされた各サンプルについて、第4章のテクニックを使ってサンプルのウェイトを決めた場合。

◆引用文献

Alexander, C. (2001): *Market Models*, 1st edition. John Wiley & Sons.

Hamilton, J. (1994): *Time Series Analysis*, 1st ed. Princeton University Press.

Hosking, J. (1981): "Fractional differencing." *Biometrika*, Vol. 68, No. 1, pp. 165–176.

Jensen, A. and M. Nielsen (2014): "A fast fractional difference algorithm." *Journal of Time Series Analysis*, Vol. 35, No. 5, pp. 428–436.

López de Prado, M. (2015): "The Future of Empirical Finance." *Journal of Portfolio Management*, Vol. 41, No. 4, pp. 140–144. Available at https://ssrn.com/abstract=2609734.

◆参考文献

Cavaliere, G., M. Nielsen, and A. Taylor (2017): "Quasi-maximum likelihood estimation and bootstrap inference in fractional time series models with heteroskedasticity of unknown form." *Journal of Econometrics*, Vol. 198, No. 1, pp. 165–188.

Johansen, S. and M. Nielsen (2012): "A necessary moment condition for the fractional functional central limit theorem." *Econometric Theory*, Vol. 28, No. 3, pp. 671–679.

Johansen, S. and M. Nielsen (2012): "Likelihood inference for a fractionally cointegrated vector autoregressive model." *Econometrica*, Vol. 80, No. 6, pp. 2267–2732.

Johansen, S. and M. Nielsen (2016): "The role of initial values in conditional sum-of-squares estimation of nonstationary fractional time series models." *Econometric Theory*, Vol. 32, No. 5, pp. 1095–1139.

Jones, M.,M. Nielsen andM. Popiel (2015): "A fractionally cointegrated VAR analysis of economic voting and political support." *Canadian Journal of Economics*, Vol. 47, No. 4, pp. 1078–1130.

Mackinnon, J. and M. Nielsen, M. (2014): "Numerical distribution functions of fractional unit root and cointegration tests." *Journal of Applied Econometrics*, Vol. 29, No. 1, pp. 161–171.

Part 2

モデリング

第6章

アンサンブル法

6.1 はじめに

本章では、機械学習のアンサンブル法のうち、最も人気のある2つの手法[1]について説明する。なお、参考文献と脚注で、これらの手法を紹介する本と論文を紹介している。また、本書の他の部分と同じように、ここでは読者がすでにこれらのアプローチを使っていることを前提としている。本章の目的は、それらを効果的にする方法と、金融分野における誤用につながる一般的な誤りを回避する方法を説明することである。

6.2 誤りの3つの要因

機械学習モデルの誤り（エラー）には一般的に次の3種[2]がある。

① バイアス……この誤りは、非現実的な仮定をすることによって引き起こされる。バイアスが大きいとき、機械学習アルゴリズムは入力変数の特徴と出力変数の結果との間の重要な関係を認識することができていない。この状況に陥っているアルゴリズムは「アンダーフィット」と呼ばれている。

1 アンサンブル法の紹介については、ScikitLearn の該当ページ（http://scikit-learn.org/stable/modules/ensemble.html）を参照のこと。

2 私は通常ウィキペディアを引用しないが、しかしこの話題においては、ユーザーにとって、ウィキペディアの該当ページ（https://en.wikipedia.org/wiki/Bias%E2%80%93variance_tradeoff）の図のいくつかが役に立つだろう。

② バリアンス……この誤りは、訓練データセットにおけるわずかな変化に対する感度が高いことによって引き起こされる。バリアンスが大きい場合、アルゴリズムは訓練データセットに対してオーバーフィット（過剰適合）しているため、訓練データセットのわずかな違いによってまったく異なる予測が生成される可能性がある。この場合、アルゴリズムは訓練データセットの一般的なパターンをモデル化しているのではなく、ノイズをシグナルと誤認していることになる。

③ ノイズ……この誤りは、予測不可能な変化や測定誤差など、観測値のバリアンスによって発生する。これはモデルによって説明できない既約誤差（irreducible error）である。

観測値の訓練データセット $\{x_i\}_{i=1,\cdots,n}$ と現実の結果 $\{y_i\}_{i=1,\cdots,n}$ を考えよう。$y=f[x]+\varepsilon$ を満たす関数 $f[x]$ が存在すると仮定する。ここで ε はホワイトノイズであり、$\mathrm{E}[\varepsilon_i]=0$ かつ $\mathrm{E}[\varepsilon_i^2]=\sigma_\varepsilon^2$ を満たす。ここでは、推定誤差のバリアンス $\mathrm{E}[(y_i-\hat{f}[x_i])^2]$ を最小化することにより、$f[x]$ に最もうまくフィットする関数 $\hat{f}[x]$ を推定したい。（σ_ε^2 により表されるノイズのために、平均二乗誤差はゼロにはならない）この平均二乗誤差は以下のように分解できる。

$$\mathrm{E}[(y_i-\hat{f}[x_i])^2]=\Bigg(\underbrace{\mathrm{E}[\hat{f}[x_i]-f[x_i]]}_{\text{バイアス}}\Bigg)^2+\underbrace{\mathrm{V}[\hat{f}[x_i]]}_{\text{バリアンス}}+\underbrace{\sigma_\varepsilon^2}_{\text{ノイズ}}$$

アンサンブル法は、同じ機械学習アルゴリズムによる弱学習器の集合を組み合わせることによって、個別の学習器よりもよい性能を発揮する（強い）学習器を作成する手法である。アンサンブル法はバイアスとバリアンスの両方もしくは片方を減少させるのに役立つ。

6.3 ブートストラップアグリゲーション

ブートストラップアグリゲーション（バギング、bagging）は、予測におけるバリアンスを削減するのに効果的な手法である。

この手法は次のように機能する。最初に、復元抽出を伴う無作為抽出によりN個の訓練データセットを生成する。次に、各訓練データセットにつき1つずつ、N個の推定器を訓練する。これらの推定器は互いに独立に訓練することになるため、モデルは並列に推定することが可能である。最後に、アンサンブル予測をN個のモデルによる個々の予測の単純平均で求める。カテゴリカル変数の場合、ある観測値があるクラスに属する確率は、その観測値をそのクラスのメンバーとして分類する推定器の割合（多数決）によって与えられる。ベースの推定器が確率による予測を出力するならば、バギング分類器は確率の平均を出力することになる。

アウトオブバッグ（訳注：ブートストラップの過程において訓練データセットから抽出されなかったデータ群のこと）の精度を計算するためにsklearnの`BaggingClassifier`クラスを使用する場合は、GitHubのサイト（https://github.com/scikit-learn/scikit-learn/issues/8933）で指摘されているバグに注意する必要がある。1つの回避策は、整数順にラベルの名前を変更することである。

6.3.1　バリアンス（variance）削減

バギングの主な長所は、予測におけるバリアンスを減らすことであるため、オーバーフィットへの対処に役立つ。バギング予測phi_i[c]のバリアンスは、バギング推定器の数（N）、各予測の分散の平均値（$\bar{\sigma}$）、および各予測間の相関係数の平均値（$\bar{\rho}$）の関数である。

$$V\left[\frac{1}{N}\sum_{i=1}^{N}\varphi_i[c]\right]=\frac{1}{N^2}\sum_{i=1}^{N}\left(\sum_{j=1}^{N}\sigma_{i,j}\right)=\frac{1}{N^2}\sum_{i=1}^{N}\left(\sigma_i^2+\sum_{j\neq i}^{N}\sigma_i\sigma_j\rho_{i,j}\right)$$

$$=\frac{1}{N^2}\sum_{i=1}^{N}\left(\bar{\sigma}^2+\underbrace{\sum_{j\neq i}^{N}\bar{\sigma}^2\bar{\rho}}_{=(N-1)\bar{\sigma}^2\bar{\rho}\text{ for a fixed }i}\right)=\frac{\bar{\sigma}^2+(N-1)\bar{\sigma}^2\bar{\rho}}{N}$$

$$=\bar{\sigma}^2\left(\bar{\rho}+\frac{1-\bar{\rho}}{N}\right)$$

ここで、$\sigma_{i,j}$は推定器i, jによる予測の共分散である。ここで、$\sum_{i=1}^{N}\bar{\sigma}^2$

$= \sum_{i=1}^{N} \sigma_i^2 \Leftrightarrow \bar{\sigma}^2 = N^{-1} \sum_{i=1}^{N} \sigma_i^2$; および $\sum_{j \neq i}^{N} \bar{\sigma}^2 \bar{\rho} = \sum_{j \neq i}^{N} \sigma_i \sigma_j \rho_{i,j} \Leftrightarrow \bar{\rho} = (\bar{\sigma}^2 N(N-1))^{-1} \sum_{j \neq i}^{N} \sigma_i \sigma_j \rho_{i,j}$ である。

上の等式は、バギングが $\bar{\rho} < 1$ の場合のみ効果的であることを示している。なぜなら $\bar{\rho} \to 1 \Rightarrow \mathrm{V}\left[\frac{1}{N} \sum_{i=1}^{N} \varphi_i[c]\right] \to \bar{\sigma}^2$ となるからである。逐次ブートストラッピング（第4章）の目的の1つは、可能な限り独立なサンプルを生成し、それによって $\bar{\rho}$ を減らすことであった。これは、バギング分類器のバリアンスを低減させることになる。図6－1では $N \in [5, 30]$, $\bar{\rho} \in [0, 1]$ and $\bar{\sigma} = 1$ でのバギング予測の標準偏差をプロットしている。

6.3.2　正解率（accuracy）向上

N 個の独立した分類器での多数決によって、k 個のクラスの予測を行うバギング分類器を考えよう。予測を $\{0, 1\}$ とラベルづけする。ここで、1は正しい予測を意味する。分類器の正解率（accuracy）は、予測を1とラベルづけする確率 p である。平均して、1とラベルづけされた予測は Np 個となり、バリアンスは $Np(1-p)$ となる。最も多く予測されたクラスが観測

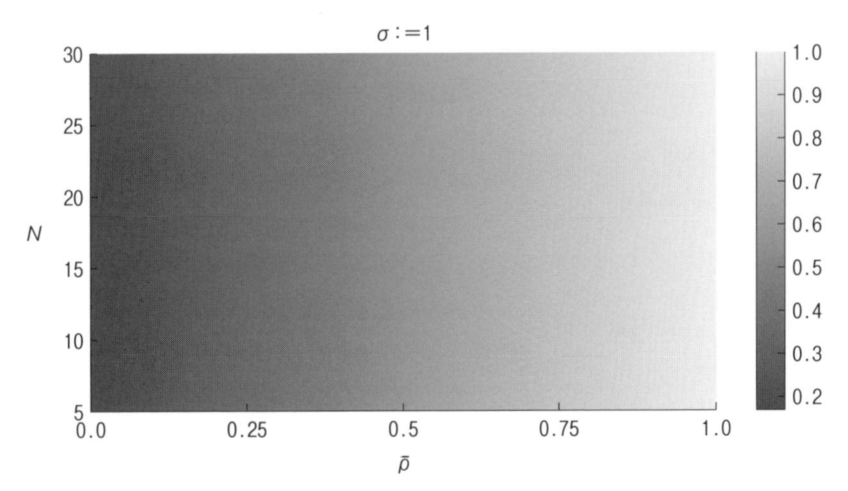

図6－1　バギング予測の標準偏差

された場合、多数決投票は正しい予測を行っている。たとえば、$N=10$および$k=3$の場合、クラスAが観測され、投票が$[A, B, C]=[4, 3, 3]$の場合、バギング分類器は正しい予測を行ったことになる。しかし、クラスAが観測され、投票が$[A, B, C]=[4, 1, 5]$の場合、バギング分類器は誤った予測を行ったことになる。ここでの十分条件は、これらのラベルの合計が$X>\frac{N}{2}$を満たすことだ。一方、必要（不十分）条件は$X>\frac{N}{k}$を満たすことだ。これは次の確率で発生する。

$$\mathrm{P}\left[X>\frac{N}{k}\right]=1-\mathrm{P}\left[X\leq\frac{N}{k}\right]=1-\sum_{i=0}^{\left(\frac{N}{k}\right)}\binom{N}{i}p^{i}(1-p)^{N-i}$$

これが意味することは、十分に大きなN、たとえば$N>p\left(p-\frac{1}{k}\right)^{-2}$に対しては、$p>\frac{1}{k}\Rightarrow\mathrm{P}\left[X>\frac{N}{k}\right]>p$が成立し、これによりバギング分類の正解率は個別の分類器の正解率を超えるということである。スニペット6.1でこの計算を実装している。

スニペット 6.1　バギング分類の正解率

```
from scipy.misc import comb
N,p,k=100,1./3,3.
p_=0
for i in xrange(0,int(N/k)+1):
p_+=comb(N,i)*p**i*(1-p)**(N-i)
print p,1-p_
```

これは、計算上の制約が許す限り、一般的にバギングを行うことを支持する強力な論拠である。ただし、ブースティングとは異なり、バギングは貧弱な分類器の正解率を向上させることはできない。個々の学習器が貧弱な分類器$\left(p\ll\frac{1}{k}\right)$である場合、多数決を行っても依然としてパフォーマンスは貧弱なものにとどまることになる（ただし、バリアンスは小さくなる）。図6－2はこれらの事実を示している。$p>\frac{1}{k}$よりも$\bar{\rho}\ll1$を達成するのは簡単であるから、バギングはバイアスを減らすよりもバリアンスを減らすことに効果がありやすい。

このトピックに関するさらなる分析のためには、コンドルセの陪審定理を参照されたい。この定理は政治科学における多数決投票の信頼性を目的とし

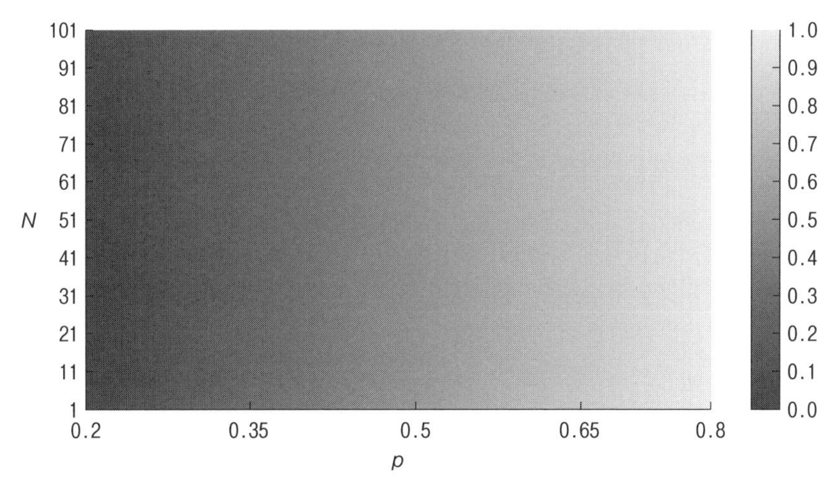

図6－2　個々の推定器の正解率（*P*）、推定器の数（*N*）、および $k=2$ の関数としてのバギング分類器の正解率

て導出されているが、この定理が扱う問題は上記の議論と類似点がある。

6.3.3 観測値の冗長性

第4章では、金融分野での観測値をIID（独立同分布）と仮定できない理由の1つを学んだ。冗長な観測値は、バギングに2つの悪影響を及ぼす。1つ目の悪影響は、復元抽出で引き出されたサンプルは、たとえ同じ観測値を共有していなくても、実質的に同一である可能性が高いことである。これにより、$\bar{\rho} \approx 1$ となり、バギングは N によらず、バリアンスを削減しないことになる。たとえば、時点 t での各観測値が t から $t+100$ の間のリターンによりラベルづけされている場合、バギングした推定器ごとに1％の観測値をサンプリングすべきであり、それ以上サンプリングすべきでない。第4章4.5節では、3つの代替解決策を推奨した。そのうちの1つは、sklearnのバギング分類クラスに実装されている `max_samples=out['tW'].mean()` を設定することであった。また別の（よりよい）解決策は、逐次ブートストラップ法を適用することであった。

観測値の冗長性による2つ目の悪影響は、アウトオブバッグ正解率が過大評価されることである。これは、訓練データセットにおける復元抽出によるランダムサンプリングが、アウトオブバッグと非常によく似たサンプリングを行うために発生する。そのような場合、分割前にシャッフルすることなく適切に層化抽出されたk-分割交差検定は、アウトオブバッグでの推定値よりもテストセットの正解率がはるかに悪くなってしまう。そのため、sklearnクラスを用いる際には`StratifiedKFold(n_splits=k、shuffle=False)`に設定し、バギング分類器の交差検証を実施し、アウトオブバッグの正解率結果は無視することを推奨する。過剰な分割を行うと、先ほど同様、訓練データセットで使用されたものと非常に似すぎたテストデータセットを採用してしまう危険性があることから、kの値は大きいよりは小さいほうが好ましいといえる。

6.4 ランダムフォレスト

一般的に、決定木はオーバーフィットしやすいことが知られている。オーバーフィットは予測のバリアンスを増加させる[3]。この問題に対処するために、ランダムフォレスト（RF）法は、低バリアンスのアンサンブル学習を行うように設計されている。

RFは、ブートストラップ法によるデータのサブセットに対して個別の推定器がそれぞれ訓練するという観点から、バギングといくつかの類似点がある。バギングとの主な違いは、ランダムフォレストは第2レベルのランダム性を組み込んでいることである。つまり、各ノード分割を最適化するとき、各推定器間の相関をさらに下げるために、ランダムサブサンプリング（復元抽出なし）された属性だけを評価する。

バギングと同様に、RFはオーバーフィットすることなく予測バリアンスを削減する（$\bar{\rho}<1$である場合のみであることを覚えておこう）。2つ目の利点は、RFは特徴量の重要性を評価できることであり、これについては第8章で詳しく説明する。3つ目の利点は、RFがアウトオブバッグでの正解

3　ランダムフォレストの直観的な説明については、Quantdareの該当ページ（https://quantdare.com/random-forest-many-is-better-than-one/）を参照のこと。

率の推定値を与えることである。ただし金融分野のデータにおいては、この推定値は過大評価されている可能性がある（6.3.3節参照）。しかしバギングと同じく、RFは必ずしも個々の決定木よりもバイアスが小さくなるわけではない。

多数のサンプルが冗長である（非IIDである）場合、オーバーフィットが発生することがある。ランダムに復元抽出されたサンプルは、本質的には同一である多数の木を生成する（$\bar{\rho} \approx 1$）。ここで各決定木はオーバーフィットしている（決定木における悪名高い欠点だ）。バギングとは異なり、RFは常にブートストラップされたサンプルのサイズを訓練データセットのサイズと一致するように固定する。sklearnにおいてこのRFのオーバーフィット問題に対処する方法を考えよう。説明のために、sklearnのクラスを参照するが、これらの解決策は他の実装法にも適用できる。

① 木ごとの違いを出すために、パラメータ`max_features`を低い値に設定する。

② 早期終了（Early stopping）……アウトオブバッグ正解率がアウトオブサンプル（k-fold）正解率に収束するように、正則化パラメータ`min_weight_fraction_leaf`を十分に大きな値（たとえば5％）に設定する。

③ `DecisionTreeClassifier`で`BaggingClassifier`を使用する。ここで`max_samples`はサンプル間の平均独自性（`avgU`）に設定する。

(a) `clf=DecisionTreeClassifier(criterion='entropy',max_features='auto',class_weight='balanced')`

(b) `bc=BaggingClassifier(base_estimator=clf,n_estimators=1000,max_samples=avgU,max_features=1.)`

④ `RandomForestClassifier`で`BaggingClassifier`を使用する。ここで`max_samples`はサンプル間の平均独自性（`avgU`）に設定する。

(a) `clf=RandomForestClassifier(n_estimators=1,criterion='entropy',bootstrap=False,class_weight='balanced_subsample')`

(b) `bc=BaggingClassifier(base_estimator=clf,n_estimators=1000,max_samples=avgU,max_features=1.)`

⑤ 標準ブートストラップを逐次ブートストラップに置き換えるようにRF

クラスを修正する。

まとめとして、スニペット6.2では、RF を設定する 3 つの方法を異なるクラスによって示す。

スニペット 6.2　RF を設定する 3 つの方法

```
clf0=RandomForestClassifier(n_estimators=1000,class_
weight='balanced_subsample',criterion='entropy')
clf1=DecisionTreeClassifier(criterion='entropy',max_
features='auto',class_weight='balanced')
clf1=BaggingClassifier(base_estimator=clf1,n_estimators=1000,max_
samples=avgU)
clf2=RandomForestClassifier(n_estimators=1,criterion='entropy',
bootstrap=False,class_weight='balanced_subsample')
clf2=BaggingClassifier(base_estimator=clf2,n_estimators=1000,max_
samples=avgU,max_features=1.)
```

決定木をフィットさせるとき、軸にあう方向に特徴量空間を回転させると、通常、木に必要な深度を減少させることができる。そのため、計算速度を改善し、かつオーバーフィットを軽減させるように、特徴量の PCA に RF をフィットさせるやり方を提案する（第 8 章でより詳しく説明する）。また、第 4 章4.8節で説明したように、`class_weight='balanced_subsample'` とすることにより、木が少数派のクラスを誤分類することを防ぐのに役立つ。

6.5　ブースティング

Kearns and Valiant[1989]は、弱推定器を組み合わせることにより高精度の推定を達成することができるかを問いとした初期の論文である。その後間もなく、Schapire[1990]が、今日ブースティングと呼ばれる手順を用いて、その問いに対する答えが肯定的であることを実証した。これは、一般的には次のような手順となる。まず、あるサンプルの重み（一様な重みで初期化されている）に従って、復元抽出を伴うランダムサンプリングによって 1 つの

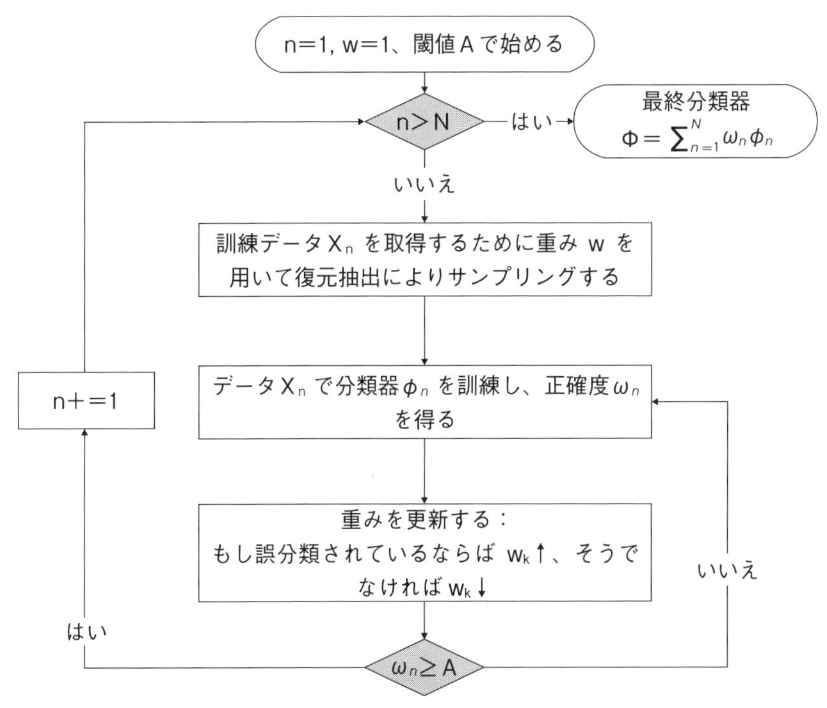

図6－3　アダブースト決定フロー

訓練データセットを生成する。次に、その訓練データセットを用いて１つの推定器をフィットさせる。３つ目に、その推定器が許容閾値（たとえば二値分類器ならば、偶然よりも上である50％が考えられる）よりも高い正解率を達成する場合、推定器は保持され、そうでない場合は廃棄される。４つ目に、誤分類された観測値にはより大きな重みをつけ、正しく分類された観測値にはより小さな重みをつける。５つ目に、N個の推定器が生成されるまで１～４のステップを繰り返す。最後に、N個のモデルからの個々の予測の加重平均によりアンサンブル予測を得る。ここで、重みは個々の推定器の正解率によって決定される。アダブースト（AdaBoost）が最も有名ではあるものの、多くのブースティングアルゴリズムが現存する（Geron[2017]）。図６－３は、アダブーストの標準的な実装の決定フローをまとめたものである。

6.6 金融データにおけるバギングとブースティングの比較

ここまで説明したように、いくつかの点でブースティングはバギングとは大きく異なっている[4]。

・個々の分類器は逐次フィット（学習）する。

・パフォーマンスの低い分類器は破棄される。

・観測値は、反復ごとに異なるウェイトづけが行われる。

・アンサンブル予測は、個別学習器の加重平均である。

ブースティングの主な利点は、予測のバリアンスとバイアスの両方を削減できることである。ただし、バイアスを修正すると、オーバーフィットのリスクが高まる。金融データへの適用では、バギングはブースティングよりも一般的に望ましいといえる。ブースティングを使えばアンダーフィットに対処できるが、バギングを使えばオーバーフィットに対する対処が可能である。金融データにおいてはノイズに対する信号の比率が低いため、機械学習アルゴリズムはオーバーフィットしやすく、オーバーフィットはアンダーフィットよりも大きな問題である。さらに、バギングは並列実行できるが、一般的にブースティングは逐次実行を必要とする。

6.7 バギングのスケーラビリティ

ご存知のとおり、有名な機械学習アルゴリズムのいくつかはサンプルサイズにうまく対応できない。サポートベクターマシン（SVM）はその代表的な例である。仮にSVMを100万個の観測値にフィットさせようとするならば、アルゴリズムが収束するまでには、かなりの時間がかかるだろう。そしていったんそれが収束したとしても、その解が大域的な最適解でありオーバーフィットしていないという保証はない。

実用的な方法の1つは、ベース推定器がSVMのように、サンプルサイズ

4　バギングとブースティングの違いの視覚的な説明については、Quantdareの該当ページ（https://quantdare.com/what-is-the-difference-between-bagging-and-boosting/）を参照のこと。

にうまく対応できないクラスのバギングアルゴリズムを作成することである。そのベース推定器を設定するときには、厳しい早期終了条件を課す。たとえば、sklearn の SVM の実装では、max_iter パラメータにたとえば反復回数1E5という低い値を設定できる。デフォルト値は max_iter=－1 であり、これは、誤差が許容誤差レベルを下回るまで推定器に反復し続けることを意味する。あるいは、デフォルト値 tol=1E－3 をもつパラメータ tol を使用して許容誤差レベルを上げることもできる。これら2つのパラメータはどちらも早期終了を行わせる。RF の深度（max_depth）や葉ノードに使われる（すべての入力サンプルの）重みの合計の最小加重比率（min_weight_fraction_leaf）などのような同等のパラメータによって、他のアルゴリズムも早期終了させることができる。

バギングアルゴリズムは並列実行が可能なことをふまえ、1つの大きな逐次タスクを同時に実行される多くの小さなタスクに変換している。当然ながら早期終了すると、個々のベース推定器からの出力のバリアンスは大きくなる。バリアンスの増加は、バギングアルゴリズムによるバリアンスの削減によって相殺される以上のものになる可能性がある。だが、独立したベース推定器をさらに追加することで、そのバリアンスの削減を調整できる。このように利用すると、バギングによって、非常に大きなデータセットに対して迅速かつロバストな推定を達成できる。

練習問題

6.1 なぜバギングは復元抽出を伴うランダムサンプリングに基づいているのだろうか。もし復元抽出が行われなくても、バギングは予測のバリアンスを削減するだろうか。

6.2 訓練データセットが重複の多いラベルからなると仮定する（すなわち、第4章で定義される独自性が低い）。

(a) これにより、バギングはオーバーフィットしやすくなるだろうか、それとも単純に効果がなくなるだろうか。また、その理由を述べよ。

(b) アウトオブバッグの正解率は一般に金融データへの適用においては信頼に足るだろうか。また、その理由を述べよ。

6.3 ベース推定器が決定木であるアンサンブルを構築する。

(a) このアンサンブルはRFとどのように異なるだろうか。

(b) sklearnを用いて、RFのようなバギング分類器を作成せよ。どのようなパラメータを設定する必要があるだろうか。また、どのように設定すればよいだろうか。

6.4 RF、RFを構成する木の数、用いられる特徴量の数の3つの間の関係を考える。

(a) RFに必要な最小木数と利用される特徴量の数との間の関係はどのようなものになるだろうか。

(b) 特徴量の数に対して木の数が少なすぎないだろうか。

(c) 利用可能な観測値の数に対して木の数が多すぎないだろうか。

6.5 アウトオブバッグの正解率は、階層化されたk-分割（シャッフルあり）交差検証の正解率とどのように異なるだろうか。

◆引用文献

Geron, A. (2017): *Hands-onMachine Learning with Scikit-Learn and TensorFlow: Concepts, Tools, and Techniques to Build Intelligent Systems*, 1st edition. O'Reilly Media.

Kearns, M. and L. Valiant (1989): "Cryptographic limitations on learning Boolean formulae and finite automata." In Proceedings of the 21stAnnualACMSymposium on Theory of Computing, pp. 433–444, New York. Association for Computing Machinery.

Schapire, R. (1990): "The strength of weak learnability." *Machine Learning*. Kluwer Academic Publishers. Vol. 5 No. 2, pp. 197–227.

◆参考文献

Gareth, J., D. Witten, T. Hastie, and R. Tibshirani (2013): *An Introduction to Statistical Learning: With Applications in R*, 1st ed. Springer-Verlag.

Hackeling, G. (2014): *Mastering Machine Learning with Scikit-Learn*, 1st ed. Packt Publishing.

Hastie, T., R. Tibshirani and J. Friedman (2016): *The Elements of Statistical Learning*, 2nd ed. Springer-Verlag.

Hauck, T. (2014): *Scikit-Learn Cookbook*, 1st ed. Packt Publishing.

Raschka, S. (2015): *Python Machine Learning*, 1st ed. Packt Publishing.

第7章

ファイナンスにおける交差検証法

7.1 はじめに

交差検証法（CV：Cross Validation）の目的は、オーバーフィッティングを防ぐために機械学習アルゴリズムの汎化誤差を測ることにある。しかし、交差検証法においても機械学習の手法が金融に関連する問題に適用されたときには失敗を犯すことがある。オーバーフィッティングは起こりうることであり、交差検証はそれを検知できないのである。実際には、ハイパーパラメータのチューニングを通じて交差検証がオーバーフィッティングの一因となってしまうこともある。本章では、なぜ標準的な交差検証法がファイナンスではうまく機能しないのか、そしてそれについて何ができるかを学ぶ。

7.2 交差検証法の目的

機械学習の目的の１つは、データの一般的な構造を学習し、将来の観測されていない特徴量を予測できるようにすることにある。たとえば、訓練に使ったものと同じデータで機械学習アルゴリズムをテストすれば、当然のことながら見事な結果を実現することになる。このように機械学習アルゴリズムが誤用されると、それらはファイルの非可逆圧縮アルゴリズムとなんら変わらないものになる。つまり、非常に高い忠実度でデータをまとめてはいるが、予測力はまったくもたないのである。

交差検証法では、IID（独立同分布）の過程から抽出された観測値を２つのデータセット、すなわち訓練データセットとテストデータセットに分割する。データセット全体のなかの各観測値は、１つの、しかもただ１つの分割されたデータセットにだけ属している。これはあるデータセットから他のデータセットへ情報のリークが起こらないように行われるべきである。情報のリークがあると、観測されていないデータ上でテストするという目的が果たせないからである。さらなる詳細については、参考文献の節に記載した書籍や論文にみることができる。

多くの交差検証法のスキームがあるなかで、最もよく知られているものの１つがk-分割交差検証法である。図７－１は、$k=5$としたときにk-分割交差検証法で実行される訓練・テストデータのk分割を示している。このスキームの手順は以下のとおりである。：

① データセットをk個の標本群に分割する。

② $i=1, \cdots, k$について、

 (a) 機械学習アルゴリズムを、iを除いたすべての標本群で訓練する。

 (b) 適合させた機械学習アルゴリズムをiで評価する。

k-分割交差検証の結果は、交差検証のパフォーマンス指標を要素とする

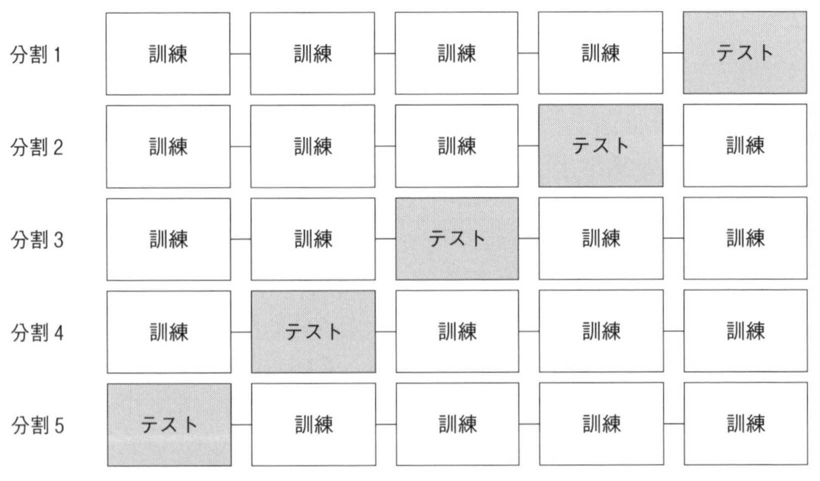

図７－１　５-分割交差検証法での訓練・テストデータ分割

$k \times 1$の配列として得られる。たとえば二値分類では、モデルが1/2を上回る交差検証の正解率を達成すれば、いくらか学習したと見なされる。なぜなら、1/2は偏りのないコイントスで期待される正解率だからである。

金融の分野では、交差検証法は典型的には２つの状況で用いられる。それは、（ハイパーパラメータのチューニングのような）モデル開発と、バックテストである。バックテストは込み入ったテーマであり、第10章から第16章でじっくり議論する。本章では、モデル開発で用いられる交差検証法に焦点を当てることにする。

7.3 なぜファイナンスでk-分割交差検証法がうまく機能しないのか

読者はこれまで、ファイナンスでk-分割交差検証法によって機械学習アルゴリズムがよいパフォーマンスを示すという証拠を提示する論文を数多く読んできたかもしれない。しかし残念ながら、そのような結果はほとんど確実に間違っている。ファイナンスでk-分割交差検証法が機能しない理由の１つは、観測値がIIDな過程から抽出されると仮定できないことにある。２つ目の理由は、モデルを開発する過程でテストデータセットが複数回使われ、複数のテストからの選択バイアスにつながってしまうことである。２つ目の失敗の原因は第11章から第13章で再び取り上げる。ここでは１つ目の失敗の原因だけを考えることにしよう。

リーケージ（情報のリーク）は、訓練データセットがテストデータセットにも現れる情報を含むときに起こる。ここで、重複したデータで生成されたラベル Y に結びついた、系列相関のある特徴量 X を考えよう。

・系列相関があることから、$X_t \approx X_{t+1}$

・ラベルが重複したデータ点から導かれることから、$Y_t \approx Y_{t+1}$

t と $t+1$ を異なるデータセットに置くことで、情報のリークが起こることになる。分類器を初めに（X_t, Y_t）で訓練し、次に観測された X_{t+1} に基づいて$\mathrm{E}\left[Y_{t+1} \middle| X_{t+1}\right]$を予測させると、この分類器はたとえ X が不適切な特徴量だとしても $Y_{t+1} = \mathrm{E}\left[Y_{t+1} \middle| X_{t+1}\right]$を達成しやすくなる。

もしXが予測力のある特徴量であれば、リーケージによって、もともと価値のある戦略のパフォーマンスはさらによくなってしまう。問題なのは無関係な特徴量がある場合のリーケージである。それは、誤った発見につながってしまうからである。リーケージの可能性を減らす方法としては少なくとも次の2つがある。

① Y_iがY_jを決定するのに使われる情報の関数で、jがテストデータセットに属しているような任意の観測値iを訓練データセットから除外する。
 (a) たとえば、Y_iとY_jは重複した期間にまたがるべきではない（標本の独自性の議論については第4章を参照）。
② 分類器のオーバーフィッティングを避ける。こうすることで、たとえいくらかリーケージが起こったとしても、それによって分類器が恩恵を受けることはない。次の方法を用いればよい。
 (a) ベース推定器の早期終了（early stopping、第6章参照）。
 (b) 冗長な標本のオーバーサンプリングをコントロールしつつ、分類器のバギングを行い、個別の分類器ができるだけ多様になるようにする。
  (i) `max_samples`を平均独自性に設定する。
  (ii) 逐次ブートストラップを適用する（第4章参照）。

X_iとX_jが重複のある情報から生成され、iは訓練データセットに属していてjはテストデータセットに属している場合を考えよう。これは情報のリーケージの事例だろうか。Y_iとY_jが独立である限りは、必ずしもそうではない。リーケージが起こるためには$(X_i, Y_i) \approx (X_j, Y_j)$である必要があり、$X_i \approx X_j$または$Y_i \approx Y_j$であっても十分ではない。

7.4 解決策：パージされたk-分割交差検証法

リーケージを減らす1つの方法は、訓練データセットから、テストデータセットに含まれるラベルと時間が重複しているラベルをもつすべての観測データを除去することである。この過程を「パージング」と呼ぶ。さらに、金融の分野における特徴量は（ARMA過程のように）系列相関を示す系列を含んでいることが多いため、訓練データセットから、テストデータセットの観測データのすぐ後に続く観測データを取り除くべきである。この過程を「エンバーゴ」と呼ぶ。

7.4.1 訓練データセットのパージング

あるテストデータのラベル Y_j が情報集合 Φ_j に基づいて決まるとしよう。前節で述べたようなリーケージを防ぐためには、$\Phi_i \cap \Phi_j \neq \emptyset$ であるような情報集合 Φ_i に基づいて決まるラベル Y_i をもつ任意の観測データを訓練データセットから取り除くべきである。

特に、Y_i と Y_j の両方のラベルが少なくとも1つの共通したランダム抽出に付随しているという意味で同時発生的である（第4章4.3節参照）ときは常に2つの観測データ i と j の間に情報の重複があると断定する。たとえば、閉区間 $t \in [t_{j,0}, t_{j,1}]$ における観測値の関数 $Y_j = f[[t_{j,0}, t_{j,1}]]$（多少記法の乱用があるが）であるラベル Y_j を考えよう。たとえばトリプルバリアラベリング法（第3章参照）においては、ラベルはインデックス $t_{j,0}$ と $t_{j,1}$ の価格データにわたるリターンの符号、つまり $\text{sgn}[r_{t_{j,0},t_{j,1}}]$ であることを意味する。もし次の3つの十分条件のうち1つでも満たされれば、ラベル $Y_i = f[[t_{i,0}, t_{i,1}]]$ は Y_j と重複する。：

① $t_{j,0} \leq t_{i,0} \leq t_{j,1}$

② $t_{j,0} \leq t_{i,1} \leq t_{j,1}$

③ $t_{i,0} \leq t_{j,0} \leq t_{j,1} \leq t_{i,1}$

スニペット7.1はこうした訓練データセットの観測値のパージングを実装している。もし最初と最後のテストデータの間に訓練データがないという意味でテストデータセットが連続的であれば、パージングを加速することができる。つまり、オブジェクト testTimes はテストデータセット全体に及ぶ単一のアイテムをもつ pandas の Series とすることができる。

スニペット 7.1 訓練データセットの観測データのパージング

```
def getTrainTimes(t1,testTimes):
  '''
  testTimes を所与として、訓練データの時点を探す
  -t1.index：観測データが開始した時点
```

```
    -t1.value：観測データが終了した時点
    -testTimes：テストデータの時点
    '''
    trn=t1.copy(deep=True)
    for i,j in testTimes.iteritems():
      # テストデータセットのなかで開始する訓練データ
      df0=trn[(i<=trn.index)&(trn.index<=j)].index
      # テストデータセットのなかで終了する訓練データ
      df1=trn[(i<=trn)&(trn<=j)].index
      # テストデータセットを覆う訓練データ
      df2=trn[(trn.index<=i)&(j<=trn)].index
      trn=trn.drop(df0.union(df1).union(df2))
    return trn
```

リーケージが起こっているときは、単に$k \rightarrow T$と増加させることでパフォーマンスが改善する。ここで、Tはデータの数である。その理由は、テストデータの分割数が多いほど、訓練データセットにおいて重複する観測データの数も大きくなるからである。多くの場合、リーケージを防ぐためにはパージングで十分である。モデルがより頻繁な再調整を許容されていると、kを増加させるにつれてパフォーマンスは改善する。しかしある値k^*を超えるとパフォーマンスは改善しない。この場合、情報のリークによってバックテストが有利にならないことを意味している。図７－２はk-分割交差検証法における分割の１つの例である。この図ではテストデータセットが２つの訓練データセットに挟まれているため２つの重複があり、リーケージを防ぐために取り除く（パージング）必要がある。

7.4.2 エンバーゴ（猶予（禁止）期間）

パージングによってすべてのリーケージを防ぐことができるわけではない場合は、すべてのテストデータセットの後にある訓練データにエンバーゴを課すことで対応する。$t_{i,1} < t_{j,0}$であるような訓練ラベル$Y_i = f[[t_{i,0}, t_{i,1}]]$（テストデータが始まる前に終わる訓練データ）は評価時点$t_{j,0}$に利用可能な情報

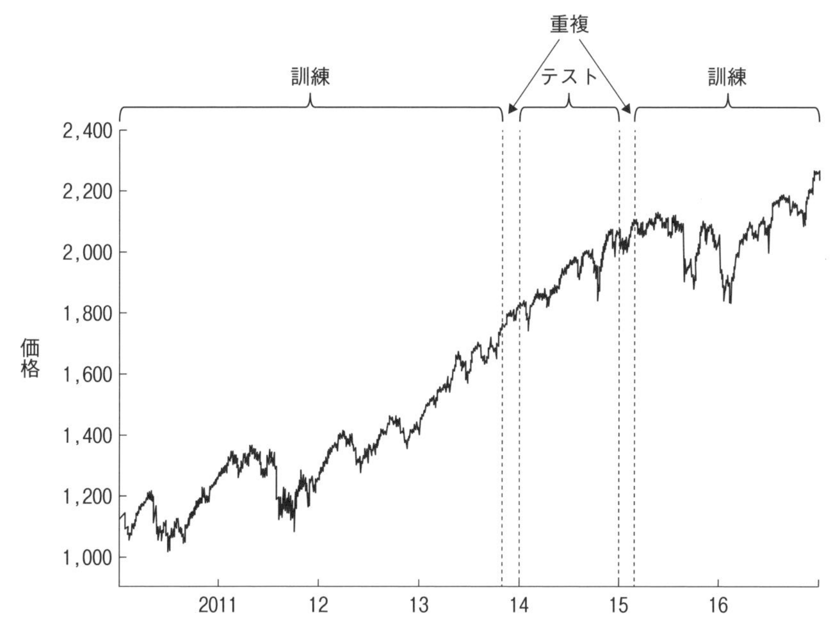

図7－2　訓練データセットにおける重複のパージング

からなっているため、エンバーゴはテストデータセットより前にある訓練データに作用する必要はない。言い換えれば、テストデータの直後 $t_{j,1} \leq t_{i,0} \leq t_{j,1} + h$ に起こる訓練ラベル $Y_i = f[[t_{i,0}, t_{i,1}]]$のみを考えている。このエンバーゴ期間は、パージングの前に $Y_j = f[[t_{j,0}, t_{j,1} + h]]$とすることによって与えられる。$k \rightarrow T$ と増加させても無制限にパフォーマンスが改善しないことを実験することで確かめられるように、すべてのリーケージを防ぐには $h \approx 0.01T$ のような小さな値で十分であることが多い。図7－3は、テストデータセットの直後にある訓練データのエンバーゴを示している。スニペット7.2はエンバーゴのロジックを実装している。

スニペット 7.2　訓練データのエンバーゴ

```
def getEmbargoTimes(times,pctEmbargo):
    # 各データのエンバーゴ時点を取得
    step=int(times.shape[0]*pctEmbargo)
    if step==0:
```

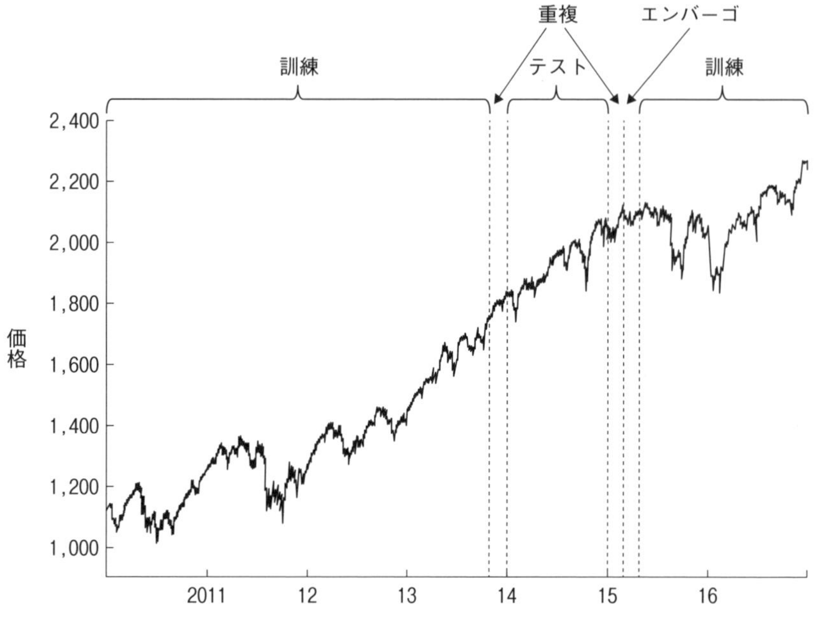

図7－3　テストデータ後の訓練データのエンバーゴ

```
    mbrg=pd.Series(times,index=times)
  else:
    mbrg=pd.Series(times[step:],index=times[:-step])
    mbrg=mbrg.append(pd.Series(times[-1],index=times[-step:]))
  return mbrg
#———————————————————————————————————————
#パージング前のエンバーゴを含める
testTimes=pd.Series(mbrg[dt1],index=[dt0])
trainTimes=getTrainTimes(t1,testTimes)
testTimes=t1.loc[dt0:dt1].index
```

7.4.3　Purged K-Fold クラス

前節で、ラベルが重複しているときにどのように訓練・テストデータの分割をするかを議論した。そこではモデルの開発という特定の文脈においてパージングやエンバーゴという概念を導入した。一般に、訓練・テストデータの分割を行うときには、それがハイパーパラメータの調整、バックテスト、パフォーマンス評価のいずれのためであろうと、重複する訓練データにはパージングとエンバーゴを行う必要がある。スニペット7.3は、テストデータの情報が訓練データセットにリークする可能性を考慮するためにscikit-learnの`KFold`クラスを拡張している。

スニペット 7.3　観測データが重複するときの交差検証クラス

```
class PurgedKFold(_BaseKFold):
  '''
  区間にまたがるラベルに対して機能するようにKFoldクラスを拡張する
  訓練データのうちテストラベル区間と重複する観測値がパージされる
  テストデータセットは連続的(shuffle=False)で、間に訓練データが
  ないとする
  '''
  def __init__(self,n_splits=3,t1=None,pctEmbargo=0.):
    if not isinstance(t1,pd.Series):
      raise ValueError('Label Through Dates must be a pd.Series')
    super(PurgedKFold,self).__init__(n_splits,shuffle=False,
      random_state=None)
    self.t1=t1
    self.pctEmbargo=pctEmbargo
  def split(self,X,y=None,groups=None):
    if (X.index==self.t1.index).sum()!=len(self.t1):
      raise ValueError('X and ThruDateValues must have the \
        same index')
    indices=np.arange(X.shape[0])
    mbrg=int(X.shape[0]*self.pctEmbargo)
    test_starts=[(i[0],i[-1]+1) for i in \
      np.array_split(np.arange(X.shape[0]),self.n_splits)]
    for i,j in test_starts:
```

```
        t0=self.t1.index[i] # テストデータセットの始まり
        test_indices=indices[i:j]
        maxT1Idx=self.t1.index.searchsorted(self.t1[test_indices] \
          .max())
        train_indices=self.t1.index.searchsorted(self.t1[
          self.t1<=t0].index)
          train_indices=np.concatenate((train_indices,
            indices[maxT1Idx+mbrg:]))
        yield train_indices,test_indices
```

7.5 sklearnの交差検証法のバグ

読者は、交差検証法のような重要なものは、最も知られている機械学習ライブラリの1つで完璧に実装されていると考えるだろう。しかし残念ながら事実はそうではない。これが常に実行するコードをすべて読まなければならない理由の1つであり、またこのことがオープンソースの大きな強みでもある。オープンソースコードの数ある利点の1つは、すべてを確認し、必要に応じて調整できることといえる。スニペット7.4は、すでに知られているsklearnの以下の2つのバグに対処している。

① sklearnがpandasのSeriesではなくNumpyの配列に依存している結果として、スコアリング関数が`classes_`を識別しない。: https://github.com/scikit-learn/scikit-learn/issues/6231

② `cross_val_score`はfitメソッドにはウェイトを渡すが`log_loss`メソッドには渡さないため、異なる結果を与える。: https://github.com/scikit-learn/scikit-learn/issues/9144

スニペット 7.4 Purged K-Foldクラスの使用

```
def cvScore(clf,X,y,sample_weight,scoring='neg_log_loss',
t1=None,cv=None,cvGen=None,pctEmbargo=None):
  if scoring not in ['neg_log_loss','accuracy']:
    raise Exception('wrong scoring method.')
```

```
from sklearn.metrics import log_loss,accuracy_score
from clfSequential import PurgedKFold
if cvGen is None:
  # パージ
  cvGen=PurgedKFold(n_splits=cv,t1=t1,pctEmbargo=pctEmbargo)
score=[]
for train,test in cvGen.split(X=X):
  fit=clf.fit(X=X.iloc[train,:],y=y.iloc[train],
    sample_weight=sample_weight.iloc[train].values)
  if scoring=='neg_log_loss':
    prob=fit.predict_proba(X.iloc[test,:])
    score_=-log_loss(y.iloc[test],prob,
      sample_weight=sample_weight.iloc[test].values,
      labels=clf.classes_)
  else:
    pred=fit.predict(X.iloc[test,:])
    score_=accuracy_score(y.iloc[test],pred,sample_weight= \
      sample_weight.iloc[test].values)
  score.append(score_)
return np.array(score)
```

これらのバグの修正が広く承諾され、実装され、検証され、リリースされるまでには長い時間がかかる可能性がある。それまではスニペット7.4のcvScoreを使うべきであり、cross_val_score関数を使うのは避けるべきである。

練習問題

7.1 ファイナンスにおいて、k-分割交差検証法を行う前にデータセットをシャッフルすることが一般には悪いアイデアであるのはなぜだろうか。シャッフルの目的は何だろうか。シャッフルが金融のデー

タセットにおけるk-分割交差検証法の目的を妨げてしまうのはなぜだろうか。

7.2　観測された特徴量とラベルを表す行列の組（*X*, *y*）を考える。これらは第3章の練習問題から導かれたデータセットの1つでもよい。

(a)　シャッフルなしで（*X*, *y*）にランダムフォレスト分類器の10-分割交差検証法を用いた場合のパフォーマンスを導きなさい。

(b)　シャッフルありで（*X*, *y*）にランダムフォレストの10-分割交差検証法を用いた場合のパフォーマンスを導きなさい。

(c)　2つの結果がそれほど異なるのはなぜだろうか。

(d)　どのようにしてシャッフルが情報のリークを起こすのだろうか。

7.3　練習問題7.2で使ったのと同じ行列の組（*X*, *y*）を考える。

(a)　1%のエンバーゴを適用して、（*X*, *y*）にランダムフォレストのパージされた10-分割交差検証法を用いた場合のパフォーマンスを導きなさい。

(b)　パフォーマンスが低いのはなぜだろうか。

(c)　この結果がより現実的であるといえるのはなぜだろうか。

7.4　本章では、k-分割交差検証法をファイナンスに適用するとうまく機能しない1つの理由、つまりテストデータセットの情報の一部が訓練データセットにリークするという事実に焦点を当てた。交差検証法が失敗する2つ目の理由を思いつくだろうか。

7.5　基本的に同じものであるが細部の設定が少しずつ異なる1,000個の投資戦略があり、それぞれの戦略について交差検証を行ったとしよう。いくつかの結果は、単に幸運だけによってよくみえてしまうことになる。もしこのよい結果だけを発表し、残りは隠したとしたら、それをみた人々はこの結果が偽陽性、つまり統計的なまぐれであると推測することはできない。この現象は「選択バイアス」と呼ばれる。

(a)　これを防ぐ手段は考えられるだろうか。

(b)　データセットを訓練（training）・検証（validation）・テスト（testing）の3つに分割したらどうなるだろうか。検証データセットは学習したパラメータを評価するのに使われ、テストは検証の段階で選ばれた１つの投資戦略でのみ行われる。この手段でもなお失敗するのはどのような場合だろうか。

(c) 選択バイアスを避けるために重要な点は何だろうか。

◆参考文献

Bharat Rao, R., G. Fung, and R. Rosales (2008): "On the dangers of cross-validation: An experimental evaluation." White paper, IKM CKS Siemens Medical Solutions USA. Available at http://people.csail.mit.edu/romer/papers/CrossVal_SDM08.pdf.

Bishop, C. (1995): *Neural Networks for Pattern Recognition*, 1st ed. Oxford University Press.

Breiman, L. and P. Spector (1992): "Submodel selection and evaluation in regression: The X-random case." White paper, Department of Statistics, University of California, Berkeley. Available at http://digitalassets.lib.berkeley.edu/sdtr/ucb/text/197.pdf.

Hastie, T., R. Tibshirani, and J. Friedman (2009): *The Elements of Statistical Learning*, 1st ed. Springer.

James, G., D. Witten, T. Hastie and R. Tibshirani (2013): *An Introduction to Statistical Learning*, 1st ed. Springer.

Kohavi, R. (1995): "A study of cross-validation and bootstrap for accuracy estimation and model selection." International Joint Conference on Artificial Intelligence. Available at http://web.cs.iastate.edu/~jtian/cs573/Papers/Kohavi-IJCAI-95.pdf.

Ripley, B. (1996): *Pattern Recognition and Neural Networks*, 1st ed. Cambridge University Press.

第8章

特徴量の重要度

8.1　はじめに

金融分野の研究に蔓延する誤りの１つは、データの一部を用いて、機械学習アルゴリズムを通して予測のバックテストを行うという一連の作業を、見栄えのよい結果が現れるまで繰り返してしまうことである。学術誌はそのような偽の発見に満ち溢れており、大規模なヘッジファンドでさえもしばしばこの罠にはまっている。これはアウトオブサンプルデータを用いたウォークフォワードバックテストを行っていれば解決する問題ではない。同じデータに対して何度もテストを繰り返す行為こそが、偽の発見へとつながりうるのである。この方法論的誤りは統計学者の間では非常に悪名高く、科学的不正（scientific fraud）と考えられており、米国統計協会は倫理ガイドラインにおいて警告している（American Statistical Association[2016], Discussion #４)。通常約20回も繰り返せば、標準的な５％有意水準（偽陽性率、false positive rate）に従う（偽）投資戦略を見つけられるだろう。本章では、なぜそのようなアプローチが時間とお金の無駄でしかないのか、また特徴量の重要度による代替手法がどのようなものかを解説する。

8.2　特徴量重要度の重要性

金融業界の印象的なところは、熟練のポートフォリオマネージャー（クオンツの経歴をもつ者も多く含まれている）たちの多くが、バックテストにおいてオーバーフィッティングがどれほど起こりやすいか認識していないことである。しかし適切なバックテストの方法というのは本章の主題ではない。その非常に重要なトピックについては、第11章から第15章で取り上げる。本章では、バックテストを実行する前にまず行うべき分析のうちの１つについて説明する。

ある金融商品の特徴量とラベルが入った一対の行列（X, y）があるとする。第７章でみたように、分類器を（X, y）により学習させ、パージ付きk分割交差検証（CV）により汎化誤差を評価できる。ここで検証の結果、よいパフォーマンスを達成できたとしよう。次に出てくる自然な疑問は、どの特徴量がそのパフォーマンスに寄与したかというものだ。それを知ることで、分類器の予測力を上げるシグナルを強める特徴量を追加することもできるかもしれない。もしくはシステムにノイズを追加するだけの特徴量を削除することもできるかもしれない。特筆すべきは、特徴量重要度を理解することで、かの有名なブラックボックスを開くことができる。どの情報源が分類器により見つけたパターンに対して不可欠であるかを理解すれば、そのパターンに対する識見を得ることができる。これが、ブラックボックスというマントラが機械学習懐疑論者によって幾分過剰に扱われていると考える理由の１つである。そうなのだ、ブラックボックス内でプロセスに対する指示を受けなくてもアルゴリズムは学習する（これこそが機械学習の醍醐味だ！）が、それはアルゴリズムによる発見を人が閲覧できない（みるべきではない）ことを意味するわけではない。猟師も猟犬が回収してきたすべての獲物を盲目的に食べるわけではないだろう。

どの特徴量が重要であるかわかったら、数々の実験を行うことでさらに学習を進めることができる。これらの特徴量は常に重要だろうか、それとも特定の環境下においてのみ重要なのだろうか。何が重要性の変化を引き起こすのだろうか。これらのレジームスイッチは予測可能だろうか。これらの重要な特徴量は他の関連する金融商品にも関係があるのだろうか。それらは他の資産クラスにも関係をもつのだろうか。すべての金融商品で最も有効な特徴量は何だろうか。投資対象全体で最高の相関関係をもつ特徴量の部分集合は何だろうか。これは愚かなバックテストサイクルよりもはるかに優れた戦略リサーチ手法である。ここでこの格言を、本書から学んでもらいたい最も重要な教訓の1つとして授けよう。

スニペット 8.1　マルコスのバックテスト第1法則（無視する場合は自己責任で）

「バックテストはリサーチツールではない。特徴量の重要度こそがリサーチツールなのである」

——Marcos López de Prado
Advances in Financial Machine Learning (2018)

8.3　代替効果による特徴量重要度

代替効果（substitution effect）による影響を受けるかどうかに基づいて、特徴量重要度を区分することは有益である。ここで代替効果とは、ある特徴量の推定重要度が他の関連する特徴量の存在によって削減されるときに生じる効果のことである。代替効果は、統計学や計量経済学の文献で「多重共線性（multi-collinearity）」と呼ばれるものの機械学習分野における類似物である。線形な代替効果への対処法の1つとして、未加工の特徴量に主成分分析（PCA）を適用し、次に直交な特徴量に対して特徴量重要度分析を実行する方法がある。より詳しくはBelsley et al.[1980]、Goldberger[1991, pp. 245-253]、Hill et al.[2001]を参照のこと。

8.3.1　平均不純度減少量（Mean Decrease Impurity）

平均不純度減少量（MDI）は、RFのようなツリーベース分類器特有の、高速な、インサンプル（IS）で説明上での重要度（explanatory-importance）を測る方法である。各決定木の各ノードにおいて、選択された特徴量は不純度が削減されるように入力された部分集合を分割する。したがって決定木ごとに、不純度減少量全体のうち各特徴量により削減された量を導き出すことができる。そして決定木集合に対し、すべての木に対して削減された減少量を平均し、それに応じて特徴量をランクづけすることができる。より詳しくはLouppe et al.[2013]を参照のこと。MDIを使用する際には、留意しなければならない重要事項がいくつかある。

① マスキング効果（Masking effects）とは、分類木がある特徴量をシステマティックに無視し、他の特徴量を重視することである。これを回避するために、sklearn の RF クラスを使用するときは `max_features = int（1）` に設定する。そうすることにより、階層ごとにランダムな1つの特徴量のみが選択される。

(a) 全特徴量は（あるランダムな木の、あるランダムな階層で）不純度を削減する機会が与えられる。

(b) 重要度0の特徴量が平均に含まれないことを確認すること。なぜなら重要度0となるのは、その特徴量が選択されなかった場合だからである。これらの値は `np.nan` に置き換えること。

② この手法は明らかにインサンプルである。たとえ予測力がまったくなくても、すべての特徴量はある程度の重要度をもつことになる。

③ MDI をツリーベース以外の分類器に対して一般化し、適用することはできない。

④ 構造上、MDI には特徴量重要度の合計が1になり、各重要度は0から1の間の値となるという優れた特性がある。

⑤ この手法は、相関をもつ特徴量が存在する際の代替効果を考慮しない。MDI は、代替効果のある特徴量の重要度を薄める。たとえば、2つの同一の特徴量がある場合、それらは同確率でランダムに選択されるため、重要度が半分になるだろう。

⑥ Strobl et al.[2007] は MDI がいくつかの予測変数に偏ることを実証的に示している。White and Liu[1994] は、単一の決定木においては、この偏りは一般的な不純度関数が多くのカテゴリをもつ予測変数を不公平に重視することによってもたらされると主張している。

sklearn の `RandomForest` クラスは、デフォルトの特徴量重要度スコアとして MDI を実装している。その理由はおそらく、最小の計算コストで手っ取り早く MDI を計算できるためである。スニペット8.2は、前述の事項を考慮した MDI の実装である。

スニペット 8.2 MDI特徴量重要性

```
def featImpMDI(fit,featNames):
  # ISでの平均不純度減少量に基づく特徴量重要度
  df0={i:tree.feature_importances_ for i,tree in enumerate
  (fit.estimators_)}
  df0=pd.DataFrame.from_dict(df0,orient='index')
  df0.columns=featNames
  df0=df0.replace(0,np.nan) #max_features=1のため
  imp=pd.concat({'mean':df0.mean(),'std':df0.std()*df0.shape
  [0]**-.5},axis=1)
  imp/=imp['mean'].sum()
  return imp
```

8.3.2 平均正解率減少量（Mean Decrease Accuracy）

平均正解率減少量（MDA）は、アウトオブサンプル（OOS）での予測における重要度（predictive-importance）を測る低速な方法である。まず、分類器を学習させる。次に、なんらかのパフォーマンススコア（正解率、負の対数損失など）によりアウトオブサンプルでのパフォーマンスを算出する。3つ目に、特徴量行列（X）を1度に1列ランダムに並べ替え、並べ替え後のアウトオブサンプルでのパフォーマンスを算出する。特徴量重要度は、その列の並べ替えによるパフォーマンス低下量の関数として測定する。この手法に関する留意事項は下記のとおりである。

① この手法は分類木だけでなく、すべての分類器に適用できる。

② MDAにおけるパフォーマンススコアは正解率に限定されない。たとえば、メタラベリングでは、正解率よりもF1で分類器をスコアリングするほうがよい（説明については、第14章14.8節を参照のこと）。したがって、MDAよりも「並べ替え重要度（permutation importance）」という名前のほうが適切かもしれない。スコアリング関数が距離空間の性質を満たしていない場合は、MDAの結果はランキングとして使用する必要がある。

③ MDIと同様に、相関をもつ特徴量が存在すると代替効果の影響を受けやすい。2つの同一の特徴量がある場合、MDAは常に一方の特徴量が他方に対して冗長であるとみなす。残念なことに、たとえそれが重要な特徴量であっても、MDAは両方の特徴量を完全に重要でないと評価するだろう。

④ MDIとは異なり、MDAはすべての特徴量が重要ではないと判断する可能性がある。これは、MDAがアウトオブサンプルでのパフォーマンスに基づいているためである。

⑤ 第7章で説明したように、CVに対してパージとエンバーゴを適用しなければならない。

スニペット8.3では、サンプルウェイト、パージつきk分割CV、負の対数損失または正解率によるスコアづけを使用した、MDAによる特徴量重要度測定法を実装している。実現可能な最大スコア（負の対数損失ならば0、正解率ならば1）と比較した（特徴量の並べ替え後と並べ替え前の）改善度合いの関数としてMDA重要度を測定する。場合によっては、改善度が負になる可能性があることに注意しよう。すなわち、その特徴量は実際にはMLアルゴリズムの予測力に悪影響を及ぼしていることになる。

スニペット 8.3　MDAによる特徴量重要度測定

```
def featImpMDA(clf,X,y,cv,sample_weight,t1,pctEmbargo,scorin
g='neg_log_loss'):
  # アウトオブサンプルでのスコア低下に基づく特徴量重要度
  if scoring not in ['neg_log_loss','accuracy']:
    raise Exception('wrong scoring method.')
  from sklearn.metrics import log_loss,accuracy_score
  cvGen=PurgedKFold(n_splits=cv,t1=t1,pctEmbargo=pctEmbargo)
  # パージつき CV
  scr0,scr1=pd.Series(),pd.DataFrame(columns=X.columns)
  for i,(train,test) in enumerate(cvGen.split(X=X)):
    X0,y0,w0=X.iloc[train,:],y.iloc[train],sample_weight.
    iloc[train]
    X1,y1,w1=X.iloc[test,:],y.iloc[test],sample_weight.iloc
```

```
  [test]
  fit=clf.fit(X=X0,y=y0,sample_weight=w0.values)
  if scoring=='neg_log_loss':
    prob=fit.predict_proba(X1)
    scr0.loc[i]=-log_loss(y1,prob,sample_weight=w1.values,
      labels=clf.classes_)
  else:
    pred=fit.predict(X1)
    scr0.loc[i]=accuracy_score(y1,pred,sample_weight=w1.
    values)
  for j in X.columns:
    X1_=X1.copy(deep=True)
    np.random.shuffle(X1_[j].values) #1列並べ替え
    if scoring=='neg_log_loss':
      prob=fit.predict_proba(X1_)
      scr1.loc[i,j]=-log_loss(y1,prob,sample_weight=w1.
      values,
        labels=clf.classes_)
    else:
      pred=fit.predict(X1_)
      scr1.loc[i,j]=accuracy_score(y1,pred,sample_weight=w1.
      values)
imp=(-scr1).add(scr0,axis=0)
if scoring=='neg_log_loss':imp=imp/-scr1
else:imp=imp/(1.-scr1)
imp=pd.concat({'mean':imp.mean(),'std':imp.std()*imp.shape
[0]**-.5},axis=1)
return imp,scr0.mean()
```

8.4 代替効果を除いた特徴量重要度

先に説明したように、実際には重要な特徴量であっても、代替効果により冗長であると判断され破棄されかねない。これは予測を行う際には通常問題とならないが、モデルを理解、改善、または単純化しようとしているときには誤った結論へと導かれる可能性がある。そこで、次の単一特徴量重要度（Single Feature Importance）によりMDIとMDAを補完するとよいだろう。

8.4.1 単一特徴量重要度（Single Feature Importance）

単一特徴量重要度（SFI）は、クロスセクションで、アウトオブサンプルでの予測における重要度（predictive importance）を測る手法である。各特徴量単体のアウトオブサンプルにおけるパフォーマンススコアを計算する。

留意事項：

① この方法はツリーベース分類器だけでなく、あらゆる分類器に適用できる。

② SFIで用いるパフォーマンススコアは正確度に限定されない。

③ MDIおよびMDAとは異なり、1度に1つの特徴量のみについて考えるため、代替効果は発生しない。

④ MDAと同様に、アウトオブサンプルなCVによってパフォーマンスが評価されるため、すべての特徴量が重要ではないと結論づけられることがある。

SFIの主な欠点は、2つの特徴量をもつ分類器が、2つの単一特徴量による分類器のバギングよりも優れたパフォーマンスを発揮しうることをとらえられないことである。たとえば、①特徴量Bは、特徴量Aとの組合せにおいてのみ有用かもしれない。もしくは、②特徴量Bだけでは不正確な場合でも、特徴量Bは特徴量Aによる分割結果を説明するのに役立つかもしれない。言い換えれば、SFIでは結合効果（joint effects）と階層的重要度（hierarchical importance）が失われるのである。ここで代替案の1つとなるのは、特徴量の部分集合からアウトオブサンプルでのパフォーマンススアを計算することであるが、特徴量が増えるにつれてその計算は難解になる。スニペット8.4は、SFIの実装法のうちの1つを示している。ここで、関数 cvScore に関する議論は第7章を参照のこと。

スニペット 8.4　SFIの実装

```
def auxFeatImpSFI(featNames,clf,trnsX,cont,scoring,cvGen):
  imp=pd.DataFrame(columns=['mean','std'])
  for featName in featNames:
    df0=cvScore(clf,X=trnsX[[featName]],y=cont['bin'],sample_
    weight=cont['w'],
      scoring=scoring,cvGen=cvGen)
    imp.loc[featName,'mean']=df0.mean()
    imp.loc[featName,'std']=df0.std()*df0.shape[0]**-.5
  return imp
```

8.4.2　特徴量の直交化

8.3節で論じたように、代替効果が生じるとMDIによる特徴量重要度は薄まり、MDAによる特徴量重要度は著しく過小評価される。そこで、MDIとMDAを適用する前に特徴量を直交化することが部分的な解決策となる。PCAのような直交化手法によりすべての代替効果が消えるわけではないが、少なくとも線形代替効果の影響は軽減されるはずである。

観測値 $t=1, \cdots, T$ と変数 $n=1, \cdots, N$ をもつ、定常な特徴量行列 $\{X_{t,n}\}$ を考えよう。まず、$Z_{t,n}=\sigma_n^{-1}(X_{t,n}-\mu_n)$ により標準化特徴量行列 Z を計算する。ここで、μ_n は $\{X_{t,n}\}_{t=1,\cdots,T}$ の平均であり、σ_n は $\{X_{t,n}\}_{t=1,\cdots,T}$ の標準偏差である。次に、$Z'ZW=W\Lambda$ を満たす固有値行列 Λ と固有ベクトル行列 W を計算する。ここで、Λ は降順にソートした固有値を対角成分にもつ $N\times N$ の対角行列、W は固有ベクトルを並べた $N\times N$ の正規直交行列である。ここで、直交化された特徴量は $P=ZW$ として求めることができる。特徴量が直交化されたことを、$P'P=W'Z'ZW=W'W\Lambda W'W=\Lambda$ として確かめることができる。

また次の2つの理由から、対角化は X ではなく Z を用いて行う。①データを中心化することにより、第一主成分が観測値（オブザベーション）の主方向へ正しく方向づけられる。これは線形回帰で切片を追加するのと同じ意味をもつ。②データを再スケーリングすることにより、PCA は分散よりも相関の説明に焦点を当てることとなる。再スケーリングをしないと、第一主成分は X のなかで最大の分散をもつ列により左右されてしまい、変数間の構造や関係について学習できなくなる。

スニペット8.5では、Z の分散のうち95％以上を説明するために必要な直交特徴量の最小数を計算している。

スニペット 8.5　直交特徴量の計算

```
def get_eVec(dot,varThres):
    #dot prod 行列から eVec(固有ベクトル)を計算し、次元を圧縮する。
    eVal,eVec=np.linalg.eigh(dot)
    idx=eVal.argsort()[::-1] #eVal(固有値)を降順にソートするための引数
    eVal,eVec=eVal[idx],eVec[:,idx]
    #2) 正の固有値のみ
    eVal=pd.Series(eVal,index=['PC_'+str(i+1) for i in range(eVal.shape[0])])
    eVec=pd.DataFrame(eVec,index=dot.index,columns=eVal.index)
    eVec=eVec.loc[:,eVal.index]
    #3) 主成分によって次元を削減する
    cumVar=eVal.cumsum()/eVal.sum()
    dim=cumVar.values.searchsorted(varThres)
    eVal,eVec=eVal.iloc[:dim+1],eVec.iloc[:,:dim+1]
    return eVal,eVec
#———————————————————————————————————————————————
def orthoFeats(dfX,varThres=.95):
    # 特徴量のデータフレーム dfX に対し、直交化した特徴量 dfP を計算する
    dfZ=dfX.sub(dfX.mean(),axis=1).div(dfX.std(),axis=1) # 標準化
```

```
    dot=pd.DataFrame(np.dot(dfZ.T,dfZ),index=dfX.columns,
    columns=dfX.columns)
    eVal,eVec=get_eVec(dot,varThres)
    dfP=np.dot(dfZ,eVec)
    return dfP
```

直交特徴量を使うことには、代替効果への対処に加えて2つの利点がある。①直交化により、小さな値の固有値に関する特徴量を落とし、特徴量行列 X の次元を減らすことができる。これは通常、機械学習アルゴリズムの収束を早める。②データ構造を説明するために設計された特徴量に対して分析を行える。

ここで後者の利点を強調しよう。本書を通して懸念事項となっているのは、オーバーフィッティングのリスクである。機械学習アルゴリズムは、たとえそれが統計的なまぐれであっても、常に何かしらのパターンを見つける。MDI、MDA、SFI などいかなる方法でも、偽りの重要度を示す特徴量について、常に懐疑的であるべきである。ここで、PCA を使用して直交特徴量を導出するとしよう。PCA 分析は、ラベル情報なしに（教師なし学習）、ある特徴量が他の特徴量よりも「主要」であると判断する。つまり、PCA は分類という観点でいっさいオーバーフィッティングすることなく、特徴量をランクづけしている。PCA が主成分として（ラベル情報を使用しないで）選択したものと同じ特徴量が、MDI、MDA、または SFI 分析で最も重要なものとして（ラベル情報を用いて）選択されたとき、これは機械学習アルゴリズムによって識別されたパターンがまったくオーバーフィッティングしていないという確証となる。特徴量が完全にランダムであれば、PCA による特徴量のランキングは特徴量重要度ランキングと一致しないだろう。図8－1は、ある固有ベクトルに関する特徴量の MDI（y 軸）と固有ベクトルに関する固有値（x 軸）のペアの散布図を示している。ピアソン相関は0.8491（p 値は1E-150以下）であり、PCA が有益な特徴を識別し、オーバーフィッティングすることなく正しくランクづけしたことが証明されている。

特徴量重要度とその特徴量に関連する固有値（または同等の意味で、それ

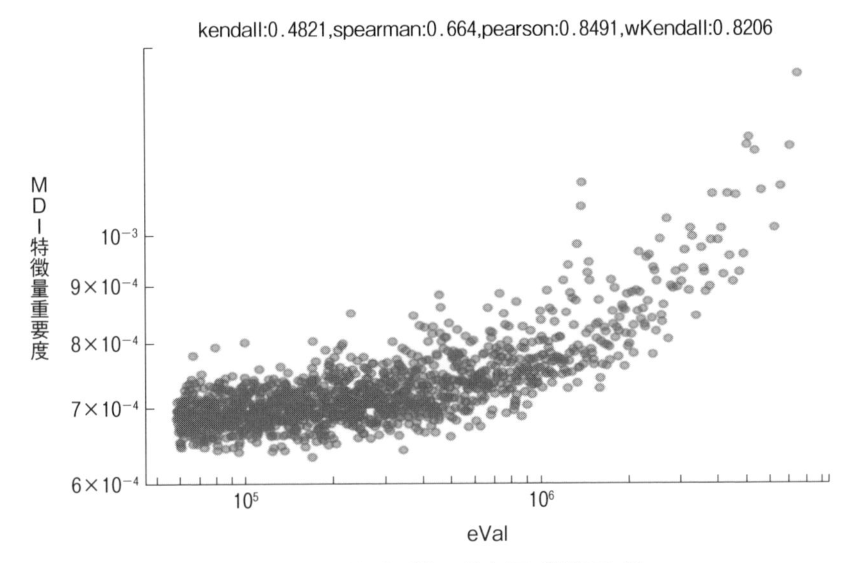

図8－1　固有値（x軸)とMDI値（y軸)の散布図（対数目盛）

らの逆PCAランク）の間のケンドールの加重タウ（順位相関係数）を計算することは役に立つ。この値が1に近いほど、PCAランキングと特徴量重要度ランキングとの間の一貫性が強いことを示す。標準的なケンドールのタウよりもケンドールの加重タウを用いるべき理由の1つは、最も重要度の高い特徴量間でのランクが一致することを優先したいためである。重要度の低い（おそらくノイズの多い）特徴量間のランクの一致性についてはあまり気にしない。図8－1におけるサンプルのケンドールの双曲（hyperbolic）加重タウは0.8206である。

スニペット8.6は、SciPyを使ってこの相関を計算する方法を示している。この例では、重要度の降順でソートした特徴量と、昇順に近いPCAランクのリストの順位相関係数を求める。`weightedtau`関数は大きな値により大きいウェイトを与えるので、PCAランキングの逆数を取って、`pcRank**-1`として相関を計算する。結果として得られるケンドールの加重タウは比較的高く、0.8133となる。

スニペット 8.6　特徴量重要度と逆PCA順位の間のケンドールの加重タウの計算

```
>>> import numpy as np
>>> from scipy.stats import weightedtau
>>> featImp=np.array([.55,.33,.07,.05]) # 特徴量重要度
>>> pcRank=np.array([1,2,4,3]) #PCA ランク
>>> weightedtau(featImp,pcRank**-1.)[0]
```

8.5 特徴量重要度の並列計算 VS スタック計算

特徴量重要度のリサーチアプローチは少なくとも2種類存在する。1つ目に、投資ユニバース $i=1, \cdots, I$ 内の各証券 i に対して、データセット (X_i, y_i) を作成し、並列的に特徴量重要度を導き出す手法である。たとえば、証券 i における特徴量 j の基準 k による重要度を $\lambda_{i,j,k}$ で表す。そして、投資ユニバース全体での結果を集約することにより、特徴量 j の基準 k による結合重要度 $\Lambda_{j,k}$ を導き出すことができる。さまざまな証券にわたって高い重要度となる特徴量は、裏付けとなる事象が存在する可能性が高いと考えられる。特にこれらの特徴量重要度が各基準間において高い順位相関を示す場合はその可能性がさらに高い。さらに、これらの特徴量が予測力をもつ理論的メカニズムを詳しく調べるとよいかもしれない。このアプローチの主な利点は、計算を並列化できるため高速なことである。一方で、代替効果により、重要である特徴量のランクが証券間で交換され、推定した $\lambda_{i,j,k}$ の分散が大きくなる可能性があることが欠点である。十分な数の投資ユニバースで $\lambda_{i,j,k}$ を平均すれば、この欠点は比較的小さくなる。

2つ目の選択肢は、筆者が「特徴量スタッキング」と呼ぶ手法である。これは、すべてのデータセット $\{(\tilde{X}_i, y_i)\}_{i=1,\cdots,I}$ を単一の結合データセット (X, y) にスタックする手法である。ここで、$\tilde{X}_i$ は X_i の変換である（たとえば、移動ウインドウにおける標準化）。この変換の目的は、ある程度の分布の均一性 $\tilde{X}_i \sim X$ を保証することである。この手法では、投資対象全体が実際には単一の証券であるかのように、分類器はどの特徴量の重要度が高いかをすべ

ての証券において同時に学習することになる。特徴量スタッキングにはいくつかの利点がある。①分類器は、並列化アプローチよりもはるかに大きいデータセットに対して推定を行える。②重要度が直接導出されるため、結果の結合のためのウェイトづけの仕組みを必要としない。③結果は一般化されており、外れ値やオーバーフィッティングによるバイアスが少ない。④重要度スコアは証券間で平均化されていないため、代替効果によってこれらのスコアが弱まることがない。

特徴量重要度に対してだけでなく、モデル予測の目的も含めて、分類器が分析対象の集合において推定を行える際はいつでも、筆者は特徴量スタッキングを好んでいる。この手法であれば、推定器が特定の証券または小さなデータセットに対してオーバーフィッティングを起こす可能性は低くなる。スタッキングの主なデメリットは、大量のメモリとリソースを消費する可能性があることである。しかしながら、これはHPC技術に関する十分な知識が役立つ分野だ（第20章から第22章を参照）。

8.6 人工データによる実験

本節では、これらの特徴量重要度手法が人工データにどのように機能するかをテストする。まず、3種類の特徴量から構成されるデータセット (X, y) を生成する。

① 有益な（Informative）特徴量……ラベルの決定に用いられる特徴量。
② 冗長な（Redundant）特徴量……有益な特徴量をランダムに線形結合した特徴量。この特徴量により代替効果が生じる。
③ ノイズ（Noise）……観測値のラベルの決定に無関係な特徴量。

スニペット8.7は、10,000個の観測値に対して、10個の有益な特徴量、10個の冗長な特徴量、20個のノイズの、計40個の特徴量からなる合成データセットを生成する方法を示している。sklearnが人工データセットを生成する方法の詳細については、http://scikit-learn.org/stable/modules/generated/sklearn.datasets.make_classification.html を参照のこと。

スニペット 8.7　人工データセットの作成

```
def getTestData(n_features=40,n_informative=10,n_redundant=10,n_
samples=10000):
  #ランダムなデータセットを作成
  from sklearn.datasets import make_classification
  trnsX,cont=make_classification(
  n_samples=n_samples,n_features=n_features,
    n_informative=n_informative,n_redundant=n_redundant,random_
    state=0,
    shuffle=False)
  df0=pd.DatetimeIndex(periods=n_samples,freq=pd.tseries.
  offsets.BDay(),
    end=pd.datetime.today())
  trnsX,cont=pd.DataFrame(trnsX,index=df0),
    pd.Series(cont,index=df0).to_frame('bin')
  df0=['I_'+str(i) for i in xrange(n_informative)]
    +['R_'+str(i) for i in xrange(n_redundant)]
  df0+=['N_'+str(i) for i in xrange(n_features-len(df0))]
  trnsX.columns=df0
  cont['w']=1./cont.shape[0]
  cont['t1']=pd.Series(cont.index,index=cont.index)
  return trnsX,cont
```

各特徴量が属しているクラスが既知であるので、3つの特徴量重要度手法が設計したとおりに機能しているかどうか評価できる。そのために、同じデータセットに対して各分析を実行できる関数が必要である。スニペット8.8では、デフォルトの分類器としてバギング決定木（第6章）を使用してこれを実現している。

スニペット 8.8　任意の手法に対する特徴量重要度計算の呼び出し

```
def featImportance(trnsX,cont,n_estimators=1000,
cv=10,max_samples=1.,numThreads=24,
```

```
pctEmbargo=0,scoring='accuracy',method='SFI',minWLeaf=0.,
**kargs):
#ランダムフォレストによる特徴量重要度の算出
from sklearn.tree import DecisionTreeClassifier
from sklearn.ensemble import BaggingClassifier
from mpEngine import mpPandasObj
n_jobs=(-1 if numThreads>1 else 1) #dirac1の ht_helper の場合では1スレッドのみを走らせる。
# 1) classifier と cv を用意する。マスキングを避けるために max_features=1とする。
clf=DecisionTreeClassifier(criterion='entropy',
max_features=1,
  class_weight='balanced',min_weight_fraction_leaf=
  minWLeaf)
clf=BaggingClassifier(base_estimator=clf,
n_estimators=n_estimators,
  max_features=1.,max_samples=max_samples,oob_score=True,
  n_jobs=n_jobs)
fit=clf.fit(X=trnsX,y=cont['bin'],sample_weight=cont['w'].
values)
oob=fit.oob_score_
if method=='MDI':
  imp=featImpMDI(fit,featNames=trnsX.columns)
  oos=cvScore(clf,X=trnsX,y=cont['bin'],
  cv=cv,sample_weight=cont['w'],t1=cont['t1'],
    pctEmbargo=pctEmbargo,scoring=scoring).mean()
elif method=='MDA':
  imp,oos=featImpMDA(clf,X=trnsX,y=cont['bin'],
  cv=cv,sample_weight=cont['w'],t1=cont['t1'],
    pctEmbargo=pctEmbargo,scoring=scoring)
```

```
  elif method=='SFI':
    cvGen=PurgedKFold(n_splits=cv,t1=cont['t1'],
    pctEmbargo=pctEmbargo)
    oos=cvScore(clf,X=trnsX,y=cont['bin'],
    sample_weight=cont['w'],scoring=scoring,
      cvGen=cvGen).mean()
    clf.n_jobs=1 # clfではなくauxFeatImpSFIを並列化する。
    imp=mpPandasObj(auxFeatImpSFI,('featNames',
    trnsX.columns),numThreads,
      clf=clf,trnsX=trnsX,cont=cont,scoring=scoring,
      cvGen=cvGen)
  return imp,oob,oos
```

最後に、データ生成から特徴量重要度分析、出力の収集と処理までの全要素を呼び出すためのメイン関数が必要となる。そこで、スニペット8.9でこれらのタスクを実装しよう。

スニペット 8.9　全要素の呼び出し

```
def testFunc(n_features=40,n_informative=10,n_redundant=10,
n_estimators=1000,
  n_samples=10000,cv=10):
  # 人工データにおける特徴量重要度関数のパフォーマンスを測定する。
  # ノイズ比率、即ちノイズ特徴量=n_features-n_informative-n_
  redundantである。
  trnsX,cont=getTestData(n_features,n_informative,
  n_redundant,n_samples)
  dict0={'minWLeaf':[0.],'scoring':['accuracy'],'method':
  ['MDI','MDA','SFI'],'max_samples':[1.]}
  jobs,out=(dict(izip(dict0,i)) for i in product(*dict0
  .values())),[]
  kargs={'pathOut':'./testFunc/','n_estimators':n_estimators,
    'tag':'testFunc','cv':cv}
```

```
  for job in jobs:
    job['simNum']=job['method']+'_'+job['scoring']
    +'_'+'%.2f'%job['minWLeaf']+ \
      '_'+str(job['max_samples'])
    print job['simNum']
    kargs.update(job)
    imp,oob,oos=featImportance(trnsX=trnsX,cont=cont,**kargs)
    plotFeatImportance(imp=imp,oob=oob,oos=oos,**kargs)
    df0=imp[['mean']]/imp['mean'].abs().sum()
    df0['type']=[i[0] for i in df0.index]
    df0=df0.groupby('type')['mean'].sum().to_dict()
    df0.update({'oob':oob,'oos':oos});df0.update(job)
    out.append(df0)
  out=pd.DataFrame(out).sort_values(['method','scoring',
  'minWLeaf','max_samples'])
  out=out['method','scoring','minWLeaf','max_samples','I',
  'R','N','oob','oos']
  out.to_csv(kargs['pathOut']+'stats.csv')
  return
```

スニペット8.10は特徴量重要度をプロットする。

スニペット 8.10 特徴量重要度プロット関数

```
def plotFeatImportance(pathOut,imp,oob,oos,method,tag=0,
simNum=0,**kargs):
  #imp の平均値バーを標準偏差によってプロットする。
  mpl.figure(figsize=(10,imp.shape[0]/5.))
  imp=imp.sort_values('mean',ascending=True)
  ax=imp['mean'].plot(kind='barh',color='b',alpha=.25,
  xerr=imp['std'],
    error_kw={'ecolor':'r'})
  if method=='MDI':
```

```
    mpl.xlim([0,imp.sum(axis=1).max()])
    mpl.axvline(1./imp.shape[0],linewidth=1,color='r',
    linestyle='dotted')
  ax.get_yaxis().set_visible(False)
  for i,j in zip(ax.patches,imp.index):ax.text(i.get_width()/2,
    i.get_y()+i.get_height()/2,j,ha='center',va='center',
    color='black')
  mpl.title('tag='+tag+' | simNum='+str(simNum)+' | oob='+str
  (round(oob,4))+
    ' | oos='+str(round(oos,4)))
  mpl.savefig(pathOut+'featImportance_'+str(simNum)
  +'.png',dpi=100)
  mpl.clf();mpl.close()
  return
```

図8－2にMDIの結果を示している。横方向のバーは、各特徴量に対する全決定木の平均MDI値を示している。バーの先端にある横方向の線はその標準偏差である。MDIによる重要度の合計は1となるため、すべての特徴量重要度が同じである場合、各重要度の値は1/40となる。縦の点線は、その閾値1/40を示しており、重要度が1/40を上回る特徴量と下回る特徴量を区別している。みてのとおり、わずかに届かなかったR_5を除いてすべての有益な特徴量や冗長な特徴量のバーが点線よりも右側まで伸びており、MDIは非常に上手く機能していることがわかる。代替効果により、いくつかの有益な特徴量や冗長な特徴量が他の特徴量よりもよいランクとなっているが、これは想定の範囲内である。

図8－3から、MDAもきちんと機能していることがわかる。おそらく代替効果によって低スコアとなったR_6を除いて、有益な特徴量や冗長な特徴量のすべてがノイズ特徴量よりもよいランクとなっており、結果はMDIと一致している。標準偏差がやや高いことは、MDAのそれほどポジティブではない特徴である。しかし、これはパージつきk分割CVにおける分割数を増加させる（たとえば分割数を10から100に増やす）ことにより対処する

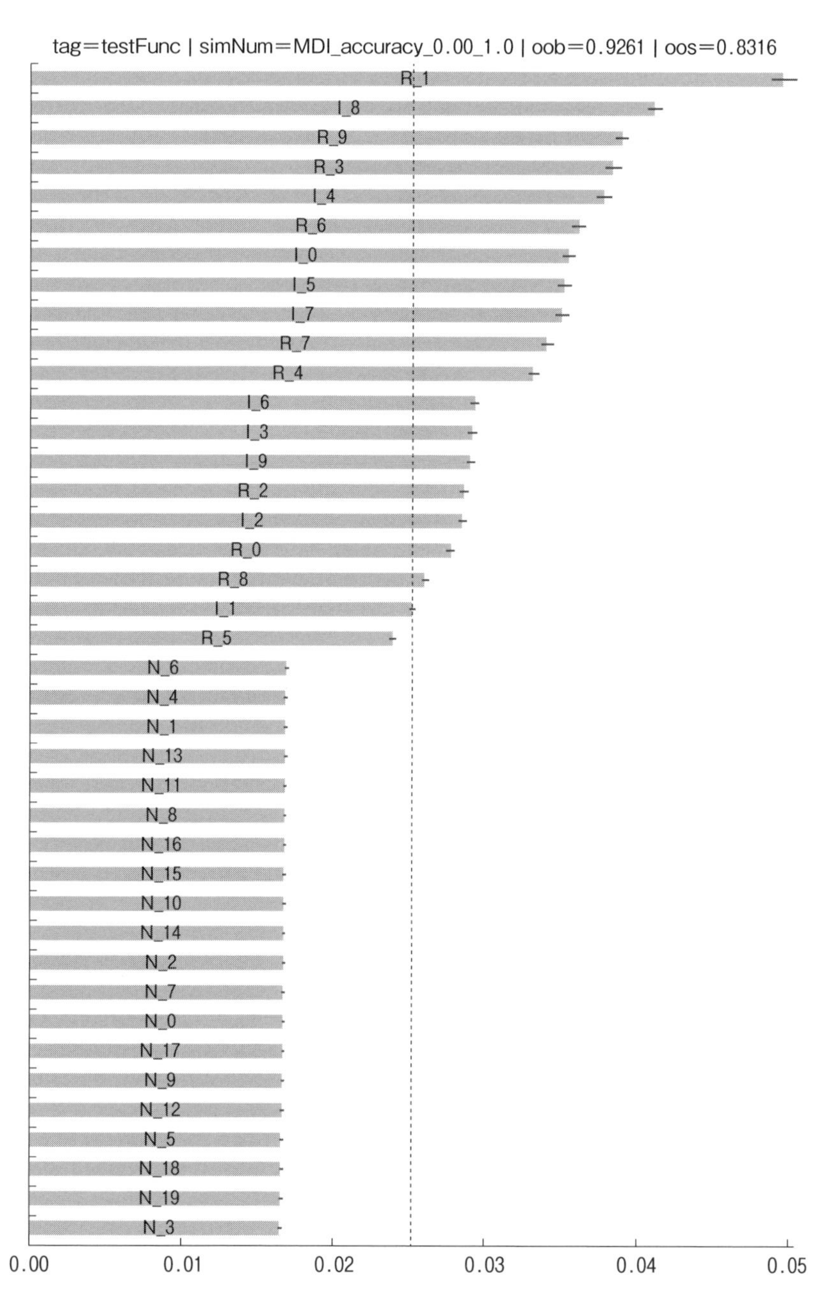

図８－２　合成データセットにより計算したMDI 特徴量重要度

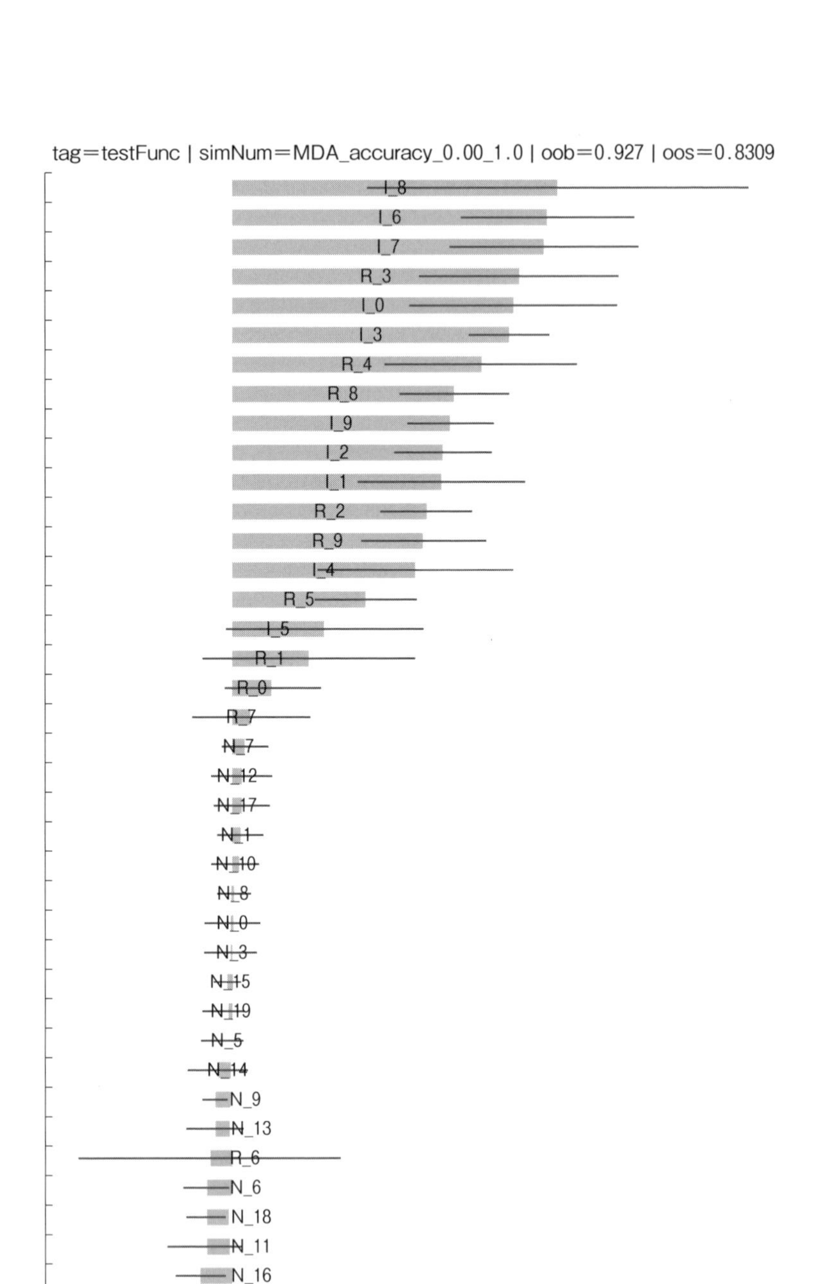

図8－3　合成データセットにより計算したMDA 特徴量重要度

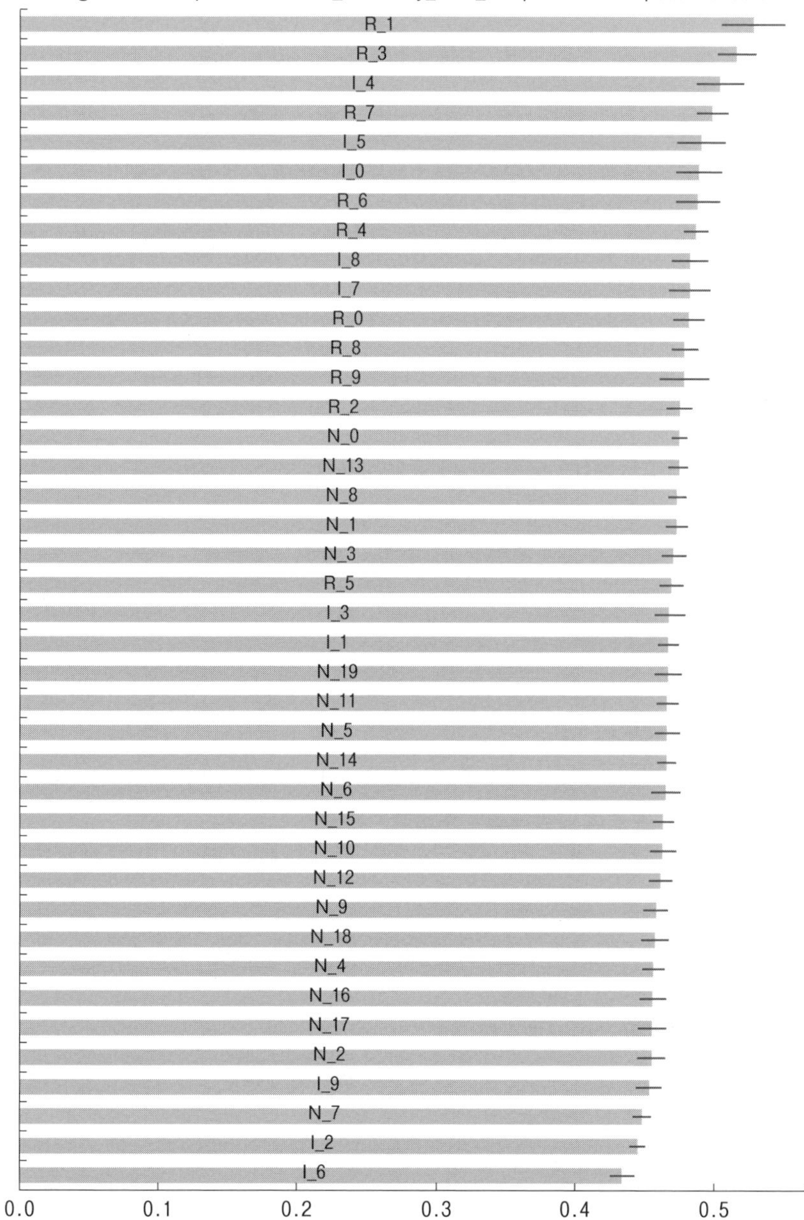

図８－４　合成データセットにより計算したSFI 特徴量重要度

ことができる（ただし、並列化を行わない場合、10倍の計算時間がかかる）。

図8－4は、SFIもまともに機能していることを示している。しかしながら、おそらく結合効果（joint effects）により、いくつかの重要な特徴量（図中のI_6、I_2、I_9、I_1、I_3、R_5）がノイズより低いランクとなっている。ラベルは特徴量の組合せによる関数であり、それらを別々に予測しようとすると結合効果が見逃される。それでも、SFIはMDIとMDAを補完するものとして有用である。どちらの種類の分析も、別々の種類の問題による影響を受けるためである。

練習問題

8.1　8.6節に示されているコードを使用せよ。：

(a)　データセット（X, y）を生成せよ。

(b)　XにPCA変換を適用せよ。以降これを$\dot{X}$で表す。

(c)　ベース推定器をRFとして、（($\dot{X}, y$)）のMDI、MDA、SFI特徴量重要度を計算せよ。

(d)　(c)の3つの方法は同じ特徴量を重要と判定しているだろうか。また、その理由を述べよ。

8.2　練習問題8.1から、新しくデータセット（$\ddot{X}, y$）を生成せよ。ここで、$\ddot{X}$はXと$\dot{X}$の特徴量の和集合である。

(a)　ベース推定器をRFとして、（$\ddot{X}, y$）のMDI、MDA、SFIの特徴量重要度を計算せよ。

(b)　(a)の3つの方法は同じ特徴量を重要と判定しているだろうか。また、その理由を述べよ。

8.3　練習問題8.2の結果を用いよ。：

(a)　各方法に従って最も重要度の高い特徴量を落とせ。そのときの特徴量行列を$\dddot{X}$で表す。

(b)　ベース推定器をRFとして、（$\dddot{X}, y$）のMDI、MDA、およびSFI特徴量重要度を計算せよ。

(c)　練習問題8.2の結果と比較したときの、重要な特徴量の順位が大きく変化したことに気づいただろうか。

8.4 8.6節に示したコードを用いる。

(a) 1E6個の観測値のデータセット (X, y) を生成せよ。ここで、5つの特徴量は有益であり、5つは冗長であり、10個はノイズとせよ。

(b) (X, y) を10個のデータセット $\{(X_i, y_i)\}_{i=1,\cdots,10}$ に分割せよ。データセットはそれぞれ1E5個の観測値で構成される。

(c) 10個のデータセット $\{(X_i, y_i)\}_{i=1,\cdots,10}$ のそれぞれについて、並列化特徴量重要度（8.5節）を計算せよ。

(d) 10個のデータセットを結合したデータセット (X, y) のスタック特徴量重要度を計算せよ。

(e) 両者の間の違いは何によるものだろうか。また、どちらの信頼性が高いか。

8.5 練習問題8.1から8.4のすべてのMDI計算を繰り返せ。ただし、今回はマスキング効果を考慮せよ。すなわち、スニペット8.2で max_features = int（1）を設定しない。この変更により、結果はどのように変わるか。また、その理由を述べよ。

◆引用文献

American Statistical Association (2016): "Ethical guidelines for statistical practice." Committee on Professional Ethics of the American Statistical Association (April). Available at http://www.amstat.org/asa/files/pdfs/EthicalGuidelines.pdf.

Belsley, D., E. Kuh, and R. Welsch (1980): *Regression Diagnostics: Identifying Influential Data and Sources of Collinearity*, 1st ed. John Wiley & Sons.

Goldberger, A. (1991): *A Course in Econometrics*. Harvard University Press, 1st edition.

Hill, R. and L. Adkins (2001): "Collinearity." In Baltagi, Badi H. *A Companion to Theoretical Econometrics*, 1st ed. Blackwell, pp. 256–278.

Louppe, G., L. Wehenkel, A. Sutera, and P. Geurts (2013): "Understanding variable importances in forests of randomized trees." Proceedings of the 26th International Conference on Neural Information Processing Systems, pp. 431–439.

Strobl, C., A. Boulesteix, A. Zeileis, and T. Hothorn (2007): "Bias in random forest variable importance measures: Illustrations, sources and a solution." *BMC Bioinformatics*, Vol. 8, No. 25, pp. 1–11.

White, A. and W. Liu (1994): "Technical note: Bias in information-based measures in decision tree induction." *Machine Learning*, Vol. 15, No. 3, pp. 321–329.

第9章

交差検証法による
ハイパーパラメータの調整

9.1 はじめに

ハイパーパラメータの調整は、機械学習アルゴリズムをフィッティングするための重要なステップである。これが適切に行われていないと、アルゴリズムにオーバーフィッティングが起こる可能性があり、実際のパフォーマンスは期待外れになる。機械学習の文献では、ハイパーパラメータの調整における交差検証法（CV：Cross Validation）に特別な注意が払われている。第7章でみたように、金融における交差検証法は、他の分野で使われている解決策を用いると失敗する可能性が高く、むずかしい問題である。本章では、パージされたk-分割交差検証法を使ってハイパーパラメータを調整する方法について説明する。参考文献の節には、特定の問題に役立ちうる他の方法を提案する研究が記載されている。

9.2 グリッドサーチ交差検証法

グリッドサーチ交差検証法は、ユーザー定義の評価関数に従って、CV性能を最大化するパラメータの組合せを網羅的にサーチする。データの基本的な構造についてあまり知らない場合は、これが妥当な最初のアプローチである。scikit-learnはこのロジックを関数`GridSearchCV`に実装している。この関数は引数としてCVジェネレータを受け取る。第7章で説明した理由から、GridSearchCVが機械学習の推定器をリークされた情報にオーバーフィッティングするのを防ぐために、PurgedKFoldクラス（スニペット7.3）を渡す必要がある。

スニペット 9.1　パージされたk-分割交差検証法によるグリッドサーチ

```
def clfHyperFit(feat,lbl,t1,pipe_clf,param_grid,cv=3,
      bagging=[0,None,1.],n_jobs=-1,pctEmbargo=0,**fit_
      params):
   # f1はメタラベリングのため
   if set(lbl.values)=={0,1}:scoring='f1'
   else:scoring='neg_log_loss' # すべての事例について対称
   #1) 教師データについてハイパーパラメータをサーチ
   inner_cv=PurgedKFold(n_splits=cv,t1=t1,
                        pctEmbargo=pctEmbargo) # パージ
   gs=GridSearchCV(estimator=pipe_clf,param_grid=param_grid,
     scoring=scoring,cv=inner_cv,n_jobs=n_jobs,iid=False)
   gs=gs.fit(feat,lbl,**fit_params).best_estimator_ # パイプライン
   #2) データ全体に検証モデルをフィッティングする
   if bagging[1]>0:
     gs=BaggingClassifier(base_estimator=MyPipeline(gs.steps),
       n_estimators=int(bagging[0]),
       max_samples=float(bagging[1]),
       max_features=float(bagging[2]),n_jobs=n_jobs)
     gs=gs.fit(feat,lbl,sample_weight=fit_params \
       [gs.base_estimator.steps[-1][0]+'__sample_weight'])
     gs=Pipeline([('bag',gs)])
   return gs
```

スニペット9.1は、パージされたGridSearchCVを実装する関数clfHyperFitを記載している。引数fit_paramsを使用してsample_weightを渡すことができ、param_gridにはグリッドに統合される値が含まれている。さらに、この関数は調整された推定器のバギングを可能にする。第6章で説明し

た理由から、一般的に推定器をバギングすることはよい考えであり、上記の関数はその目的のためのロジックを組み込んでいる。

次のような理由から、メタラベリングの適用では scoring='f1' を使用することを勧める。非常に多数の負例（すなわち、ラベル「0」の事例）を有するサンプルを仮定する。事例を識別する方法を特徴量から学んでいなくても、すべての事例が負であると予測する分類器は、高い 'accuracy'（正解率）または 'neg_log_loss'（負の対数損失）を達成する。実際には、そのようなモデルは再現率（recall）がゼロで適合率（precision）が未定義になる（第3章3.7節を参照）。'f1' スコアは、精度と再現率の両方の観点から分類器を評価することによって、そのパフォーマンスのインフレを補正する（第14章14.8節を参照）。

他の（メタラベリングではない）応用では、すべての事例を予測することに等しく興味があるので、'accuracy' または 'neg_log_loss' を使用するのが賢明である。事例のラベルを変更しても 'accuracy' または 'neg_log_loss' には影響しないが、'f1' には影響することに注意しよう。

この例は sklearn の Pipelines 機能の1つの制限のよい例である。それは、Pipelines の fit メソッドは sample_weight 引数をとらず、かわりに fit_params キーワード引数が必要であるという点である。これは GitHub で報告されているバグであるが、多くの機能を書き直してテストする必要があるため、修正に時間がかかるかもしれない。それまでは、たとえばスニペット9.2の回避策を用いてほしい。スニペット9.2は MyPipeline という新しいクラスを作成する。このクラスは、sklearn の Pipeline からすべてのメソッドを継承している。これは継承された fit メソッドを引数 sample_weight を処理する新しいメソッドで上書きした後、親クラスにリダイレクトする。

スニペット 9.2　PIPELINE クラスの強化

```
class MyPipeline(Pipeline):
  def fit(self,X,y,sample_weight=None,**fit_params):
    if sample_weight is not None:
      fit_params[self.steps[-1][0]
                +'__sample_weight']=sample_weight
```

```
    return super(MyPipeline,self).fit(X,y,**fit_params)
```

クラスを拡張するためのこのテクニックに慣れていないのであれば、Stackoverflowの入門記事（http://stackoverflow.com/questions/576169/understanding-python-super-with-init-methods）を参照すること。

9.3 ランダムサーチ交差検証法

多数のパラメータをもつ機械学習アルゴリズムの場合、グリッドサーチ交差検証法（CV）は計算上扱いにくいものとなる。この場合のよい統計的性質をもつ代替策は、分布から各パラメータをサンプリングすることである（Begstra et al.[2011、2012]）。これには2つの利点がある。まず、問題の次元数（必要な計算量に相当）に関係なく、検索する組合せの数を制御できる。2つ目は、パフォーマンス上、比較的不適切なパラメータを使用しても、グリッドサーチCVの場合のように検索時間が大幅に増加することはない。

RandomizedSearchCVで機能する新しい関数を書くのではなく、この目的をオプションに組み込むためにスニペット9.1を拡張しよう。その1つの実装例はスニペット9.3である。

スニペット 9.3　パージされたk-分割交差検証法を使ったランダムサーチ

```
def clfHyperFit(feat,lbl,t1,pipe_clf,param_grid,cv=3,bagging=
[0,None,1.],
      rndSearchIter=0,n_jobs=-1,pctEmbargo=0,**fit_params):
  # f1はメタラベリングのため
  if set(lbl.values)=={0,1}:scoring='f1'
  else:scoring='neg_log_loss' # すべての事例について対称
  #1) 教師データについてハイパーパラメータをサーチ
  inner_cv=PurgedKFold(n_splits=cv,t1=t1,
                       pctEmbargo=pctEmbargo) # パージ
  if rndSearchIter==0:
    gs=GridSearchCV(estimator=pipe_clf,
                    param_grid=param_grid,
```

```
    scoring=scoring,cv=inner_cv,n_jobs=n_jobs,iid=False)
else:
  gs=RandomizedSearchCV(estimator=pipe_clf,
    param_distributions=
    param_grid,scoring=scoring,cv=inner_cv,n_jobs=n_jobs,
    iid=False,n_iter=rndSearchIter)
gs=gs.fit(feat,lbl,**fit_params).best_estimator_ # pipeline
#2) データ全体に検証モデルをフィッティングする
if bagging[1]>0:
  gs=BaggingClassifier(base_estimator=MyPipeline(gs.steps),
    n_estimators=int(bagging[0]),
    max_samples=float(bagging[1]),
    max_features=float(bagging[2]),n_jobs=n_jobs)
  gs=gs.fit(feat,lbl,sample_weight=fit_params \
    [gs.base_estimator.steps[-1][0]+'__sample_weight'])
  gs=Pipeline([('bag',gs)])
return gs
```

9.3.1 対数一様分布

いくつかの機械学習アルゴリズムでは、負でないハイパーパラメータのみが許されることが普通である。SVC 分類器の C や RBF カーネルの gamma など、非常に有名なパラメータもそういった例である[1]。0と100などの大きな値の間にある一様分布から乱数を生成することができる。その場合、99%の値は1より大きくなると期待されることを意味する。これは、関数が線形に応答しないパラメータの実現可能性領域を探索するための必ずしも最も効果的な方法ではない。つまりたとえば、SVC は、0.01から1への C の増加に対し、1から100への C の増加と同様に反応する可能性がある[2]。したがって、$U[0, 100]$（一様）分布から C をサンプリングすることは非効率的である。そ

1 http://scikit-learn.org/stable/modules/metrics.html
2 http://scikit-learn.org/stable/auto_examples/svm/plot_rbf_parameters.html

のような場合は、それらの対数が一様分布する分布から値を生成することがより効率的である。筆者はこれを「対数一様分布」と呼んでいるが、先行文献では見つけることができなかったので、ここで適切に定義する必要がある。

確率変数xが$a>0$と$b>a$の間の対数一様分布に従うとは、$\log[x] \sim U[\log[a], \log[b]]$と同値である。この分布は

$$F[x] = \begin{cases} \dfrac{\log[x] - \log[a]}{\log[b] - \log[a]} & \text{for } a \leq x \leq b \\ 0 & \text{for } x < a \\ 1 & \text{for } x > b \end{cases}$$

というCDF（Cumulative Distribution Function、累積分布関数）をもつ。ここから、

$$f[x] = \begin{cases} \dfrac{1}{x \log\left[\dfrac{b}{a}\right]} & \text{for } a \leq x \leq b \\ 0 & \text{for } x < a \\ 0 & \text{for } x > b \end{cases}$$

というPDF（Probability Density Function、確率密度関数）を導出できる。

CDFは任意の基数cに対して$\dfrac{\log\left[\dfrac{x}{a}\right]}{\log\left[\dfrac{b}{a}\right]} = \dfrac{\log_c\left[\dfrac{x}{a}\right]}{\log_c\left[\dfrac{b}{a}\right]}$なので、対数の底に対して不変であることに注意すること。したがって、確率変数はcの関数ではない。スニペット9.4は、$[a, b] = [1E-3, 1E3]$である確率変数を`scipy.stats`に実装（およびテスト）しているため、$\log[x] \sim U[\log[1E-3], \log[1E3]]$である。図9－1は、サンプルの均一性を対数スケールで示している。

スニペット 9.4　logUniform_gen クラス

```
import numpy as np,pandas as pd,matplotlib.pyplot as mpl
from scipy.stats import rv_continuous,kstest
#------------------------------------------------------------------
class logUniform_gen(rv_continuous):
  # 1から e の対数一様分布に従う乱数
  def _cdf(self,x):
```

```
    return np.log(x/self.a)/np.log(self.b/self.a)
def logUniform(a=1,b=np.exp(1)):
  return logUniform_gen(a=a,b=b,name='logUniform')
#------------------------------------------------------------
a,b,size=1E-3,1E3,10000
vals=logUniform(a=a,b=b).rvs(size=size)
print kstest(rvs=np.log(vals),cdf='uniform',
      args=(np.log(a),np.log(b/a)),N=size)
print pd.Series(vals).describe()
mpl.subplot(121)
pd.Series(np.log(vals)).hist()
mpl.subplot(122)
pd.Series(vals).hist()
mpl.show()
```

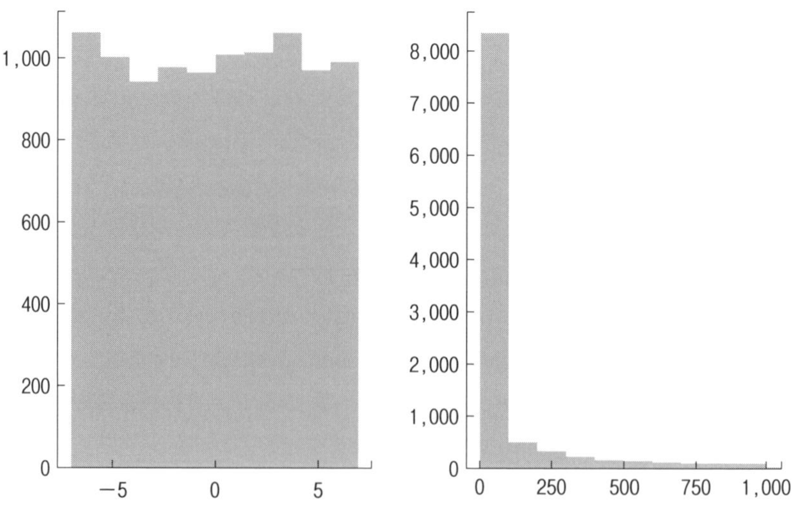

図9－1　logUniform_gen クラスのテスト結果

9.4 評価指標とハイパーパラメータの調整

スニペット9.1および9.3では、メタラベリングの適用のために`scoring='f1'`が設定されている。他の応用では、標準の評価指標='accuracy'（正解率）ではなく、`scoring='neg_log_loss'`を設定する。正解率にはより直観的な解釈があるが、投資戦略のためにハイパーパラメータを調整するときには`neg_log_loss`を使用することを勧める。根拠を説明しよう。

ある機械学習の投資戦略で、ある証券を高い確率で買うべきだと予測しているとする。この場合、戦略の確信度に応じて、大きなロングポジションをもつ。もし予測が誤っていてむしろマーケットで売られた場合、多くの損失を出すことになる。しかし、正解率は、確率の高い誤購入予測と、確率の低い誤購入予測を同等に考慮する。さらに、正解率は、低い確率で起きる大当たりによって、高い確率で起きるミスを相殺しうる。

投資戦略は、適切なラベルを高い確信度で予測することで利益を生む。確信度の低い正しい予測から得た利益は、確信度の高い誤った予測からの損失を相殺するのは十分ではないだろう。このため、正解率によって分類器のパフォーマンスを現実的に評価することはできない。逆に、対数損失（別名クロスエントロピー損失）は、予測の確率を考慮に入れて、真のラベルを所与として分類器の対数尤度を計算する[3]。対数損失は次のように推定できる。

$$L[Y, P] = -\log[\text{Prob}[Y|P]] = -N^{-1}\sum_{n=0}^{N-1}\sum_{k=0}^{K-1} y_{n,k}\log[p_{n,k}]$$

ここで、

・$p_{n,k}$はラベルkの予測nに関連した確率である。

・Yは、観測値nに対してK種類のラベルのうちラベルkが割り当てられている場合は$y_{n,k=1}$、それ以外の場合は0になるような1-of-Kの2値インディケーター行列（binary indicator matrix）である。

分類器が1を連続して2回予測したとする。ここで、真のラベルは1と0であるとすると、最初の予測は正解、2番目の予測は不正解であり、正解率

3 http://scikit-learn.org/stable/modules/model_evaluation.html#log-loss.

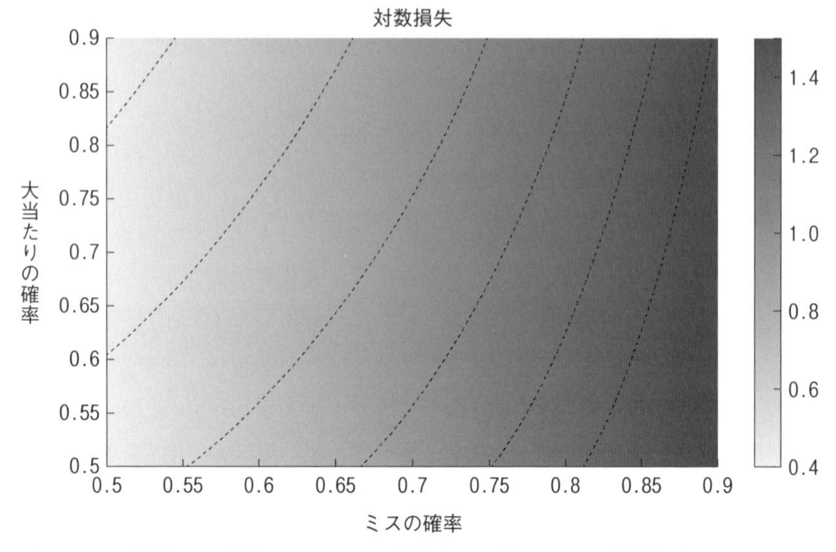

図９－２　正解と不正解についての予測確率の関数としての対数損失

は50％である。図９－２は、これらの予測が［0.5, 0.9］の範囲の確率に由来する場合のクロスエントロピー損失をプロットしている。正解率はすべての場合で50％であるが、図の右側では高い確率でミスがあるために対数損失が大きいことが観察できる。

正解率よりもクロスエントロピー損失が望ましい２つ目の理由がある。CV は、サンプルの重みを適用することによって分類器を評価する（第７章7.5節を参照)。第４章から思い出すことができるように、観測値のウェイトは観測値の絶対リターンの関数として定義された。その意味するところは、サンプルの重み付きクロスエントロピー損失は、PnL（時価評価損益）の計算に関連する変数に関して分類器のパフォーマンスを推定することである。これは売買のサイドについての正しいラベル、ポジションサイズにかかわる確率、結果に対するオブザベーションのリターン比率のサンプルのウェイトを用いる。正解率ではなく、これが、金融での応用におけるハイパーパラメータ調整に適した機械学習パフォーマンス測定基準である。

対数損失を評価のための統計量として使用する場合、符号を反転する事が多いため、「負の対数損失」と呼ばれる。この変更の理由は、直観による表面的なものである。つまり、正解率と同様に、高い負の対数損失は低い負の対数損失よりも望ましいとの考えによるものである。neg_log_loss を使用するときは、次の sklearn のバグに注意すること[4]。このバグを回避するには、第7章に記載されている cvScore 関数を使用する必要がある。

練習問題

9.1 第8章の関数 getTestData を用いて、10の特徴量をもつ10,000観測値の合成データセットを作成せよ。ここで、特徴量の5つは有益だが、5つはノイズである。

(a) 10－分割 CV で GridSearchCV を用いて、RBF カーネルの SVC の最適なパラメータ C と gamma を見つけよ。ここで、param_grid={'C':[1E-2,1E-1,1,10,100],'gamma':[1E-2,1E-1,1,10,100]} で、評価関数は neg_log_loss である。

(b) グリッド内の点の数はいくつか。

(c) 最適解を見つけるために何回フィッティングしたか。

(d) 解を見つけるためにどれだけの時間がかかったか。

(e) どうすれば最適化の結果を利用することができるか。

(f) 最適なパラメータの組合せでの CV の評価指標はいくらか。

(g) どうすればサンプルのウェイトを SVC に渡すことができるか。

9.2 練習問題9.1と同じデータセットを用いること。

(a) 10－分割 CV で RandomizedSearchCV を用いて、RBF カーネルの SVC の最適なパラメータ C と gamma を見つけよ。ここで、param_distributions={'C':logUniform(a=1E-2,b=1E2),'gamma':logUniform(a=1E-,b=1E2)}、n_iter=25で、評価関数は neg_log_loss である。

(b) 解を見つけるためにどれだけの時間がかかったか。

(c) 最適なパラメータの組合せは練習問題1のものと似ているか。

(d) 最適なパラメータの組合せでの CV の評価指標はいくらか。練習問題1での CV の評価指標と比べてどうか。

4 https://github.com/scikit-learn/scikit-learn/issues/9144

9.3　練習問題9.1で、

(a)　小問1(a)の結果、得られるインサンプルの予測のシャープレシオを計算せよ。

(b)　小問1(a)を解き直せ。今回は評価関数として accuracy を用いること。調整されたハイパーパラメータから得られるインサンプルの予測値を計算せよ。

(c)　どの評価方法が高い（インサンプル）シャープレシオをもたらすか。

9.4　練習問題9.2で、

(a)　小問2(a)の結果、得られるインサンプルの予測のシャープレシオを計算せよ。

(b)　小問2(a)を解き直せ。今回は評価関数として accuracy を用いること。調整されたハイパーパラメータから得られるインサンプルの予測値を計算せよ。

(c)　どの評価方法が高い（インサンプル）シャープレシオをもたらすか。

9.5　対数損失 $L[Y, P]$ の定義を読むこと。

(a)　なぜ評価関数 neg_log_loss は負の対数損失 $-L[Y, P]$ と定義されるのか。

(b)　負の対数損失ではなく対数損失を最大化した結果はどうなるだろうか。

9.6　予測の確信度と関係なく、ベットサイズを等しくする投資戦略を考える。この場合、ハイパーパラメータの調整により適した評価関数は正解率とクロスエントロピーのどちらか。

◆引用文献

Bergstra, J., R. Bardenet, Y. Bengio, and B. Kegl (2011): "Algorithms for hyper-parameter optimization." *Advances in Neural Information Processing Systems*, pp. 2546–2554.

Bergstra, J. and Y. Bengio (2012): "Random search for hyper-parameter optimization."

Journal of Machine Learning Research, Vol. 13, pp. 281–305.

◆参考文献

Chapelle, O., V. Vapnik, O. Bousquet, and S. Mukherjee (2002): "Choosing multiple parameters for support vector machines." *Machine Learning*, Vol. 46, pp. 131–159.

Chuong, B., C. Foo, and A. Ng (2008): "Efficient multiple hyperparameter learning for loglinear models." *Advances in Neural Information Processing Systems*, Vol. 20. Available at http://ai.stanford.edu/~chuongdo/papers/learn_reg.pdf.

Gorissen, D., K. Crombecq, I. Couckuyt, P. Demeester, and T. Dhaene (2010): "A surrogate modeling and adaptive sampling toolbox for computer based design." *Journal of Machine Learning Research*, Vol. 11, pp. 2051–2055.

Hsu, C., C. Chang, and C. Lin (2010): "A practical guide to support vector classification." Technical report, National Taiwan University.

Hutter, F., H. Hoos, and K. Leyton-Brown (2011): "Sequential model-based optimization for general algorithm configuration." Proceedings of the 5th international conference on Learning and Intelligent Optimization, pp. 507–523.

Larsen, J., L. Hansen, C. Svarer, and M. Ohlsson (1996): "Design and regularization of neural networks: The optimal use of a validation set." Proceedings of the 1996 IEEE Signal Processing Society Workshop.

Maclaurin, D., D. Duvenaud, and R. Adams (2015): "Gradient-based hyperparameter optimization through reversible learning." Working paper. Available at https://arxiv.org/abs/1502.03492.

Martinez-Cantin, R. (2014): "BayesOpt: ABayesian optimization library for nonlinear optimization, experimental design and bandits." *Journal of Machine Learning Research*, Vol. 15, pp. 3915–3919.

Part 3

バックテスト

第10章

ベットサイズの決定

10.1 はじめに

戦略ゲームと投資には興味深い類似点がある。筆者が一緒に働いてきたなかで最高のポートフォリオマネージャーたちは、優れたチェスプレイヤーというよりは優れたポーカープレイヤーであった。筆者がそう判断する理由の１つは、投資においてはベットサイズを決定することが重要だからである。そして、そういった目的のためには、ポーカーのテキサスホールデムは投資とよく似たゲームであり優れたトレーニングの場を提供しているのである。たとえ機械学習アルゴリズムが高精度なものであったとしても、もしベットサイズを適切に決めなければ、投資戦略は損失を出すことになる。本章では、機械学習の予測に基づいてベットサイズを決定するアプローチをいくつか検討することにする。

10.2 戦略とは独立にベットサイズを決定する方法

同じ証券に対する２つの投資戦略を考える。時刻tにおける戦略iのベットサイズを$m_{i,t} \in [-1, 1]$とする。ここで、$m_{i,t} = -1$はフルショートポジション（売りポジション）を示し、$m_{i,t} = 1$はフルロングポジション（買いポジション）を示す。市場価格が$[p_1, p_2, p_3] = [1, 0.5, 1.25]$と動くとき、ある戦略のベットサイズは$[m_{1,1}, m_{1,2}, m_{1,3}] = [0.5, 1, 0]$のように推移すると仮定する。ここで、$p_t$ は時刻 t における価格である。もう一方の戦略では最初からフルポジションをとり、その後マーケットが逆方向に動いたため、ベットサイズを縮小するように設定する。つまり $\left[m_{2,1}, m_{2,2}, m_{2,3}\right]=[1, 0.5, 0]$ のように推移するとする。どちらの戦略も結果的に正しい予測に基づいているが（価格 p_1 と価格 p_3 の間で25％の上昇）、最初の戦略では儲かり(0.5)、2番目の戦略では損をすることになる（−0.125)。

トレーディングシグナルがさらに強まる可能性に備えて、いくらかの現金を確保するようにポジションサイズを決めるのが望ましい。このための1つ目の解決策は、時系列の $c_t=c_{t,l}-c_{t,s}$ を計算することである。ここで、$c_{t,l}$ は時刻 t における同時に発生するすべてのロングベット数、$c_{t,s}$ は時刻 t における同時に発生するすべてのショートベット数である。このベットの同時発生性は、第4章でラベルの同時発生性を計算した方法と同じように、各サイドについて得ることができる（t1 オブジェクトと、時間間隔が重複していることを思い出すように）。López de Prado and Foreman[2014]に記述されているような方法を適用して、2つのガウス分布を混合した分布を $\{c_t\}$ にフィッティングさせる。すると、ベットサイズは次のように決定できる。

$$m_t=\begin{cases}\dfrac{F\left[c_t\right]-F[0]}{1-F[0]} & \text{if } c_t \geq 0 \\[2ex] \dfrac{F\left[c_t\right]-F[0]}{F[0]} & \text{if } c_t < 0\end{cases}$$

ここで $F[x]$ は、値 x に対する、フィッティングした2つのガウス分布を混合した分布のCDF（累積分布関数）である。たとえば、より大きな値のシグナルを観測する確率がわずか0.1である場合には、ベットサイズを0.9に設定することになる。シグナルが強くなればなるほど、シグナルがさらに強くなる可能性は低くなるため、ベットサイズも大きくなるのである。

2つ目の解決策は、予算編成アプローチに従うことだ。ここでは同時発生ロングベットの最大数（または他の分位数）$\max_i\{c_{i,l}\}$、および同時発生ショートベットの最大数 $\max_i\{c_{i,s}\}$ を計算する。すると、ベットサイズを $m_t=c_{t,l}\dfrac{1}{\max_i\{c_{i,l}\}}-c_{t,s}\dfrac{1}{\max_i\{c_{i,s}\}}$ のように決定できる。ここで、$c_{t,l}$ は時刻

tでの同時発生ロングベット数、$c_{t,s}$は時刻tでの同時発生ショートベット数である。目標は、最後の同時発生シグナルが出されるまで、ポジションの最大値に到達しないことである。

3つ目のアプローチは、第3章で説明したようにメタラベリングを適用することである。SVC（サポートベクター分類器）やRF（ランダムフォレスト）などの分類器を当てはめて誤分類の確率を求め、その確率を使用してベットサイズを得る[1]。このアプローチにはいくつかの利点がある。まず、ベットサイズを決定する機械学習アルゴリズムは、最初のモデルとは独立しているため、偽陽性の予測をする特徴量を組み込むことができる（第3章を参照）。第二に、予測確率を直接ベットサイズに変換することができる。以下で、これがどのような方法か細かくみてみよう。

10.3 予測確率によるベットサイズの決定

ラベルxが発生する確率を$p[x]$とする。起こりうる結果が2つ、つまり$x \in \{-1, 1\}$の場合には、帰無仮説$H_0 : p[x=1]=\frac{1}{2}$を検定する。まず、検定統計量$z=\frac{p[x=1]-\frac{1}{2}}{\sqrt{p[x=1](1-p[x=1])}}=\frac{2p[x=1]-1}{2\sqrt{p[x=1](1-p[x=1])}} \sim Z$を計算する。ここで、$z \in (-\infty, +\infty)$であり、$Z$は標準正規分布を表す。すると、ベットサイズは$m=2Z[z]-1$として決定できる。ここで、$m \in [-1, 1]$であり、$Z[.]$は$Z$のCDFである。

起こりうる結果が3つ以上の場合は、一対他メソッドに従う。$X=\{-1, \cdots, 0, \cdots, 1\}$をベットサイズを表すラベルとし、$x \in X$を予測されたラベルとする。言い換えれば、ラベルはベットサイズを表している。各ラベル$i=1, \cdots, \|X\|$に対して、確率p_iを推定し、つまり$\sum_{i=1}^{\|X\|} p_i=1$とな

1　参考文献の節には、これらの確率がどのようにして導き出されるかを説明する多数の記事が記載されている。通常、これらの確率には、適合度、つまり予測に対する信頼度に関する情報が組み込まれている。Wu et al.[2004]ならびにhttps://scikit-learn.org/stable/modules/svm.html#scores-and-probabilitiesを参照されたい。

る。ここで、$\tilde{p}=\max_i\{p_i\}$ を x の確率として定義し、帰無仮説 $H_0:\tilde{p}=\frac{1}{\|X\|}$ を検定したい[2]。まず、$z\in[0,+\infty)$ の区間について検定統計量 $z=\frac{\tilde{p}-\frac{1}{\|X\|}}{\sqrt{\tilde{p}(1-\tilde{p})}}\sim Z$ を計算する。このとき、$m=x\underbrace{(2Z[z]-1)}_{\in[0,1]}$ のようにベットサイズが得られる。ここで、$m\in[-1,1]$ と $Z[z]$ は予測 x のサイズを調整する（サイドは x によって決まる）。

図10－1は検定統計量の関数としてベットサイズをプロットしたものである。スニペット10.1は、確率からベットサイズへの変換を実装している。このスニペットは、標準的なラベリング推定器による予測だけでなく、メタラベリング推定器による予測も取り扱う。ステップ#2では、アクティブな（未決済の）ベットの平均化も行い、最終的な値の離散化も実施する。これについては次節で説明する。

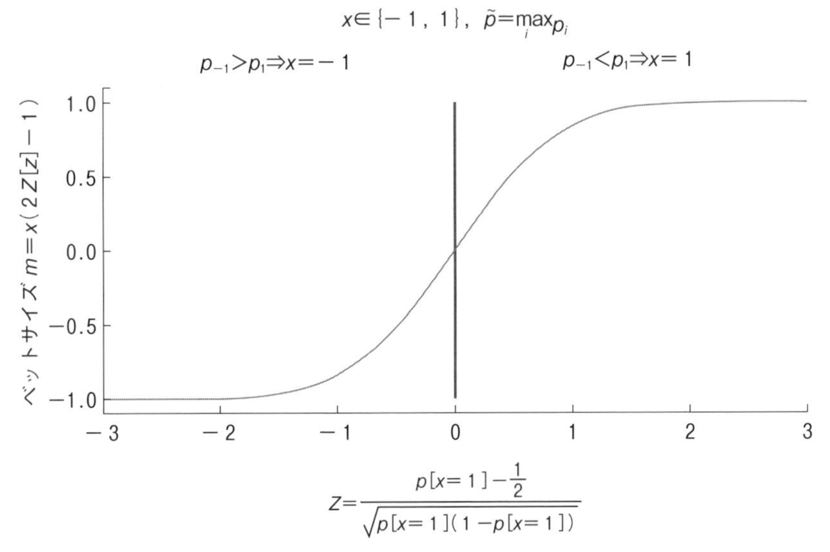

図10－1　予測された確率から求められるベットサイズ

2　すべての結果が同じくらい起こりうる場合、不確実性は絶対的である。

スニペット 10.1 確率からベットサイズへ

```
def getSignal(events,stepSize,prob,pred,numClasses,numThread
s,**kargs):
  # 予測からシグナルを得る
  if prob.shape[0]==0:return pd.Series()
  #1) 多項分類(一対他メソッド(OvR))からシグナルを生成する
  signal0=(prob-1./numClasses)/(prob*(1.-prob))**.5 # OvRのt値
  signal0=pred*(2*norm.cdf(signal0)-1) # シグナル=サイド×サイズ
  if 'side' in events:
    signal0*=events.loc[signal0.index,'side'] # メタラベリング
  #2) 同時にオープンであるシグナルの平均を計算する
  df0=signal0.to_frame('signal').join(
      events[['t1']],how='left')
  df0=avgActiveSignals(df0,numThreads)
  signal1=discreteSignal(signal0=df0,stepSize=stepSize)
  return signal1
```

10.4 アクティブなベットを平均化する

すべてのベットは、それが建った時点から最初のバリアに到達した時点t1までが保有期間となる（第3章を参照）。ここで考えられるアプローチの1つは、新しいベットが決まったときに古いベットを完全に上書きすることである。しかし、その方法では過剰なターンオーバーがもたらされる可能性がある。もっと賢明なアプローチは、ある一時点でまだアクティブなすべてのベットについてサイズを平均化することである。スニペット10.2は、このアイデアの1つの可能な実装の例である。

スニペット 10.2 まだアクティブである限りベットは平均化される

```
def avgActiveSignals(signals,numThreads):
  # アクティブなシグナルの平均を計算する
  #1) シグナルが変わった時点(シグナルの開始、もしくは終了時点)
```

```
    tPnts=set(signals['t1'].dropna().values)
    tPnts=tPnts.union(signals.index.values)
    tPnts=list(tPnts);tPnts.sort()
    out=mpPandasObj(mpAvgActiveSignals,('molecule',tPnts),
        numThreads,signals=signals)
    return out
#———————————————————————————————————————
def mpAvgActiveSignals(signals,molecule):
    '''
    時刻locで、まだアクティブなシグナルを平均化する。
    以下の場合にシグナルはアクティブである：
      a) loc以前にシグナルが出ている、かつ
      b) locはシグナルの終了時刻より前、もしくは終了時刻がまだわ
      からない(NaT)。
    '''
    out=pd.Series()
    for loc in molecule:
      df0=(signals.index.values<=loc)&((loc<signals['t1'])\
          |pd.isnull(signals['t1']))
      act=signals[df0].index
      if len(act)>0:out[loc]=signals.loc[act,'signal'].mean()
      else:out[loc]=0 # この時刻でアクティブなシグナルがない
    return out
```

10.5 ベットサイズの離散化

平均化は過剰なターンオーバーの一部を減少させるが、それでも予測が発生するたびに小さなトレードが引き起こされる可能性がある。この細かいシグナルの変動は不必要な過剰トレードを引き起こすことから、$m^* = \mathrm{round}\left[\frac{m}{d}\right]d$ のようにベットサイズを離散化することを推奨する。こ

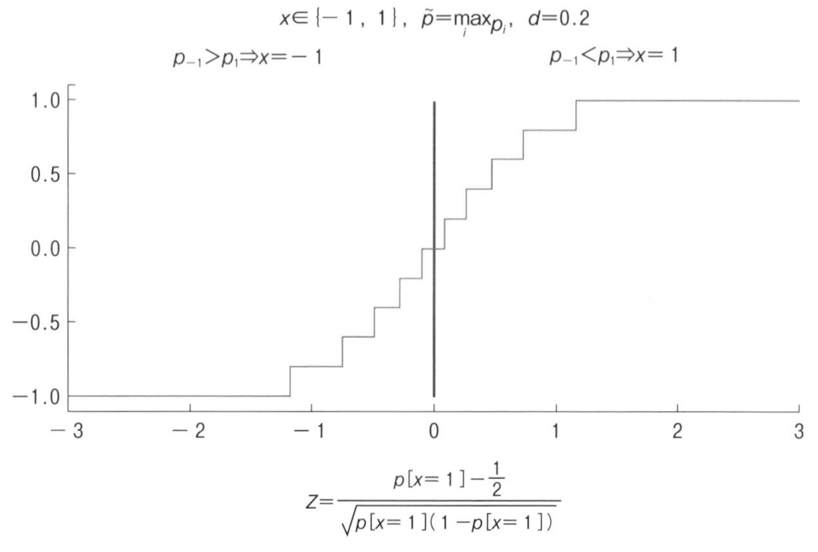

図10－2　$d = 0.2$でのベットサイズ離散化

ここで $d \in (0, 1]$ は離散化の程度を決めている。図10－2はベットサイズの離散化の例である。スニペット10.3はこの考えを実装している。

スニペット 10.3　過剰なトレードを防ぐためのサイズ離散化

```
def discreteSignal(signal0,stepSize):
  # discretize signal
  signal1=(signal0/stepSize).round()*stepSize # 離散化
  signal1[signal1>1]=1 # 上限
  signal1[signal1<-1]=-1 # 下限
  return signal1
```

10.6　動的なベットサイズと指値（limit price）

第3章で述べたトリプルバリアラベリング方法を思い出そう。バーiは時刻$t_{i,0}$で形成され、その時点で最初に触れるバリアを予測する。このとき、バリアの設定と整合的な予測価格$E_{t_{i,0}}\left[p_{t_{i,1}}\right]$が予測されている。結果が生じるまでの期間$t \in \left[t_{i,0}, t_{i,1}\right]$において、価格$p_t$は変動し、$j \in [i+1, I]$および

$t_{j,0} \leq t_{i,1}$であるような時点において追加の予測$\mathrm{E}_{t_{j,0}}\left[p_{t_{i,1}}\right]$が行われるかもしれない。10.4節と10.5節では、新しい予測が行われたときに、アクティブなベットを平均化し、ベットサイズを離散化する方法について議論した。本節では、市場価格p_tと予測価格f_iが変動したときにベットサイズを調整する方法を紹介する。その過程で、注文の指値を得る。

現在のポジションをq_t、ポジションサイズの絶対値の最大値をQ、予測f_iに関連する目標ポジションサイズを$\hat{q}_{i,t}$とするとき、

$$\hat{q}_{i,t} = \mathrm{int}\left[m\left[\omega, f_i - p_t\right]Q\right]$$

$$m[\omega, x] = \frac{x}{\sqrt{\omega + x^2}}$$

である。ここで、$m[\omega, x]$はベットサイズ、$x = f_i - p_t$は現在の予測価格と市場価格との乖離度、ωは広義のシグモイド関数の幅を調整する係数、$\mathrm{Int}[x]$はxの整数値である。価格の乖離度xの実数値に対して、$-1 < m[\omega, x] < 1$であり、整数値$\hat{q}_{i,t}$は、有界な範囲$-Q < \hat{q}_{i,t} < Q$に収まることに注意しよう。

目標ポジションサイズ$\hat{q}_{i,t}$はp_tが変化するにつれて動的に調整されうる。特に、$p_t \to f_i$のとき、アルゴリズムは利益を実現するために$\hat{q}_{i,t} \to 0$となる。これは、損失の実現化を回避するためには、注文サイズ$\hat{q}_{i,t} - q_t$に対する損益分岐点の指値価格が$\bar{p}$となることを意味する。具体的には、

$$\bar{p} = \frac{1}{|\hat{q}_{i,t} - q_t|} \sum_{j=|q_t + \mathrm{sgn}[\hat{q}_{i,t} - q_t]|}^{|\hat{q}_{i,t}|} L\left[f_i, \omega, \frac{j}{Q}\right]$$

ここで、$L\left[f_i, \omega, m\right]$は、$m\left[\omega, f_i - p_t\right]$の$p_t$についての逆関数であり、

$$L\left[f_i, \omega, m\right] = f_i - m\sqrt{\frac{\omega}{1 - m^2}}$$

である。

$|\hat{q}_{i,t}| < 1$であるため、$m^2 = 1$の場合を心配する必要はない。この関数は単調なので、アルゴリズムは$p_t \to f_i$のときは損失を実現化できない。

ωの値を調整しよう。$x = f_i - p_t$と$m^* = m[\omega, x]$であるようなユーザー定義のペア(x, m^*)を考えると、ωについての$m[\omega, x]$の逆関数は

$$\omega = x^2(m^{*-2} - 1)$$

である。

スニペット10.4では、動的なポジションサイズと指値をp_tとf_iの関数として計算するアルゴリズムを実装している。最初に、シグモイド関数を調整して、$x=10$の価格の乖離度に対して$m^*=0.95$のベットサイズを返すようにする。次に、最大ポジション$Q=100$、$f_i=115$、$p_t=100$に対して目標ポジション$\hat{q}_{i,t}$を計算する。$f_i=110$の場合には、ωの調整どおり、$\hat{q}_{i,t}=95$となる。3番目に、この注文サイズ$\hat{q}_{i,t}-q_t=97$に対する指値は、$p_t<112.3657<f_i$であり、これは現在価格と予測価格の間にある。

スニペット 10.4　動的なポジションサイズと指値

```
def betSize(w,x):
  return x*(w+x**2)**-0.5
#———————————————————————————————————————
def getTPos(w,f,mP,maxPos):
  return int(betSize(w,f-mP)*maxPos)
#———————————————————————————————————————
def invPrice(f,w,m):
  return f-m*(w/(1-m**2))**0.5
#———————————————————————————————————————
def limitPrice(tPos,pos,f,w,maxPos):
  sgn=(1 if tPos>=pos else -1)
  lP=0
  for j in xrange(abs(pos+sgn),abs(tPos+1)):
    lP+=invPrice(f,w,j/float(maxPos))
  lP/=tPos-pos
  return lP
#———————————————————————————————————————
def getW(x,m):
  # 0<alpha<1
    return x**2*(m**-2-1)
#———————————————————————————————————————
```

```
def main():
  pos,maxPos,mP,f,wParams=0,100,100,115,{'divergence':10,'m':0.95}
  w=getW(wParams['divergence'],wParams['m']) # wの値を調整する
  tPos=getTPos(w,f,mP,maxPos) # tPosを計算する
  lP=limitPrice(tPos,pos,f,w,maxPos) # 注文の指値
  return
#-------------------------------------------------------------------
if __name__=='__main__':main()
```

シグモイド関数のかわりに、べき乗関数$\tilde{m}[\omega, x]=\mathrm{sgn}[x]|x|^{\omega}$を使用することもできる。ここで、$\omega \geq 0$、$x \in [-1, 1]$であり、$\tilde{m}[\omega, x] \in [-1, 1]$となる。この方法には次の利点がある。

・$\tilde{m}[\omega, -1]=-1$, $\tilde{m}[\omega, 1]=1$となる。

・曲率がωを通じて直接操作できる。

・$\omega>1$の場合、関数は$\omega \leqq 1$の場合とは異なり、凹から凸になる。した

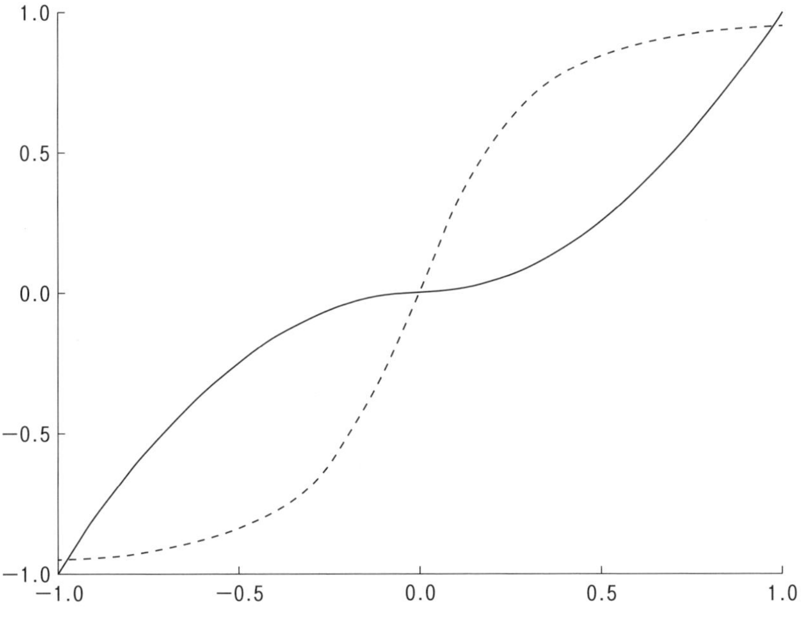

図10−3　$f[x]=\mathrm{sgn}[x]|x|^{2}$（凹から凸）と$f[x]=x(0.1+x^{2})^{-0.5}$（凸から凹）

がって、この関数は変曲点を中心にほぼ平坦になる。

べき乗関数の方程式の導出は練習問題とする。図10－3はシグモイド関数とべき乗関数の両方について、価格の乖離度$f-p_t$（x軸）の関数としてベットサイズ（y軸）をプロットしている。

練習問題

10.1　10.3節の定式化を用いて、$\|X\|=2, 3, \cdots, 10$のとき、予測確率の最大値$\tilde{p}$の関数としてベットサイズmをプロットせよ。

10.2　範囲が$U[0.5, 1]$の一様分布から10,000個の乱数を発生させよ。

(a)　$\|X\|=2$の場合のベットサイズmを計算せよ。

(b)　ベットサイズにカレンダー上の連続する10,000日を割り当てよ。

(c)　範囲$U[1, 25]$の一様分布から10,000個の乱数を発生させよ。

(d)　2.bの日付をインデックスとして割り当て、そのインデックスに等しい値が2.cの日数分だけ前方にシフトされたpandas seriesを作成せよ。これは、第3章で使用したものと似たｔ1オブジェクトである。

(e)　10.4節に従って、結果として得られる平均アクティブなベットサイズを計算せよ。

10.3　練習問題10.2(d)のｔ1オブジェクトを用いて、

(a)　同時発生ロングベット数の最大値$\bar{c}_l$を求めよ。

(b)　同時発生ショートベット数の最大値$\bar{c}_s$を求めよ。

(c)　ベットサイズを$m_t=c_{t,l}\frac{1}{\bar{c}_l}-c_{t,s}\frac{1}{\bar{c}_s}$として求めよ。ここで、$c_{t,l}$は時刻$t$における同時発生ロングベット数であり、そして$c_{t,s}$は時刻$t$における同時発生ショートベット数である。

10.4　練習問題10.2(d)のｔ1オブジェクトを用いて、

(a)　時系列の$c_t=c_{t,l}-c_{t,s}$を計算せよ。ここで、$c_{t,l}$は時間tでの同時発生ロングベット数、$c_{t,s}$は時間tでの同時発生ショートベット数である。

(b)　$\{c_t\}$に2つのガウス分布を混合した分布を当てはめよ。López

de Prado and Foreman[2014]に記載されている方法を使用するとよい。

(c) ベットサイズを$m_t=\begin{cases} \dfrac{F[c_t]-F[0]}{1-F[0]} & \text{if } c_t \geq 0 \\ \dfrac{F[c_t]-F[0]}{F[0]} & \text{if } c_t < 0 \end{cases}$として求めよ。

ここで、$F[x]$ は、値xに対するフィッティングした2つのガウス分布を混合した分布のCDFである。

(d) この時系列 $\{m_t\}$ が練習問題10.3で計算されたベットサイズの時系列とどのように異なるかを説明せよ。

10.5 練習問題10.1を、mをstepSize=.01、stepSize=.05、stepSize=.1で離散化して解き直せ。

10.6 10.6節の式を書き換えて、ベットサイズがシグモイド関数ではなく、べき乗関数によって決まるようにせよ。

10.7 スニペット10.4を変更して、練習問題10.6で導出した式を実装せよ。

◆引用文献

López de Prado, M. and M. Foreman (2014): "A mixture of Gaussians approach to mathematical portfolio oversight: The EF3M algorithm." *Quantitative Finance*, Vol. 14, No. 5, pp. 913–930.

Wu, T., C. Lin and R. Weng (2004): "Probability estimates for multi-class classification by pairwise coupling." *Journal of Machine Learning Research*, Vol. 5, pp. 975–1005.

◆参考文献

Allwein, E., R. Schapire, and Y. Singer (2001): "Reducing multiclass to binary: A unifying approach for margin classifiers." *Journal of Machine Learning Research*, Vol. 1, pp. 113–141.

Hastie, T. and R. Tibshirani (1998): "Classification by pairwise coupling." *The Annals of Statistics*, Vol. 26, No. 1, pp. 451–471.

Refregier, P. and F. Vallet (1991): "Probabilistic approach for multiclass classification with neural networks." Proceedings of International Conference on Artificial Networks, pp. 1003–1007.

第11章

バックテストの危険性

11.1 はじめに

バックテストはクオンツの技術のなかで最も重要でありながら、最も理解されていない技術の1つである。よくある間違いは、バックテストをリサーチツールのように考えることである。リサーチとバックテストの関係は、車の運転と飲酒のようなものである。決して、バックテストの影響下でリサーチをしてはならない。学会誌で発表されているバックテストのほとんどは、複数のテストからの選択バイアスという欠陥がある（Bailey, Borwein, López de Prado, and Zhu[2014]；Harvey et al.[2016]）。バックテストで起こるさまざまな誤りをすべて解説するとそれだけで1冊の本になるだろう。筆者はおそらくバックテストとパフォーマンス評価について最も多くの論文を発表している学者かもしれない[1]が、それでも過去20年でみてきた誤りのすべてをまとめるにはスタミナが足りないと感じる。本章はバックテスト短期集中講座ではないが、優秀なプロでも犯しがちなよくある誤りをリストすることにしよう。

11.2 ミッションインポッシブル：完璧なバックテスト

最も狭義の定義では、バックテストはある戦略が過去の一定期間において

---

1 http://papers.ssrn.com/sol3/cf_dev/AbsByAuth.cfm?per_id=434076; http://www.QuantResearch.org/.

どのように振る舞ったかのヒストリカルシミュレーションである。したがってそれは仮想的なものであり、実験では決してない。バークレー研究所のような物理学研究所では、環境変数をコントロールしつつ実験を繰り返して実施し、正確な因果関係を演繹的に求めることができる。対照的に、バックテストは実験とは異なり、それによって何かを証明することはできない。バックテストが保証できるものは何もなく、たとえレトロなデロリアンDMC-12で過去にタイムトラベルできたとしても、バックテストが示したシャープレシオを獲得することはできない（Bailey and López de Prado［2012］）。ランダムなくじ引きは違った結果をもたらすからである。同じ過去は２度と繰り返さないのである。

では、バックテストを実施する意味は何だろうか。それはベットサイズ、売買回転率、コスト、特定のシナリオにおける挙動など複数の要素に対する整合性チェックである。よいバックテストは大変役に立つが、バックテストをよく実行するのは大変むずかしい。2014年に Yin Luo 率いるドイツ銀行のクオンツチームが、“Seven Sins of Quantitative Investing”（「クオンツ投資の７つの罪」）（Luo et al.［2014］）というタイトルの論文を発表したが、これはたいへん明確かつわかりやすく書かれており、クオンツビジネスにかかわる人すべてがじっくりと読むことを勧める。そのなかでは、よくある誤りとして次のものがあげられている。

① 生存バイアス……投資ユニバースとして現時点のものを使うことで、破綻した会社や上場廃止された証券を除外してしまうこと。

② 先読みバイアス……シミュレーション上の投資判断の時点で公になっていない情報を利用してしまうこと。すべてのデータポイントのタイムスタンプを確認しなければならない。情報公開日、情報伝達の遅れ、後日付での修正を考慮する必要がある。

③ ストーリーテリング……ランダムなパターンを正当化するため、事後的にストーリーをつくりあげること。

④ データマイニングとデータスヌーピング……テストデータを用いてモデルを訓練すること。

⑤ 取引コスト……取引コストを確実に知るにはトレーディングブックにア

クセスする（つまり、実際に取引する）必要があり、シミュレーションすることは困難である。

⑥ 外れ値……再現しないような少数の極端な結果に基づいて戦略を作成すること。

⑦ ショートポジション……証券のショートポジションをとる際には貸し手を見つける必要がある。通常、レンディングコストと貸借可能な株数は不明であり、貸し手との関係性、在庫状況、需要の状況などに依存する。

学会誌に発表される学術論文の多くがこうした基本的な誤りを犯している。その他のよくある誤りとしては、標準的でない手法でパフォーマンスを計算すること（第14章）、隠されたリスクを無視すること、因果関係と相関関係を混同すること、代表的でない期間を選択すること、想定外の事象を考慮しないこと、ストップロスリミットやマージンコールを考慮しないこと、ファンディングコストを考慮しないこと、現実的な側面を考慮しないことがある（Sar fati[2015]）。誤りはまだまだあるが、それをすべて列挙することは、次節のタイトルにある理由で意味がない。

11.3 たとえバックテストが完璧であったとしても、おそらくそれは誤りである

おめでとう！　読者のバックテストは完璧である。だれもがその結果を再現できるし、きわめて保守的な仮定を置いているため読者の上司ですら反論できない。すべてのトレードには想定できるレベルの2倍の取引コストを考慮している。情報が地球上の半分に知られてから何時間も経ってから取引を執行して、かつ極端に低いボリュームで執行している。こうしたとてつもないコストを差し引いてもなお、そのバックテストは大きな利益をあげている。ところが、この完璧なバックテストはおそらく誤りなのである。なぜか。その理由は、エキスパートのみが完璧なバックテストを実行できるということである。エキスパートになるということは、長い時間をかけて何万回ものバックテストを走らせることを意味する。読者が実行する最初のバックテストではない場合、それが同じデータに対して複数回テストをした際に必

ず発生する統計上のまぐれ当たりという偽の発見である可能性を計算に入れなければならないのである。

腹立たしいのは、バックテストに熟練すればするほど、偽の発見が起こりやすくなるということである。初心者は前述のLuo et al.[2014] の7つの罪(他にもあるが……) に陥りがちである一方、プロは完璧なバックテストをつくりだし、複数のテストからなる選択バイアスとバックテストのオーバーフィッティング (Bailey and López de Prado[2014b]) に陥りがちなのである。

11.4 バックテストはリサーチツールではない

第8章で代替効果、joint effects、マスキング、MDI、MDA、SFI、並列化特徴量などについて解説した。ある特徴量の重要度が高いからといって、投資戦略によって収益に結びつけられるとは限らない。反対に、有効でない特徴量に基づいているのに収益をあげているようにみえる投資戦略も多数存在する。特徴量の重要度は真のリサーチツールである。なぜなら特徴量の重要度は収益化の可能性の有無にかかわらず、機械学習アルゴリズムが新たに発見したパターンの性質を理解するのに役立つからである。特徴量の重要度は事前に求められるもので、それはヒストリカルのパフォーマンスをシミュレーションする前である。

対照的に、バックテストはリサーチツールではない。バックテストは、ある投資戦略がなぜ収益をあげているかを知るためにはほとんど役に立たない。宝くじに当たった人がその幸運を手にするために自分が何かしたような気になるのと同様に、人々は事後のストーリーをつくりだす (Luoの第3の罪)。論文著者たちは多数の「アルファ」や「ファクター」を発見したと主張し、それに対してややこしい解説をつくりだす。実際には、彼らが発見したのは最近のラウンドで当選した当たりくじなのである。当選者は当選金を払い出し、その番号は次のラウンドではまったく役に立たない。こうした宝くじ券に価値がないのなら、そうした多数の「アルファ」にどれほどの意味があるだろう。こうした論文著者たちは彼らが売った多数の宝くじ券については何も語らない。その宝くじ券とは、彼らがその「ラッキーな」アルファを発見するために実施した、多数のシミュレーションなのである。

バックテストの目的は悪いモデルを切り捨てることであり、それを改善することではない。バックテストの結果をもとにモデルを調整することは時間の無駄であり、危険なことですらある。本書の他の部分で解説しているように、まずはデータの構造化、ラベリング、重み付け、アンサンブル、交差検証、特徴量の重要度、ベットサイズ、などのモデルの構成要素を正しくそろえるために時間を費やすべきである。バックテストを実施する段階になってからではもう遅い。モデルの仕様を完全に特定する前にバックテストをしてはならない。もしバックテストが失敗したら、最初からやり直すべきである。この方法によって、偽の発見をする可能性は大幅に低下するだろう。しかし、可能性はゼロにはならない。

11.5 一般的なアドバイス

バックテストのオーバーフィッティングは、複数のバックテストによる選択バイアスと定義することができる。バックテストで高いパフォーマンスをあげる、つまり過去のランダムなパターンで収益をあげるように投資戦略がつくられるとき、オーバーフィッティングは発生する。そうしたランダムなパターンが将来繰り返すことはなく、よってそのようにつくられた戦略は失敗する。この「選択バイアス」の結果、バックテストされた投資戦略はすべて多かれ少なかれオーバーフィットしている。ほとんどの人々は、勝つ（と思われる）投資戦略のバックテストのみを発表しているのである。

バックテストのオーバーフィッティングにどのように対処するかは、おそらく金融クオンツにおいて最も重要な問題である。なぜか。もしこの問題に簡単な回答があるならば、運用会社は成功したバックテストのみに投資することによって確実に高いパフォーマンスを達成できるだろう。学会誌は投資戦略が偽の発見であるか否かを確信をもって評価できるだろう。ファイナンスはポパーあるいはラカトシュの基準において真の科学となるだろう(López de Prado[2017])。バックテストのオーバーフィッティングを評価するのが困難な理由は、同じデータで新しいテストを実行するたびに偽陽性(false positive)の可能性が変化し、その情報がリサーチャー自身にも明らかでないか、知っていたとしても投資家もしくは論文査読者には知らされないことである。オーバーフィッティングを避けるのは簡単ではないが、いくつかの手順に従うことによりその可能性を下げることができる。

① モデルは特定の証券に対してではなく、資産クラス全体または投資ユニバース全体に対して構築すべきである(第8章)。分散投資をすることにより、誤り X を証券 Y だけに犯すことはなくなる。もし誤り X が特定の証券 Y だけで発生しているならば、その戦略はどれほど収益性が高いようにみえても、偽りの発見である可能性が高い。

② オーバーフィッティングを避け、かつ予測誤差のバリアンスを下げる手法として、バギング(第6章)を利用する。バギングによって戦略のパフォーマンスが低下するのであれば、その戦略は少数の観測値や外れ値にオーバーフィットしている可能性が高い。

③ リサーチが完結するまでバックテストを実施してはならない(第1~10章)。

④ 同じデータに対して実施したバックテストをすべて記録し、最終結果に対するバックテストオーバーフィッティング確率を推定できるようにする(Bailey, Borwein, López de Prado, and Zhu[2017a] および第14章を参照)。そして、試行回数によってシャープレシオを適切に下方修正する(Bailey and López de Prado[2014b])。

⑤ ヒストリーではなくシナリオをシミュレーションする(第12章)。標準的なバックテストはヒストリカルシミュレーションであり、オーバーフィットしやすい。ヒストリーは単に実現したランダム経路の1つにすぎず、まったく違うものになっていたかもしれない。戦略は1つのヒストリー経路においてだけではなく、広い範囲のシナリオにおいて有効であるべきである。何千ものシナリオに対しては、オーバーフィッティングははるかに発生しにくい。

⑥ バックテストの結果、有効な戦略が見つからなかったとしたら、最初からすべてをやり直すべきである。これらの結果を再利用するという誘惑に

負けてはならない。次の「バックテスト第２法則」に従おう。

スニペット 11.1 マルコスのバックテスト第２法則

「リサーチとバックテストの関係は、車の運転と飲酒のようなものである。決して、バックテストの影響下でリサーチをしてはならない」

——Marcos López de Prado

Advances in Financial Machine Learning (2018)

11.6 戦略選択

第７章で、ラベル系列に自己相関関係が存在するため、k-分割交差検証が有効でなくなることを示した。ランダムサンプリングによって、訓練データとテストデータに冗長な（重複した）観測値が入ってしまうためである。よってこれとは別の、真にアウトオブサンプルの検証手法が必要となる。訓練データとの相関や重複ができるだけ小さいデータを用いてモデルを検証・評価する手法である。Arlot and Celilsse[2010] の研究を参照されたい。

scikit-learn にはウォークフォワードタイムフォールド法が実装されている。この手法では検証は、リーケージを避けるという目的のもと、時間軸に沿って進められる。ヒストリカルバックテスト（ならびにトレーディング）と同じ方法である。長期間にわたる系列相関が存在する場合には、訓練データの終了時点後の１つの観測を取り除き、残りのデータで検証を行うことは、情報のリーケージを避けるには十分でない。この点は第12章12.2節で再度議論する。

ウォークフォワード法の欠点は、オーバーフィットしやすい点である。その理由は、ランダムサンプリングなしでは、偽の発見が現れるまで単一の検証経路を繰り返し実施することが可能だからである。訓練データとテストデータの間のリーケージを避けつつ、このようなパフォーマンスターゲティングやバックテスト最適化を避けるためには、標準的な交差検証のようなランダム化が必要なのである。そこで、本節ではバックテストオーバーフィッティング確率（PBO：Probability of Backtest Overfitting）の推定に基づく交差検証手法を紹介し、戦略選択に利用する。交差検証手法については第12

章で解説する。

Bailey et al.[2017a] は組合せ対称交差検証法（CSCV：Combinatorially Symmetric Cross-Validation）によってPBOを推定している。この手法は次のように機能する。

まず、N回の試行によって得られたパフォーマンス系列から、行列Mを作成する。具体的には、特定のモデル設定において、各行$n=1,\cdots,N$は収益（時価評価したP&L）ベクトルであり、$t=1,\cdots,T$について観測される。したがってMは$T\times N$次元の実行列となる。ここでわれわれが課す条件は以下の2つだけである。①Mは真の行列である、すなわちすべての列が同じ数の項目（行）をもち、観測値はN回の試行にわたって同じ行で同期して観測される。②「最適な」戦略を選択するためのパフォーマンス評価指標は各列のサブサンプルを用いて計算する。たとえばその評価指標をシャープレシオとする場合は、計算されたパフォーマンスの各スライスに対してIIDの正規分布の前提が成り立つと仮定する。もし異なるモデルの設定によりトレードの頻度が異なるならば、観測値を集計（あるいはダウンサンプル）して共通のインデックス$t=1,\cdots,T$にマッチするようにする。

2番目に、行列Mの行を区切り、偶数値S個の互いに交わらない同サイズのサブ行列に分ける。各サブ行列M_s（$s=1,\cdots,S$）は$\left(\frac{T}{S}\times N\right)$次元である。

3番目に、すべてのM_sを、グループサイズ$\frac{S}{2}$のグループに分ける組合せC_Sを生成する。組合せの総数は、

$$\binom{S}{S/2}=\binom{S-1}{S/2-1}\frac{S}{S/2}=\cdots=\prod_{i=0}^{S/2-1}\frac{S-i}{S/2-i}$$

たとえば$S=16$の場合には12,780個の組合せとなる。各組合せ$c\in C_S$は$S/2$個のサブ行列M_Sから構成される。

4番目に、各組合せ$c\in C_S$に対して、

① cを構成する$S/2$個のサブ行列M_Sを結合して訓練データJを生成する。Jは$\left(\frac{T}{S}\frac{S}{2}\times N\right)$次元行列、つまり$\left(\frac{T}{2}\times N\right)$次元行列となる。

② 行列MのなかでJの補集合となるテストデータ$\bar{J}$を生成する。つまり、$\bar{J}$はMのなかでJに含まれないすべての行を含んだ$\left(\frac{T}{2}\times N\right)$行列である。

③　次元Nのパフォーマンス計測値ベクトルRを生成する。Rのn番目の要素は、訓練データJのn列目から計算されたパフォーマンス計測値である。

④　R_{n^*}が最大となるn^*を探す。すなわち$R_n \leq R_{n^*}$, $\forall n = 1, \cdots, N$、言い換えれば、$n^* = \mathrm{arg}max_n \{R_n\}$。

⑤　次元Nのパフォーマンス計測値ベクトル$\bar{R}$を生成する。$\bar{R}$のn番目の要素は、テストデータ$\bar{J}$のn列目から計算されたパフォーマンス計測値である。

⑥　$\bar{R}$のなかでの$\overline{R_{n^*}}$の相対ランクを求める。この相対ランクを$\bar{\omega}_C$と表し、$\bar{\omega}_C \in (0, 1)$とする。これはインサンプル（IS）から選ばれた試行のアウトオブサンプル（OOS）のパフォーマンスの相対ランクを示す。もし戦略最適化プロセスがオーバーフィットしていないのであれば、R_{n^*}がR(IS)をアウトパフォームするのと同様に、$\overline{R_{n^*}}$も$\bar{R}$(OOS)をアウトパフォームするはずである。

⑦　ロジット$\lambda_C = \log\left[\frac{\bar{\omega}_C}{1 - \bar{\omega}_C}\right]$を定義する。これは$\overline{R_{n^*}}$が$\bar{R}$の中央値と一

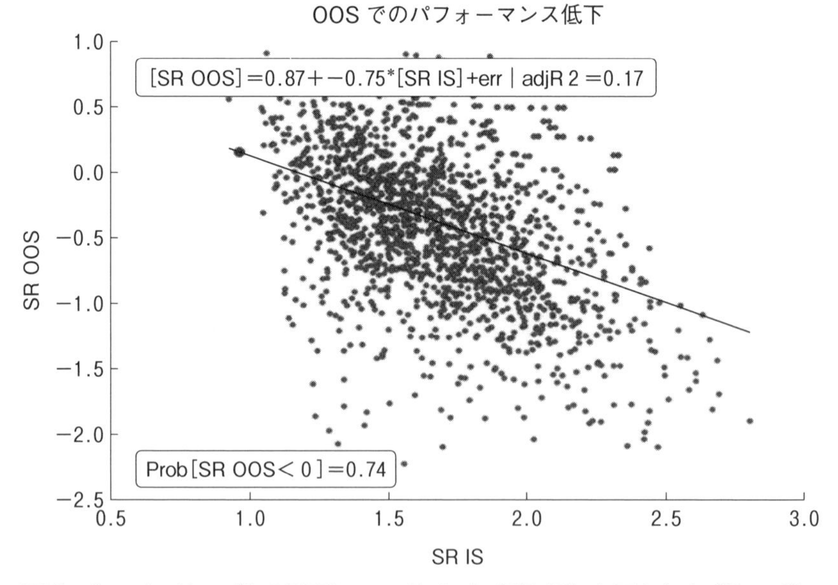

図11－1　インサンプルの最高シャープレシオ（SR IS）とアウトオブサンプルのシャープレシオ（SR OOS）

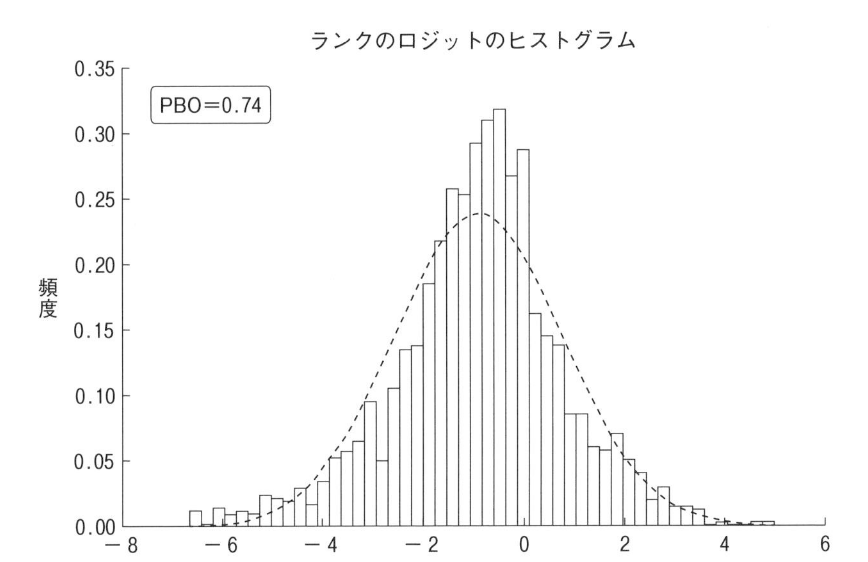

図11−2　ロジット分布により求められたバックテストオーバーフィッティング確率（PBO）

致する場合に、$\lambda_C = 0$となる性質をもつ。ロジットの値が高いとISとOOSのパフォーマンスに共通性がみられることを意味し、バックテストのオーバーフィッティングが低レベルであることを示している。

5番目に、すべての$c \in C_S$に対してλ_Cを求めることにより、OOSのランク分布を計算する。そして確率分布関数$f(\lambda)$を、すべてのC_Sにわたってλが発生する相対頻度として求める。このとき$\int_{-\infty}^{\infty} f(\lambda) d\lambda = 1$である。最後に、PBOは$PBO = \int_{-\infty}^{0} f(\lambda) d\lambda$として求められる。これは、ISでの最適戦略がOOSでアンダーパフォームする確率である。

図11−1のx軸は最適として選ばれた戦略のインサンプル（IS）のシャープレシオである。y軸は同じ戦略のアウトオブサンプル（OOS）のシャープレシオである。図から明らかなように、バックテストのオーバーフィッティングに起因する強くかつ持続的なパフォーマンス減衰がみられる。上記のアルゴリズムを適用することにより、この戦略選択プロセスにおけるPBOを図11−2のように求めることができる。

各サブセットの観測は元の時間系列順を維持している。ランダムサンプリングは各観測値ではなく、比較的相関のないサブセットに対して行われている。この手法の正確性についての実験的分析は Bailey et al.[2017a] を参照されたい。

練習問題

11.1　あるアナリストが、季節変動を調整した雇用統計を特徴量として含むランダムフォレスト分類器を学習させた。彼は、1月のデータを季節変動を調整した1月のデータとして扱った。このとき彼が犯した「罪」は何だろうか。

11.2　あるアナリストが、終値を用いて生成したシグナルを含み、終値で執行する機械学習アルゴリズムを開発した。このとき彼が犯した「罪」は何だろうか。

11.3　米国におけるアーケード街の収益の総計と、コンピュータサイエンス博士号の授与数には、98.51%の相関がある。博士号の数は増加すると予想されるので、アーケード運営会社に投資すべきだろうか。もしそうでないなら、ここでの「罪」は何だろうか。

11.4　ウォールストリートジャーナル紙は過去20年、50年、100年を振り返ると9月は1年のなかで唯一株式リターンがマイナスになっていると報道している。ではわれわれは、8月の終わりに株式を売却すべきだろうか。もしそうでないなら、ここでの「罪」は何だろうか。

11.5　毎月 Bloomberg から P/E レシオをダウンロードして株式をランクづけし、第1四分位をショートし第4四分位をロングする戦略は素晴らしいパフォーマンスをあげる。ここでの「罪」は何だろうか。

◆引用文献

Arlot, S. and A. Celisse (2010): "A survey of cross-validation procedures for model selection." *Statistics Surveys*, Vol. 4, pp. 40–79.

Bailey, D., J. Borwein, M. López de Prado, and J. Zhu (2014): "Pseudo-mathematics and financial charlatanism: The effects of backtest overfitting on out-of-sample performance." *Notices of the American Mathematical Society*, Vol. 61, No. 5 (May), pp. 458–471. Available at https://ssrn.com/abstract=2308659.

Bailey, D., J. Borwein, M. López de Prado, and J. Zhu (2017a): "The probability of backtest overfitting." *Journal of Computational Finance*, Vol. 20, No. 4, pp. 39–70. Available at http://ssrn.com/abstract=2326253.

Bailey, D. and M. López de Prado (2012): "The Sharpe ratio efficient frontier." *Journal of Risk*, Vol. 15, No. 2 (Winter). Available at https://ssrn.com/abstract=1821643.

Bailey, D. and M. López de Prado (2014b): "The deflated Sharpe ratio: Correcting for selection bias, backtest overfitting and non-normality." *Journal of Portfolio Management*, Vol. 40, No. 5, pp. 94–107. Available at https://ssrn.com/abstract=2460551.

Harvey, C., Y. Liu, and H. Zhu (2016): ". . . and the cross-section of expected returns." *Review of Financial Studies*, Vol. 29, No. 1, pp. 5–68.

López de Prado, M. (2017): "Finance as an industrial science." *Journal of Portfolio Management*, Vol. 43, No. 4, pp. 5–9. Available at http://www.iijournals.com/doi/pdfplus/10.3905/jpm.2017.43.4.005.

Luo, Y., M. Alvarez, S. Wang, J. Jussa, A. Wang, and G. Rohal (2014): "Seven sins of quantitative investing." White paper, Deutsche Bank Markets Research, September 8.

Sarfati, O. (2015): "Backtesting: A practitioner's guide to assessing strategies and avoiding pitfalls." Citi Equity Derivatives. CBOE 2015 Risk Management Conference. Available at https://www.cboe.com/rmc/2015/olivier-pdf-Backtesting-Full.pdf.

◆参考文献

Bailey, D., J. Borwein, and M. López de Prado (2016): "Stock portfolio design and backtest overfitting." *Journal of Investment Management*, Vol. 15, No. 1, pp. 1–13. Available at https://ssrn.com/abstract=2739335.

Bailey,D., J. Borwein, M. López de Prado, A. Salehipour, and J. Zhu (2016): "Backtest overfitting in financial markets." *Automated Trader*, Vol. 39. Available at https://ssrn.com/abstract=2731886.

Bailey, D., J. Borwein, M. López de Prado, and J. Zhu (2017b): "Mathematical appendices to: 'The probability of backtest overfitting.'" *Journal of Computational Finance* (*Risk Journals*), Vol. 20, No. 4. Available at https://ssrn.com/abstract=2568435.

Bailey, D., J. Borwein, A. Salehipour, and M. López de Prado (2017): "Evaluation and ranking of market forecasters." *Journal of Investment Management*, forthcoming. Available at https://ssrn.com/abstract=2944853.

Bailey, D., J. Borwein, A. Salehipour, M. López de Prado, and J. Zhu (2015): "Online tools for demonstration of backtest overfitting." Working paper. Available at https://ssrn.com/abstract=2597421.

Bailey, D., S. Ger, M. López de Prado, A. Sim and, K. Wu (2016): "Statistical overfitting and backtest performance." In *Risk-Based and Factor Investing*, Quantitative Finance Elsevier. Available at ttps://ssrn.com/abstract=2507040.

Bailey, D. and M. López de Prado (2014a): "Stop-outs under serial correlation and 'the triple penance rule.'" *Journal of Risk*, Vol. 18, No. 2, pp. 61–93. Available at https://

ssrn.com/abstract=2201302.
Bailey, D. and M. López de Prado (2015): "Mathematical appendices to: 'Stop-outs under serial correlation.'" *Journal of Risk*, Vol. 18, No. 2. Available at https://ssrn.com/abstract=2511599.
Bailey, D., M. López de Prado, and E. del Pozo (2013): "The strategy approval decision: A Sharpe ratio indifference curve approach." *Algorithmic Finance*, Vol. 2, No. 1, pp. 99–109. Available at https://ssrn.com/abstract=2003638.
Carr, P. and M. López de Prado (2014): "Determining optimal trading rules without backtesting." Working paper. Available at https://ssrn.com/abstract=2658641.
López de Prado, M. (2012a): "Portfolio oversight: An evolutionary approach." Lecture at Cornell University. Available at https://ssrn.com/abstract=2172468.
López de Prado, M. (2012b): "The sharp razor: Performance evaluation with non-normal returns." Lecture at Cornell University. Available at https://ssrn.com/abstract=2150879.
López de Prado, M. (2013): "What to look for in a backtest." Lecture at Cornell University. Available at https://ssrn.com/abstract=2308682.
López de Prado, M. (2014a): "Optimal trading rules without backtesting." Lecture at Cornell University. Available at https://ssrn.com/abstract=2502613.
López de Prado, M. (2014b): "Deflating the Sharpe ratio." Lecture at Cornell University. Available at https://ssrn.com/abstract=2465675.
López de Prado, M. (2015a): "Quantitative meta-strategies." *Practical Applications, Institutional Investor Journals*, Vol. 2, No. 3, pp. 1–3. Available at https://ssrn.com/abstract=2547325.
López de Prado, M. (2015b): "The Future of empirical finance." *Journal of Portfolio Management*, Vol. 41, No. 4, pp. 140–144. Available at https://ssrn.com/abstract=2609734.
López de Prado, M. (2015c): "Backtesting." Lecture at Cornell University. Available at https://ssrn.com/abstract=2606462.
López de Prado, M. (2015d): "Recent trends in empirical finance." *Journal of Portfolio Management*, Vol. 41, No. 4, pp. 29–33. Available at https://ssrn.com/abstract=2638760.
López de Prado, M. (2015e): "Why most empirical discoveries in finance are likely wrong, and what can be done about it." Lecture at University of Pennsylvania. Available at https://ssrn.com/abstract=2599105.
López de Prado, M. (2015f): "Advances in quantitative meta-strategies." Lecture at Cornell University. Available at https://ssrn.com/abstract=2604812.
López de Prado, M. (2016): "Building diversified portfolios that outperform out-of-sample." *Journal of Portfolio Management*, Vol. 42, No. 4, pp. 59–69. Available at https://ssrn.com/abstract=2708678.
López de Prado, M. and M. Foreman (2014): "A mixture of Gaussians approach to mathematical portfolio oversight: The EF3M algorithm." *Quantitative Finance*, Vol. 14, No. 5, pp. 913–930. Available at https://ssrn.com/abstract=1931734.
López de Prado, M. and A. Peijan (2004): "Measuring loss potential of hedge fund strategies." *Journal of Alternative Investments*, Vol. 7, No. 1, pp. 7–31, Summer 2004. Available at https://ssrn.com/abstract=641702.
López de Prado, M., R. Vince, and J. Zhu (2015): "Risk adjusted growth portfolio in a finite investment horizon." Lecture at Cornell University. Available at https://ssrn.com/abstract=2624329.

第12章

交差検証によるバックテスト

12.1 はじめに

バックテストは、過去の観測値を用いて投資戦略のアウトオブサンプルのパフォーマンスを評価する手法である。バックテストでは過去の観測値を次の2通りの方法で利用する。①より狭義には、ある投資戦略のパフォーマンスを、あたかも過去に実施したかのようにシミュレートする、②より広義には、過去に発生しなかったシナリオをシミュレートするというものである。1つ目の（狭義の）アプローチはウォークフォワード（WF：Walk-Forward）と呼ばれ広く利用されているため、「バックテスト」は事実上「ヒストリカルシミュレーション」の同義語となっている。2つ目の（広義の）アプローチはほとんど知られていないが、本章ではこのアプローチを実施する手法を紹介する。2つのアプローチには長所と短所があり、どちらも注意深い検討が必要となる。

12.2 ウォークフォワード（WF）法

一般的に実施されているバックテストはウォークフォワード（WF：Walk-Forward）法である。WFは投資戦略が過去にどのように振る舞ったかのヒストリカルシミュレーションである。投資判断はその判断より前の時点の観測値に基づいて行われる。第11章で解説したように、WFシミュレーションを完璧に実施するのは大変な作業であり、データソース、マーケットマイクロストラクチャー、リスク管理、パフォーマンス評価基準（GIPSなど）、複数のテスト手法、実験数学などの深い知識が必要となる。残念ながら、バックテストを実施するための一般的なレシピは存在しない。正確なバックテストを実施するためには、各バックテストは特定の戦略の仮定を評価するためにカスタマイズしなければならない。

WFには2つの大きな利点がある。①WFは、明確なヒストリカルな解釈ができる。パフォーマンスは机上のトレードと一致する。②ヒストリーはフィルトレーション（増大情報系）である。過去のデータを利用することで、パージング（第7章7.4.1節）を適切に実施する限りテストデータがアウトオブサンプルである（リーケージがない）ことが保証される。WFバックテストでよくみられる誤りは、パージングが適切でないために起こるリーケージである。`t1.index`が訓練データに含まれているにもかかわらず、`t1.value`がテストデータに含まれる場合である（第3章）。WFバックテストにはエンバーゴは必要がない。訓練データはテストデータよりも常に前の時点のものだからである。

12.2.1 ウォークフォワード法の落とし穴

WF法には3つの大きな欠点がある。1つ目は、単一のシナリオ（ヒストリカル経路）をテストするために、オーバーフィットが発生しやすいことである（Bailey et al.[2014]）。2つ目は、WFの結果はデータポイントの特定の順序（すなわち、ヒストリカル経路）に基づいたものであり、必ずしも未来のパフォーマンスの代表値とはならないことである。WF法の支持者は、ヒストリカルのみが意味あるシミュレーションであり、そうでないシミュレーション、たとえば未来のデータを用いて過去を予測することは楽観的すぎるパフォーマンス予測につながると主張する。ところが実際には、アウトパフォームしているモデルを逆順の観測値に対してバックテストすると、アンダーパフォームすることが多い。正しくは、ウォークフォワードテストをオーバーフィットさせるのは、ウォークバックワードテストをオーバーフィットするのと同じくらいやさしいのである。また、観測値の順序を変えるだけで異なる結果が得られるという事実こそが、オーバーフィッティングの証拠なのである。WF 法の支持者が正しいのであれば、ウォークバックワードテストは常にウォークフォワードテストをアウトパフォームするはずである。現実にはこれは正しくなく、WF 法を支持する主張は弱まる。

この２つ目の欠点をさらに明確にするために、株式投資戦略を2007年１月１日からの S&P500のデータで WF バックテストする例を考える。2009年３月15日までの期間は急騰と急落の両方を含むため、訓練された戦略はいずれのポジションにも確信度が低いマーケットニュートラルなものになる。その後は長期にわたる上昇相場がデータの大半を占め、2017年１月１日には買い判断が売り判断よりも多くなるだろう。ここで、時間軸を逆順に利用し、つまり2017年１月１日から2007年１月１日まで（長期の上昇相場、その後の急落）の期間を使うと、パフォーマンスはまったく異なったものになるだろう。特定の順序のデータを利用することにより、WF が選択した投資戦略が大きな損失をもたらしてしまう例である。

WF 法の３つ目の欠点は、当初の投資判断が全サンプルのうちのごく一部分に基づいてなされることである。ウォームアップ期間を設けることもできるが、多くの情報が投資判断のうちの一部でしか利用されないことは変わらない。T 期間のうち t_0 の観測値をウォームアップ期間とする投資戦略を考える。この戦略は、投資判断のうち半分 $\left(\frac{T-t_0}{2}\right)$ を、以下の平均データ数に基づいてくだすことになる。

$$\left(\frac{T-t_0}{2}\right)^{-1}\left(t_0+\frac{T+t_0}{2}\right)\frac{T-t_0}{4}=\frac{1}{4}T+\frac{3}{4}t_0$$

このデータ数は全データ数の $\frac{3}{4}\frac{t_0}{T}+\frac{1}{4}$ 倍にすぎない。この問題はウォームアップ期間を長くすることで低減できるが、そうするとバックテスト期間が短くなってしまう。

12.3 交差検証法（Cross Validation Method）

投資家はしばしば、2008年の危機、ドットコムバブル、テーパリング、2015年から2016年のチャイナショックなどの予期できないストレスシナリオにおいて投資戦略がどう振る舞うか質問する。これに回答する1つの方法は、データをテストしたい期間（テストデータ）とそれ以外の期間（訓練データ）の2つに分割することである。たとえば、2009年1月1日から2017年1月1日の期間でアルゴリズムを訓練し、2008年1月1日から2008年12月31日の期間でテストすることができる。こうして得られる2008年のパフォーマンスはヒストリカルには正確ではない。なぜならアルゴリズムは2008年より後のデータで訓練されているからである。しかし、ヒストリカルな正確さはこのテストの目的ではない。ここでの目的は、2008年のことを知らない戦略を、2008年のようなストレスシナリオでテストすることなのである。

交差検証法（CV：Cross-Validation）によるバックテストの目的はヒストリカルに正確なパフォーマンスを得ることではなく、多数のアウトオブサンプルのシナリオによって将来のパフォーマンスを推定することである。つまりバックテストの各期間に対し、その期間以外のデータで訓練されたアルゴリズムのパフォーマンスをシミュレーションする手法である。

●長　所

① テストは特定の（ヒストリカルの）シナリオの結果ではない。CVではk個の別個のシナリオをテストし、そのうち1つだけがヒストリカル系列に対応している。

② すべての投資判断は同サイズのデータに基づいて行われる。これによって投資判断に使用される情報の量という点で、結果は全期間で対等に比較可能なものとなる。

③ すべての観測値が、ただ1つのテストデータの一部となる。ウォームアップ期間はなく、アウトオブサンプルシミュレーションの期間を最大限に長くすることができる。

●短　所

① WF法と同じように、シミュレーションするのは単一のバックテスト経路のみである（ただし、ヒストリカル経路ではないが）。生成できるのは期間当り1つの予測値だけである。

② CVでは、結果のヒストリカルな解釈が明確でない。バックテストの結果は、投資戦略が過去にどう振る舞ったかのシミュレーションではなく、将来のさまざまなストレスシナリオにおいてどう振る舞うかのシミュレーションである（もちろんそれ自身は有益な結果である）。

③ 訓練データがテストデータの前時点とは限らないので、リーケージが発生しうる。テストデータの情報を訓練データにリークしないために、注意深い対処が必要となる。第7章でパージングとエンバーゴによってCVにおける情報リーケージを避ける手法を解説した。

12.4 組合せパージング交差検証法（CPCV：Combinatorial Purged Cross-Validation）

本節では、WFとCVにおける、単一の経路しかテストできないという主要な欠点を回避することができる新しい手法を解説する。この手法を組合せパージング交差検証法（CPCV：Combinatorial Purged Cross-Validation）と呼ぶ。バックテスト経路の数φ通りをターゲットとして与えられると、CPCVではこの数の経路をつくりだすのに必要なだけの訓練／テストデータの組合せを生成し、かつリークされた情報を含む訓練データをパージングする。

12.4.1 組合せによる分割

T個の観測値をシャッフルすることなくN個のグループに分割するとする。このときグループ$n=1, \cdots, N-1$のサイズは$\lfloor T/N \rfloor$であり、N番目のグループのサイズは$T-\lfloor T/N \rfloor(N-1)$である。ここで$\lfloor . \rfloor$はフロア関数（整数関数）である。$k$個のグループをテストデータとする場合には、訓練／テストデータの組合せの数は、

$$\binom{N}{N-k} = \frac{\prod_{i=0}^{k-1}(N-i)}{k!}$$

となる。おのおのの組合せはk個のテスト用グループを含むので、テスト用

	S1	S2	S3	S4	S5	S6	S7	S8	S9	S10	S11	S12	S13	S14	S15	Paths
G1	x	x	x	x	x											5
G2	x					x	x	x	x							5
G3		x				x				x	x	x				5
G4			x				x			x			x	x		5
G5				x				x			x		x		x	5
G6					x				x			x		x	x	5

図12－1　$\varphi[6,\ 2]=5$ に対して生成される経路

	S1	S2	S3	S4	S5	S6	S7	S8	S9	S10	S11	S12	S13	S14	S15	Paths
G1	1	2	3	4	5											5
G2	1					2	3	4	5							5
G3		1				2				3	4	5				5
G4			1				2			3			4	5		5
G5				1				2			3		4		5	5
G6					1				2			3		4	5	5

図12－2　テスト用グループの５つの経路への割当て

グループの総数は$k\binom{N}{N-k}$である。すべての組合せを網羅しているので、テスト用グループはNにわたって一様に分布している（すなわち、おのおののグループは同じ数の訓練／テストデータに含まれている）。これは、Nグループ中kグループからなるテストデータに対しては、以下$\varphi[N, k]$通りの経路をバックテストすることができることを意味する。

$$\varphi[N, k]=\frac{k}{N}\binom{N}{N-k}=\frac{\prod_{i=1}^{k-1}(N-i)}{(k-1)!}$$

図12－１は$N=6$, $k=2$の場合の訓練／テストデータ分割の例示である。$\binom{6}{4}=15$通りの分割があり、これに$S1, \cdots, S15$とインデックスをつける。図では、各分割においてテストデータに含まれるグループにx印をつけており、訓練データに含まれるグループは無印としている。おのおののグループは$\varphi[6,\ 2]=5$通りのテストデータの一部となり、つまりこの訓練／テストデータ分割によって５つのバックテスト経路をテストすることができる。

図12－２は各テスト用グループのバックテスト経路への割当てである。た

とえば、経路1は（$G1, S1$）、（$G2, S1$）、（$G3, S2$）、（$G4, S3$）、（$G5, S4$）、（$G6, S5$）での予測を組み合わせた結果である。経路2は（$G1, S2$）、（$G2, S6$）、（$G3, S6$）、（$G4, S7$）、（$G5, S8$）、（$G6, S9$）での予測を組み合わせた結果である。

各経路は、各組み合わせのデータのうち$\theta = 1 - k/N$倍のデータでアルゴリズムを訓練することによって得られる。理論的には$\theta < 1/2$となることも可能であるが、実務上は$k \leq N/2$（つまり$\theta \geq 1/2$）と仮定する。データ中の訓練データの割合を示すθは$N \to T$となれば増加するが、$k \to N/2$とすれば減少する。極限値では、経路の最大数は$N = T$かつ$k = N/2 = T/2$とすれば得られるが、そのかわりにアルゴリズムを半分だけのデータで訓練することになる（$\theta = 1/2$）。

12.4.2 組合せパージング交差検証（CPCV）バックテスト

第7章で交差検証におけるパージングとエンバーゴの概念を紹介した。ここでは、これらの概念を交差検証を用いたバックテストに活用する手法を紹介する。CPCVバックテストアルゴリズムは以下のような手順である。

① T個の観測値をシャッフルすることなくN個のグループに分割する。このときグループ$n = 1, \cdots, N - 1$のサイズは$\lfloor T/N \rfloor$であり、N番目のグループのサイズは$T - \lfloor T/N \rfloor (N - 1)$である。

② $N - k$個のグループが訓練データ、k個のグループがテストデータに含まれるような訓練／テストデータに分割するすべての組合せを求める。

③ y_iが訓練データ、y_jがテストデータに属するようなすべてのラベルの組合せ（y_i, y_j）に対して`PurgedKFold`クラスを実行して、y_jを決定する期間にy_iが含まれるときにパージングを実施する。`PurgedKFold`クラスは、テストデータが訓練データの先時点となっている場合にはエンバーゴも実施する。

④ $\binom{N}{N-k}$種類の訓練データによってモデルを訓練し、対応する$\binom{N}{N-k}$種類のテストデータに対して予測を生成する。

⑤ $\varphi[N, k]$通りのバックテスト経路を生成する。各経路から1つのシャープレシオが計算でき、そこから投資戦略のシャープレシオの実証的な分布が得られる。これに対し、WF法やCV法では単一のシャープレシオしか

得られない。

12.4.3　バックテスト設定の例

$k=1$の場合は、$\varphi[N,1]=1$通りの経路が得られ、この場合CPCVはCVと等価になる。よってCPCVはCVを$k>1$の場合に一般化したものと解釈できる。

$k=2$の場合は、$\varphi[N,2]=N-1$通りの経路が得られる。これは興味深いケースである。なぜなら$\theta=1-2/N$という大部分のデータでモデルを訓練しつつ、グループ数とほぼ同じ数$N-1$通りのバックテスト経路を生成することができるからである。よってφをターゲットとする経路数とする場合、データを$N=\varphi+1$個に分割し、$\binom{N}{N-2}$通りの組合せをつくる、というのが有効な経験則となる。極端な場合では、観測値ごとに1つのグループを割り当て（つまり$N=T$）、モデルを$\theta=1-2/T$のデータで訓練しつつ、$\varphi[T,2]=T-1$通りの経路を生成することができる。

経路の数がもっと必要ならば、さらにkを増やして$k \to N/2$とすればよいが、以前説明したように訓練に使えるデータの割合が少なくなるという代償がある。実践的には、$k=2$として$N=\varphi+1 \leq T$とすることによって十分な数の経路φを生成することができる。

12.5　CPCVはなぜバックテストオーバーフィット問題を解決するのか

IIDのランダム変数$x_i \sim Z$（ここでZは標準正規分布）、$i=1,\cdots,I$からサンプル値を1つ得るとする。このサンプル値の最大値の期待値は、

$$\mathrm{E}\left[\max\left\{x_i\right\}_{i=1,\cdots,I}\right] \approx (1-\gamma)Z^{-1}\left[1-\frac{1}{I}\right]+\gamma Z^{-1}\left[1-\frac{1}{I}e^{-1}\right] \leq \sqrt{2\log[I]}$$

となる。ここで$Z^{-1}[.]$はZの確率密度関数の逆関数、$\gamma \approx 0.5772156649\cdots$はオイラー・マスケローニ定数、$I \gg 1$である（証明はBailey et al.[2014]を参照のこと）。

あるアナリストがマルチンゲールに従う証券に対するI個の投資戦略を

バックテストすると仮定し、各戦略のシャープレシオを$\{y_i\}_{i=1,\cdots,I}$, $\mathrm{E}[y_i]=0$, $\sigma^2[y_i]>0$, $\frac{y_i}{\sigma[y_i]}\sim Z$とする。このとき、真のシャープレシオはゼロであるにもかかわらず、以下のようなシャープレシオをもつ戦略を見つけることが期待できる。

$$\mathrm{E}[\max\{y_i\}_{i=1,\cdots,I}]=\mathrm{E}[\max\{x_i\}_{i=1,\cdots,I}]\sigma[y_i]$$

WF バックテストは高バリアンス、つまり$\sigma[y_i]\gg 0$であるが、その1つの理由は多くの投資判断が小さい割合のデータに基づいて行われることである。少数の観測値がシャープレシオに対して大きなウェイトをもつのである。ウォームアップ期間を設けるとバックテスト期間は短くなり、バリアンスをさらに上昇させる可能性がある。WF の高バリアンスは偽の発見の原因となりうる。それはアナリストが、真のシャープレシオがゼロである場合であっても、最大の推定シャープレシオをもつ戦略を選択するからである。このため、WF バックテストにおいては試行回数（I）をコントロールすることが重要なのである。この情報なくして、ファミリーワイズエラー率(FWER：Family-Wise Error Rate)、偽の発見確率(FDR：False Discovery Rate)、バックテストオーバーフィッティング確率（PBO、第11章参照）などのモデル評価統計値を求めることはできない。

CV バックテスト（12.3節）は各モデルを大部分かつ同サイズのデータで訓練することにより、バリアンスに対処する。CV は WF よりも偽の発見をしにくい利点があるものの、両者ともに戦略iのシャープレシオy_iを単一の経路によって推定するため、その推定は非常に不安定である。これに対して、CPCV は多数の経路$j=1,\cdots,\varphi$からシャープレシオの分布を求める。この平均値が$\mathrm{E}[\{y_{i,j}\}_{j=1,\cdots,\varphi}]=\mu_i$、分散が$\sigma^2[\{y_{i,j}\}_{j=1,\cdots,\varphi}]=\sigma_i^2$であるとき、CPCV 経路の標本平均の分散は、

$$\sigma^2[\mu_i]=\varphi^{-2}\left(\varphi\sigma_i^2+\varphi(\varphi-1)\sigma_i^2\bar{\rho}_i\right)=\varphi^{-1}\sigma_i^2\left(1+(\varphi-1)\bar{\rho}_i\right)$$

となる。ここでσ_i^2は戦略iのシャープレシオの全経路における分散、$\bar{\rho}_i$は$\{y_{i,j}\}_{j=1,\cdots,\varphi}$の間の相関係数（非対角成分）の平均である。CPCV は WF と

CVよりも偽の発見をしにくいが、その理由は $\bar{\rho}_i < 1$ であることは標本平均の分散は標本の分散よりも低い、すなわち、

$$\varphi^{-1}\sigma_i^2 \leq \sigma^2\left[\mu_i\right] < \sigma_i^2$$

であることを意味するからである。経路間の相関が低くなればなるほど($\bar{\rho}_i \ll 1$)、CPCVの分散は低くなり、極限値ではCPCVは真のシャープレシオ $\mathrm{E}\left[y_i\right]$ を分散ゼロで表現する、つまり $\lim_{\varphi \to \infty} \sigma^2\left[\mu_i\right] = 0$ となる。$i=1, \cdots, I$ から選択された戦略は最も高い真のシャープレシオをもつ戦略であるため、選択バイアスは発生しない。

もちろん、φ には上限がある、つまり $\varphi \leq \varphi\left[T, \frac{T}{2}\right]$ であるため、分散ゼロは実現不可能である。それでも、経路数 φ が十分に大きい場合は、CPCVはバックテストの分散をとても小さくするため、偽の発見確率は無視できるほど小さくなる。

第11章で、バックテストのオーバーフィッティングは数理ファイナンスにおいて最も重要で未解決の問題であると主張した。CPCVがこの問題にどのように役立つかみてみよう。あるアナリストが論文誌に投資戦略を提出し、その戦略は公開されない多数の試行のなかから選択された、オーバーフィットしたWFバックテストによって裏付けられているとしよう。論文誌はそのアナリストに、N と k を指定してCPCVを実施するよう要求することができる。アナリストはバックテスト経路の数と特徴を事前に知りえないため、オーバーフィッティングは無駄となる。論文はリジェクトされるか取り下げられるだろう。うまくいけば、CPCVは学会誌における偽の発見の数を減らすのに役立つであろう。

練習問題

12.1　ある先物についてのモメンタム戦略を開発し、その予測がAR(1)過程に従うとしよう。バックテストをWF法で実施すると、シャープレシオは1.5となった。次に同じ時系列の逆順に対してバックテス

トを実施すると、シャープレシオは−1.5となった。この2番目の結果を無視することの数学的根拠はあるだろうか。

12.2 ある先物についての平均回帰戦略を開発している。WFバックテストではシャープレシオ1.5を達成した。ウォームアップ期間を伸ばすと、シャープレシオは0.7に低下した。あなたは、短いウォームアップ期間の戦略のほうがより現実的だと主張し、高いシャープレシオの結果だけを発表することにした。これは選択バイアスだろうか。

12.3 あなたの投資戦略はWFバックテストでシャープレシオ1.5を達成したが、CVバックテストでは0.7だった。あなたは、WFバックテストはヒストリカルに正確であるが、CVバックテストはシナリオシミュレーションあるいは推定プロセスにすぎないとして、高いシャープレシオの結果だけを発表することにした。これは選択バイアスだろうか。

12.4 あなたの戦略は投資期間にわたって10万回の予測をする。これに対し、1,000経路のCPCVを実施してシャープレシオの分布を求めたい。この目的を達成するためのパラメータ（N, K）の組合せは何か。

12.5 WFバックテストでシャープレシオ1.5を達成する投資戦略を発見した。あなたはその成果を解説する論文を学会誌に提出した。学会誌のエディターは、ある査読者が$N=100$、$k=2$のCPCVでバックテストを再実施することをリクエストしていると返答してきた。あなたはこの指示に従ったが、シャープレシオ−1、標準偏差0.5という結果になった。怒ったあなたは返答をせず、提出を取り下げて別の学会誌に論文を提出した。6カ月後、論文は受理された。あなたは良心の呵責に対し、もし発見が偽のものであればそれはCPCVをリクエストしなかった学会誌の責任であると考えた。そして「これは非倫理的ではない。なぜなら受理されているし、ほかの皆もそうしているからだ」と考えた。あなたの行動を正当化するための科学的ならびに倫理的な主張は何だろうか。

◆引用文献

Bailey, D. and M. López de Prado (2012): "The Sharpe ratio efficient frontier." *Journal of Risk*, Vol. 15, No. 2 (Winter). Available at https://ssrn.com/abstract=1821643.

Bailey, D. and M. López de Prado (2014): "The deflated Sharpe ratio: Correcting for selection bias, backtest overfitting and non-normality." *Journal of Portfolio Management*, Vol. 40, No. 5, pp. 94–107. Available at https://ssrn.com/abstract=2460551.

Bailey, D., J. Borwein, M. López de Prado, and J. Zhu (2014): "Pseudo-mathematics and financial charlatanism: The effects of backtest overfitting on out-of-sample performance." *Notices of the American Mathematical Society*, Vol. 61, No. 5, pp.458–471. Available at http://ssrn.com/abstract=2308659.

Bailey, D., J. Borwein, M. López de Prado, and J. Zhu (2017): "The probability of backtest overfitting." *Journal of Computational Finance*, Vol. 20, No. 4, pp. 39–70. Available at https://ssrn.com/abstract=2326253.

第13章

人工データのバックテスト

13.1 はじめに

本章では、過去に観測されたデータから統計的特性を推定して人工データセットを生成するバックテスト方法を研究する。この方法では観測されていない多数の人工的なテストデータセットでバックテストすることができるため、戦略が特定のデータセットに適合する可能性が低くなる[1]。これは非常に広範囲な話題である。今回はある程度の深さの議論を行うために、取引ルールのバックテストに焦点を絞る。

13.2 取引ルール

投資戦略は、市場の非効率性の存在を仮定するアルゴリズムとして定義できるだろう。GDPやインフレ指標などのマクロ経済変数を使用した計量経済モデルに基づいて適正価格を予測する戦略や、ファンダメンタル情報および会計情報を使用し有価証券の価格決定を行う戦略、デリバティブ商品の価格設定における裁定取引の機会を探る戦略など多様な戦略が考えられる。たとえば、金融仲介業者は新しい「ペーパー」を買うのに必要な現金を集めるため米国債入札の2日前にオフザランの保有債券を売却する傾向があるとす

1　本章への貢献についてPeter Carr教授（ニューヨーク大学）に感謝する。

ると、その事実を知った者は米国債入札の3日前にそれらの債券を売却することによって収益をあげることができる。しかしどうやってやればよいだろう。投資戦略には、「取引ルール」と呼ばれる実行のための方策が必要である。

ヘッジファンドには何十ものスタイルがあり、それぞれが何十もの独特な投資戦略で運用を行っている。投資戦略は本質的には非常に多様になりうるが、取引ルールは比較的一様である。取引ルールはポジションの出入りを規定するアルゴリズムを表現する。たとえば、投資戦略のシグナルが特定の値に達するとポジションをとる。ポジションを解消するための条件は、利益確定および損切りのための閾値を通じて定義されることが多い。これらの取引ルールは通常、ヒストリカルシミュレーションによって調整されたパラメータに依存している。これらのパラメータはインサンプルの特定の観測値を対象としているため、この方法では「バックテストにおけるオーバーフィッティング（過剰適合）」の問題に直面し、過去データにフィットすることにより未来の予測精度が低くなることがある。

ここでは、パフォーマンスを最大化するポジション解消の条件を検討の対象に使用する。言い換えれば、ポジションはすでに存在しているものとして、それをどう最適に解消するかについて検討する。これは執行トレーダーがしばしば直面するジレンマであり、証券投資における買いと売りの閾値を決定する問題と混同してはいけない。その疑問に関する研究については、たとえばBertram[2009]を参照のこと。

Bailey et al.[2014、2017]は、バックテストにおけるオーバーフィッティングの問題を議論し、シミュレートされたパフォーマンスがどの程度までオーバーフィッティングで過大評価される可能性があるか評価する方法を提唱した。バックテストにおけるオーバーフィッティングの可能性を評価することは、不適切な投資戦略を切り捨てるための有用なツールであるが、少なくとも取引ルールのパラメータを調整する状況においては、オーバーフィッティングのリスクそのものを回避したほうがよいだろう。理論的には、ヒストリカルシミュレーションからではなく、データを生成する確率過程から直接取引ルールに対する最適パラメータを導出することによってオーバーフィッティングのリスクを回避することができる。これが本章で取り上げるアプローチである。過去に得た全体のサンプルを使用して実測リターンを生成する確率過程を特徴づけることで、ヒストリカルシミュレーションを介さずに取引ルールの最適パラメータを導出する。

13.3 問題設定

ある投資戦略 S は機会 $i=1, \cdots I$ で投資行動をとると仮定する。各投資機会 i において S は証券 X の m_i 単位のポジションをとる。ここで、$m_i \in (-\infty, \infty)$ とする。この投資機会にエントリーした取引は値 $m_i P_{i,0}$ で価格づけられる。ここで $P_{i,0}$ は、m_i 単位の証券が取引されたときの単位当りの平均価格である。他の市場参加者が証券 X を取引すると、t 回の取引後の投資機会 i の価値を $m_i P_{i,t}$ として時価評価（MtM：Mark-to-Market）することができる。これは t 回の取引後に市場価格で清算された場合の投資機会 i の価値を表す。それにより、投資機会 i における t 回の取引後の MtM での損益を $\pi_{i,t}=m_i(P_{i,t}-P_{i,0})$ として計算できる。

ある標準的な取引ルールにより、$t=T_i$ 時点における投資機会 i のポジション解消ロジックを定める。このルールは以下の2つの条件の1つが確認されるとすぐに執行される。：

・$\pi_{i,T_i} \geq \bar{\pi}$ が成立するとき。ここで $\bar{\pi}>0$ は利益確定の閾値とする。

・$\pi_{i,T_i} \leq \underline{\pi}$ が成立するとき。ここで $\underline{\pi}<0$ は損切りの閾値とする。

これらの閾値は、第3章でのメタラベリングの議論で扱った水平バリアと同等の意味をもつ。$\underline{\pi}<\bar{\pi}$ のため、これらのポジション解消条件は投資機会 i においてはどちらか一方のみが適用される。投資機会 i のポジションが T_i 時点で解消されるとすると、最終的な損益は π_{i,T_i} となる。各投資機会の開始時における目標は期待損益 $\mathrm{E}_0\left[\pi_{i,T_i}\right]=m_i\left(\mathrm{E}_0\left[P_{i,T_i}\right]-P_{i,0}\right)$ を評価することである。ここで $\mathrm{E}_0\left[P_{i,T_i}\right]$ は予測価格であり、$P_{i,0}$ は投資機会 i の開始時における価格である。

●**定義1　取引ルール**：戦略 S の取引ルールはパラメータ集合 $R:=\left\{\underline{\pi}, \bar{\pi}\right\}$ により定義する。

取引ルールを（総当たりで）調整する1つの方法は、次のとおりである。

① Rのとりうる値の集合$\Omega := \{R\}$を定義する。

② $R \in \Omega$の条件下でSのパフォーマンスをヒストリカルシミュレーション（バックテスト）により測定する。

③ 最適なR^*を選択する。

これらをより正式に表現すると：

$$R^* = \arg\max_{R \in \Omega} \{SR_R\}$$
$$SR_R = \frac{\mathrm{E}[\pi_{i,T_i} | R]}{\sigma[\pi_{i,T_i} | R]} \tag{13.1}$$

ここでE[.]およびσ[.]はそれぞれ、取引ルールRの条件下における、投資機会$i = 1, \cdots I$におけるπ_{i,T_i}の期待値と標準偏差である。言い換えれば、式（13.1）は代替取引ルールRの空間上でI個の投資機会に対する戦略Sのシャープレシオを最大化している（シャープレシオの定義と分析についてはBailey and López de Prado[2012]を参照）。サイズIのサンプルに対してSR_Rを最大化するのに2つの変数を使用しているため、Rのオーバーフィッティングは容易に発生しうる。ペア（$\underline{\pi}$, $\overline{\pi}$）が数少ない異常値を対象にした場合、オーバーフィッティングは容易に発生する。Bailey et al.[2017]は、バックテストにおけるオーバーフィッティングを厳密に定義しており、それを以下のように取引ルールの研究に適用する。

●**定義2　オーバーフィットした取引ルール**：R^*が$\mathrm{E}\left[\frac{E[\pi_{j,T_j} | R^*]}{\sigma[\pi_{j,T_j} | R^*]}\right] < \mathrm{Me}_\Omega\left[\mathrm{E}\left[\frac{E[\pi_{j,T_j} | R]}{\sigma[\pi_{j,T_j} | R]}\right]\right]$を満たすとき、オーバーフィットしているという。ここで$j = I+1, \cdots J$でありMe_Ω[.]は中央値である。

直観的な表現をすると、インサンプル（IS, $i \in [1, I]$）での最適取引ルールR^*がアウトオブサンプル（OOS, $j \in [I+1, J]$）において代替取引ルール$R \in \Omega$の中央値を下回るとき、オーバーフィッティングが発生している。これは、PBO（バックテストオーバーフィッティング確率）を導出するために第11章で用いた定義と本質的に同等である。Bailey et al.[2014]によると、特定のインサンプルでの観測値を対象とする自由変数（項）がある場合、またはΩの要素数が多い場合は、バックテストにおけるオーバーフィッティングを防ぐことは困難である。取引ルールはこのような自由変数を導入するが、それはR^*はSとは無関係に決定できるためである。結果として、インサンプルでのバックテスト上でランダムノイズからの生じた利益がR^*をアウトオブサンプルでの投資機会に不適合なものとする。またこの著者らは、$\Delta\pi_{i,t}$に系列依存性があるときオーバーフィッティングがアウトオブサンプルで負のパフォーマンスにつながることを示した。PBOはバックテストがどの程度のオーバーフィッティングを起こしているか評価するのに有用であるが、そもそもこの問題を回避できたほうが都合がよい[2]。こうした目的のために以下の節の解説を行う。

13.4 フレームワーク

これまでの内容では、観測値$\pi_{i,t}$を生成する確率過程については定義していない。ここでの関心事は、$\pi_{i,t}$が系列相関を示す場合のように、オーバーフィッティングの悪影響が最も大きくなるようなシナリオにおける最適な取引ルール（OTR：optimal trading rule）を見つけることである。具体的に議論するために、価格に対して以下のような離散Ornstein-Uhlenbeck（O-U）過程を考える。

$$P_{i,t} = (1-\varphi)\mathrm{E}_0\left[P_{i,T_i}\right] + \varphi P_{i,t-1} + \sigma\varepsilon_{i,t} \tag{13.2}$$

ここでランダムショックは$\varepsilon_{i,t} \sim N(0,1)$の正規分布からIID（独立同分布）に発生するものとする。この過程の初期値は$P_{i,0}$、投資機会iにおける期待水準は$\mathrm{E}_0\left[P_{i,T_i}\right]$であり、$\varphi$は$P_{i,0}$が$\mathrm{E}_0\left[P_{i,T_i}\right]$に収束する速度を決定する。

2　ここで投資戦略は依然としてバックテストにおけるオーバーフィッティングの結果である可能性があるが、少なくとも取引ルールはオーバーフィッティングの問題の要因とならない。

$\pi_{i,t} = m_i(P_{i,t} - P_{i,0})$であるので、投資機会$i$の損益は式（13.2）を用いて以下の過程によって求められる。

$$\frac{1}{m_i}\pi_{i,t} = (1 - \varphi)\mathrm{E}_0[P_{i,T_i}] - P_{i,0} + \varphi P_{i,t-1} + \sigma\varepsilon_{i,t} \qquad (13.3)$$

Bailey and López de Prado[2013]の命題4の証明から、式（13.2）で表された過程の分布は以下のパラメータをもつガウス分布となることが示せる。

$$\pi_{i,t} \sim N\left[m_i\left((1 - \varphi)\mathrm{E}_0[P_{i,T_i}]\sum_{j=0}^{t-1}\varphi^j - P_{i,0}\right), m_i^2\sigma^2\sum_{j=0}^{t-1}\varphi^{2j}\right] \qquad (13.4)$$

そして過程が定常性をもつための必要十分条件は$\varphi \in (-1, 1)$である。入力パラメータとして$\{\sigma, \varphi\}$、投資機会iの初期条件として$\{P_{i,0}, \mathrm{E}_0[P_{i,T_i}]\}$が与えられたとき、OTRとなるような$R^* := (\underline{\pi}, \bar{\pi})$は存在するだろうか。同様に、戦略$S$が利益目標（閾値）$\bar{\pi}$を予測したとき、最適な損切り閾値$\underline{\pi}$は与えられた入力値$\{\sigma, \varphi\}$のもとで計算可能だろうか。これらの問いに対する答えが肯定的であるなら、R^*の決定にはバックテストを必要としない。したがって取引ルールのオーバーフィッティングの問題を回避することができる。次節ではこれらの問いに実験的に解を与える方法を示す。

13.5 最適取引ルール（OTR）の数値決定

前節では、O-U過程を使用して、戦略Sのリターンを生成する確率過程を定義した。本節では、一般的な定式化、ならびに特にO-U過程について、OTRを数値的に導出する手順を示す。

13.5.1 アルゴリズム

OTRを導出するアルゴリズムは5つの連続したステップからなる。

- **ステップ1**：式（13.2）を以下のように線形化することにより入力パラメータ$\{\sigma, \varphi\}$を推定する。

$$P_{i,t} = \mathrm{E}_0[P_{i,T_i}] + \varphi\left(P_{i,t-1} - \mathrm{E}_0[P_{i,T_i}]\right) + \xi_t \qquad (13.5)$$

次に、投資機会を順に並べてベクトルXとYを作成する。

$$X=\begin{bmatrix} P_{0,0}-\mathrm{E}_0\left[P_{0,T_0}\right] \\ P_{0,1}-\mathrm{E}_0\left[P_{0,T_0}\right] \\ \cdots \\ P_{0,T-1}-\mathrm{E}_0\left[P_{0,T_0}\right] \\ \cdots \\ P_{I,0}-\mathrm{E}_0\left[P_{I,T_I}\right] \\ \cdots \\ P_{I,T-1}-\mathrm{E}_0\left[P_{I,T_I}\right] \end{bmatrix};\ Y=\begin{bmatrix} P_{0,1} \\ P_{0,2} \\ \cdots \\ P_{0,T} \\ \cdots \\ P_{I,1} \\ \cdots \\ P_{I,T} \end{bmatrix};\ Z=\begin{bmatrix} \mathrm{E}_0\left[P_{0,T_0}\right] \\ \mathrm{E}_0\left[P_{0,T_0}\right] \\ \cdots \\ \mathrm{E}_0\left[P_{0,T_0}\right] \\ \cdots \\ \mathrm{E}_0\left[P_{I,T_I}\right] \\ \cdots \\ \mathrm{E}_0\left[P_{I,T_I}\right] \end{bmatrix} \quad (13.6)$$

式（13.5）にOLS（最小二乗法）を適用し、元となるO-Uパラメータを次のように推定する。

$$\begin{aligned} \hat{\varphi} &= \frac{\mathrm{cov}[Y,X]}{\mathrm{cov}[X,X]} \\ \hat{\xi}_t &= Y-Z-\hat{\varphi}X \\ \hat{\sigma} &= \sqrt{\mathrm{cov}\left[\hat{\xi}_t,\hat{\xi}_t\right]} \end{aligned} \quad (13.7)$$

ここで、$\mathrm{cov}[\cdot,\cdot]$は共分散演算子である。

- **ステップ2**：損切り閾値と利益確定閾値のペア（$\underline{\pi}$，$\overline{\pi}$）のメッシュを構築する。たとえば、$\underline{\pi}=\left\{-\frac{1}{2}\sigma,\ -\sigma,\ \cdots,\ -10\sigma\right\}$と$\overline{\pi}=\left\{\frac{1}{2}\sigma,\ \sigma,\ \cdots,\ 10\sigma\right\}$のデカルト積により20×20個のノードが得られ、それぞれが代替取引ルール$R\in\Omega$を構成する。
- **ステップ3**：推定した$\{\hat{\sigma},\ \hat{\varphi}\}$を適用した$\pi_{i,t}$に対して大量のパス（たとえば、10万本のパス）を生成する。過程の初期値として、投資機会iで観測された初期条件$\{P_{i,0},\ \mathrm{E}_0[P_{i,T_i}]\}$を代入する。ポジションを無限の期間保持することはできないため、$\underline{\pi}\leq\pi_{i,100}\leq\overline{\pi}$の状態でもポジションが解消されるような最大保有期間（たとえば観測値100個）を設ける。この最大保有期間は、トリプルバリア方式の垂直バリア（第3章）と同等である[3]。
- **ステップ4**：ステップ2で生成された（$\underline{\pi}$，$\overline{\pi}$）の20×20メッシュの各ノードに、ステップ3で生成された10万本のパスを適用する。各ノードに対して、損切りと利益確定のロジックを適用し、10万個のπ_{i,T_i}の値を得る。同様に各ノードについて、その取引ルールのシャープレシオを式(13.1)のとおりに計算する。シャープレシオ推定量の信頼区間については、Bailey and López de Prado[2012]を参照のこと。この結果は3つの異なる方法で使用する（ステップ5a、ステップ5b、およびステップ5c)。

- **ステップ5a**：入力パラメータ$\{\hat{\sigma}, \hat{\varphi}\}$と観測された初期条件$\{P_{i,0}, E_0[P_{i,T_i}]\}$に対する最適な取引ルールのペア（$\underline{\pi}$, $\overline{\pi}$）を20×20メッシュのなかから決定する。
- **ステップ5b**：戦略Sが特定の投資機会iに対して利益目標$\overline{\pi}_i$を規定するとき、その情報とステップ4の結果をあわせて最適な損切り閾値$\underline{\pi}_i$を決定できる。
- **ステップ5c**：トレーダーがファンドの経営陣によって投資機会iに対して最大損切り閾値$\underline{\pi}_i$を課せられている場合はその情報とステップ4の結果をあわせて、損切り閾値の範囲$[0, \underline{\pi}_i]$のなかで最適な利益確定閾値$\overline{\pi}_i$を決定できる。

Bailey and López de Prado[2013]は$\varphi \in (0, 1)$の条件下で、(13.2)式で表される過程の半減期が$\tau = -\frac{\log[2]}{\log[\varphi]}$であることを証明した。その結果から、特定の半減期$\tau$についての$\varphi$の値を$\varphi = 2^{-1/\tau}$として決定することができる。

13.5.2 実装

スニペット13.1はこの章で解説した実験をPythonで実装したものである。関数`main`は式(13.5)で定義される確率過程のパラメータ$(E_0[P_{i,T_i}], \tau)$のデカルト積を生成する。一般性を失うことなく、すべてのシミュレーションで$\sigma = 1$を使用した。次に各ペア$(E_0[P_{i,T_i}], \tau)$に対して、関数`batch`はそれらのさまざまな取引ルールにおけるシャープレシオを計算する。

3　取引ルールRは、水平方向のバリアではなく、3つのバリアの関数として特徴づけることができる。その変更は本節の手順に影響しない。メッシュにもう1次元追加するだけである（20×20×20)。本章では手順の視覚化が直観的にわかりにくくなるため、この設定は考慮しない。

スニペット 13.1 最適取引ルールの決定のためのPythonコード

```
import numpy as np
from random import gauss
from itertools import product
#———————————————————————————————————————
def main():
  rPT=rSLm=np.linspace(0,10,21)
  count=0
  for prod_ in product([10,5,0,-5,-10],[5,10,25,50,100]):
    count+=1
    coeffs={'forecast':prod_[0],'hl':prod_[1],'sigma':1}
    output=batch(coeffs,nIter=1e5,maxHP=100,rPT=rPT,rSLm=rS
    Lm)
  return output
```

スニペット13.2は、一対のパラメータ $\left(\mathrm{E}_0\left[P_{i,T_i}\right],\ \tau\right)$ を所与として、20×20メッシュの各取引ルール（$\underline{\pi}$, $\overline{\pi}$）それぞれに対応するシャープレシオを計算する。最大保有期間は100に設定されている（maxHP=100）ため、垂直バリアがある。式（13.5）において収束を引き起こすのは距離 $\left(P_{i,t-1}-\mathrm{E}_0\left[P_{i,T_i}\right]\right)$ であって、特定の絶対価格レベルではないため、ここでは $P_{i,0}=0$ に固定する。3つのバリアのうち最初のバリアに触れると、ポジション解消価格を記録し、次のループが開始される。すべてのループが完了すると（10^5回）、その（$\underline{\pi}$, $\overline{\pi}$）ペアのシャープレシオを計算し、次の（$\underline{\pi}$, $\overline{\pi}$）ペアに対する処理に移る。取引ルールのすべてのペアが処理されると結果がmain関数に渡される。このアルゴリズムは第3章のトリプルバリア法の場合と同様に並列化できる。その作業は練習問題とする。

スニペット 13.2 最適取引ルールの決定のためのPythonコード

```
def batch(coeffs,nIter=1e5,maxHP=100,rPT=np.linspace
(.5,10,20),
  rSLm=np.linspace(.5,10,20),seed=0):
  phi,output1=2**(-1./coeffs['hl']),[]
```

```
  for comb_ in product(rPT,rSLm):
    output2=[]
    for iter_ in range(int(nIter)):
      p,hp,count=seed,0,0
      while True:
        p=(1-phi)*coeffs['forecast']+phi*p+coeffs['sigma']
        *gauss(0,1)
        cP=p-seed;hp+=1
        if cP>comb_[0] or cP<-comb_[1] or hp>maxHP:
          output2.append(cP)
          break
  mean,std=np.mean(output2),np.std(output2)
  print comb_[0],comb_[1],mean,std,mean/std
  output1.append((comb_[0],comb_[1],mean,std,mean/std))
return output1
```

13.6 実験結果

表13－1に、この実験で分析された組合せを示す。これらのパラメータ以外の値を入力すると異なる数値結果が得られるが、最も一般的なケースをこれらの適用した組合せによって分析できる。列「予測」は$E_0[P_{i,T_i}]$を、列「半減期」はτを、列「シグマ」はσを、列「maxHP」は最大保有期間を表す。

続く一連の図では、利益確定条件と損切り条件のさまざまな組合せから計算される年率換算していないシャープレシオをプロットした。簡略化のために、y軸（損切り）の負の符号は省略した。シャープレシオはグレースケールのヒートマップで表示し、明るいほどパフォーマンスが高いことを示し、暗いほどパフォーマンスが低いことを示す。m_iの値は単にパフォーマンスのスケールに影響しシャープレシオには影響しないため、パフォーマンス（π_{i,T_i}）は１単位（$m_i=1$）を保有しているとして計算した。取引コストは簡単に追加できるが、関数の対称性を理解するという教育的な目的のために

表13－1　シミュレーションで使用された入力パラメータの組合せ

図番号	予測	半減期	シグマ	maxHP
13.1	0	5	1	100
13.2	0	10	1	100
13.3	0	25	1	100
13.4	0	50	1	100
13.5	0	100	1	100
13.6	5	5	1	100
13.7	5	10	1	100
13.8	5	25	1	100
13.9	5	50	1	100
13.10	5	100	1	100
13.11	10	5	1	100
13.12	10	10	1	100
13.13	10	25	1	100
13.14	10	50	1	100
13.15	10	100	1	100
13.16	−5	5	1	100
13.17	−5	10	1	100
13.18	−5	25	1	100
13.19	−5	50	1	100
13.20	−5	100	1	100
13.21	−10	5	1	100
13.22	−10	10	1	100
13.23	−10	25	1	100
13.24	−10	50	1	100
13.25	−10	100	1	100

省略して結果をプロットした。

13.6.1　長期均衡期待リターンがゼロの場合

長期均衡がゼロである場合は、価格の現在の水準からの乖離は時間の経過とともに解消するという仮定のもとで流動性を提供するマーケットメーカーのビジネスと整合的である。τが小さいほど、自己回帰係数（$\varphi = 2^{-1/\tau}$）は小さくなる。期待利益が0で自己回帰係数が小さい場合は、ほとんどのペア（$\underline{\pi}_i$, $\overline{\pi}_i$）のパフォーマンスがゼロとなる。

図13－1は、パラメータの組合せ$\{E_0[P_{i,T_i}], \tau, \sigma\} = \{0, 5, 1\}$のヒートマップを示している。半減期が非常に小さいため、小さな利益確定閾値と大きな損切り閾値をもつ狭い範囲の組合せでパフォーマンスが最大化される。言い換えると、ここでの最適な取引ルールは、小さな利益が実現するまでに何度か5倍または7倍の未実現損失を経験することになったとしても十分に長い期間ポジションを保持することである。シャープレシオは高く約3.2に達する。これは実際に多くのマーケットメーカーが行っていることであり、Easley et al.［2011］に記載されている「非対称ペイオフのジレンマ」と整合的である。ここでの最悪の取引ルールは、小さな損切り閾値と大きな利益確定閾値を組み合わせること、つまりマーケットメーカーが実際には避けている状況である。利益確定レベルと損切りレベルが対照的であることを意味するメッシュの対角線上においては、パフォーマンスは中立に近くなる。トリプルバリア法を使用して観測値にラベルをつけるときは、この結果に留意する必要がある（第3章）。

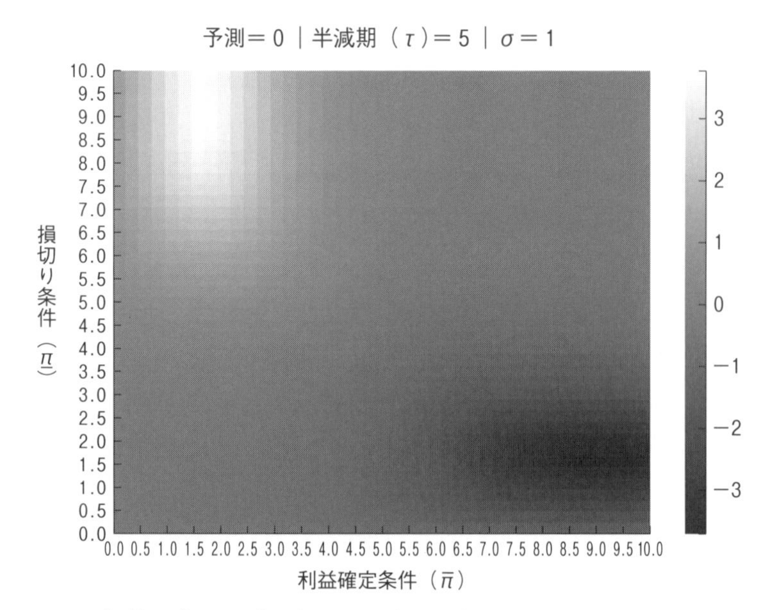

図13－1　$\{E_0[P_{i,T_i}], \tau, \sigma\} = \{0, 5, 1\}$のヒートマップ

図13－2をみると、τを5から10に増やした場合には最高と最低のパフォーマンスの領域は（$\underline{\pi}$，$\overline{\pi}$）ペアのメッシュのより広い範囲に広がり、シャープレシオは減少することがわかる。これは、半減期が長くなるにつれて自己回帰係数の値も大きくなり（$\varphi=2^{-1/\tau}$であったことを思い出そう）、過程がランダムウォークに近づくためである。

図13－3は$\tau=25$の結果である。さらにシャープレシオは下がり、最高と最低のパフォーマンスの領域は広がっている。図13－4（$\tau=50$）と図13－5（$\tau=100$）ではさらにそれらの変化が進行している。最終的に$\varphi\to1$とすると、パフォーマンスが最大となる領域が識別不可能になる。

ランダムウォークに適合するような取引ルールの調整をヒストリカルシミュレーションによって行うと、たまたまそのデータに対してシャープレシオを最大化する利益確定と損切りの組合せが1つ選択されるため、バックテストにおけるオーバーフィッティングにつながる。これが合成データのバックテストが非常に重要な理由であり、まぐれの（あるランダムなパスに適合する）戦略の選択を回避できる。本章で解説した手順は、そのようなランダ

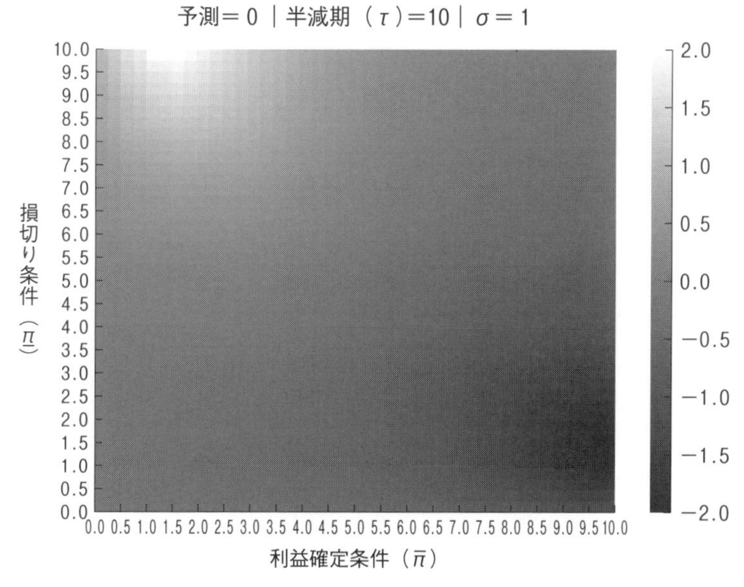

図13－2　$\{E_0[P_{i,T_i}],\tau,\sigma\}=\{0,10,1\}$のヒートマップ

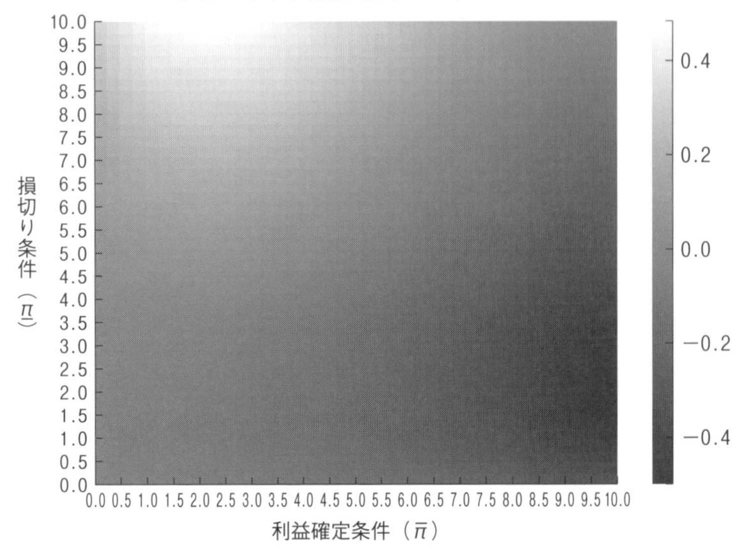

図13－3　$\{E_0[P_{i,T_i}], \tau, \sigma\}=\{0, 25, 1\}$のヒートマップ

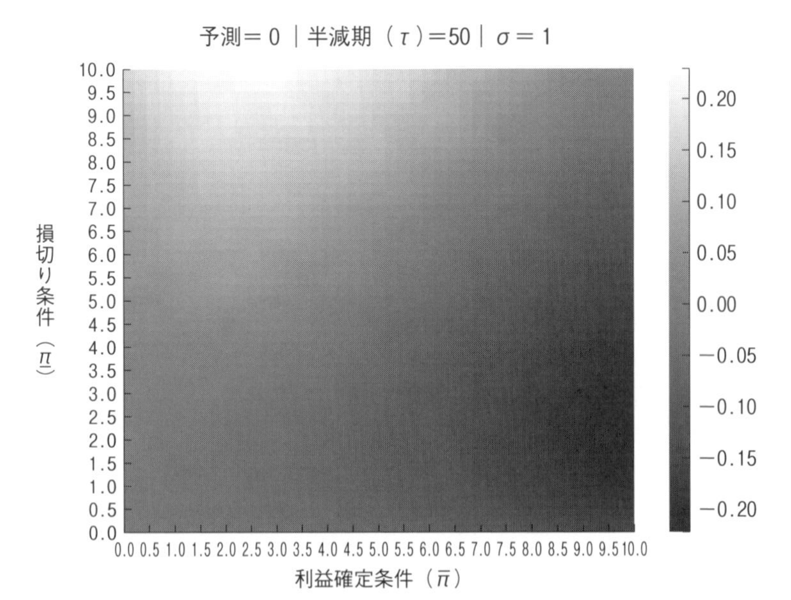

図13－4　$\{E_0[P_{i,T_i}], \tau, \sigma\}=\{0, 50, 1\}$のヒートマップ

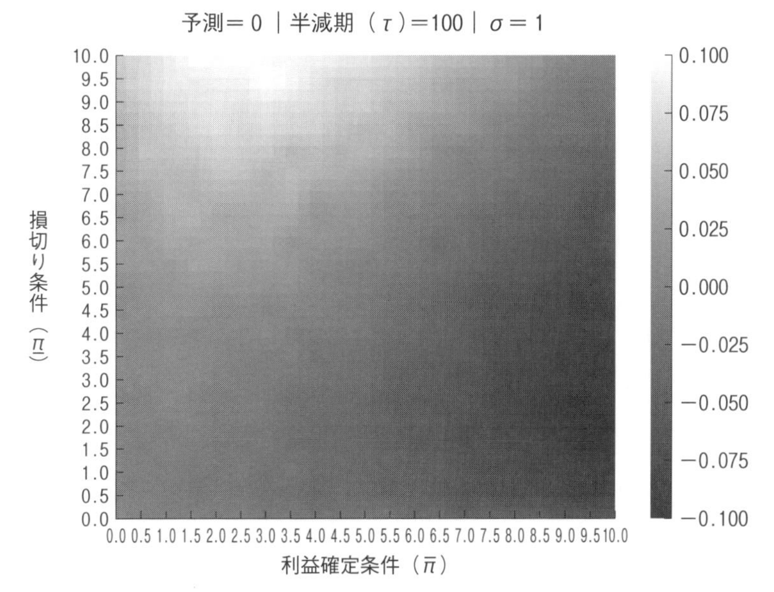

図13－5　$\left\{E_0\left[P_{i,T_i}\right], \tau, \sigma\right\}=\left\{0, 100, 1\right\}$のヒートマップ

ムに抽出したパスはパフォーマンスが一貫したパターンを示さないということを認識することによってオーバーフィッティングを防ぎ、最適な取引ルールが存在しないことを示している。

13.6.2　長期均衡期待リターンが正の場合

長期均衡が正のケースは、ヘッジファンドや資産運用会社などの市場参加者のビジネスと整合的である。図13－6は、パラメータの組合せ$\left\{E_0\left[P_{i,T_i}\right], \tau, \sigma\right\}=\left\{5, 5, 1\right\}$の結果を示している。ポジションは収益をあげる傾向があるため、最適な利益確定閾値の中央は約6と前節よりも高い値であり、損切り閾値は4から10の領域である。最適な取引ルールの領域は、広い損切り範囲と狭い利益確定範囲を組み合わせた結果として、特徴的な長方形の形状となる。パフォーマンスはすべての実験のなかで最高で、シャープレシオは約12である。

図13－7では、半減期を$\tau=5$から$\tau=10$と長くした。この状況では5を中心とした利益確定閾値の領域で最適なパフォーマンスが達成される。損切

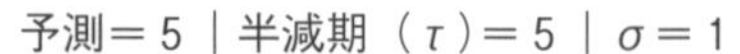

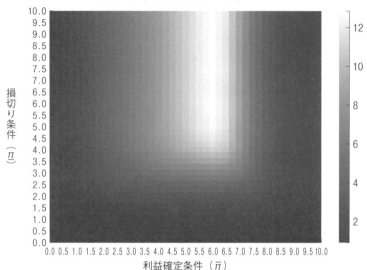

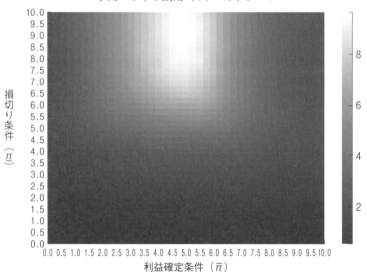

図13－6　$\{E_0[P_{i,T_i}], \tau, \sigma\}=\{5, 5, 1\}$のヒートマップ

図13－7　$\{E_0[P_{i,T_i}], \tau, \sigma\}=\{5, 10, 1\}$のヒートマップ

り閾値は7から10の範囲である。最適な利益確定閾値の範囲は広くなるが、最適な損切り閾値の範囲は狭くなり、長方形の領域は正方形に近くなる。繰り返しになるが、半減期が大きいほど、過程はランダムウォークに近づく。それによりパフォーマンスは以前よりも相対的に低くなり、シャープレシオは約9となる。

図13－8では、$\tau=25$とした。最適な利益確定閾値は3を中心とし、最適な損切り閾値は9から10の範囲である。以前の最適パフォーマンス領域は正方形状であったが、ここでは大きな損切り閾値と小さな利益確定閾値をもつ半円状の領域となっている。ここでも繰り返しになるが、パフォーマンスの低下がみられシャープレシオは2.7である。

図13－9では、半減期を$\tau=50$とした。その結果最適なパフォーマンスの領域は広がるが、シャープレシオは0.8までさらに低下した。これは、長期均衡がゼロの場合（13.6.1節）で観察されたのと同じ効果であるが、$E_0[P_{i,T_i}]>0$であるため対照的な位置にあったパフォーマンスが最悪の領域はここではみられない。

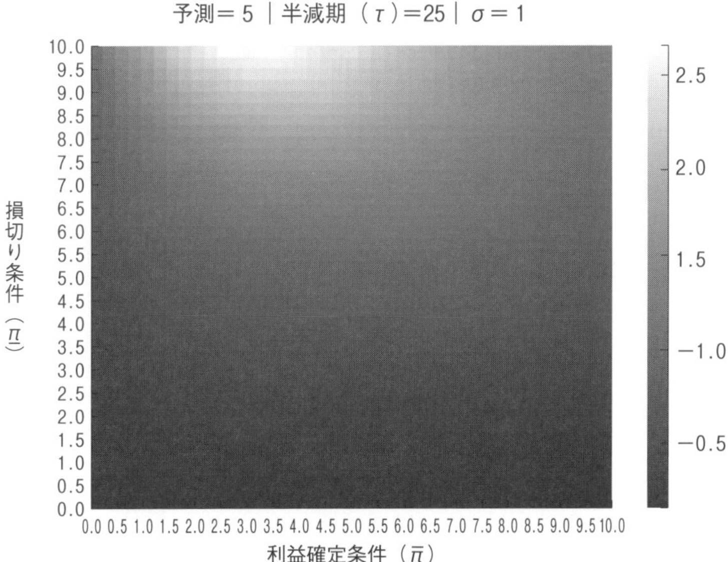

図13－8　$\{E_0[P_{i,T_i}], \tau, \sigma\}=\{5, 25, 1\}$のヒートマップ

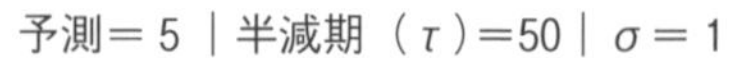

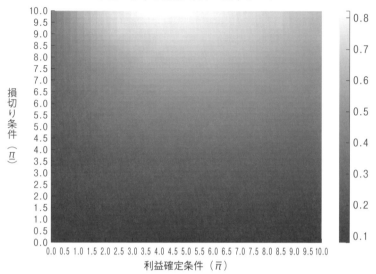

図13－9　$\left\{E_0\left[P_{i,T_i}\right], \tau, \sigma\right\}=\left\{5, 50, 1\right\}$のヒートマップ

図13－10では、$\tau=100$の場合これまでの傾向に従った自然な帰結が得られることが理解できる。この過程はランダムウォークに非常に近いため最大のシャープレシオはわずか0.32である。

図13－11から図13－15まででも同様のパターンが観察できる。ここで、$E_0\left[P_{i,T_i}\right]=10$、$\tau$はそれぞれ5から10、25、50、100へと次第に増加している。

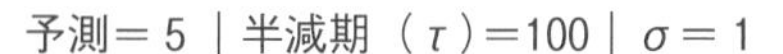

図13−10　$\{E_0[P_{i,T_i}], \tau, \sigma\}=\{5, 100, 1\}$のヒートマップ

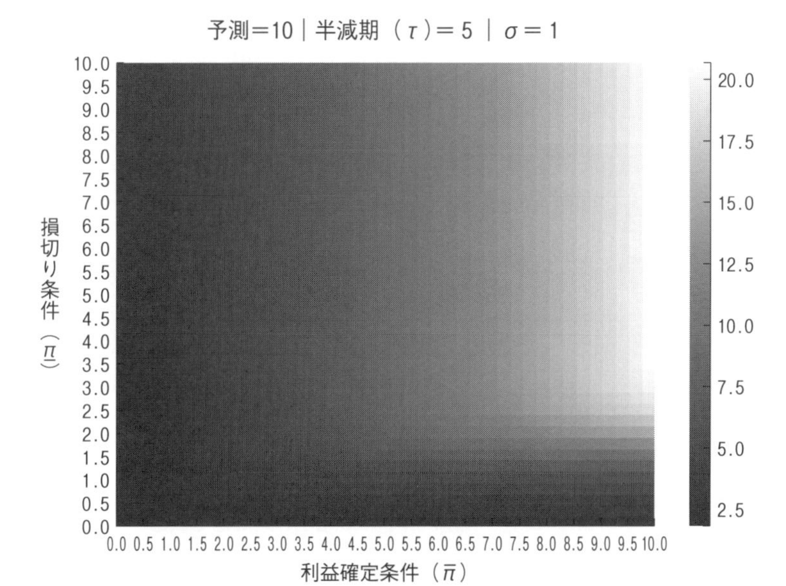

図13−11　$\{E_0[P_{i,T_i}], \tau, \sigma\}=\{10, 5, 1\}$のヒートマップ

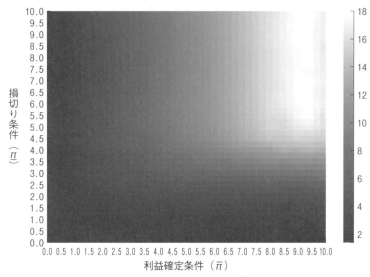

図13−12　$\{E_0[P_{i,T_i}],\ \tau,\ \sigma\}=\{10,\ 10,\ 1\}$のヒートマップ

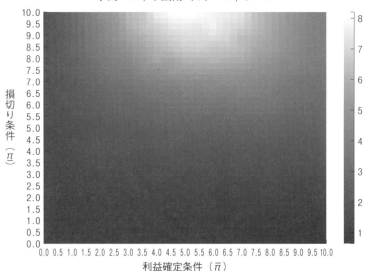

図13−13　$\{E_0[P_{i,T_i}],\ \tau,\ \sigma\}=\{10,\ 25,\ 1\}$のヒートマップ

図13－14　$\left\{E_0\left[P_{i,T_i}\right], \tau, \sigma\right\} = \left\{10, 50, 1\right\}$のヒートマップ

図13－15　$\left\{E_0\left[P_{i,T_i}\right], \tau, \sigma\right\} = \left\{10, 100, 1\right\}$のヒートマップ

13.6.3 長期均衡期待リターンが負の場合

合理的な市場参加者は、期待損益が負である状況で投資行動を開始することはない。しかし既存のポジションについて期待損益が負となったことをトレーダーが認識した場合、その損失を最小限に抑えてポジションを解消する戦略は依然として必要である。

図13－16は$\{E_0[P_{i,T_i}], \tau, \sigma\} = \{-5, 5, 1\}$のパラメータを適用した結果である。図13－16と図13－6を比較すると、一方が他方を陰陽を反転し、さらに回転させたものであるかのようにみえる。つまり、図13－6は図13－16の回転した写真ネガに似ている。これは、図13－6の利益が図13－16の損失に換算され、図13－6の損失が図13－16の利益に換算されるためである。ギャンブラーの損失がカジノの利益であるように、一方の状況は他方の状況の反転となる。

予想どおり、シャープレシオはマイナスで、パフォーマンスが最も悪い領域は損切り閾値6を中心とし、利益確定の閾値は4から10の範囲である。この長方形は、ここでは最高のパフォーマンスの領域ではなく最低のパフォーマンスの領域に対応しており、そのシャープレシオは約－12である。

図13－17では$\tau = 10$であり、今度は過程がランダムウォークに近づくことが戦略上有利に働く。パフォーマンスが最悪の領域は広がり、長方形の領域が正方形に近づく。パフォーマンスの損失は小さくなりシャープレシオは約－9となる。

同様にτが25、50、および100に上がるにつれて、図13－18、図13－19、および図13－20でこれまでみてきたような変化を見て取ることができる。繰り返しになるが、過程がランダムウォークに近づくにつれてパフォーマンスは損益なしに近づき、取引ルールを最適化しようとする試みはバックテストオーバーフィッティングを引き起こすようになる。

図13－21から図13－25は、$E_0[P_{i,T_i}] = -10$としてτを5から10、25、50、100に徐々に増加させて同じプロセスを繰り返したものである。これまでと同様に、長期均衡が正である場合を回転・反転した結果が得られる。

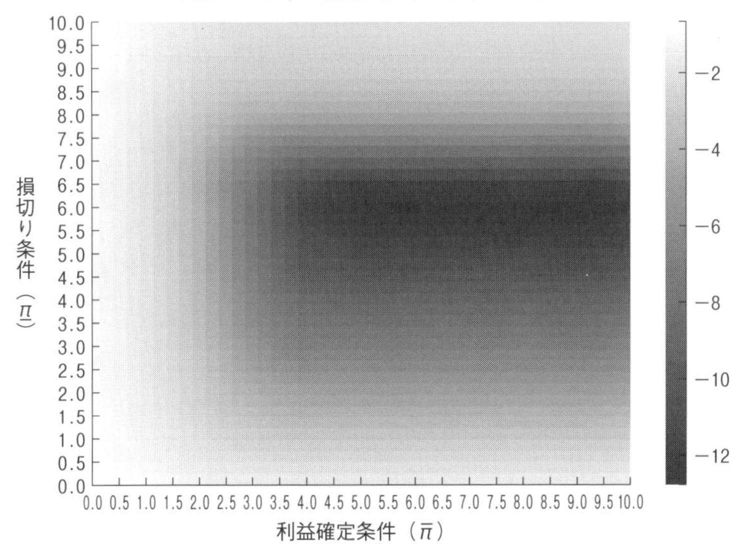

図13−16　$\{E_0[P_{i,T_i}], \tau, \sigma\}=\{-5, 5, 1\}$のヒートマップ

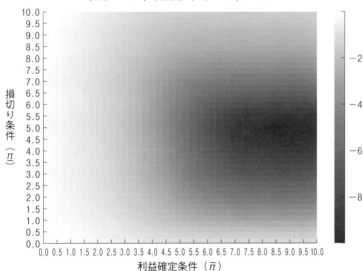

図13−17　$\{E_0[P_{i,T_i}], \tau, \sigma\}=\{-5, 10, 1\}$のヒートマップ

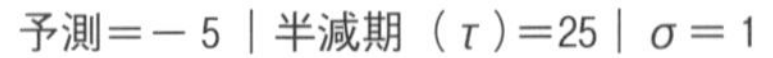

図13−18　$\left\{E_0\left[P_{i,T_i}\right], \tau, \sigma\right\}=\left\{-5, 25, 1\right\}$のヒートマップ

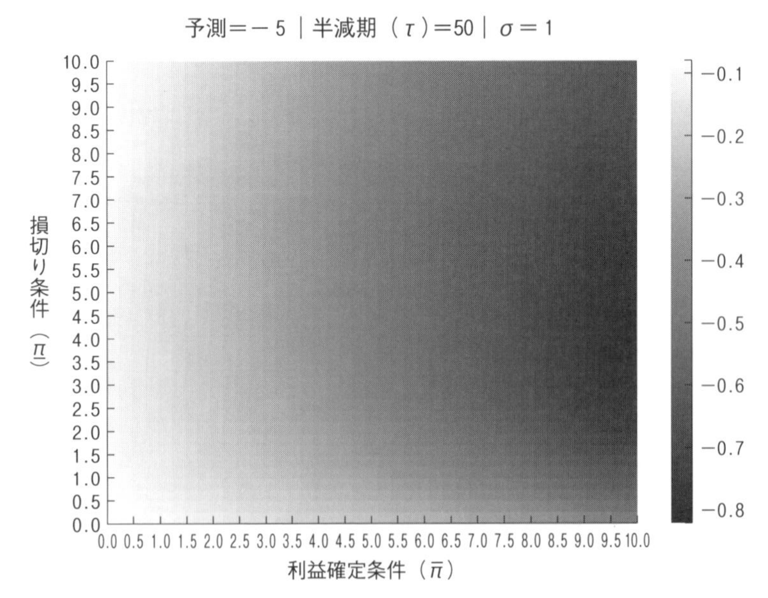

図13−19　$\left\{E_0\left[P_{i,T_i}\right], \tau, \sigma\right\}=\left\{-5, 50, 1\right\}$のヒートマップ

図13−20　$\left\{E_0\left[P_{i,T_i}\right], \tau, \sigma\right\}=\left\{-5, 100, 1\right\}$のヒートマップ

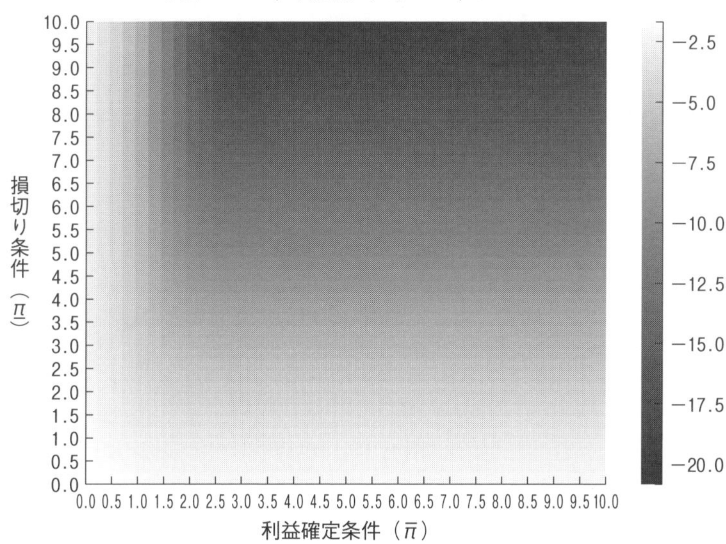

図13−21　$\left\{E_0\left[P_{i,T_i}\right], \tau, \sigma\right\}=\left\{-10, 5, 1\right\}$のヒートマップ

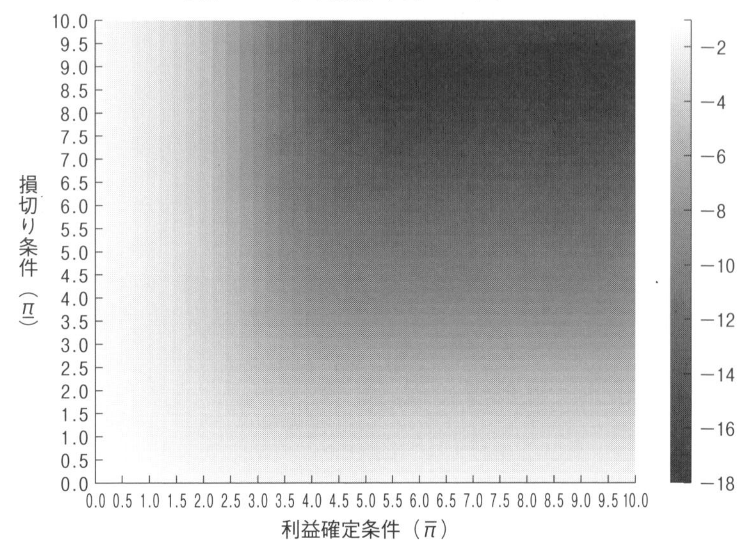

図13－22　$\{E_0[P_{i,T_i}], \tau, \sigma\}=\{-10, 10, 1\}$のヒートマップ

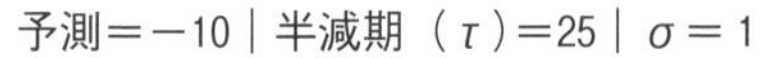

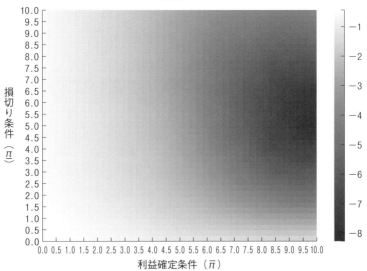

図13－23　$\{E_0[P_{i,T_i}], \tau, \sigma\}=\{-10, 25, 1\}$のヒートマップ

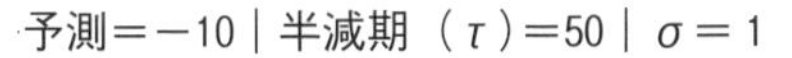

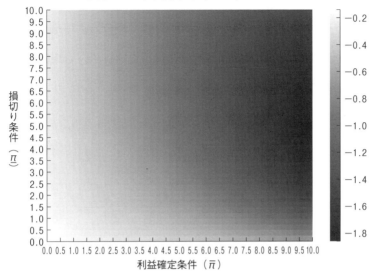

図13−24　$\{\mathrm{E}_0[P_{i,T_i}], \tau, \sigma\}=\{-10, 50, 1\}$のヒートマップ

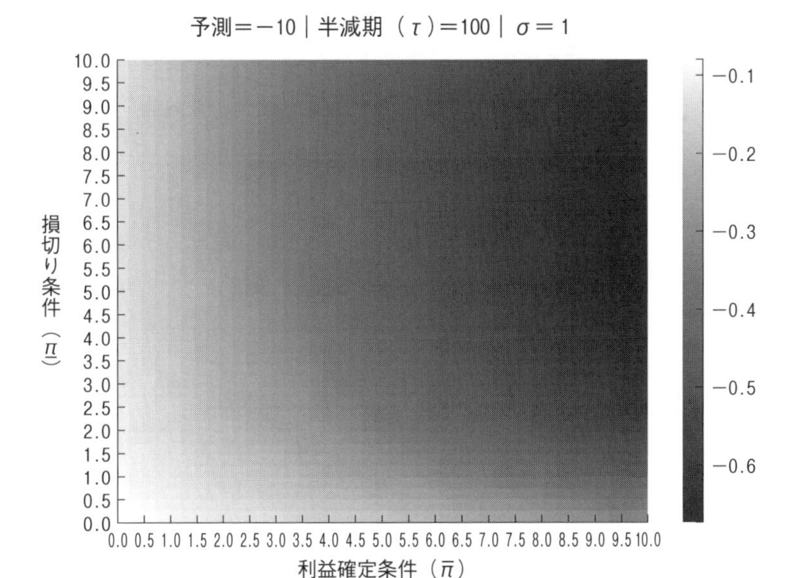

図13−25　$\{\mathrm{E}_0[P_{i,T_i}], \tau, \sigma\}=\{-10, 100, 1\}$のヒートマップ

13.7 結　論

本章では、離散的なO-U過程に従う証券価格についての最適な取引ルールを実験的に決定する方法を示した。それらの取引ルールの導出にはヒストリカルシミュレーションの結果を用いておらず、バックテストにおけるオーバーフィッティングの問題の影響が小さい。過去のシミュレーションの結果を用いるかわりに、この手法による最適取引ルールは価格を左右する基礎となる確率過程の特性から導き出される。今回と同じアプローチをO-U過程以外にも適用できるが、ここでは理解しやすさのためにO-U過程のみを解説した。

本章では最適取引戦略の問題に対する閉形式の解を導き出してはいないが、実験結果は最適取引ルールについて次の予想を支持しているようである。

- **最適取引ルールについての予想**：ある離散的なO-U過程で特徴づけられる金融商品の価格を考えるとき、利益確定と損切りの組合せからなる取引ルールにおいて、シャープレシオを最大化するような単一の最適解が存在する。

これらの最適取引ルールは数秒以内に数値計算によって導出可能であり、実務的には閉形式の解を得る動機はほぼないだろう。それらは数学的研究分野でより一般的な問題となっており、証明がない現状においても最適取引ルールの推測の実験的分析は実務者が目標を達成する助けとなりうる。最適取引ルールの推測を証明するのに数十年とはいわないまでも数年はかかるだろうが、これまでに実施されたすべての実験で経験的に正しいことが確認されている。さらにいえば、最適取引ルールについての上記の予想が誤っている可能性は、この予想を無視して決定された取引ルールがオーバーフィッティングの問題に陥る危険性と比較したとき、無視できるほどわずかであろう。したがって合理的な行動方針は、上記の予想が正しいと仮定し、人工データによって最適取引ルールを決定することであろう。最悪の場合として取引ルールが準最適でしかないにしても、オーバーフィットした取引ルールよりはほぼ確実に高い収益をあげると考えられる。

練習問題

13.1 あなたは注文執行トレーダーであるとする。クライアントが価格100で開始したショートポジションを買い戻す注文をした。彼女はあなたに2つのポジション解消条件を与える。それは、90での利益確定と105での損切りである。

(a) クライアントが価格はO-U過程に従うと確信していると仮定すると、これらの閾値レベルは妥当だろうか。また、どのようなパラメータのときに妥当であるか。

(b) これらの閾値レベルが妥当であるような確率過程をかわりに考えることができるだろうか。

13.2 E-mini S&P 500先物のドルバーの時系列データをO-U過程にフィットさせる。それらのパラメータを所与として、

(a) さまざまな利益確定および損切りの閾値レベルについてシャープレシオのヒートマップを作成せよ。

(b) このときの最適取引ルールは何か。

13.3 次のドルバーの時系列データで、練習問題13.2と同様の問いに答えよ。

(a) 10年米国国債先物

(b) WTI原油先物

(c) 結果は大きく異なるだろうか。これは執行トレーダーが金融商品ごとに特化していることを正当化するだろうか。

13.4 時系列データを2つに分割した後、練習問題13.2と同様の問いに答えよ。

(a) 最初の時系列は2009年3月15日に終了する期間のデータ。

(b) 2番目の時系列は2009年3月16日に始まる期間のデータ。

(c) 最適取引ルールは大きく異なるだろうか。

13.5　全世界で最も流動性の高い100種類の先物の最適取引ルールを導出するのにどのくらいの計算時間がかかるか。練習問題13.4の結果を考慮すると、どの程度の頻度で最適取引ルールを再調整する必要があるか。このデータで事前計算することに意味はあるか。

13.6　第20章で説明する`mpEngine`モジュールを使用してスニペット13.1と13.2を並列化せよ。

◆参考文献

Bailey, D. and M. López de Prado (2012): "The Sharpe ratio efficient frontier." *Journal of Risk*, Vol. 15, No. 2, pp. 3–44. Available at http://ssrn.com/abstract=1821643.

Bailey, D. andM. López de Prado (2013): "Drawdown-based stop-outs and the triple penance rule." *Journal of Risk*, Vol. 18, No. 2, pp. 61–93. Available at http://ssrn.com/abstract=2201302.

Bailey, D., J. Borwein, M. López de Prado, and J. Zhu (2014): "Pseudo-mathematics and financial charlatanism: The effects of backtest overfitting on out-of-sample performance." *Notices of the American Mathematical Society*, 61(5), pp. 458–471. Available at http://ssrn.com/abstract=2308659.

Bailey, D., J. Borwein, M. López de Prado, and J. Zhu (2017): "The probability of backtest overfitting." *Journal of Computational Finance*, Vol. 20, No. 4, pp. 39–70. Available at http://ssrn.com/abstract=2326253.

Bertram, W. (2009): "Analytic solutions for optimal statistical arbitrage trading." Working paper. Available at http://ssrn.com/abstract=1505073.

Easley, D., M. López de Prado, and M. O'Hara (2011): "The exchange of flow-toxicity." *Journal of Trading*, Vol. 6, No. 2, pp. 8–13. Available at http://ssrn.com/abstract=1748633.

第14章

バックテストの統計値

14.1 はじめに

これまでの章で3種類のバックテスト（検証）のフレームワークを扱った。最初にヒストリカルシミュレーション（ウォークフォワード法、第11章と第12章)、次にシナリオシミュレーション（CV法とCPCV法、第12章)。最後に人工データのシミュレーション（第13章）である。どのバックテストのフレームワークを採用したとしても、投資家がその戦略を競合他社と比較し評価するためには、一連の統計値とともに結果を報告する必要がある。本章では最も一般的に使用されているパフォーマンス評価の統計値について説明する。これらの統計値のいくつかは、国際投資実績基準（GIPS）に含まれているものだが[1]、パフォーマンスを総合的に分析するには、機械学習戦略の評価に用いられることの多い測定指標も必要となる。

14.2 バックテストの統計値の種類

バックテストの統計値は、投資家がさまざまな投資戦略を評価および比較するために使用する一連の測定指標から構成される。それらの統計値は投資戦略の潜在的問題となりうる特徴、たとえば、かなり非対称的なリスクや小

1　詳細については、https://www.gipsstandards.org を参照のこと。

さなキャパシティ（運用枠）などの特性を発見する助けとなるはずである。全体的にみて、それらは一般的な特性、パフォーマンス、ラン／ドローダウン、執行コスト、リターン／リスク効率、分類スコア、およびアトリビューション（要因分析）に分類することができる。

14.3　一般的な特性

以下の統計値は、バックテストの一般的な特性についての情報をもつ。

・テスト期間……テスト期間は開始日と終了日を規定する。戦略のテストに使用される期間は、複数のさまざまなレジームを含む十分な長さをとるべきである（Bailey and López de Prado [2012]）。

・平均 AUM（Assets Under Management）……運用資産の平均ドル価値。この平均の計算において、ロングポジションとショートポジションのドル価値は両方とも正の実数であるとみなす。

・運用枠（キャパシティ）……戦略のキャパシティは、目標とするリスク調整後のパフォーマンスを達成可能な最大 AUM として測定される。適切なベットサイジング（第10章）とリスク分散（第16章）を保証するには、最低限の AUM が必要となる。その最低限の AUM を超えると、取引コストの上昇と回転率の低下により、AUM が増加するにつれてパフォーマンスは悪化する。

・レバレッジ……レバレッジは報告されたパフォーマンスを達成するのに必要な借入額を意味する。レバレッジが発生したときは、それにコストを割り当てる必要がある。レバレッジを測定する 1 つの方法に、平均 AUM に対する平均ドルポジションサイズの比率を用いるものがある。

・最大ドルポジションサイズ……最大ドルポジションサイズによって、戦略が平均 AUM を大幅に超えるドルポジションをとったかどうかを検知できる。一般的には最大のドルポジションが平均 AUM に近い値となる戦略が好まれる。なぜなら、そのような戦略は、（異常値と考えられるような）極端なイベントの発生に依存していないとみなせるためである。

・ロング比率……ロング比率はロングポジションの全体のポジションに占め

るウェイトを示す。ロングショートのマーケット中立戦略では、理想的にはこの値は0.5に近づく。そうでない場合は、戦略にポジションバイアスがあるか、バックテスト期間が短く、将来の市況を表現できていない可能性がある。

- ベットの頻度……ベットの頻度はバックテストにおいて1年間にベットを行った数である。同じ側（ロングかショートか）の一連のポジションは、同じベットの一部とみなす。ポジションが解消されるか反転したときに1回のベットが終了したとする。ベットの数は常に取引数よりも少なくなる。取引数の測定では戦略によって発見できる独立した投資機会の数を多めに見積もる可能性がある。
- 平均保有期間……平均保有期間は、ベットが継続した平均日数である。高頻度の戦略においてはポジションが1秒に満たない間に切り替わることもあるが、低頻度の戦略においては数カ月または数年さえポジションを保持することがある。短い保有期間は戦略のキャパシティを制限することがある。保有期間はベットの頻度と関連はするが異なるものである。たとえば、非農業部門雇用者数の公表の前後にわずか数分間保持されるポジションをとるような、月次ベースの戦略なども考えられる。
- 年換算回転率……年換算回転率は、年間平均AUMに対する年間平均取引額の比率を意味する。ポジションの継続的なウェイト調整を必要とする戦略においては、少数のベットでも高い回転率となることがある。また、最大ロングと最大ショートの間でポジションを反転させる取引ばかりを行う戦略でも、少ない取引数で高い回転率が発生する可能性がある。
- 基本ユニバースとの相関……戦略によるリターンと基本投資ユニバースのリターンとの間の相関。相関が有意に正または負である場合、戦略は基本的に投資ユニバースをそのままロングまたはショートしており、低付加価値である。

スニペット14.1は、ターゲットポジション（`tPos`）のpandasのSeriesからポジション解消または反転取引を行ったタイムスタンプ情報を出力するアルゴリズムを示している。これにより、発生したベット数が計算できる。

スニペット 14.1　ターゲットポジションからベットのタイミングを導出

```
#ベットはポジションが解消されるまでの間、または反転取引が行われるまでの間で起こる
df0=tPos[tPos==0].index
df1=tPos.shift(1);df1=df1[df1!=0].index
bets=df0.intersection(df1) #ポジション解消
df0=tPos.iloc[1:]*tPos.iloc[:-1].values
bets=bets.union(df0[df0<0].index).sort_values() #tPosの反転
if tPos.index[-1] not in bets:bets=bets.append(tPos.index
[-1:]) #最後のベット
```

スニペット14.2は、pandasのターゲットポジションSeries（tPos）が与えられた場合の戦略の平均保有期間を推定するアルゴリズムの実装を示す。

スニペット 14.2　保有期間推定の実装

```
def getHoldingPeriod(tPos):
  #平均エントリー時刻を求めるペアリングアルゴリズムを用いて平均保有期間(日数)を求める
  hp,tEntry=pd.DataFrame(columns=['dT','w']),0.
  pDiff,tDiff=tPos.diff(),(tPos.index-tPos.index[0])/
  np.timedelta64(1,'D')
  for i in xrange(1,tPos.shape[0]):
    if pDiff.iloc[i]*tPos.iloc[i-1]>=0: #変化なしまたは増加
      if tPos.iloc[i]!=0:
        tEntry=(tEntry*tPos.iloc[i-1]+tDiff[i]*pDiff.iloc[i])
        /tPos.iloc[i]
    else: #減少
      if tPos.iloc[i]*tPos.iloc[i-1]<0: #反転
        hp.loc[tPos.index[i],['dT','w']]=(tDiff[i]-tEntry,abs
        (tPos.iloc[i-1]))
        tEntry=tDiff[i] #エントリー時刻のリセット
      else:
```

```
        hp.loc[tPos.index[i],['dT','w']]=(tDiff[i]-tEntry,abs
        (pDiff.iloc[i]))
    if hp['w'].sum()>0:hp=(hp['dT']*hp['w']).sum()/hp['w'].sum()
    else:hp=np.nan
    return hp
```

14.4 パフォーマンス

ここでのパフォーマンス統計は、リスク調整なしのドル金額とリターンの数値である。有用なパフォーマンス測定指標として以下のものがある。

・PnL……最終ポジションからの清算費用を含む、バックテストの全体にわたって生成された総ドル額（または額面通貨での相当額）。
・ロングポジションからのPnL……PnLのうちロングポジションのみから実現した部分。これは、ロングショートやマーケットニュートラル戦略のバイアスを評価するための重要な値である。
・年率換算収益率……配当、クーポン、コストなどを含む、時間加重平均の年間総収益率。
・ヒット率……正のPnLをもたらしたベットの割合。
・利益の平均リターン……利益を生み出したベットからの平均リターン。
・損失の平均リターン……損失を生み出したベットからの平均リターン。

14.4.1 時間加重収益率

総収益率（トータルリターン）は、経過利息、支払ずみクーポン、および測定期間の配当金を含む、実現および未実現の損益からの収益率（リターン）である。GIPS規則は、外部キャッシュフローを調整した時間加重収益率（TWRR：Time-Weighted Rate of Returns）を計算することを定めている（CFA Institute［2010］）。一定期間のリターンとその部分期間のリターンは幾何リンクされる。2005年1月1日以降に開始する期間から、GIPS規則は日次加重外部キャッシュフロー調整後のポートフォリオリターンの計算を義務づけている。

TWRRは各外部キャッシュフローが発生したときにポートフォリオの価値を決定することによって計算することができる[2]。部分期間 $[t-1, t]$ 間のポートフォリオ i のTWRRは、以下の式の $r_{i,t}$ で表される。

$$r_{i,t}=\frac{\pi_{i,t}}{K_{i,t}}$$

$$\pi_{i,t}=\sum_{j=1}^{J}\left[\left(\Delta P_{j,t}+A_{j,t}\right)\theta_{i,j,t-1}+\Delta\theta_{i,j,t}\left(P_{j,t}-\overline{P}_{j,t-1}\right)\right]$$

$$K_{i,t}=\sum_{j=1}^{J}\tilde{P}_{j,t-1}\theta_{i,j,t-1}+\max\left\{0,\sum_{j=1}^{J}\overline{\tilde{P}}_{j,t}\Delta\theta_{i,j,t}\right\}$$

ここでは

・$\pi_{i,t}$ は時刻 t におけるポートフォリオ i の時価評価（MTM：mark-to-market）損益である。

・$K_{i,t}$ は、部分期間 t にわたるポートフォリオ i の運用資産の市場価値である。max{.}の項を含める目的は、追加購入のためである（ランプアップ）。

・$A_{j,t}$ は時刻 t における証券 j の1単位当りに支払われる経過利息や配当金である。

・$P_{j,t}$ は時刻 t における証券 j のクリーンな（経過利息を含まない）価格である。

・$\theta_{i,j,t}$ は時刻 t における証券 j のポートフォリオ i での保有単位である。

・$\tilde{P}_{j,t}$ は時刻 t における証券 j のダーティな（経過利息を加えた）価格である。

・$\overline{P}_{j,t}$ は部分期間 t にわたる証券 j のポートフォリオ i でのクリーンな価格を用いた平均取引価格である。

・$\overline{\tilde{P}}_{j,t}$ は部分期間 t にわたる証券 j のポートフォリオ i でのダーティな価格を用いた平均取引価格である。

現金の流入（インフロー）は1日の初めに発生すると仮定し、現金の流出（アウトフロー）は1日の終わりに発生すると仮定する。これらの部分期間のリターンは以下のように幾何リンクする。

2　外部キャッシュフローとはポートフォリオに出入りする資産（現金または投資対象物）であるが、たとえば、配当金および受取利息の支払は外部のキャッシュフローとはみなされない。

$$\varphi_{i,T}=\prod_{t=1}^{T}\left(1+r_{i,t}\right)$$

変数$\varphi_{i,T}$は1ドルをポートフォリオiに投資した場合の$t=1, \cdots, T$の全期間にわたっての、パフォーマンスとして理解できる。最後に、ポートフォリオiの年率換算収益率は以下のように表す。

$$R_i=\left(\varphi_{i,T}\right)^{-y_i}-1$$

ここでy_iは$r_{i,1}$から$r_{i,T}$までに経過した年数である。

14.5 ラ　ン

投資戦略が獲得するリターンがIID（独立同分布）の過程に従うことはまれである。この特性がない場合、戦略のリターン系列には頻繁なランが発生する。ランとは同じ符号のリターンが継続した系列をいう。そのため、ランはダウンサイドリスクを増大させる。そして、それを適切な測定指標で評価する必要がある。

14.5.1 リターン集中度

ベットからのリターンの時系列、$\{r_t\}_{t=1,\cdots,T}$が与えられたとき、2つのウェイト系列w^-とw^+を計算する。

$$r^+=\{r_t|r_t\geq 0\}_{t=1,\cdots,T}$$
$$r^-=\{r_t|r_t<0\}_{t=1,\cdots,T}$$
$$w^+=\left\{r_t^+\left(\sum_t r_t^+\right)^{-1}\right\}_{t=1,\cdots,T}$$
$$w^-=\left\{r_t^-\left(\sum_t r_t^-\right)^{-1}\right\}_{t=1,\cdots,T}$$

リターン集中度はHerfindahl-Hirschman Index（HHI）に着想を得たものである。$\|.\|$をベクトルの大きさとして、$\|w^+\|>1$のとき、正のリターン集中度を以下のとおり定義する。

$$h^+ \equiv \frac{\sum_t \left(w_t^+\right)^2 - \|w^+\|^{-1}}{1 - \|w^+\|^{-1}} = \left(\frac{\mathrm{E}\left[\left(r_t^+\right)^2\right]}{\mathrm{E}\left[r_t^+\right]^2} - 1 \right) \left(\|r^+\| - 1\right)^{-1}$$

そして同様に負のリターンの集中度は$\|w^-\| > 1$のとき、以下のとおりである。

$$h^- \equiv \frac{\sum_t \left(w_t^-\right)^2 - \|w^-\|^{-1}}{1 - \|w^-\|^{-1}} = \left(\frac{\mathrm{E}\left[\left(r_t^-\right)^2\right]}{\mathrm{E}\left[r_t^-\right]^2} - 1 \right) \left(\|r^-\| - 1\right)^{-1}$$

Jensenの不等式から、$\mathrm{E}\left[r_t^+\right]^2 \leq \mathrm{E}\left[\left(r_t^+\right)^2\right]$である。そして$\frac{\mathrm{E}\left[\left(r_t^+\right)^2\right]}{\mathrm{E}\left[r_t^+\right]^2} \leq \|r^+\|$から、$\mathrm{E}\left[r_t^+\right]^2 \leq \mathrm{E}\left[\left(r_t^+\right)^2\right] \leq \mathrm{E}\left[r_t^+\right]^2 \|r^+\|$と演繹される。これはベットの負のリターンにも同等である。これらの定義にはいくつか興味深い特性がある。

① $0 \leq h^+ \leq 1$

② $h^+ = 0 \Leftrightarrow w_t^+ = \|w^+\|^{-1}, \forall t$（一様リターン）

③ $h^+ = 1 \Leftrightarrow \exists\ i | w_i^+ = \sum_t w_t^+$（ただ1つの非ゼロリターン）

数カ月にわたるベットの集中度$h[t]$についても同様の式を導き出すことは容易である。スニペット14.3ではこれらの概念を実装した。ベットのリターンが以下の性質を示す戦略は理想的で興味深い。

・高いシャープレシオ

・年間のベット数が多い、$\|r^+\| + \|r^-\| = T$

・高いヒット率（比較的低い$\|r^-\|$）

・低いh^+（右ファットテールなし）

・低いh^-（左ファットテールなし）

・低い$h[t]$（ベットが時間的に集中していない）

スニペット 14.3　HHI集中度導出アルゴリズム

```
rHHIPos=getHHI(ret[ret>=0]) #ベット当りの正のリターン集中度
rHHINeg=getHHI(ret[ret<0]) #ベット当りの負のリターン集中度
tHHI=getHHI(ret.groupby(pd.TimeGrouper(freq='M')).count())
#1カ月当りのベットの集中度
#———————————————————————————————————————————
def getHHI(betRet):
```

```
    if betRet.shape[0]<=2:return np.nan
    wght=betRet/betRet.sum()
    hhi=(wght**2).sum()
    hhi=(hhi-betRet.shape[0]**-1)/(1.-betRet.shape[0]**-1)
    return hhi
```

14.5.2 ドローダウンとアンダーウォーター期間

直観的には、ドローダウン（DD：drawdown）は2つの隣り合う最高水準点（HWM：high-watermarks）の間の投資で被る最大損失である。アンダーウォーター期間（TuW：Time under Water）はHWMから次に最大PnLを超えるまでの間の経過時間である。これらの概念はスニペット14.4を読むことでよく理解できる。このコードは、①リターン系列（dollars=False）についても、②ドルパフォーマンス系列（dollars=True）についてもDDとTuWの両方の系列を導出する。図14－1にDDとTuWの例を示す。

スニペット 14.4 DDとTuWの系列の導出

```
def computeDD_TuW(series,dollars=False):
    # 一連のドローダウンとそれらに関連するTuWを計算する
    df0=series.to_frame('pnl')
    df0['hwm']=series.expanding().max()
    df1=df0.groupby('hwm').min().reset_index()
    df1.columns=['hwm','min']
    df1.index=df0['hwm'].drop_duplicates(keep='first').index
    #HWMの時刻
    df1=df1[df1['hwm']>df1['min']] # ドローダウンが後に続くHWM
    if dollars:dd=df1['hwm']-df1['min']
    else:dd=1-df1['min']/df1['hwm']
    tuw=((df1.index[1:]-df1.index[:-1])/np.timedelta64(1,'Y')).
    values # 単位を年に換算
    tuw=pd.Series(tuw,index=df1.index[:-1])
    return dd,tuw
```

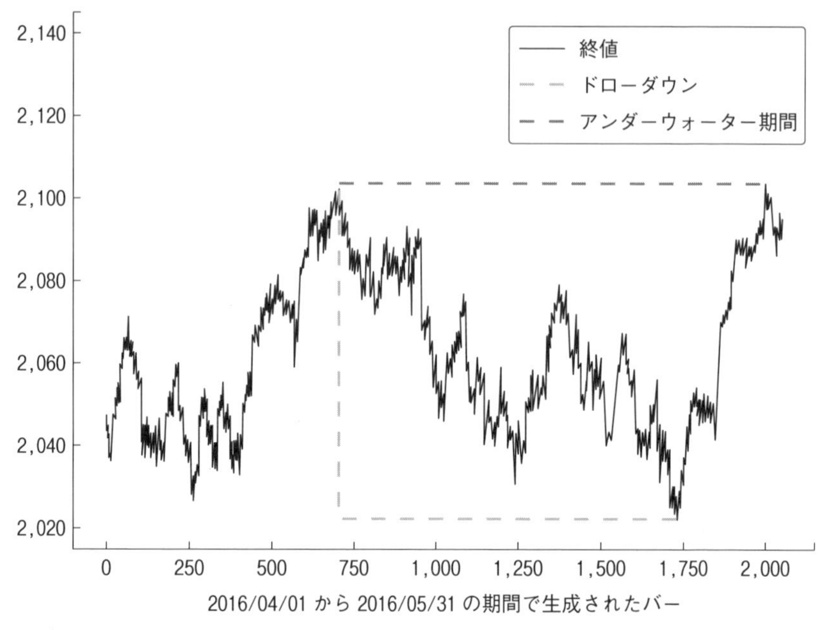

図14－1　ドローダウン（DD）とアンダーウォーター期間（TuW）の例

14.5.3　パフォーマンス評価のためのランの統計値

ランの統計値についての有用な測定指標は次のとおりである。

- 正のリターンに対するHHI指数……スニペット14.3の`getHHI`（`ret[ret>=0]`）である。
- 負のリターンに対するHHI指数……スニペット14.3の`getHHI`（`ret[ret<0]`）である。
- ベット間の時間に対するHHI指数……スニペット14.3の`getHHI`（`ret.groupby(pd.TimeGrouper(freq = 'M')).count()`）である。
- 95パーセンタイルDD……スニペット14.4によって導出されたDD系列の95パーセンタイルである。
- 95パーセンタイルTuW……スニペット14.4によって導き出されたTuW系列の95パーセンタイルである。

14.6 インプリメンテーションショートフォール（執行コスト）

執行コストに関する誤った仮定のために、投資戦略はしばしば失敗する。これに関するいくつかの重要な測定指標は次のとおりである。

・1回転当りのブローカー手数料……これらはポートフォリオを回転するためにブローカーに支払われる手数料である。取引所手数料を含む。

・1回転当りの平均スリッページ……ポートフォリオの回転に関連するブローカー手数料を除く執行コストである。たとえば注文がブローカーに送信された時点の仲値よりも高い約定価格で証券を購入したときに生じる損失が含まれる。

・1回転当りのドルパフォーマンス……ドルパフォーマンス（ブローカー手数料およびスリッページのコストを含む）とポートフォリオ全体の回転数との比率である。それは戦略が元をとるまでに執行がどれほど高価になる可能性があるかを意味する。

・執行コストに対するリターン……ドルパフォーマンス（ブローカー手数料とスリッページのコストを含む）と総執行コストの比率である。戦略が予想よりも悪い執行に耐えられるようにするには、大きな数値にする必要がある。

14.7 効 率 性

これまでは、すべてのパフォーマンス統計は利益、損失、およびコストを考慮していた。本節では、これらの結果を得るために伴うリスクについて説明する。

14.7.1 シャープレシオ

戦略の超過リターン（無リスク金利を超えるリターン）、$\{r_t\}_{t=1,\cdots,T}$ が平均 μ と分散 σ^2 の IID のガウス分布（正規分布）に従うと仮定する。シャープレシオ（SR）は以下のとおり定義される。

$$SR = \frac{\mu}{\sigma}$$

SRの目的は、特定の戦略や投資家のスキルを評価することである。通常は真のσやμは知ることができないため真のSRの値も知ることができない。必然的に、シャープレシオの計算は推定誤差の影響を大きく受けやすい。

14.7.2 確率的シャープレシオ

確率的シャープレシオ（PSR：Probabilistic sharpe ratio）は、歪んだ、および／または、ファットテールのリターンをもつ短い系列によって引き起こされる過大評価の影響を取り除くことによって、SRの調整された推定値を与える。ユーザー定義のベンチマークシャープレシオ(SR^*)[3]と観測されたシャープレシオ$\widehat{SR}$が与えられたとき、PSRは、$\widehat{SR}$がSR^*よりも大きくなる確率を推定する。Bailey and López de Prado[2012]によると、PSRは以下のとおり推定することができる。

$$\widehat{PSR}\left[SR^*\right]=Z\left[\frac{\left(\widehat{SR}-SR^*\right)\sqrt{T-1}}{\sqrt{1-\hat{\gamma}_3\widehat{SR}+\frac{\hat{\gamma}_4-1}{4}\widehat{SR}^2}}\right]$$

ここで$Z[.]$は標準正規分布の累積分布関数（CDF）であり、Tはリターンが観測された回数であり、$\hat{\gamma}_3$はリターンの歪度（skewness)、および$\hat{\gamma}_4$はリターンの尖度（kurtosis）である（正規分布のリターンでは$\hat{\gamma}_4=3$)。SR^*が所与の場合、$\widehat{SR}$がより大きくなるとき（元のサンプリング頻度で、すなわち非年率換算)、またはトラックレコード（T）がより長くなるとき、または正の歪度$\left(\hat{\gamma}_3\right)$をもつときPSRは増大する。しかしPSRはファットテール$\left(\hat{\gamma}_4\right)$とともに減少する。図14－2にPSRを$\hat{\gamma}_3$および$T$の関数としてプロットした。ここでは$\hat{\gamma}_4=3$、$\widehat{SR}=1.5$および$SR^*=1.0$としている。

14.7.3 収縮シャープレシオ

収縮シャープレシオ（DSR：Deflated sharpe ratio）は、ベンチマーク

3　これのデフォルト値はゼロに設定することができる（投資スキルがない場合と比較するとき)。

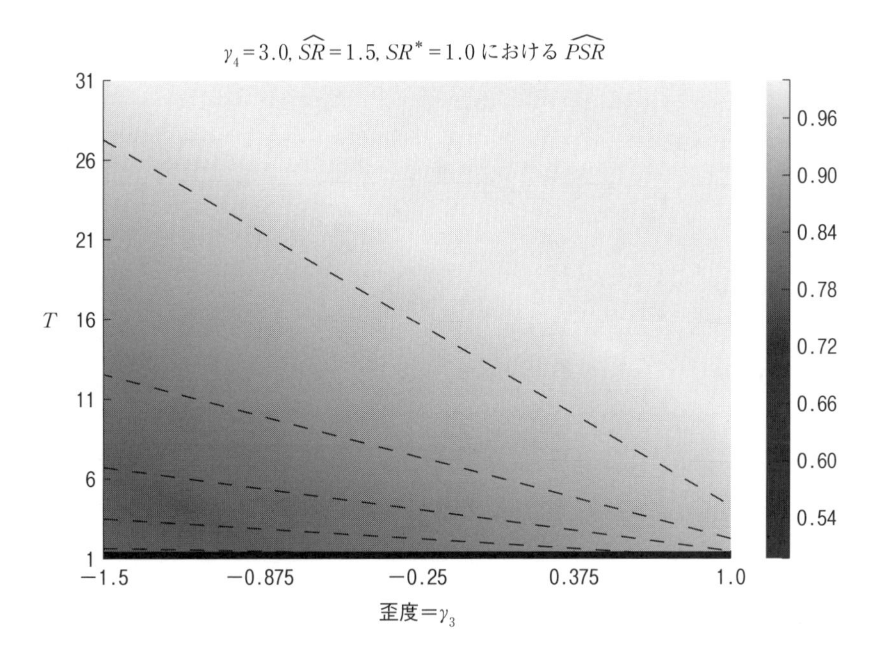

図14－2　歪度（γ_3）とサンプル長（T）の関数としてのPSR

SR^*が試行回数を反映するように調整されたPSRである。Bailey and López de Prado[2014]によると、DSRは$\widehat{PSR}[SR^*]$として推定するが、ここでベンチマークシャープレシオSR^*はもはやユーザー定義でなく、以下のように推定される。

$$SR^* = \sqrt{V\left[\left\{\widehat{SR}_n\right\}\right]}\left((1-\gamma)Z^{-1}\left[1-\frac{1}{N}\right]+\gamma Z^{-1}\left[1-\frac{1}{N}e^{-1}\right]\right)$$

ここで、$V\left[\left\{\widehat{SR}_n\right\}\right]$は試行における推定SRの分散、$N$は独立試行の数、$Z[.]$は標準正規分布のCDF、$\gamma$はオイラー・マスケロニ定数、そして$n=1,\cdots,N$である。図14－3は$V\left[\left\{\widehat{SR}_n\right\}\right]$と$N$の関数として$SR^*$をプロットしたものである。

DSRの背後にある理論的根拠は以下のとおりである。：SR推定値の集合、$\left\{\widehat{SR}_n\right\}$が与えられると、真のSRがゼロであっても、その最大値の期待値はゼロよりも大きくなる。実際のシャープレシオがゼロであるという帰無仮説$\left(H_0 : SR = 0\right)$のもとでは、期待最大$\widehat{SR}$が$SR^*$と推定できることがわか

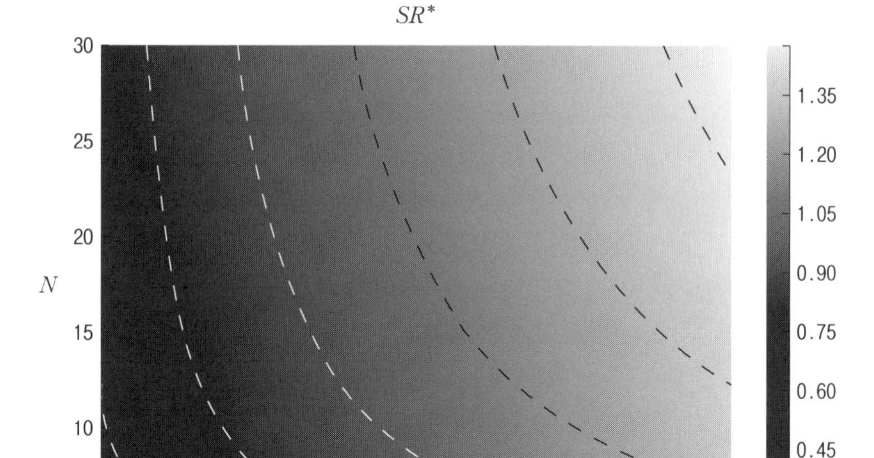

図14－3　分散 $V\left[\left\{\widehat{SR}_n\right\}\right]$ と試行回数 N の関数としての SR^*

る。実際に、独立試行を行った数（N）が増えるにつれて、または試行がより大きな分散 $\left(V\left[\left\{\widehat{SR}_n\right\}\right]\right)$ を含むとき、SR^* は急速に増大する。この知識からバックテストの第3法則が導き出される。

スニペット 14.5　マルコスのバックテスト第3法則。ファイナンスのほとんどの発見は、この違反のために偽発見となっている

「すべてのバックテスト結果は、その結果を得るために行ったすべての試行とあわせて報告しなければならない。その情報がなければ、バックテストの「偽発見」の可能性を評価することは不可能である」

―― Marcos López de Prado

Advances in Financial Machine Learning (2018)

14.7.4　効率を測る統計値

有用な効率統計は次のとおりである。

・年換算シャープレシオ……これは $\sqrt{a}$ をかけて年率化された SR 値であ

る。ここで a は1年間にリターンが観測される平均回数である。この一般的な年換算方法は、リターンがIIDであるという仮定に基づいている。

- インフォメーションレシオ……これはベンチマークと比較してポートフォリオのパフォーマンスを測定する値でSRと同様の意味をもつ。平均超過リターンとトラッキングエラーの間の年換算比率である。超過リターンは、ベンチマークの収益率を上回るポートフォリオのリターンとして測定される。トラッキングエラーは超過リターンの標準偏差として推定される。
- 確率的シャープレシオ……PSRは、リターンの非正規性またはトラックレコード長による過大評価の影響についてSRを補正した値である。標準の有意水準5％では、PSRは0.95を超える必要がある。絶対リターンまたは相対リターンで計算できる。
- 収縮シャープレシオ……DSRは、リターンの非正規性、トラックレコード長、および試行回数とその選択バイアス（selection bias under multiple testing）による過大評価の影響についてSRを補正した値である。標準の有意水準5％では、DSRは0.95を超える必要がある。絶対リターンまたは相対リターンで計算できる。

14.8 分類スコア

メタラベリング戦略（第3章3.6節）の文脈では、機械学習オーバーレイアルゴリズムのパフォーマンスを分離して理解することは有用である。1次アルゴリズムは投資機会を識別し、2次（オーバーレイ）アルゴリズムは投資を行うか見送るかを決定する。ここではいくつかの統計が役立つ。:

- 正解率（accuracy）……accuracyは、オーバーレイアルゴリズムによって正しくラベルづけされた投資機会の割合である。

$$accuracy = \frac{TP + TN}{TP + TN + FP + FN}$$

ここで、TPは真陽性の数、TNは真陰性の数、FPは偽陽性の数、FNは偽陰性の数である。

・適合率（precision）……precision は、予測された正例のうち、真の正例の割合である。

$$precision = \frac{TP}{TP + FP}$$

・再現率（recall）……recall は、真の正例のうち正例と予測できた割合である。

$$recall = \frac{TP}{TP + FN}$$

・F 1（F 値）……accuracy は、メタラベル用途には適切な分類スコアではないかもしれない。メタラベルを適用した後、正例（ラベル '1'）よりも負例（ラベル '0'）が多いとする。そのようなシナリオでは、すべてのケースを負であると予測する分類器は、recall = 0 で precision が定義されないが、高い accuracy を達成する。F 1 スコアは、precision と recall の（均等に重み付けされた）調和平均の観点で分類器を評価することによって、この欠陥を修正する。

$$F_1 = 2 \frac{precision \cdot recall}{precision + recall}$$

副次的な注意として、メタラベルを適用した後に、負例よりも正例が多いという珍しいシナリオを考える。すべてのケースを正であると予測する分類器は、TN = 0 および FN = 0 を達成し、したがって accuracy = precision となり recall = 1 を達成する。分類器が観察されたサンプルを区別できなくても、accuracy は高くなり、F 1 は accuracy 以上となる。1 つの解決策は、正例と負例の定義を入れ替え、負例が多くなるようにしてから F 1 でスコアを付けることである。

・負の対数損失……負の対数損失は、ハイパーパラメータ調整の観点から、第 9 章9.4節で紹介した。詳細はその節を参照のこと。accuracy と負の対数損失の間の重要な概念上の違いは、負の対数損失は予測が正しいかどうかだけでなく、それらの予測の確率も考慮に入れるということである。

precision、recall、および precision の可視化については、第 3 章3.7節を参照のこと。表14－1は、二値分類の 4 つの極端な例を特徴づけている。表

表14－1　二値分類の４つの極端な事例

条件	展開	Accuracy	Precision	Recall	F 1
すべて１を観測	TN=FP= 0	=recall	1	[0, 1]	[0, 1]
すべて０を観測	TP=FN= 0	[0, 1]	0	NaN	NaN
すべて１を予測	TN=FN= 0	=precision	[0, 1]	1	[0, 1]
すべて０を予測	TP=FP= 0	[0, 1]	NaN	0	NaN

からわかるように、これらのうち２つのケースではＦ１スコアは定義されない。このため Scikit-learn では、１が観測されていない、または１が予測されていないサンプルでＦ１の計算が実行された場合、警告（Undefined Metric Warning）を出力し、Ｆ１の値を０に設定する。

すべての観測値が正（ラベル'1'）の場合、真の負例または偽の正例はない。したがって、precision は１、recall は０から１までの正の実数、および accuracy は recall と同じ値になる。そのため、$F_1 = 2\frac{recall}{1 + recall} \geq recall$ となる。

すべての予測値が正（ラベル'1'）の場合、真の負例または偽の負例はない。したがって、precision は０から１までの正の実数であり、recall は１で、precision は accuracy と同じ値になる。そして、$F_1 = 2\frac{precision}{1 + precision} \geq precision$ となる。

14.9　パフォーマンス要因分析（Attribution）

パフォーマンスの要因分析の目的は、リスククラスの観点から PnL を分解することである。たとえば、社債ポートフォリオの運用者は通常、次のようなリスククラス：デュレーション、信用リスク、流動性、経済セクター、通貨、ソブリン、発行体などへのエクスポージャーからどれだけのパフォーマンスが得られるのかを理解したいと考える。彼のデュレーションベットは成功したか。彼はどの信用リスク区分を得意としているか。それとも彼は発行体選択スキルに焦点を当てるべきか。

これらのリスクは直交していないため、常にそれらの間に重複がある。たとえば、流動性の高い債券は短いデュレーションと高い信用格付をもつ傾向があり、通常、米ドルで、発行残高の大きい大企業によって発行される。その結果、要因ごとのPnLの合計が総PnLに一致しなくなるが、少なくともリスククラスごとのシャープレシオ（またはインフォメーションレシオ）を計算することができるであろう。おそらく、このアプローチの最も一般的な例は、Barraのマルチファクター法である。詳細はBarra[1998、2013]とZhang and Rachev[2004]を参照のこと。

同様に興味深いのは、各クラス内のカテゴリ間でPnLを属性づけすることである。たとえば、デュレーションクラスは、短期（5年未満）、中期（5年から10年）、および長期（10年を超える期間）に分けることができる。このPnLの要因は、次のようにして計算できる。まず、1番目に、前述した重複する問題を回避するために、投資ユニバースの各証券が常に各リスククラスの1つだけのカテゴリに属することを確認する必要がある。言い換えれば、リスククラスごとに、投資ユニバース全体を互いに素な集合に分割する。2番目に、各リスククラスにおいて、リスクカテゴリごとに1つの指数を作成する。たとえば、短期デュレーション債券の指数、中期デュレーション債券の指数、および長期デュレーション債券の指数のパフォーマンスを計算する。各指数のウェイトは、各指数のウェイトが合計で1になるように、投資ポートフォリオのウェイトから再調整されたウェイトである。3番目に、2番目のステップを繰り返すが、今回は投資ユニバース（例：Markit iBoxx Investment Grade）からのウェイトを使用して、これらのリスクカテゴリ指数を作成する。そこに各指数のウェイトが合計で1になるよう再調整を行う。4番目に、これらの各指数のリターンと超過リターンについて、本章で説明したパフォーマンス指標を計算する。明確にするために、この文脈では、短期デュレーション指数の超過リターンは、（再調整された）ポートフォリオウェイト（ステップ2）を使用したリターンから、（再調整された）ユニバースウェイトを使用したリターン（ステップ3）を引き算した値である。

練習問題

14.1　ある戦略は、高い回転率、高いレバレッジ、多いベット数、短い保有期間、執行コストに対する低いリターン、高いシャープレシオという特性をもつ。このときその戦略のキャパシティは大きいと考えられるか。また、どのような戦略であると考えられるか。

14.2　E-mini S&P500先物の時系列のドルバーのデータセットについて、以下を計算せよ。

(a)　正のリターンに対する HHI 指数

(b)　負のリターンに対する HHI 指数

(c)　バー間の時間に対する HHI 指数

(d)　95パーセンタイルの DD

(e)　95パーセンタイルの TuW

(f)　年率換算の平均リターン

(g)　ヒットからの平均リターン（正のリターン）

(h)　ミスからの平均リターン（負のリターン）

(i)　年率換算 SR

(j)　ベンチマークを無リスク金利としたインフォメーションレシオ

(k)　PSR

(l)　100回の試行を行い、試行の SR の分散は0.5であったとしたときの DSR

14.3　偶数年では１つの先物のロングポジションをとり、奇数年では１つの先物のショートポジションをとる戦略を考える。

(a)　練習問題14.2と同様の項目を計算せよ。

(b)　原資産との相関を調べよ。

14.4　２年間のバックテストの結果、月次リターンの平均は3.6%、標準偏差は0.079%であったとする。

(a)　SR を計算せよ。

(b)　年率換算 SR を計算せよ。

14.5　練習問題14.4と同様の条件で以下を計算せよ。：

(a) リターンの歪度は0、尖度は3のときPSRを計算せよ。

(b) リターンの歪度は−2.448、尖度は10.164のときPSRを計算せよ。

14.6 バックテストの期間が3年間の場合、練習問題14.5(b)のPSRを計算せよ。

14.7 ある5年間のバックテストがあり、日次リターンに基づいて計算された年率換算SRは2.5、歪度は−3、尖度は10であったとする。

(a) PSRを計算せよ。

(b) その最良の結果を見つけるために、100回の試行が実施されたとする。これらの試行におけるシャープレシオの分散は0.5としたときのDSRを計算せよ。

◆引用文献

Bailey, D. and M. López de Prado (2012): "The Sharpe ratio efficient frontier." *Journal of Risk*, Vol. 15, No. 2, pp. 3–44.

Bailey, D. and M. López de Prado (2014): "The deflated Sharpe ratio: Correcting for selection bias, backtest overfitting and non-normality." *Journal of Portfolio Management*, Vol. 40, No. 5. Available at https://ssrn.com/abstract=2460551.

Barra (1998): *Risk Model Handbook: U.S. Equities*, 1st ed. Barra. Available at http://www.alacra.com/alacra/help/barra_handbook_US.pdf.

Barra (2013): *MSCI BARRA Factor Indexes Methodology*, 1st ed. MSCI Barra. Available at https://www.msci.com/eqb/methodology/meth_docs/MSCI_Barra_Factor%20Indices_Methodology_Nov13.pdf.

CFA Institute (2010): "Global investment performance standards." CFA Institute, Vol. 2010, No. 4, February. Available at https://www.gipsstandards.org/.

Zhang, Y. and S. Rachev (2004): "Risk attribution and portfolio performance measurement—An overview." Working paper, University of California, Santa Barbara. Available at http://citeseerx.ist.psu.edu/viewdoc/summary?doi=10.1.1.318.7169.

◆参考文献

American Statistical Society (1999): "Ethical guidelines for statistical practice." Available at http://www.amstat.org/committees/ethics/index.html.

Bailey, D., J. Borwein, M. López de Prado, and J. Zhu (2014): "Pseudo-mathematics and financial charlatanism: The effects of backtest overfitting on out-of-sample performance." *Notices of the American Mathematical Society*, Vol. 61, No. 5. Available at http://ssrn.com/abstract=2308659.

Bailey, D., J. Borwein, M. López de Prado, and J. Zhu (2017): "The probability of backtest overfitting." *Journal of Computational Finance*, Vol. 20, No. 4, pp. 39–70. Available at http://ssrn.com/abstract=2326253.

Bailey, D. and M. López de Prado (2012): "Balanced baskets:A new approach to trading and hedging risks." *Journal of Investment Strategies* (*Risk Journals*), Vol. 1, No. 4, pp. 21–62.

Beddall, M. and K. Land (2013): "The hypothetical performance of CTAs."Working paper,Winton Capital Management.

Benjamini, Y. and Y. Hochberg (1995): "Controlling the false discovery rate: A practical and powerful approach to multiple testing." *Journal of the Royal Statistical Society, Series B* (*Methodological*), Vol. 57, No. 1, pp. 289–300.

Bennet, C., A. Baird, M. Miller, and G.Wolford (2010): "Neural correlates of interspecies perspective taking in the post-mortem Atlantic salmon: An argument for proper multiple comparisons correction." *Journal of Serendipitous and Unexpected Results*, Vol. 1, No. 1, pp. 1–5.

Bruss, F. (1984): "A unified approach to a class of best choice problems with an unknown number of options." *Annals of Probability*, Vol. 12, No. 3, pp. 882–891.

Dmitrienko, A., A.C. Tamhane, and F. Bretz (2010): *Multiple Testing Problems in Pharmaceutical Statistics*, 1st ed. CRC Press.

Dudoit, S. and M.J. van der Laan (2008): *Multiple Testing Procedures with Applications to Genomics*, 1st ed. Springer.

Fisher, R.A. (1915): "Frequency distribution of the values of the correlation coefficient in samples of an indefinitely large population." *Biometrika* (*Biometrika Trust*), Vol. 10, No. 4, pp. 507–521.

Hand, D. J. (2014): *The Improbability Principle*, 1st ed. Scientific American/Farrar, Straus and Giroux.

Harvey, C., Y. Liu, and H. Zhu (2013): ". . . And the cross-section of expected returns." Working paper, Duke University. Available at http://ssrn.com/abstract=2249314.

Harvey, C. and Y. Liu (2014): "Backtesting." Working paper, Duke University. Available at http://ssrn.com/abstract=2345489.

Hochberg Y. and A. Tamhane (1987): *Multiple Comparison Procedures*, 1st ed. John Wiley and Sons.

Holm, S. (1979): "A simple sequentially rejective multiple test procedure." *Scandinavian Journal of Statistics*, Vol. 6, pp. 65–70.

Ioannidis, J.P.A. (2005): "Why most published research findings are false." *PloS Medicine*, Vol. 2, No. 8, pp. 696–701.

Ingersoll, J., M. Spiegel,W. Goetzmann, and I.Welch (2007): "Portfolio performance manipulation and manipulation-proof performance measures." *Review of Financial Studies*, Vol. 20, No. 5, pp. 1504–1546.

Lo, A. (2002): "The statistics of Sharpe ratios." *Financial Analysts Journal*, Vol. 58, No. 4 (July/August), pp. 36–52.

López de Prado M., and A. Peijan (2004): "Measuring loss potential of hedge fund strategies." *Journal of Alternative Investments*, Vol. 7, No. 1 (Summer), pp. 7–31. Available at http://ssrn.com/abstract=641702.

Mertens, E. (2002): "Variance of the IID estimator in Lo (2002)." Working paper, University of Basel.

Roulston, M. and D. Hand (2013): "Blinded by optimism." Working paper, Winton Capital Management.

Schorfheide, F. and K. Wolpin (2012): "On the use of holdout samples for model

selection." *American Economic Review*, Vol. 102, No. 3, pp. 477–481.
Sharpe, W. (1966): "Mutual fund performance." *Journal of Business*, Vol. 39, No. 1, pp. 119–138.
Sharpe,W. (1975): "Adjusting for risk in portfolio performance measurement." *Journal of Portfolio Management*, Vol. 1, No. 2 (Winter), pp. 29–34.
Sharpe, W. (1994): "The Sharpe ratio." *Journal of Portfolio Management*, Vol. 21, No. 1 (Fall), pp. 49–58.
Studený M. andVejnarová J. (1999): "Themultiinformation function as a tool for measuring stochastic dependence," in M. I. Jordan, ed., *Learning in Graphical Models*. MIT Press, pp. 261–296.
Wasserstein R., and Lazar N. (2016) "The ASA's statement on p-values: Context, process, and purpose." *American Statistician*, Vol. 70, No. 2, pp. 129–133. DOI: 10.1080/ 00031305.2016. 1154108.
Watanabe S. (1960): "Information theoretical analysis of multivariate correlation." *IBM Journal of Research and Development*, Vol. 4, pp. 66–82.

第15章

戦略リスクを理解する

15.1 はじめに

第3章と第13章でみたように、投資戦略は、多くの場合次の2つの条件のうちの1つが満たされるまで保有ポジションが継続することで実装されることになる。: ①ポジションから利益を得て終了する条件（プロフィットテイク、利食い）、または、②ポジションから損失をもって終了する条件（ストップロス、損切り）。戦略でストップロスが明示的に宣言されていない場合でも、投資家は自分のポジションに資金を供給できなくなり（マージンコール、追証請求）、または未実現損失の増加による追加証拠金の差入れに耐えることができなくなることがありうる。ほとんどの戦略はこれら2つの終了条件を（暗黙的または明示的に）もっているので、二項過程を通して結果の分布をモデル化することは理にかなっているといえる。これは私たちがベットの頻度、オッズ、そしてペイアウトのどのような組合せが不経済であるかを理解するのを助けることになるだろう。本章の目的は、戦略がこれらの変数のいずれかの小さな変化に対して脆弱である場合にそれを評価するのを助けることである。

15.2 対称的なペイアウト

年間で n 個の独立同分布（IID）のベットを生み出す戦略を考える。ここで、$i \in [1, n]$におけるベットの結果X_iが、$\pi > 0$の利益となる確率が$P[X_i = \pi] = p$とし、X_iが$-\pi$の損失となる確率が$P[X_i = -\pi] = 1 - p$とする。pはバイナリ分類器のprecision（適合率）と考えることができる。ここで、正の値はその機会にベットし、負の値はその機会にベットしないことを意味する。真のポジティブでは収益が得られ、偽のポジティブではペナルティが科される。そしてネガティブは（真か偽かを問わず）損益が発生しない。ベットの結果$\{X_i\}_{i=1,\cdots,n}$は独立しているので、ベットごとに予想される結果を計算する。1回のベットから予想される利益は、$E[X_i] = \pi p + (-\pi)(1-p) = \pi(2p-1)$である。ここで分散は$V[X_i] = E[X_i^2] - E[X_i]^2$、$E[X_i^2] = \pi^2 p + (-\pi)^2(1-p) = \pi^2$であるから、$V[X_i] = \pi^2 - \pi^2(2p-1)^2 = \pi^2[1-(2p-1)^2] = 4\pi^2 p(1-p)$である。1年当り$n$個の独立同分布（IID）のベットで、年率換算シャープレシオ（θ）は、

$$\theta[p, n] = \frac{nE[X_i]}{\sqrt{nV[X_i]}} = \underbrace{\frac{2p-1}{2\sqrt{p(1-p)}}}_{\substack{\text{t-value of } p \\ \text{under } H_0 : p = \frac{1}{2}}} \sqrt{n}$$

ペイアウトが対称的であるため、πが上記の式からどのように相殺されるかに注意してほしい。ガウス分布の場合と同じように、$\theta[p, n]$は再調整された t 値として理解できる。これは、$p > \frac{1}{2}$ではあるが$\frac{1}{2}$に近い場合であっても、十分に大きいnに対してシャープレシオを高くすることができるという点を示している。これは高頻度取引の経済的基礎であり、pが0.5をわずかに超えることができれば、ビジネスを成功させるための鍵はnを増やすことにある。シャープレシオはaccuracy（正解率）よりもむしろprecision（適合率）の関数である。なぜなら、投資機会を見逃すこと（ネガティブ）では直接に収益を得たり、ペナルティを課されたりはしないからである（ただ、ネガティブが多すぎるとnが小さくなりシャープレシオはゼロに近くなる）。

たとえば、$p = 0.55$の場合は、$\frac{2p-1}{2\sqrt{p(1-p)}} = 0.1005$となり、年間シャープレシオ＝2を達成するためには、年間396ベットが必要である。スニペッ

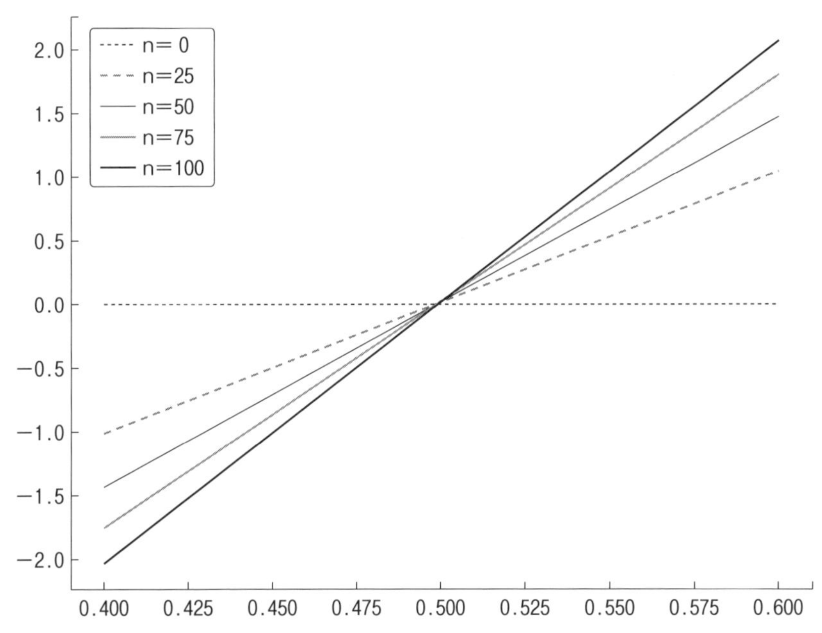

図15－１　さまざまなベット頻度（n）に対するPrecision（x軸）とシャープレシオ（y軸）の関係

ト15.1はこの結果を実験的に検証している。図15－１は、さまざまなベットの頻度について、シャープレシオをprecisionの関数としてプロットしたものである。

スニペット 15.1　ベットの数の関数としたシャープレシオのターゲット

```
out,p=[],.55
for i in xrange(1000000):
  rnd=np.random.binomial(n=1,p=p)
  x=(1 if rnd==1 else -1)
  out.append(x)
print np.mean(out),np.std(out),np.mean(out)/np.std(out)
```

$0 \leq p \leq 1$ の場合に上式を解くと、$-4p^2+4p-\dfrac{n}{\theta^2+n}=0$ が得られ、解は次のようになる。

$$p=\frac{1}{2}\left(1+\sqrt{1-\frac{n}{\theta^2+n}}\right)$$

この式は、与えられたシャープレシオ（θ）に対するPrecision（p）と頻度（n）の間のトレードオフを明示的に示している。たとえば、週次のベット（$n=52$）だけを生み出す戦略では、年率換算で2.0のシャープレシオを実現するには、$p=0.6336$というかなり高いprecisionが必要である。

15.3 非対称なペイアウト

年間でn個の独立同分布（IID）のベットを生み出す戦略を考える。ここで、$i\in[1,n]$におけるベットの結果X_iがπ_+となる確率が$\mathrm{P}[X_i=\pi_+]=p$とし、X_iがπ_-（$\pi_-<\pi_+$）となる確率が$\mathrm{P}[X_i=\pi_-]=1-p$とする。1回のベット当りの期待リターンは$\mathrm{E}[X_i]=p\pi_+ +(1-p)\pi_-=(\pi_+-\pi_-)p+\pi_-$である。分散は$\mathrm{V}[X_i]=\mathrm{E}[X_i^2]-\mathrm{E}[X_i]^2$であり、ここで$\mathrm{E}[X_i^2]=p\pi_+^2+(1-p)\pi_-^2=(\pi_+^2-\pi_-^2)p+\pi_-^2$であるから、$\mathrm{V}[X_i]=(\pi_+-\pi_-)^2p(1-p)$となる。1年当り$n$回のIIDのベットでは、年率換算シャープレシオ（$\theta$）は、

$$\theta[p,n,\pi_-,\pi_+]=\frac{n\mathrm{E}[X_i]}{\sqrt{n\mathrm{V}[X_i]}}=\frac{(\pi_+-\pi_-)p+\pi_-}{(\pi_+-\pi_-)\sqrt{p(1-p)}}\sqrt{n}$$

となる。そして$\pi_-=-\pi_+$の場合、この方程式は次のような対称の場合に帰着することがわかる。$\theta[p,n,-\pi_+,\pi_+]=\dfrac{2\pi_+p+\pi_+}{2\pi_+\sqrt{p(1-p)}}\sqrt{n}=\dfrac{2p-1}{2\sqrt{p(1-p)}}\sqrt{n}=\theta[p,n]$。たとえば、$n=260$、$\pi_-=-0.01$、$\pi_+=0.005$、$p=0.7$のとき、$\theta=1.173$となる。

最後に、$0\leq p\leq 1$について前の方程式を解くことができ、以下を得る。

$$p=\frac{-b+\sqrt{b^2-4ac}}{2a}$$

ここで：

- $a=(n+\theta^2)(\pi_+-\pi_-)^2$
- $b=[2n\pi_- -\theta^2(\pi_+-\pi_-)](\pi_+-\pi_-)$

・$c = n\pi_-^2$

補足として、スニペット15.2はSymPy Live（http://live.sympy.org/）を使用してこれらのシンボリック演算を検証している。

スニペット 15.2 シンボリック演算のためのSymPyライブラリの使用

```
>>> from sympy import *
>>> init_printing(use_unicode=False,wrap_line=False,no_
global=True)
>>> p,u,d=symbols('p u d')
>>> m2=p*u**2+(1-p)*d**2
>>> m1=p*u+(1-p)*d
>>> v=m2-m1**2
>>> factor(v)
```

上記の式は次の質問に答える。パラメータ $\{\pi_-, \pi_+, n\}$ で特徴づけられる取引ルールを考えると、θ^*のシャープレシオを達成するのに必要なPrecision pはいくらになるだろうか。たとえば、$n=260$、$\pi_-=-0.01$、$\pi_+=0.005$の場合、$\theta=2$を得るには$p=0.72$が必要となる。多数のベットにより、pの非常に小さな変化（$p=0.7$から$p=0.72$へ）が、シャープレシオを$\theta=1.173$から$\theta=2$に増加させた。一方で、これは戦略がpの小さな変化に対して脆弱であることを示してもいる。スニペット15.3はインプライドPrecisionの導出を実装している。図15－2はインプライドPrecisionをnとπ_-の関数として表したもので、ここで$\pi_+=0.1$ and $\theta^*=1.5$である。あるnについて負のπ_-が小さくなるほど、π_+の条件下でθ^*を達成するためにはpがより高くなる必要がある。また、あるπ_-についてnが小さくなるほど、π_+の条件下でθ^*を達成するためにはpがより高くなる必要がある。

スニペット 15.3 インプライドPrecisionを計算する

```
def binHR(sl,pt,freq,tSR):
  '''
  パラメータ{sl、pt、freq}によって特徴づけられる取引ルールを考え
  ると、シャープレシオtSRを達成するのに必要な最小Precision pは
  何か。
```

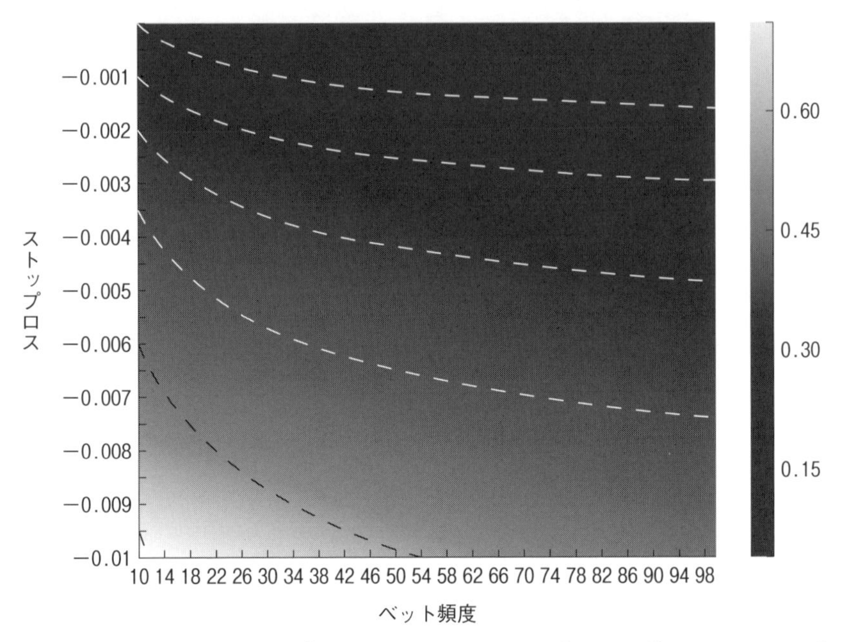

図15－2　$\pi_+=0.1$および$\theta^*=1.5$における、nおよびπ_-の関数としてのインプライドPrecisionのヒートマップ

```
    1)入力
    sl: 損失限定の閾値
    pt: 利益獲得の閾値
    freq: 1年当りのベット回数
    tSR: 年率ターゲットシャープレシオ
    2) 出力
    p: tSRを達成するのに必要な最小のPrecision  p
    '''
    a=(freq+tSR**2)*(pt-sl)**2
    b=(2*freq*sl-tSR**2*(pt-sl))*(pt-sl)
    c=freq*sl**2
    p=(-b+(b**2-4*a*c)**.5)/(2.*a)
    return p
```

スニペット15.4はベットのインプライド頻度nについて$\theta[p, n, \pi_-, \pi_+]$を解く。図15－3は、インプライド頻度を$p$と$\pi_-$の関数としてプロットしたもので、ここでは$\pi_+=0.1$ and $\theta^*=1.5$である。あるpについて負のπ_-が小さくなるほど、π_+の条件下でθ^*を達成するためにはnがより大きくなる必要がある。また、あるπ_-についてpが小さくなるほど、π_+の条件下でθ^*を達成するためにはnがより大きくなる必要がある。

スニペット 15.4　ベットのインプライド頻度の計算

```
def binFreq(sl,pt,p,tSR):
    '''
    パラメータ{sl,pt,freq}で特徴づけられる取引ルールを考えると、
    Precision p でシャープレシオ tSR を達成するのに必要なインプライ
    ド頻度(ベットの数/年)はいくらか。
    注意：無理方程式に対しては、無縁根のチェックが必要である。
```

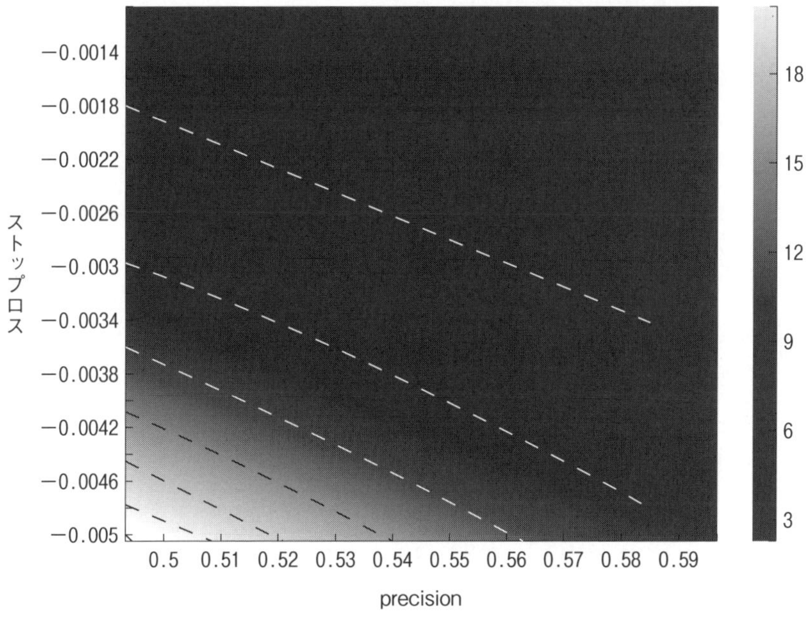

図15－3　$\pi_+=0.1$および$\theta^*=1.5$における、pとπ_-の関数としてのインプライド頻度のヒートマップ

```
1)入力
sl：ストップロス閾値
pt：利益獲得閾値
p：Precision p
tSR：目標年間シャープレシオ率
2)出力
freq：1年間に必要なベット数
'''
# 無縁根の可能性
freq=(tSR*(pt-sl))**2*p*(1-p)/((pt-sl)*p+sl)**2
if not np.isclose(binSR(sl,pt,freq,p),tSR):return
return freq
```

15.4 戦略的失敗の確率

上記の例では、パラメータ$\pi_-=-0.01$、$\pi_+=0.005$がポートフォリオマネージャーによって設定され、執行注文とともにトレーダーに渡される。パラメータ$n=260$もポートフォリオマネージャーによって設定され、こうしてポートフォリオマネージャーはベットするに値する投資機会を指定する。ポートフォリオマネージャーがコントロールできない2つのパラメータは、p（市場によって決定される）とθ^*（投資家によって設定された目標）である。pは未知であるため、期待値$\mathrm{E}[p]$を使って確率変数としてモデル化できる。戦略が目標シャープレシオθ^*を下回るpの値としてp_{θ^*}を定義する。すなわち、$p_{\theta^*}=\max\{p|\theta\leq\theta^*\}$である。上の式（またはスニペット15.3のbinHR関数）を使って、$p_{\theta^*=0}=\frac{2}{3}$、$p<p_{\theta^*=0}\Rightarrow\theta\leq 0$について解くことができる。これは、この戦略のリスクを浮き彫りにしている。pの比較的小さな低下（$p=0.7$から$p=0.67$）がすべての利益を一掃してしまうからである。たとえ保有する証券のリスクが高くないとしても、戦略は本質的に高リスクとなる。本章ではこの重要な違いをはっきりさせる。戦略リスクとポートフォリオリスクを混同してはならない。

ほとんどの企業や投資家はポートフォリオリスクのみを計算、監視、報告しており、それが戦略自体のリスクについてなんの情報も与えないことを認識していない。戦略リスクは、最高リスク責任者（CRO）が計算するようなポートフォリオに由来するリスクではない。戦略リスクは投資戦略が長期的にみて失敗に終わるリスクであり、最高投資責任者（CIO）にとってはるかに重要な問題である。「この戦略が失敗する可能性はどれくらいだろうか」という質問に回答することは、$\mathrm{P}\left[p<p_{\theta^*}\right]$を計算することと同じである。次のアルゴリズムは、戦略リスクを計算するのに役立つだろう。

15.4.1 アルゴリズム

本節では、$\mathrm{P}\left[p<p_{\theta^*}\right]$を計算する手順を説明する。時系列のベット結果$\left\{\pi_t\right\}_{t=1,\cdots,T}$を考えるとき、1番目に$\pi_-=\mathrm{E}\left[\left\{\pi_t \middle| \pi_t\leq 0\right\}_{t=1,\cdots,T}\right]$と、$\pi_+=\mathrm{E}\left[\left\{\pi_t \middle| \pi_t>0\right\}_{t=1,\cdots,T}\right]$を推定する。あるいは、$\left\{\pi_-, \pi_+\right\}$ はEF3Mアルゴリズムを使用して2つのガウス分布からなる混合分布をフィッティングして導き出すこともできる（López de Prado and Foreman[2014]）。2番目に、年間頻度nは、$n=\frac{T}{y}$で与えられる。ここで、yは、$t=1$と$t=T$の間に経過した年数である。3番目に、pの分布を次のようにブートストラップにより求める。:

① イテレーション$i=1,\cdots,I$に対して：

(a) $\left\{\pi_t\right\}_{t=1,\cdots,T}$から$\lfloor nk \rfloor$個のサンプルを復元抽出する。ここで、$k$は投資家が戦略を評価するために使用する年数（たとえば2年）である。これらの抽出したサンプルの集合を$\left\{\pi_j^{(i)}\right\}_{j=1,\cdots,\lfloor nk \rfloor}$とする。

(b) イテレーションiから観察されたPrecisionを$p_i=\frac{1}{\lfloor nk \rfloor}\left\|\left\{\pi_j^{(i)} \middle| \pi_j^{(i)}>0\right\}_{j=1,\cdots,\lfloor nk \rfloor}\right\|$として導出する。

② $\left\{p_i\right\}_{i=1,\cdots,I}$にカーネル密度推定量（KDE：Kernel Density Estimator）を適用して、$f[p]$で表されるpの確率密度関数（PDF）を近似する。

十分に大きいkに対しては、この第3のステップは$f[p]\sim N\left[\bar{p}, \bar{p}(1-\bar{p})\right]$として近似することができる。ここで、$\bar{p}=\mathrm{E}[p]=\frac{1}{T}\left\|\left\{\pi_t^{(i)} \middle| \pi_t^{(i)}>0\right\}_{t=1,\cdots,T}\right\|$である。4番目に、閾値$\theta^*$（失敗と成功を分けるシャープレシオ）を与えて、$p_{\theta^*}$を導き出す（15.4節参照）。5番目に、戦略リスクは$\mathrm{P}\left[p<p_{\theta^*}\right]=$

$\int_{-\infty}^{p_{\theta^*}} f[p]dp$ として計算される。

15.4.2 実　装

スニペット15.5にこのアルゴリズムの1つの可能な実装を載せた。通常、$P\left[p<p_{\theta^*}\right]>0.05$ の戦略はリスクが高すぎるため、たとえボラティリティの低い証券に投資する戦略であっても無視する。その理由は、たとえその戦略が大きな損失を出していなくても、その戦略の目標を達成するのに失敗する可能性が高すぎるからである。これを現実に実装するためには、戦略開発者は p_{θ^*} を減らす方法を見つけなければない。

スニペット 15.5 実務における戦略的リスクの計算

```
import numpy as np,scipy.stats as ss
#———————————————————————————————————————
def mixGaussians(mu1,mu2,sigma1,sigma2,prob1,nObs):
  #混合ガウスからランダムに抽出
  ret1=np.random.normal(mu1,sigma1,size=int(nObs*prob1))
  ret2=np.random.normal(mu2,sigma2,size=int(nObs)-ret1.shape
  [0])
  ret=np.append(ret1,ret2,axis=0)
  np.random.shuffle(ret)
  return ret
#———————————————————————————————————————
def probFailure(ret,freq,tSR):
  #戦略が失敗する可能性がある確率を導き出す
  rPos,rNeg=ret[ret>0].mean(),ret[ret<=0].mean()
  p=ret[ret>0].shape[0]/float(ret.shape[0])
  thresP=binHR(rNeg,rPos,freq,tSR)
  # ブートストラップのための近似
  risk=ss.norm.cdf(thresP,p,p*(1-p))
  return risk
```

```
#-----------------------------------------------------------------------
def main():
  #1) パラメータ
  mu1,mu2,sigma1,sigma2,prob1,nObs=.05,-.1,.05,.1,.75,2600
  tSR,freq=2.,260
  #2) 混合ガウスからサンプルを生成
  ret=mixGaussians(mu1,mu2,sigma1,sigma2,prob1,nObs)
  #3) 失敗確率の計算
  probF=probFailure(ret,freq,tSR)
  print 'Prob strategy will fail',probF
  return
#-----------------------------------------------------------------------
if __name__=='__main__':main()
```

このアプローチは、確率的シャープレシオ（PSR）といくつかの類似点がある（第14章、およびBailey and López de Prado[2012, 2014]を参照）。PSRは、正規分布に従わないリターンのもとで真のシャープレシオが特定の閾値を超える確率を導き出している。同様に本章で紹介した方法は、非対称の2項分布の結果に基づいて戦略が失敗に終わる確率を導き出す。これらの主な違いは、PSRはパラメータがポートフォリオマネージャーの管理下であるか管理外かを区別しないものであったのに対し、本章で紹介した方法は、管理下のパラメータ $\left(\{\pi_-, \pi_+, n\}\right)$ に基づいてポートフォリオマネージャーが戦略の実行可能性を調べられることにある。これは、取引戦略の設計をするとき、または実行可能性の評価をするときに役立つ。

練習問題

15.1 あるポートフォリオマネージャーは、年間シャープレシオの目標を2とする戦略を立ち上げるつもりでいる。ベットは毎週の頻度で、precisionは60%である。終了条件は、利益確定については2%、ストップロスについても2%とする。

(a)　この戦略は実行可能か。

(b)　他の条件が同じならば、戦略を収益性のあるものにするために必要な precision はいくらか。

(c)　ベットの頻度がいくらならば目標は達成可能か。

(d)　利益確定の閾値をいくらにすると目標は達成可能か。

(e)　代替的なストップロスの閾値はいくらか。

15.2　戦略は練習問題15.1の条件を引き継ぐものとする。

(a)　各パラメータの1%の変化に対するシャープレシオの感応度はいくらか。

(b)　感応度が以上のとおり与えられるとする。またすべてのパラメータは改善するのが同等に困難であるとする。このとき、どのパラメータを改善すると最も収益改善に貢献するか。

(c)　練習問題15.1のパラメータのいずれかを変更すると、他のパラメータに影響を与えるか。たとえば、ベットの頻度を変更すると、precision などが変わるか。

15.3　2年間で毎月ベットし、リターンが2つのガウス分布からなる混合分布に従うという戦略を考える。1つ目は平均が−0.1、標準偏差が0.12であり、2つ目は平均が0.06、標準偏差が0.03とする。リターンが1つ目の分布から生じる確率は0.15とする。

(a)　López de Prado and Peijan [2004] および López de Prado and Foreman [2014] を参照し、この2つのガウス分布からなる混合分布に従うリターンの最初の4つのモーメントを導出せよ。

(b)　年率換算シャープレシオはいくらか。

(c)　上で求めたモーメントを使って PSR [1] を計算せよ（第14章参照）。95%の信頼水準でこの戦略は棄却されるか。

15.4　スニペット15.5を使用して、練習問題15.3で扱った戦略に対して $\mathrm{P}\left[p<p_{\theta^*=1}\right]$ を計算せよ。有意水準0.05でこの戦略は棄却されるか。この結果は $PSR[\theta^*]$ と一致するか。

15.5　一般的には、$PSR[\theta^*]$ または $\mathrm{P}\left[p<p_{\theta^*=1}\right]$ のどちらがより正確であると思うか。これら2つの方法はどのように相補的か。

15.6 本章で学んだことをふまえて、第13章の結果をもう１度調べよ。

(a) 最適取引ルール（OTR）における利益獲得とストップロスの閾値の間の非対称性は意味をなすか。

(b) ベットが毎日の頻度のとき、図13－1におけるインプライド precision p の範囲はいくらか。

(c) ベットが毎週の頻度のとき、図13－5におけるインプライド precision p の範囲はいくらか。

◆引用文献

Bailey, D. and M. López de Prado (2014): "The deflated Sharpe ratio: Correcting for selection bias, backtest overfitting and non-normality." *Journal of Portfolio Management*, Vol. 40, No. 5. Available at https://ssrn.com/abstract=2460551.

Bailey, D. and M. López de Prado (2012): "The Sharpe ratio efficient frontier." *Journal of Risk*, Vol. 15, No. 2, pp. 3–44. Available at https://ssrn.com/abstract=1821643.

López de Prado, M. and M. Foreman (2014): "A mixture of Gaussians approach to mathematical portfolio oversight: The EF3M algorithm." *Quantitative Finance*, Vol. 14, No. 5, pp. 913–930. Available at https://ssrn.com/abstract=1931734.

López de Prado, M. and A. Peijan (2004): "Measuring loss potential of hedge fund strategies." *Journal of Alternative Investments*, Vol. 7, No. 1 (Summer), pp. 7–31. Available at http://ssrn.com/abstract=641702.

第16章

機械学習による アセットアロケーション

16.1 はじめに

本章では階層的リスクパリティ（HRP）アプローチを紹介する[1]。HRPポートフォリオは、２次最適化法全般、特にハリー・マーコウィッツのクリティカルラインアルゴリズム（CLA）に関する３つの主要な懸案事項、すなわち、不安定性、集中性、アンダーパフォーマンスに対処する。HRPは、共分散行列に含まれる情報に基づいて、分散されたポートフォリオを構築するために現代数学（グラフ理論と機械学習技術）を応用している。ただし、２次最適化法とは異なり、HRPは共分散行列の正則性を必要としていない。実際、HRPは、悪条件の（ill-conditioned）共分散行列、あるいは非正則な（特異、singular）共分散行列に対してでさえポートフォリオを計算することができる。これは、２次最適化法では不可能な芸当である。モンテカルロ実験によると、たとえ最小分散がCLAの最適化の目的関数であっても、HRPのほうがアウトオブサンプルにおいてより小さい分散を提供することが示されている。つまり、HRPは従来のリスクパリティ法と比較して、アウトオブサンプルでリスクの少ないポートフォリオを作成することになる。ヒストリカルな分析では標準的なアプローチと比べて、HRPがよりよく機能することが示されてきた（Kolanovic et al.[2017]、Raffinot[2017]）。HRP

1　本章の縮約版は the *Journal of Portfolio Management,* Vol. 42, No. 4, pp. 59–69, Summer of 2016に掲載されている。

の実務的な利用法の1つは、多数の機械学習戦略にまたがるアロケーションを決定することにある。

16.2 ポートフォリオの凸最適化に伴う問題

ポートフォリオの構築は、ファイナンスの世界においておそらく最も頻発する問題である。投資マネージャーは日常的にリスクとリターンに関する自身の見解と予想を組み入れたポートフォリオを構築しなければならない。これが、60年以上前に当時24歳のハリー・マーコウィッツが解こうとした最初の問題である。彼の歴史的な洞察は、さまざまなリスク水準はリスク調整ずみリターンという観点から異なる最適ポートフォリオに関連づけられていることを示したことである。すなわち「効率的フロンティア」の概念（Markowitz[1952]）である。これが指し示していることは、期待リターンの最も高い投資対象に全資産を割り当てることが最適となることはめったにないということである。それよりも、候補となる投資対象の互いの相関を考慮に入れて、分散化されたポートフォリオを構築すべきなのである。

1954年にPh.Dを取得する前に、マーコウィッツはランド研究所で働くために学術界を去った。そこで、彼はCLAを発展させることになった。CLAは特に不等式制約付きポートフォリオ最適化問題のために設計された2次最適化手法である。このアルゴリズムは、正確な解が既知の反復の回数によって見つかることを保証し、そしてカルーシュ・クーン・タッカー（Karush-Kuhn-Tucker）条件を上手く回避するという点で注目に値する（Kuhn and Tucker[1951]）。このアルゴリズムのオープンソースの実装と詳細は、Bailey and López de Prado[2013]で見つけることができる。驚くべきことに、ほとんどの金融実務家はいまだにCLAを知らないようであり、汎用的な2次計画法が、しばしば正しい解もしくは停止時間を保証しないにもかかわらず、これに頼っているようである。

マーコウィッツ理論の明敏さにもかかわらず、いくつかの実用上の問題がCLAによる解法の信頼性を多少損ねているのである。主な注意点としては、リターン予測におけるわずかな変動により、CLAがまったく異なるポートフォリオをつくりだすことである（Michaud[1998]）。リターンが十分な精度で予想できることはめったにないため、多くの研究者は予測精度向上の努力を諦め、共分散行列に焦点をあわせることを選んだ。これはリスクベースのアプローチにつながっており、その最たる例が“リスクパリティ”である（Jurczenko[2015]）。このようにリターンの予測を諦めたことは、不安定性の問題を改善しはしたが、問題そのものを防ぐことはできなかった。その理由は２次計画法が正定値共分散行列（すべての固有値は正でなければならない）の逆行列を必要とするためである。この逆行列は共分散行列が数値計算的に悪条件、すなわち、条件数が大きいときに大きな誤差を発生させることになる（Bailey and López de Prado[2012]）。

16.3　マーコウィッツの呪い

共分散行列、相関係数行列（もしくは正規、したがって対角化可能行列）の条件数は最大固有値と最小固有値の比の絶対値である。図16－１はいくつかの相関係数行列についてソートした固有値をプロットしたものであり、条件数は各線分の最初の値と最後の値の比である。この数は対角相関係数行列に対して最小になり、このとき逆行列は自分自身となる。ここで、相関性のある（多重共線性をもつ）投資対象を追加すると条件数は増加する。ある時点で、条件数は非常に多くなり、数値誤差が逆行列を非常に不安定にする。要素の小さな変化がまったく異なる逆行列を導くのである。これがマーコウィッツの呪いである。すなわちこの場合、投資対象が高い相関をもてばもつほど、つまり分散化へのニーズが高まれば高まるほど、ますます不安定な解を得る可能性が高くなる。この推定誤差は、しばしば分散化による便益で相殺される以上のものになる。

各共分散係数はより少ない自由度で推定されることから、共分散行列のサイズの増加は問題を悪化させるだけである。一般的に、サイズNの正則な共分散行列を推定するためには独立同分布（IID）に従う観測値が少なくとも$\frac{1}{2}N(N+1)$個必要である。たとえば、サイズ50の正則な共分散行列の推定では少なくとも５年のIIDデータを必要とする。ほとんどの投資家が知っ

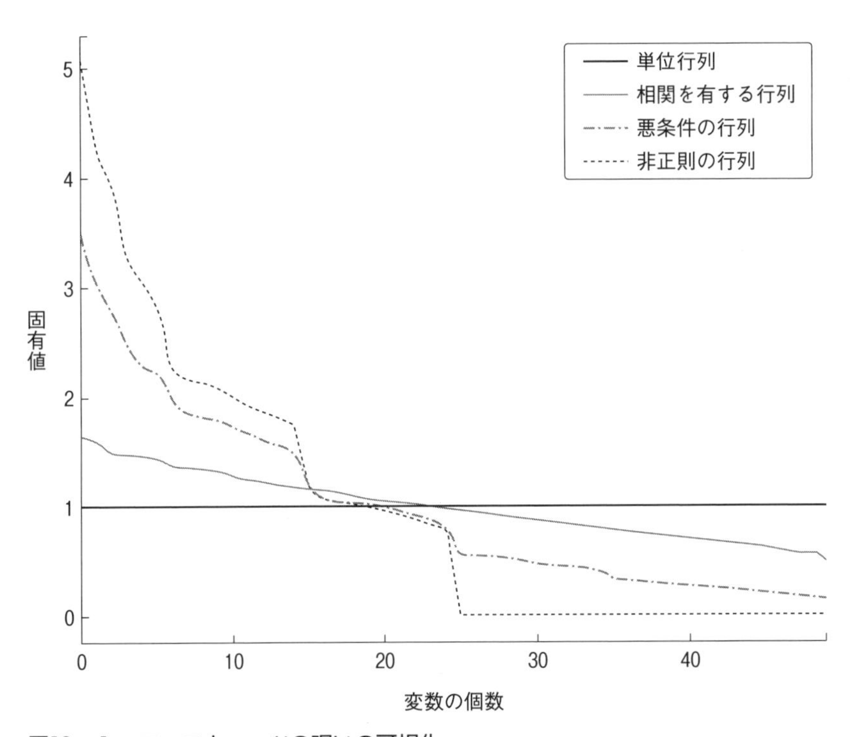

図16－1　マーコウィッツの呪いの可視化
対角相関係数行列は最小条件数をもつ。相関をもつ投資対象を追加すると、最大固有値はより大きくなり最小固有値はより小さくなる。条件数はすぐに上昇し、不安定な逆相関係数行列を導く。ある時点で、推定誤差は分散化の便益で相殺されるもの以上になる。

ているように、相関構造はそのような長期間にわたって合理的な信頼水準で安定していることはない。アウトオブサンプルにおいて、単純（等ウェイト）ポートフォリオであっても平均分散やリスクベースの最適化ポートフォリオを上回ることが示されるという事実が、この挑戦の厳しさを象徴している（De Miguel et al.[2009]）。

16.4　幾何学的関係から階層的関係へ

Kolm et al.[2014]が注意深く実証しているように、近年これらの不安定性に対する懸念が非常に注目を集めている。ほとんどの代替案は、追加の制約条件を組み込むことによりロバスト性を達成しようとするか（Clarke et al.[2002]）、ベイジアン事前分布（Baysian priors）（Black and Litterman [1992]）を導入するか、あるいは共分散行列の数値的安定性を向上する（Ledoit and Wolf[2003]）ことを試みている。

これまでに議論したすべての方法は、近年発表されたにもかかわらず、数学の（非常に）古典的な領域である幾何学、線形代数学、微分積分学から導かれている。相関係数行列は線形代数の対象でありリターン系列で形成されるベクトル空間の2つのベクトルの間の角度のコサインを計測している。（Calkin and López de Prado[2014a, 2015b]を参照のこと）。2次最適化法が不安定な理由の1つはベクトル空間が完全（完全接続）グラフとしてモデル化されることにある。ここでは、すべてのノードは他のノードに置き換えられる可能性がある。アルゴリズム的解釈では、逆行列をとることは完全グラフ全体での偏相関を評価することである。図16－2(a)は50×50の共分散行列により示された関係を可視化しており、50個のノードと1,225本のエッジからなる。この複雑な構造が小さな推定誤差を拡大し、誤った解を導くことになる。直観的にもわかることだが、不必要なエッジは落とすほうが望ましいだろう。

このような位相構造の実質的な意味を少し考えてみよう。数百の株式、債券、ヘッジファンド、不動産、私募投資案件などを含む分散化された証券ポートフォリオを構築したい投資家を考える。このなかには互いに近い関係にある投資対象があり、あるいは互いに補完的な関係にある投資対象もある。たとえば、株式は流動性、サイズ、業種、そして地域でグループ化できる。ここで、与えられたグループの範囲内の株式はその配分を競うことになる。JPモルガンのように巨大な米国上場の金融株式への配分を決定する際には、スイスの小さな地方銀行もしくは、カリブ海の不動産よりも、ゴールドマン・サックスのような別の巨大な米国上場の銀行への配分を増加させるか減少させるかを考えることになる。しかし、相関係数行列においては、すべての投資対象は互いに潜在的な代替物として扱われる。言い換えれば、相関係数行列は階層の概念を欠いていることになる。階層構造の欠如によって、意図しないかたちで自由にウェイトが変動してしまい、これがCLAの不安定性の根本的原因となる。図16－2(b)はツリーとして知られる階層的構造を可視化したものである。ツリー構造は次の2つの望ましい特徴を導いている。①N個のノードを接続するために$N-1$個のエッジしかもたないので、ウェイトはさまざまな階層レベルでのピアグループ間でのみリバランスされる。②ウェイトはトップダウンで分配され（たとえば、アセットクラスからセクター、個々の証券へと）、これはアセットマネージャーがポートフォリオを構築する際の手順と同じである。これらの理由により、階層構造は安定しているのみならず、直観に沿った結果を与えるようにうまく設計されている。

本章では現代数学、つまり、グラフ理論と機械学習を用いてCLAの落とし穴に対処する新しいポートフォリオ構築法を学ぶ。この階層的リスクパリティ法は、共分散行列の正定値性や逆行列を要求することなくそれ自身に含まれる情報のみを用いている。HRPは非正則（特異）な共分散行列に基づくポートフォリオでさえ計算できる。アルゴリズムは3つの段階で動作する。すなわち、ツリークラスタリング、準対角化、再帰的二分である。

16.4.1 ツリークラスタリング

T期間のN変数のリターン系列のような、$T\times N$の観測値行列Xを考える。ここでは配分がツリーグラフの下流のほうへ流れるように、クラスターの階層的構造へそれらのN列ベクトルを再構成したい。

最初に、$\rho=\{\rho_{i,j}\}_{i,j=1,\cdots,N}$を要素にもつ$N\times N$相関係数行列を計算する。ここで、$\rho_{i,j}=\rho[X_i, X_j]$である。そして$d:(X_i, X_j)\subset B\rightarrow \mathrm{R}\in[0, 1]$, $d_{i,j}=d[X_i, X_j]=\sqrt{\frac{1}{2}(1-\rho_{i,j})}$、であるような距離測度$d$を定義する。ここで$B$は$\{1,\cdots,i,\cdots,N\}$の要素のデカルト積（直積）である。これにより$N\times N$の距離行列$D=\{d_{i,j}\}_{i,j=1,\cdots,N}$が得られる。行列$D$は、$d[x, y]\geq 0$（非負性）、$d[X, Y]=0\Leftrightarrow X=Y$（一致性）、$d[X, Y]=d[Y, X]$（対称性）、$d[X, Z]\leq d[X, Y]+d[Y, Z]$（劣加法性）という意味で、適切な距離空間である（証明はAppendix16.A.1を参照のこと）。例16－1をご覧いただきたい。

図16－2　完全グラフ(a)とツリーグラフ(b)の構造

相関係数行列は完全グラフとして表現され、階層の概念を欠いている。つまり、それぞれの投資対象はそれ以外のもので代替可能である。対照的に、ツリー構造は階層的関係を含んでいる。

$$\{\rho_{i,j}\} = \begin{bmatrix} 1 & .7 & .2 \\ .7 & 1 & -.2 \\ .2 & -.2 & 1 \end{bmatrix} \rightarrow \{d_{i,j}\} = \begin{bmatrix} 0 & .3873 & .6325 \\ .3873 & 0 & .7746 \\ .6325 & .7746 & 0 \end{bmatrix}$$

例16－1　相関係数行列ρを距離行列Dとしてエンコーディング

第二に、Dの任意の2つの列ベクトルのユークリッド距離を計算する。すなわち、$\tilde{d}:(D_i, D_j) \subset B \rightarrow \mathrm{R} \in [0, \sqrt{N}]$、$\tilde{d}_{i,j} = \tilde{d}[D_i, D_j] = \sqrt{\sum_{n=1}^{N}(d_{n,i} - d_{n,j})^2}$。

距離測度$d_{i,j}$と$\tilde{d}_{i,j}$の間の違いに注意すること。$d_{i,j}$はXの列ベクトルの距離として定義される一方で$\tilde{d}_{i,j}$はDの列ベクトルの距離として定義される（距離の距離である）。したがって$\tilde{d}$は、各$\tilde{d}_{i,j}$が（ある特定の相互相関ペアというよりむしろ）相関係数行列全体の関数となるため、全距離空間D上で定義される距離である。例16－2を参照のこと。

$$\{d_{i,j}\} = \begin{bmatrix} 0 & .3873 & .6325 \\ .3873 & 0 & .7746 \\ .6325 & .7746 & 0 \end{bmatrix} \rightarrow \{\tilde{d}_{i,j}\}_{i,j=\{1,2,3\}} = \begin{bmatrix} 0 & .5659 & .9747 \\ .5659 & 0 & 1.1225 \\ .9747 & 1.1225 & 0 \end{bmatrix}$$

例16－2　相関距離のユークリッド距離

第三に、$(i^*, j^*) = \mathrm{argmin}(i, j)_{i \neq j}\{\tilde{d}_{i,j}\}$となるような列のペア$(i^*, j^*)$をクラスターにまとめ、このクラスターを$u[1]$で示す。例16－3を参照のこと。

$$\{\tilde{d}_{i,j}\}_{i,j=\{1,2,3\}} = \begin{bmatrix} 0 & .5659 & .9747 \\ .5659 & 0 & 1.1225 \\ .9747 & 1.1225 & 0 \end{bmatrix} \rightarrow u[1] = (1, 2)$$

例16－3　クラスタリング

第四に、新しく形成されたクラスター$u[1]$と単一の（クラスター化されていない）要素の間の距離を定義することにより、$\{\tilde{d}_{i,j}\}$を更新する。階層的なクラスタリング分析において、これは“リンケージ基準”として知られる。たとえば、$\tilde{d}$の要素iと新たなクラスター$u[1]$の間の距離を$\dot{d}_{i,u[1]}=\min\left[\{\tilde{d}_{i,j}\}_{j\in u[1]}\right]$として定義することができる（最近傍点アルゴリズム）。例16－4を参照のこと。

$$u[1]=(1,2)\rightarrow\{\dot{d}_{i,u[1]}\}=\begin{bmatrix}\min[0,.5659]\\\min[.5659,0]\\\min[.9747,1.1225]\end{bmatrix}=\begin{bmatrix}0\\0\\.9747\end{bmatrix}$$

例16－4　新しいクラスターuで行列$\{\tilde{d}_{i,j}\}$を更新

第五に、$\{\tilde{d}_{i,j}\}$に$\dot{d}_{i,u[1]}$を付け加え、クラスター化された列および行$j\in u[1]$を削除することにより更新する。例16－5を参照のこと。

$$\{\tilde{d}_{i,j}\}_{i,j=\{1,2,3,4\}}=\begin{bmatrix}0&.5659&.9747&0\\.5659&0&1.1225&0\\.9747&1.1225&0&.9747\\0&0&.9747&0\end{bmatrix}$$

$$\{\tilde{d}_{i,j}\}_{i,j=\{3,4\}}=\begin{bmatrix}0&.9747\\.9747&0\end{bmatrix}$$

例16－5　新しいクラスターuで行列$\{\tilde{d}_{i,j}\}$を更新

第六に、ステップ3、4、5を再帰的に適用すると、そのような$N-1$個のクラスターを行列Dに追加できる。この時点で、最後のクラスターはすべての元の要素を含んでおり、クラスタリングのアルゴリズムは停止する。例16－6を参照のこと。

$$\{\tilde{d}_{i,j}\}_{i,j=\{3,4\}}=\begin{bmatrix}0&.9747\\.9747&0\end{bmatrix}\rightarrow u[2]=(3,4)\rightarrow\text{Stop}$$

例16－6　再帰的に残りのクラスターを探索

図16－3はこの例の各反復で形成されたクラスターと、すべてのクラスター（ステップ3）がもたらした距離$\tilde{d}_{i^*,j^*}$を示している。この手続は、本章で説明したもの以外でも、さまざまな距離測度$d_{i,j}$、$\tilde{d}_{i,j}$、$\dot{d}_{i,u}$に適用でき

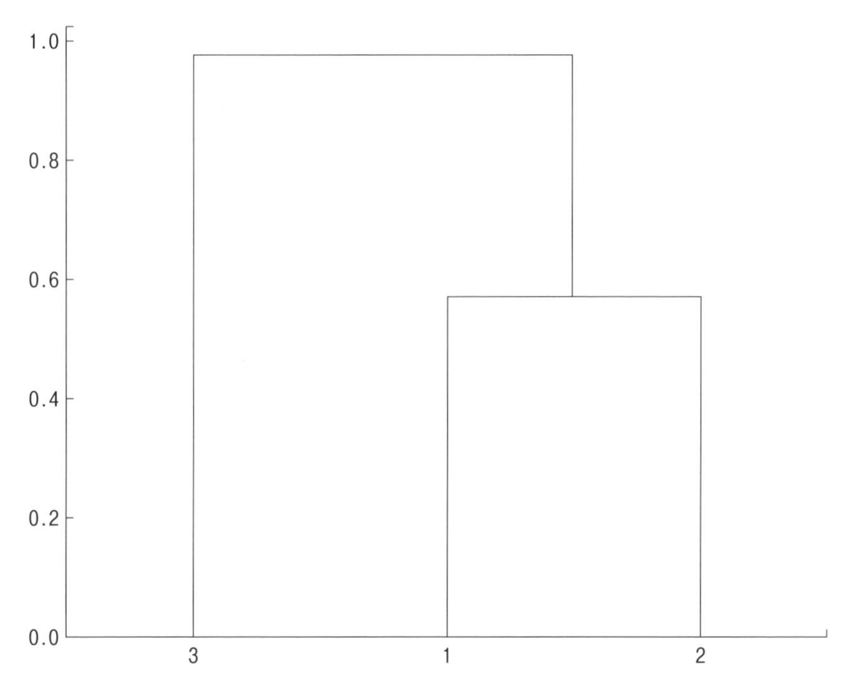

図16－3　クラスター形成の結果

今回の数値例から求められたツリー構造が、ここにデンドログラムとしてプロットされている。y 軸は 2 枚の結合する葉の間の距離を計測している。

る。その他の距離測度については、SciPy ライブラリのアルゴリズムと同様に Rokach and Maimon[2005]を、フィドラーのベクトルおよびスチュワートのスペクトルクラスタリング法に関する議論については Brualdi[2010]の議論を参照のこと。

スニペット 16.1　SciPy 機能を使ったツリークラスタリング

```
import scipy.cluster.hierarchy as sch
import numpy as np
import pandas as pd
cov,corr=x.cov(),x.corr()
dist=((1-corr)/2.)**.5 # 距離行列
link=sch.linkage(dist,'single') # リンケージ行列
```

この段階で、$Y=\{(y_{m,1}, y_{m,2}, y_{m,3}, y_{m,4})\}_{m=1,\cdots,N-1}$（すなわち、クラスターごとに１つの４-タプル）構造の（$N-1$）×４の行列としてリンケージ行列が得られる。要素（$y_{m,1}, y_{m,2}$）はクラスターの構成要素のインデックスを示す。要素$y_{m,3}$は$y_{m,1}$と$y_{m,2}$の距離、すなわち$y_{m,3}=\tilde{d}_{y_{m,1}, y_{m,2}}$を示す。要素$y_{m,4} \leq N$はクラスター$m$に含まれる元の要素の数を示す。

16.4.2 準対角化（Quasi-Diagonalization）

第２段階では、最大値が対角上に並ぶように共分散行列の行と列を再編成する。この（基底の変換を必要としない）共分散行列の準対角化により、有益な性質が得られる。すなわち、同質の投資対象は近くに配置され、同質でない投資対象はばらばらに配置される（たとえば、図16－５、図16－６を参照のこと）。アルゴリズムは次のように機能する。リンケージ行列の各行は２つのエッジを１つに結合することがわかっている。クラスターがなくなるまで、（$y_{N-1,1}, y_{N-1,2}$）のクラスターをそれぞれの構成要素で再帰的に置き換える。これらの置換えはクラスタリングの順序を保存する。出力は元の（クラスター化されていない）要素のソートされたリストである。このロジックはスニペット16.2に実装されている。

スニペット 16.2 準対角化

```
def getQuasiDiag(link):
  # クラスタリングされた要素を距離でソートする
  link=link.astype(int)
    sortIx=pd.Series([link[-1,0],link[-1,1]])
    numItems=link[-1,3] # 元の要素数
    while sortIx.max()>=numItems:
    sortIx.index=range(0,sortIx.shape[0]*2,2) # スペースの確保
    df0=sortIx[sortIx>=numItems] # クラスターの検索
    i=df0.index;j=df0.values-numItems
    sortIx[i]=link[j,0] # 要素1
    df0=pd.Series(link[j,1],index=i+1)
    sortIx=sortIx.append(df0) # 要素2
```

```
    sortIx=sortIx.sort_index() # 再ソート
    sortIx.index=range(sortIx.shape[0]) # インデックスの再作成
  return sortIx.tolist()
```

16.4.3 再帰的二分（Recursive Bisection）

第2段階で、準対角化行列を作成した。対角な共分散行列に対しては、分散の逆数に基づいた資産配分が最適解となる（証明はAppendix16.A.2を参照のこと）。ここではこの性質を2つの異なる方法で利用する。①ボトムアップ：隣接するサブセットの分散を逆分散配分の分散として定義する。②トップダウン：これらの集約された分散に反比例するかたちで隣接するサブセット間の配分を分割する。次のアルゴリズムはこの考えを定式化している。

1. 以下のように初期化する。
   (a) 要素のリストの設定：$L=\{L_0\}$、$L_0=\{n\}_{n=1,\cdots,N}$
   (b) 全要素に1単位のウェイトを割当て：$w_n=1$、$\forall n=1,\cdots,N$
2. $\forall L_i \in L$ に対して $|L_i|=1$ ならば停止
3. $|L_i|>1$ を満たす各 $L_i \in L$ に対して
   (a) L_i を2つの部分集合 $L_i^{(1)} \cup L_i^{(2)} = L_i$ に二分する。ここで、$\left|L_i^{(1)}\right| = \mathrm{int}\left[\frac{1}{2}|L_i|\right]$ であり、順序は保存される。
   (b) $L_i^{(j)}, j=1, 2$ の分散を2次形式 $\tilde{V}_i^{(j)} \equiv \tilde{w}_i^{(j)\prime} V_i^{(j)} \tilde{w}_i^{(j)}$ で定義する。ここで、$V_i^{(j)}$ は $L_i^{(j)}$ 2分の構成要素間の共分散行列であり、$\tilde{w}_i^{(j)} = \mathrm{diag}\left[V_i^{(j)}\right]^{-1} \dfrac{1}{\mathrm{tr}\left[\mathrm{diag}\left[V_i^{(j)}\right]^{-1}\right]}$、ここで diag[.] と tr[.] は対角オペレーターとトレースオペレーターである。
   (c) $0 \leq \alpha_i \leq 1$ となるような分割係数：$\alpha_i = 1 - \dfrac{\tilde{V}_i^{(1)}}{\tilde{V}_i^{(1)} + V_i^{(2)}}$ を計算する。
   (d) $\forall n \in L_i^{(1)}$ に対して、ウェイト w_n を係数 α_i で再ウェイトする。
   (e) 係数（$1-\alpha_i$），$\forall n \in L_i^{(2)}$ に対して、ウェイト w_n を係数（$1-\alpha_i$）で再ウェイトする。

4. ステップ2へ戻る。

ステップ3bは、逆分散重み付け $\tilde{w}_i^{(j)}$を使用して区分 $L_i^{(j)}$の分散を定義することにより、準対角化をボトムアップで活用する。ステップ3cは、クラスターの分散に反比例するかたちでウェイトを分割することにより、準対角化をトップダウンで活用する。このアルゴリズムは $0 \leq w_i \leq 1$, $\forall i=1, \cdots, N$, および $\sum_{i=1}^{N} w_i = 1$ であることを保証する。これは、各反復において、より高い階層レベルから受け取ったウェイトを分割しているためである。ユーザーの選好に応じてステップ3c、3d、3eの等式を置き換えることにより、この段階において容易に制約条件を導入できる。第3段階はスニペット16.3で実装されている。

スニペット 16.3 再帰的二分

```
def getRecBipart(cov,sortIx):
  # HRPによる資産配分を計算
  w=pd.Series(1,index=sortIx)
  cItems=[sortIx] # 全要素を1つのクラスターで初期化
  while len(cItems)>0:
    cItems=[i[j:k] for i in cItems for j,k in ((0,len(i)/2),\
      (len(i)/2,len(i))) if len(i)>1] # 2分割
    for i in xrange(0,len(cItems),2): # ペアごとに展開
      cItems0=cItems[i] # クラスター1
      cItems1=cItems[i+1] # クラスター2
      cVar0=getClusterVar(cov,cItems0)
      cVar1=getClusterVar(cov,cItems1)
      alpha=1-cVar0/(cVar0+cVar1)
      w[cItems0]*=alpha # ウェイト1
      w[cItems1]*=1-alpha # ウェイト2
  return w
```

これでHRPアルゴリズムの最初の説明を終える。このアルゴリズムは、配分問題を、最善の場合は決定論的対数時間 $T(n)=O(\log_2[n])$で、最悪の場合は決定論的線形時間 $T(n)=O(n)$で解くことができる。次に、これま

でに学んだことを実践し、その方法の精度をアウトオブサンプルで評価する。

16.5 数値例

(10,000×10) 次元の観測値行列をシミュレーションで作成することから始める。相関係数行列は図16－4にヒートマップとして可視化されている。図16－5は結果のクラスターのデンドログラム（第1段階）を示している。図16－6は、識別されたクラスターごとにブロック状に再編成された同じ相関行列を示している（第2段階)。Appendix16.A.3はこの数値例を生成するために用いたコードを提供している。

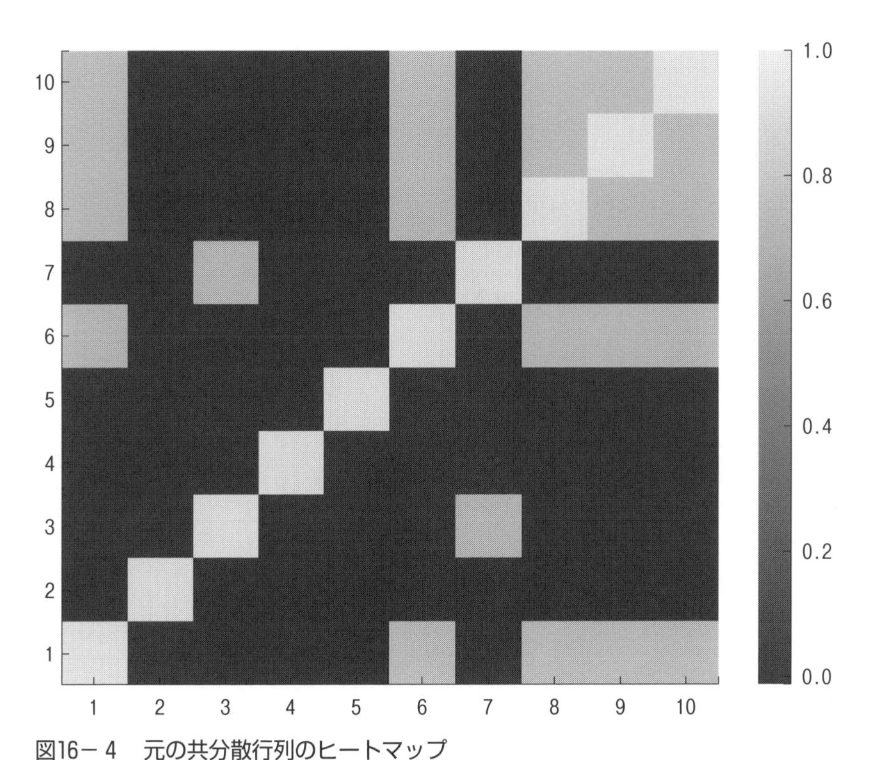

図16－4　元の共分散行列のヒートマップ

この相関係数行列はスニペット16.4の関数`generateData`を用いて計算した(Appendix16.A.3を参照のこと)。後半の5列は、前半の5列のどれかと部分的に相関している。

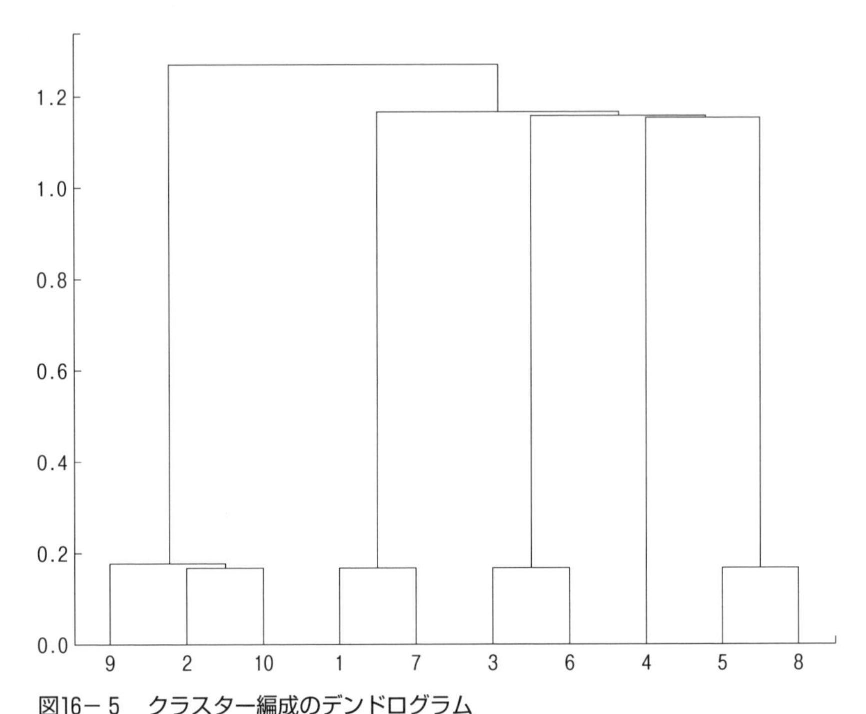

図16－5　クラスター編成のデンドログラム

クラスタリング手順は、系列9と10が系列2に近いことを正しく識別しているので、(9, 2, 10) は一緒に分類されている。同様に、7は1に近く、6は3に近く、8は5に近い。近い系列をもたない唯一の元系列は4で、クラスタリングアルゴリズムが類似性を検出しなかった系列である。

このランダムなデータ上で、HRPによる資産配分を計算し（第3段階）、それらを次の2つの競合する手法からの配分と比較する。①CLAの最小分散ポートフォリオ（リターンの平均に依存しない効率的フロンティア上の唯一のポートフォリオ）により与えられる2次最適化、および、②逆分散ポートフォリオ（IVP）で例示される従来のリスクパリティ。CLAの広範な実装についてはBailey and López de Prado[2013]、IVPの導出についてはAppendix16.A.2を参照のこと。ここでは標準的な制約 $0 \leq w_i \leq 1$（非負性）、$\forall i = 1, \cdots, N$ および $\sum_{i=1}^{N} w_i = 1$（フルインベストメント）を適用する。なお、この例では共分散行列の条件数は150.9324で特に高いわけではなく、したがってCLAにとって不利ではない。

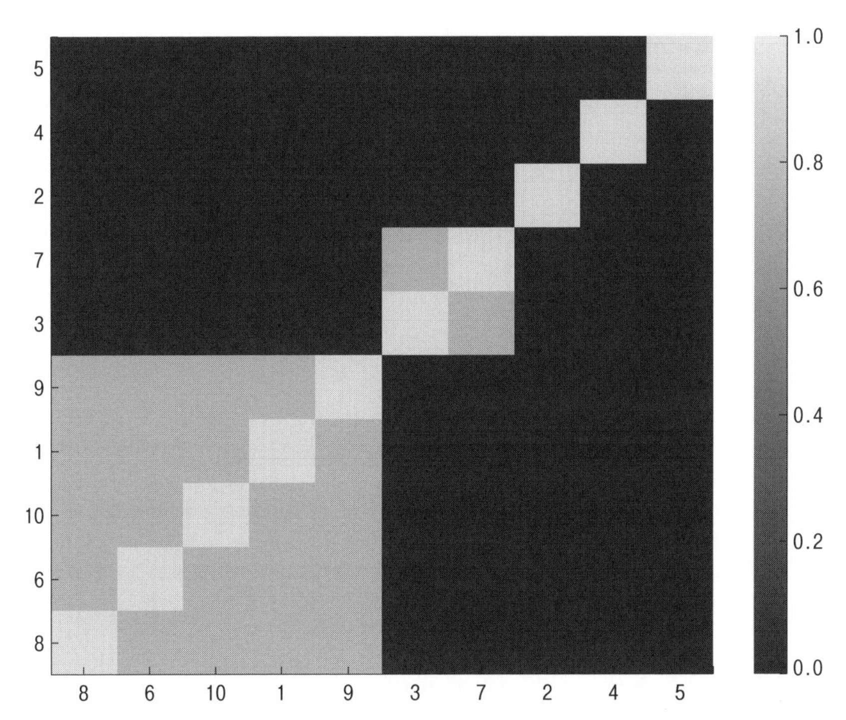

図16－6　クラスタリングされた共分散行列

最大値が対角線上に並べられているという意味で、第2段階では共分散行列を準対角化している。しかし、PCAや同様の手順と異なり、HRPは基底の変換を要求しない。HRPは元の投資対象を扱いながら、配分問題をロバストに解くことができる。

表16－1の配分から、いくつかの定型的な特徴を理解することができる。まず、CLAはウェイトの92.66%が保有する投資対象の上位5つに集中する一方で、HRPは62.57%のみ集中している。第二に、CLAは3つの投資対象に対してゼロウェイトを割り当てる（$0 \leq w_i$ 制約なしでは配分は負になったであろう）。第三に、HRPは、CLAの集中した解と従来のリスクパリティのIVPの配分の間で折衷点を見出しているようである。読者はAppendix16.A.3のコードを実行して、これらの発見が別の共分散行列に対して、一般的に満たされることを検証できる。

CLAによる極端な集中をもたらすものはポートフォリオのリスクを最小化するという目的である。それにもかかわらず、2つのポートフォリオの標

表16－1　3つのアロケーションの比較

Weight #	CLA	HRP	IVP
1	14.44%	7.00%	10.36%
2	19.93%	7.59%	10.28%
3	19.73%	10.84%	10.36%
4	19.87%	19.03%	10.25%
5	18.68%	9.72%	10.31%
6	0.00%	10.19%	9.74%
7	5.86%	6.62%	9.80%
8	1.49%	9.10%	9.65%
9	0.00%	7.12%	9.64%
10	0.00%	12.79%	9.61%

検討した3つの手法の特徴的な結果について。CLAは少数の投資対象にウェイトを集中しているため、資産固有のショックに対して脆弱である。IVPは相関構造を無視して、すべての投資対象にほぼ等しいウェイトを配分するため、システミックなショックに対して脆弱になる。HRPは、すべての投資対象の分散化とクラスターの分散化の間で折衷点を見つけている。これは両タイプのショックに対してポートフォリオをより耐性のあるものにしている。

準偏差は非常に似ている（$\sigma_{HRP}=0.4640$, $\sigma_{CLA}=0.4486$）。つまり、CLAはリスクをわずかに減らすために投資ユニバースの半分を切り捨てたことになる。もちろん実際は、CLAポートフォリオの分散は偽りのものである。というのも上位5つの資産が毀損されるような状況になると、HRPのポートフォリオに比べてCLAのポートフォリオははるかに大きい悪影響を受けるためである。

16.6　アウトオブサンプルのモンテカルロシミュレーション

数値例において、インサンプルではCLAのリスクは、HRPのものよりも小さくなる。しかし、インサンプルにおいて最小分散となるポートフォリオが、必ずしもアウトオブサンプルにおいて最小分散になるとは限らない。HRPがCLAとIVPをアウトパフォームする特定のヒストリカルデータセットを選んでくることは非常に簡単である（Bailey and López de Prado[2014]を参照し、第11章の選択バイアスの議論を思い出すこと）。かわりに、本節では第13章で解説されたバックテストの枠組みに従い、モンテカルロ法を用いてCLAの最小分散ポートフォリオおよび従来のリスクパリティのIVPに対するHRPポートフォリオのアウトオブサンプルにおけるパフォーマンスを評価する。個別の反例はさておき、どういった特徴により、ある方法が他の方法よりも好ましいものになるかを理解するのにも役立つことになる。

第一に、平均0で、恣意的に設定した10%の標準偏差のランダムな正規リターンを10系列分生成する（観測値は520件で、日次ベースで2年間分に相当する）。現実の価格は頻繁にジャンプをみせ（Merton[1976]）、リターンはクロスセクション方向に独立ではないため、生成したデータにランダムなショックとランダムな相関構造を追加しなければならない。第二に、HRP、CLA、IVPの各ポートフォリオを、260件の観測値（日次ベースで1年間分に相当する）を参照して計算する。これらのポートフォリオは22件の観測値ごとに再推定され、リバランスされる（月次頻度に相当する）。第三に、これら3つのポートフォリオのアウトオブサンプルでのリターンを計算する。この手順を10,000回繰り返す。

すべてのアウトオブサンプルにおけるポートフォリオの平均リターンは、予想どおり基本的に0である。重要な違いはアウトオブサンプルでのポートフォリオリターンの分散である。ここでは、$\sigma^2_{CLA}=0.1157$、$\sigma^2_{IVP}=0.0928$および$\sigma^2_{HRP}=0.0671$となる。CLAの目的は最小分散（これは最適化の目的関数である）を達成することであるにもかかわらず、アウトオブサンプルにおいて最も高い分散となることを示しており、HRPと比べて72.4%も大きい。この実験からの発見はDe Miguel et al.[2009]のヒストリカルな証拠と一致している。言い換えれば、HRPはCLA戦略のアウトオブサンプルにおけるシャープレシオを31.3%向上させることになり、これは大きな改善である。共分散行列が対角行列であると仮定すると、IVPにいくらかの安定性をもたらす。しかし、その分散はHRPのものに比べてまだ38.24%も高い。大きなレバレッジを利用するリスクパリティ投資家にとっては、アウトオブサンプルにおける分散の減少は非常に重要である。インサンプル対アウトオブサンプルのパフォーマンスに関するより広範な議論はBailey et al.[2014]を参照のこと。

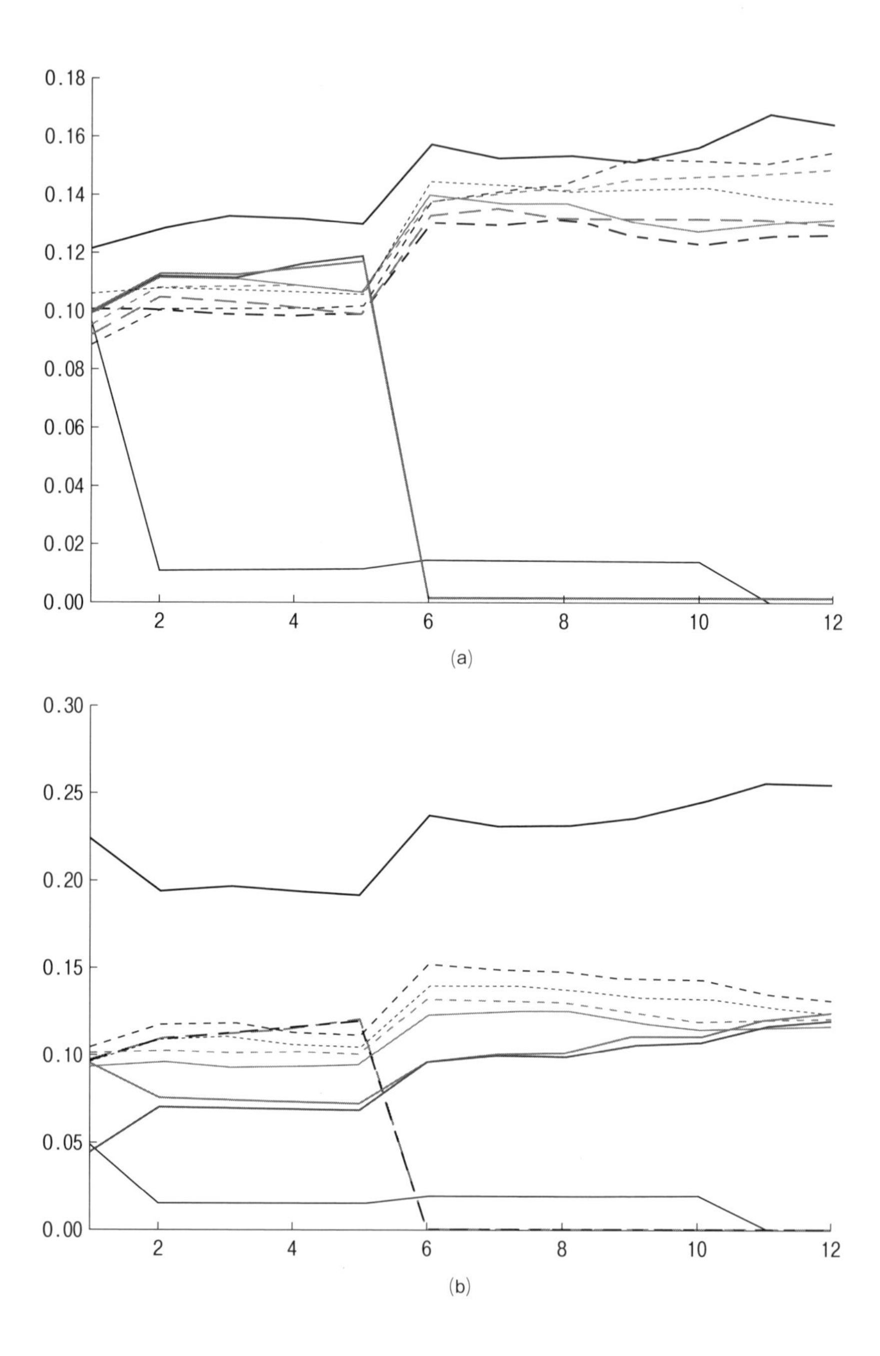
0.18
0.16
0.14
0.12
0.10
0.08
0.06
0.04
0.02
0.00
2
4
6
8
10
12
(a)
0.30
0.25
0.20
0.15
0.10
0.05
0.00
2
4
6
8
10
12
(b)

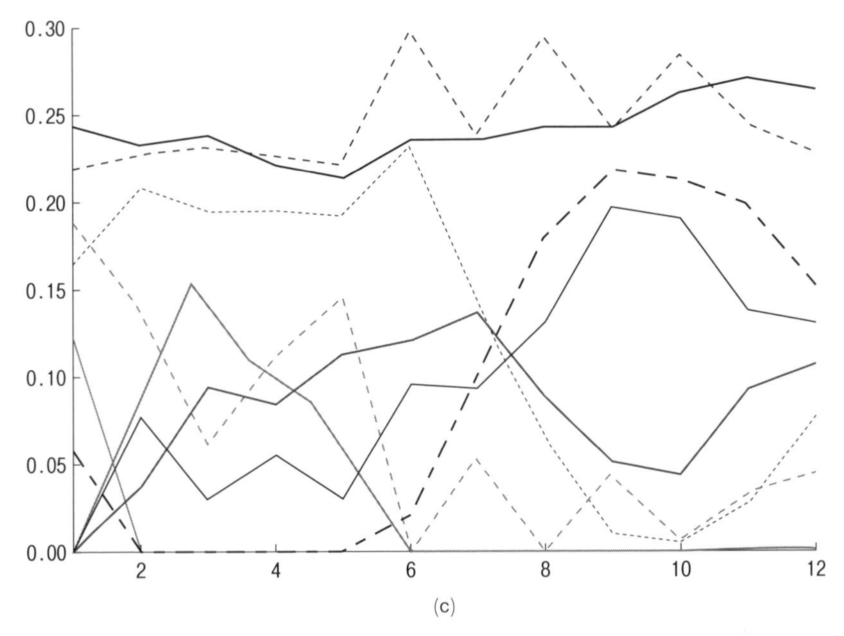

図16－7

(a)　IVPのウェイトの時系列

1回目と2回目のリバランスの間に、ある1つの投資対象が固有のショックを受け、それにより分散が増加した。IVPはその投資対象への配分を減らし、減らした分のエクスポージャーを他のすべての投資対象に振り分けることで対応した。5回目と6回目のリバランスの間に、2つの投資対象が共通のショックの影響を受けた。IVPの反応は同じである。その結果、影響のない7つの投資対象のウェイトは、相関関係に関係なく、時間の経過とともに増加した。

(b)　HRPのウェイトの時系列

資産固有のショックに対するHRPの対応は、影響を受けた投資対象への配分を減らし、影響を受けなかった投資対象に相関する資産への配分をその分だけ増やすことである。共通するショックへの対応として、HRPは影響を受けた投資対象への配分を減らし、(分散のより小さい）相関のない投資対象への配分を増やした。

(c)　CLAのウェイトの時系列

CLAの配分は、固有のショックおよび共通のショックに対して不規則に反応する。リバランスコストを考慮したとしたら、CLAのパフォーマンスは大きくマイナスになっていただろう。

マーコウィッツによるCLAと従来のリスクパリティのIVPに対するHRPのアウトパフォーマンスの数学的証明は多少複雑であり、本章の範囲を超えている。直観的にいえば、上記の実証結果は次のように理解できる。

すなわち、特定の投資対象に影響を与えるショックは、CLAにおける配分の集中にペナルティを課す。相関をもつ投資対象を巻き込むショックは、IVPが相関構造を考慮してないことに対してペナルティを課す。HRPは、すべての投資対象の分散化と複数階層レベルにおける投資対象のクラスターの分散化との間で折衷点を見つけることによって、共通のショックと固有のショックの両方に対するより優れたプロテクションを提供する。図16－7は10,000回のうちの最初の配分の時系列をプロットしている。

Appendix16.A.4は上記の検証を実装するPythonのコードを提供している。読者は異なるパラメータ設定で実験し、同様の結論に達するであろう。特にHRPのアウトオブサンプルにおけるアウトパフォーマンスの程度は、投資ユニバースが大きいほど、またはより多くのショックが加わったときやより強い相関構造が含まれるとき、リバランスコストを考慮したときに、いっそう大きくなる。こうしたCLAの各リバランスでは取引コストが発生し、時間の経過とともに黙認できないほどの損が累積される可能性がある。

16.7　さらなる研究

本章で導入した方法はフレキシブルで拡張可能であり、同じアイデアの複数の変化形を許容する。提供されたコードを用いることで、読者はどのHRPの設定が特定の問題に対して最も良く機能するかを調査し、評価できる。たとえば、第1段階において$d_{i,j}$、$\tilde{d}_{i,j}$、$\dot{d}_{i,u}$の代替的な定義、もしくはバイクラスタリングのような異なるクラスタリングアルゴリズムを採用できる。第3段階においては$\tilde{w}_m$およびαに対して異なる関数、または異なる制約条件を用いることができる。再帰的二分法を実行するかわりに、第1段階からのクラスターを用いてトップダウンでウェイトを分割することもできる。

予測リターン、Ledoit-Wolf縮小、Black-Litterman形式のビューをこの階層的なアプローチに組み込むことは比較的容易である。事実、研究熱心な読者は、その核心において、HRPは本質的に逆行列の計算を回避するためのロバストな手段であり、不安定な出力で有名な多くの計量経済学的回帰法

(VAR（多変量自己回帰モデル）もしくはVECM（ベクトル誤差修正モデル）など）を置き換えるために HRP の根底にある同じアイデアを使うことができることに気づいただろう。図16－8は、210万以上の成分をもつ債券の大規模な相関係数行列の、(a)クラスタリング前と(b)クラスタリング後を示している。従来の最適化や計量経済学的手法は、金融ビッグデータの階層構造を認識できない。ここでの数値計算的な不安定性は分析による便益を帳消しにし、信頼できない有害な結果を生じる。

Kolanovic et al.[2017]は HRP に対する長期にわたる研究を行い、以下のような結論を示している。:「HRP は優れたリスク調整ずみリターンを達成する。HRP ポートフォリオと MV ポートフォリオの両者が最も高いリターンを達成する一方で、HRP ポートフォリオは MV ポートフォリオに比べて、はるかによくボラティリティターゲットを実現させることになる。HRP は MV や他のリスクベースの戦略よりも一貫して優れたパフォーマンスを発揮するという研究結果のロバスト性を確認するためにシミュレーション研究を行った。（中略）HRP ポートフォリオは、より多くの相関をもたないエクスポージャーや極端なウェイトとリスクの配分の減少により、真に分散化されている」

Raffinot[2017]は「実証結果は階層的クラスタリングベースのポートフォリオはロバストで真に分散化されており、一般的に使用されるポートフォリオ最適化技術に比べて統計的にもよりよいリスク調整ずみパフォーマンスを達成する」と結論づけた。

16.8 結　論

厳密な解析解は機械学習による近似解と比べてはるかに悪い結果をもたらす可能性がある。数学的に正しいにもかかわらず、2次最適化全般、特にマーコウィッツの CLA はその不安定性、集中度、パフォーマンスの劣後によって一般的に信頼できない解を導き出すことが知られている。それらの問題の根本的な原因は2次最適化法が共分散行列の逆行列を必要とするためである。マーコウィッツの呪いにおいては、投資対象の相関が高ければ高いほ

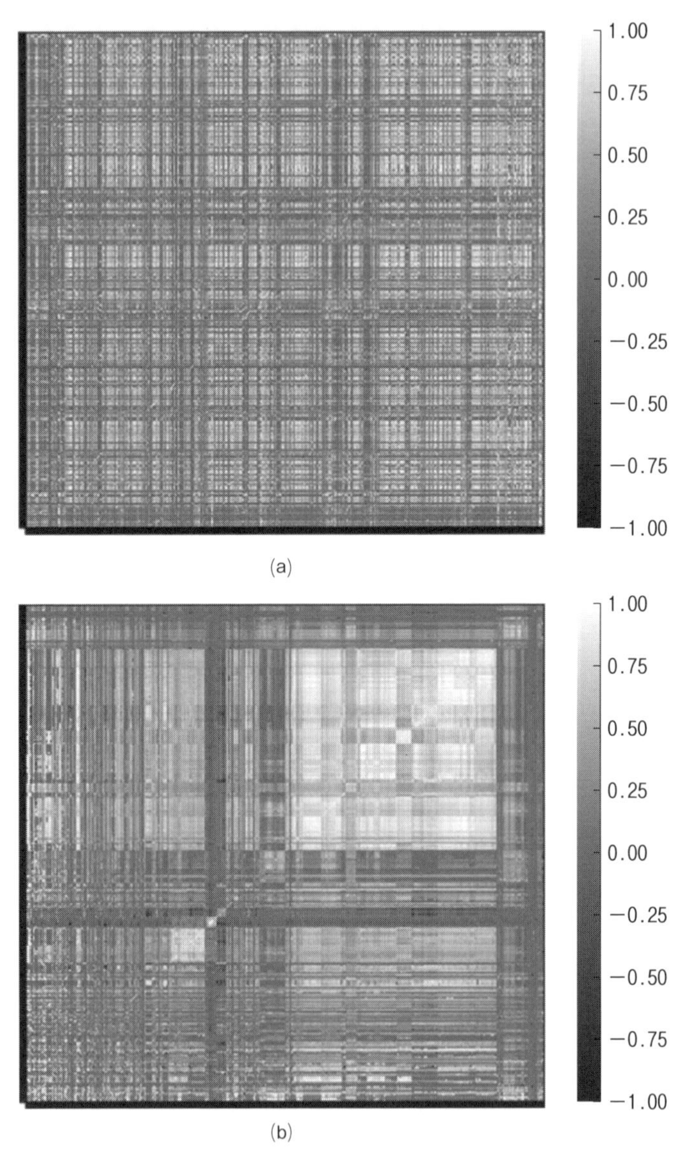

図16－8　クラスタリング前後の相関係数行列

本章に示された手法は最適化以外の問題にも適用できる。たとえば、債券の巨大なユニバースのPCA分析では、CLAについて説明したものと同様の問題にぶつかる。何十年あるいは何世紀も前に開発された小規模なデータを扱う技術（ファクターモデル、回帰分析、計量経済学）は、金融ビッグデータの階層的性質を認識できない。

ど、分散ポートフォリオの必要性が高まるが、一方でこの場合ポートフォリオの推定誤差はさらに大きくなるのである。

本章では、２次最適化における不安定性の主要な原因を明らかにしてきた。ここではサイズ N の行列は $\frac{1}{2}N(N-1)$ 本のエッジをもつ完全グラフに関連づけられる。グラフのノードに非常に多くのエッジが接続されているので、ウェイトは完全に自由にリバランスされる。階層構造の欠如は、微少な予測誤差がまったく異なる解を導き出すことを意味している。HRPはツリー構造で共分散構造を置き換え、３つの目的を達成する。すなわち、①従来のリスクパリティ法とは異なり、共分散行列に含まれる情報を完全に利用し、②ウェイトの安定性は取り戻され、③解は構造上直観的である。アルゴリズムの計算に必要な時間は、（最良の場合には）決定論的対数時間で、そして（最悪の場合でも）線形時間で収束することになる。

HRPはロバストで、視覚的で、フレキシブルであり、ユーザーはアルゴリズムによる探索を妥協することなく制約条件を付加したり、ツリー構造を操作したりできる。それらの性質はHRPが共分散の可逆性を必要としないという事実に由来する。実際、HRPは悪条件の共分散行列、あるいは非正則な共分散行列に対してでさえポートフォリオを計算できる。

本章ではポートフォリオ構築への応用に焦点を当てた。しかし、特に非正則に近い共分散行列が存在する場合において、不確実性のもとで意思決定を行うために、ほかにも本手法の活用法を見つけることができるだろう。たとえば、ポートフォリオマネージャー間の資金配分、アルゴリズム戦略間の配分、機械学習シグナルのバギングやブースティング、ランダムフォレストによる予測、不安定な計量モデル（VAR、VECM）の置換えなどである。

もちろん、CLAのような２次最適化法はインサンプルにおいては（その目的関数である）最小分散ポートフォリオを生み出す。一方モンテカルロ実験では、HRPはアウトオブサンプルで、CLAもしくは従来のリスクパリティ法（IVP）よりも小さい分散を達成することが示されている。1990年代にブリッジウォーターがリスクパリティポートフォリオを開拓してから、主要な資産運用会社がこのアプローチを用いたファンドを立ち上げ、運用資産は5,000億ドルを超えるまでになった。広範なレバレッジの利用を考慮すると、これらのファンドはより安定したリスクパリティ配分法を採用することで便益を得られるはずであり、したがって、優れたリスク調整ずみリターンとより低いリバランスコストを達成することができるはずである。

Appendix

16.A.1　相関に基づく距離

サイズTの実数値ベクトルX, Yおよび、$\sigma[X, Y]=\rho[X, Y]\sigma[X]\sigma[Y]$を唯一必要とする相関係数$\rho[X, Y]$を考える。ここで、$\sigma[X, Y]$は2つのベクトルの間の共分散であり、$\sigma[.]$は標準偏差である。ピアソンの相関係数はこれらの要求を満たす唯一のものではないことに注意しよう。

$d_\rho[X, Y]=\sqrt{\frac{1}{2}(1-\rho[X, Y])}$が真に距離であることを証明しよう。第一に、2つのベクトルの間のユークリッド距離は$d[X, Y]=\sqrt{\sum_{t=1}^{T}(X_t-Y_t)^2}$である。第二に、それらの変数を$x=\frac{X-\bar{X}}{\sigma[X]}$、$y=\frac{Y-\bar{Y}}{\sigma[Y]}$としてz-スコア化する。ここで$\bar{X}$は$X$の平均値、$\bar{Y}$は$Y$の平均値である。結果として、$\rho[x, y]=\rho[X, Y]$となる。第三に、次のようにユークリッド距離$d[x, y]$を導く。

$$d[x, y]=\sqrt{\sum_{t=1}^{T}(x_t-y_t)^2}=\sqrt{\sum_{t=1}^{T}x_t^2+\sum_{t=1}^{T}y_t^2-2\sum_{t=1}^{T}x_t y_t}$$

$$=\sqrt{T+T-2T\sigma[x, y]}=\sqrt{2T\left(1-\underbrace{\rho[x, y]}_{=\rho[X, Y]}\right)}=\sqrt{4T}d_\rho[X, Y]$$

言い換えれば、距離$d_\rho[X, Y]$はz-スコア化後のベクトル$\{X, Y\}$の間のユークリッド距離の定数倍であり、ゆえに、ユークリッド距離の真の距離の性質を継承している。

同様に、$d_{|\rho|}[X, Y]=\sqrt{1-|\rho[X, Y]|}$は商群$\mathbb{Z}/2\mathbb{Z}$上の距離に落とし込める。そのために、$0\leq\rho[x, y]=|\rho[x, y]|$を満たすように、$y=\frac{Y-\bar{Y}}{\sigma[Y]}\mathrm{sgn}[\rho[X, Y]]$と再定義する。ここで、sgn[.]は符号オペレーターである。このとき、

$$d[x, y] = \sqrt{2T\left(1 - \underbrace{\rho[x, y]}_{=|\rho[X, Y]|}\right)} = \sqrt{2T}d_{|\rho|}[X, Y]$$

となる。

16.A.2　分散の逆数による配分

第３段階（16.4.3節参照）では、部分集合の分散に反比例するウェイトに分割する。そのような配分は共分散行列が対角である場合に最適であることを証明する。サイズ N の標準的な二次最適化問題を考える。

$$\min_{\omega} \omega' V \omega$$

$$\text{s.t.}: \omega' a = 1_I$$

ここで、解は $\omega = \frac{V^{-1}a}{a'V^{-1}a}$ である。特徴ベクトルが $a = 1_N$ の場合、解は最小分散ポートフォリオである。もし V が対角ならば、$\omega_n = \frac{V_{n,n}^{-1}}{\sum_{i=1}^{N} V_{i,i}^{-1}}$ となる。$N = 2$，$\omega_1 = \frac{\frac{1}{V_{1,1}}}{\frac{1}{V_{1,1}} + \frac{1}{V_{2,2}}} = 1 - \frac{V_{1,1}}{V_{1,1} + V_{2,2}}$ という特別な場合には、これは第３段階において部分集合の二分したものの重みを分割する方法と同じになる。

16.A.3　数値例の再現

スニペット16.4はこれまでの結果および追加的な数値例を再現するために利用できる。関数 `generateData` は時系列の行列を生成する。ここで、`size0` 本のベクトルは互いに無相関であり、`size1` 本のベクトルは相関がある。読者は `generateData` の `np.random.seed` を変更して別の例を生成し、HRP がどう動作するかを直観的に理解できるだろう。第１段階においては SciPy の関数 `linkage` を利用する（16.4.1節）。関数 `getQuasiDiag` は第２段階を実行する（16.4.2節）。関数 `getRecBipart` は第３段階を実行する（16.4.3節）。

スニペット 16.4　HRP アルゴリズムの実装（全体）

```
import matplotlib.pyplot as mpl
import scipy.cluster.hierarchy as sch,random,numpy as
```

```
np,pandas as pd
#———————————————————————————————————————
def getIVP(cov,**kargs):
  # 逆分散ポートフォリオの計算
  ivp=1./np.diag(cov)
  ivp/=ivp.sum()
  return ivp
#———————————————————————————————————————
def getClusterVar(cov,cItems):
  # クラスター単位の分散の計算
  cov_=cov.loc[cItems,cItems] # 行列のスライス
  w_=getIVP(cov_).reshape(-1,1)
  cVar=np.dot(np.dot(w_.T,cov_),w_)[0,0]
  return cVar
#———————————————————————————————————————
def getQuasiDiag(link):
  # クラスターされた要素を距離でソートする
  link=link.astype(int)
  sortIx=pd.Series([link[-1,0],link[-1,1]])
  numItems=link[-1,3] # 元の要素数
  while sortIx.max()>=numItems:
    sortIx.index=range(0,sortIx.shape[0]*2,2) # スペースの確保
    df0=sortIx[sortIx>=numItems] # クラスターの検索
    i=df0.index;j=df0.values-numItems
    sortIx[i]=link[j,0] # 要素1
    df0=pd.Series(link[j,1],index=i+1)
    sortIx=sortIx.append(df0) # 要素2
    sortIx=sortIx.sort_index() # 再ソート
    sortIx.index=range(sortIx.shape[0]) # インデックスの再作成
  return sortIx.tolist()
```

```
#———————————————————————————————————————
def getRecBipart(cov,sortIx):
  # HRP 配分の計算
  w=pd.Series(1,index=sortIx)
  cItems=[sortIx] # 1つのクラスター内の要素をすべて初期化
  while len(cItems)>0:
    cItems=[i[j:k] for i in cItems for j,k in ((0,len(i)/2), \
      (len(i)/2,len(i))) if len(i)>1] # 2分割
    for i in xrange(0,len(cItems),2): # ペアごとに展開
      cItems0=cItems[i] # クラスター1
      cItems1=cItems[i+1] # クラスター2
      cVar0=getClusterVar(cov,cItems0)
      cVar1=getClusterVar(cov,cItems1)
      alpha=1-cVar0/(cVar0+cVar1)
      w[cItems0]*=alpha # ウェイト1
      w[cItems1]*=1-alpha # ウェイト2
  return w
#———————————————————————————————————————
def correlDist(corr):
  # 相関ベースの距離行列, ここで 0<=d[i,j]<=1
  # これは適切な距離測度である
  dist=((1-corr)/2.)**.5 # 距離行列
  return dist
#———————————————————————————————————————
def plotCorrMatrix(path,corr,labels=None):
  # 相関係数行列のヒートマップを描画
  if labels is None:labels=[]
  mpl.pcolor(corr)
  mpl.colorbar()
  mpl.yticks(np.arange(.5,corr.shape[0]+.5),labels)
```

```
    mpl.xticks(np.arange(.5,corr.shape[0]+.5),labels)
    mpl.savefig(path)
    mpl.clf();mpl.close() # pylabのリセット
    return
#———————————————————————————————————————
def generateData(nObs,size0,size1,sigma1):
    # 相関のある変数の時系列を作成する
    #1) いくつかの相関のないデータの生成
    np.random.seed(seed=12345);random.seed(12345)
    x=np.random.normal(0,1,size=(nObs,size0)) # 各行は1つの変数
    #2) 変数間の相関の作成
    cols=[random.randint(0,size0-1) for i in xrange(size1)]
    y=x[:,cols]+np.random.normal(0,sigma1,size=(nObs,len
    (cols)))
    x=np.append(x,y,axis=1)
    x=pd.DataFrame(x,columns=range(1,x.shape[1]+1))
    return x,cols
#———————————————————————————————————————
def main():
    #1) Generate correlated data
    nObs,size0,size1,sigma1=10000,5,5,.25
    x,cols=generateData(nObs,size0,size1,sigma1)
    print [(j+1,size0+i) for i,j in enumerate(cols,1)]
    cov,corr=x.cov(),x.corr()
    #2) compute and plot correl matrix
    plotCorrMatrix('HRP3_corr0.png',corr,labels=corr.columns)
    #3) cluster
    dist=correlDist(corr)
    link=sch.linkage(dist,'single')
    sortIx=getQuasiDiag(link)
```

```
    sortIx=corr.index[sortIx].tolist() # recover labels
    df0=corr.loc[sortIx,sortIx] # reorder
    plotCorrMatrix('HRP3_corr1.png',df0,labels=df0.columns)
    #4) Capital allocation
    hrp=getRecBipart(cov,sortIx)
    print hrp
    return
#———————————————————————————————————————————
if __name__=='__main__':main()
```

16.A.4　モンテカルロ実験の再現

スニペット16.5は3つの配分法HRP、CLA、IVPに対するモンテカルロ実験を実施する。HRP（Appendix16.A.3に掲載されている）およびCLA（Bailey and López de Prado[2013]のなかで見つけることができる）を除いて、すべてのライブラリは標準のものである。サブルーチンgenerateDataは相関データをシミュレートし、2種類のランダムなショックを加える。それは、さまざまな投資対象に共通のものと個々の投資対象に固有のものである。それぞれのタイプには正と負の2つのショックが存在する。実験のための変数はhrpMCの引数として設定される。それらは恣意的に選択されたものであり、読者は他の組合せで実験できる。

スニペット 16.5　HRPのモンテカルロ実験におけるアウトオブサンプルでのパフォーマンス

```
import scipy.cluster.hierarchy as sch,random,numpy as
np,pandas as pd,CLA
from HRP import correlDist,getIVP,getQuasiDiag,getRecBipart
# ——————————————————————————————————————————
def generateData(nObs,sLength,size0,size1,mu0,sigma0,sigma
1F):
    # 相関のある変数の時系列を作成
    #1) ランダムな無相関データの発生
    x=np.random.normal(mu0,sigma0,size=(nObs,size0))
```

```
    #2)変数間の相関作成
    cols=[random.randint(0,size0-1) for i in xrange(size1)]
    y=x[:,cols]+np.random.normal(0,sigma0*sigma1F,size=
    (nObs,len(cols)))
    x=np.append(x,y,axis=1)
    #3) 共通のランダムなショックの追加
    point=np.random.randint(sLength,nObs-1,size=2)
    x[np.ix_(point,[cols[0],size0])]=np.array([[-.5,-.5],
    [2,2]])
    #4) 固有のショックの追加
    point=np.random.randint(sLength,nObs-1,size=2)
    x[point,cols[-1]]=np.array([-.5,2])
    return x,cols
#——————————————————————————————————————————————
def getHRP(cov,corr):
    # 階層ポートフォリオの構築
    corr,cov=pd.DataFrame(corr),pd.DataFrame(cov)
    dist=correlDist(corr)
    link=sch.linkage(dist,'single')
    sortIx=getQuasiDiag(link)
    sortIx=corr.index[sortIx].tolist() # ラベルの張り替え
    hrp=getRecBipart(cov,sortIx)
    return hrp.sort_index()
#——————————————————————————————————————————————
def getCLA(cov,**kargs):
    # CLA最小ポートフォリオの計算
    # Cポートフォリオでは使用されない
    mean=np.arange(cov.shape[0]).reshape(-1,1)
    lB=np.zeros(mean.shape)
    uB=np.ones(mean.shape)
```

```
  cla=CLA.CLA(mean,cov,lB,uB)
  cla.solve()
  return cla.w[-1].flatten()
# ────────────────────────────────────────────────────────────
def hrpMC(numIters=1e4,nObs=520,size0=5,size1=5,mu0=0,sigma0
=1e-2, \
  sigma1F=.25,sLength=260,rebal=22):
  # HRPにおけるモンテカルロ実験
  methods=[getIVP,getHRP,getCLA]
  stats,numIter={i.__name__:pd.Series() for i in methods},0
  pointers=range(sLength,nObs,rebal)
  while numIter<numIters:
    print numIter
    #1) 1回の実験用データの準備
    x,cols=generateData(nObs,sLength,size0,size1,mu0,sigma0,
    sigma1F)
    r={i.__name__:pd.Series() for i in methods}
    #2) インサンプルでのポートフォリオの計算
    for pointer in pointers:
    x_=x[pointer-sLength:pointer]
    cov_,corr_=np.cov(x_,rowvar=0),np.corrcoef(x_,rowvar=0)
    #3) アウトオブサンプルでのパフォーマンスの計算
    x_=x[pointer:pointer+rebal]
    for func in methods:
      w_=func(cov=cov_,corr=corr_) # callback
      r_=pd.Series(np.dot(x_,w_))
      r[func.__name__]=r[func.__name__].append(r_)
    #4) 結果の評価と保存
    for func in methods:
      r_=r[func.__name__].reset_index(drop=True)
```

```
        p_=(1+r_).cumprod()
        stats[func.__name__].loc[numIter]=p_.iloc[-1]-1
      numIter+=1
    #5) 結果の報告
    stats=pd.DataFrame.from_dict(stats,orient='columns')
    stats.to_csv('stats.csv')
    df0,df1=stats.std(),stats.var()
    print pd.concat([df0,df1,df1/df1['getHRP']-1],axis=1)
    return
#———————————————————————————————————————
if __name__=='__main__':hrpMC()
```

練習問題

16.1 N 個の投資戦略の PnL 系列が与えられたとき、

(a) 平均的な取引の頻度にデータの粒度をあわせよ（たとえば、週次ベースの取引に対しては週次の観察値が適している)。ヒント：この種のデータ配置はしばしば“ダウンサンプリング”と呼ばれる。

(b) これらのリターンの共分散 V を計算せよ。

(c) N 個の戦略の間の階層クラスターを求めよ。

(d) N 個の戦略のクラスター化された相関係数行列をプロットせよ。

16.2 練習問題16.1のクラスター化された共分散行列を用いる。:

(a) HRP 配分を計算せよ。

(b) CLA 配分を計算せよ。

(c) IVP 配分を計算せよ。

16.3 16.1の共分散行列を用いる。:

(a) スペクトル分解：$VW=W\Lambda$ を計算せよ。

(b) $U[0,\ 1]$分布から N 個の乱数を生成することで配列 ε を作成せよ。

(c) $N \times N$ 行列 $\tilde{\Lambda}$ を作成せよ。ここで $\tilde{\Lambda}_{n,n} = N\varepsilon_n \Lambda_{n,n} \left(\sum_{n=1}^{N} \varepsilon_n \right)^{-1}$, $n = 1, \cdots, N$ である。

(d) $\tilde{V} = W\tilde{\Lambda}W^{-1}$ を計算せよ。

(e) 今度は $\tilde{V}$ を共分散行列として用いて、練習問題16.2を繰り返せ。どの配分法がスペクトル分散のスケール変更により最もインパクトを受けただろうか。

16.4 配分の合計がゼロとなるようにHRPアルゴリズムをどのように変更するか。ここで、$|w_n| \leq 1$, $\forall n = 1, \cdots, N$ である。

16.5 予想収益をHRP配分に組み入れるための簡単な方法を考えられるだろうか。

◆引用文献

Bailey, D. and M. López de Prado (2012): "Balanced baskets: A new approach to trading and hedging risks." *Journal of Investment Strategies*, Vol. 1, No. 4, pp. 21–62. Available at http://ssrn.com/abstract=2066170.

Bailey, D. and M. López de Prado (2013): "An open-source implementation of the critical-line algorithm for portfolio optimization." *Algorithms*, Vol. 6, No. 1, pp. 169–196. Available at http://ssrn.com/abstract=2197616.

Bailey, D., J. Borwein, M. López de Prado, and J. Zhu (2014) "Pseudo-mathematics and financial charlatanism: The effects of backtest overfitting on out-of-sample performance." *Notices of the American Mathematical Society*, Vol. 61, No. 5, pp. 458–471. Available at http://ssrn.com/abstract=2308659.

Bailey, D. and M. López de Prado (2014): "The deflated Sharpe ratio: Correcting for selection bias, backtest overfitting and non-normality." *Journal of Portfolio Management*, Vol. 40, No. 5, pp. 94–107.

Black, F. and R. Litterman (1992): "Global portfolio optimization." *Financial Analysts Journal*, Vol. 48, pp. 28–43.

Brualdi, R. (2010): "The mutually beneficial relationship of graphs and matrices." Conference Board of the Mathematical Sciences, Regional Conference Series in Mathematics, Nr. 115.

Calkin, N. and M. López de Prado (2014): "Stochastic flow diagrams." *Algorithmic Finance*, Vol. 3, No. 1, pp. 21–42. Availble at http://ssrn.com/abstract=2379314.

Calkin, N. and M. López de Prado (2014): "The topology of macro financial flows: An application of stochastic flow diagrams." *Algorithmic Finance*, Vol. 3, No. 1, pp. 43–85. Available at http://ssrn.com/abstract=2379319.

Clarke, R., H. De Silva, and S. Thorley (2002): "Portfolio constraints and the fundamental law of active management." *Financial Analysts Journal*, Vol. 58, pp. 48–66.

De Miguel, V., L. Garlappi, and R. Uppal (2009): "Optimal versus naive diversification: How inefficient is the 1/N portfolio strategy?" *Review of Financial Studies*, Vol. 22,

pp. 1915–1953.
Jurczenko, E. (2015): *Risk-Based and Factor Investing*, 1st ed. Elsevier Science.
Kolanovic, M.,A. Lau, T. Lee, and R. Krishnamachari (2017): "Cross asset portfolios of tradable risk premia indices. Hierarchical risk parity: Enhancing returns at target volatility." White paper, Global Quantitative & Derivatives Strategy. J.P. Morgan, April 26.
Kolm, P., R. Tutuncu and F. Fabozzi (2014): "60 years of portfolio optimization." *European Journal of Operational Research*, Vol. 234, No. 2, pp. 356–371.
Kuhn, H. W. and A. W. Tucker (1951): "Nonlinear programming." Proceedings of 2nd Berkeley Symposium. Berkeley, University of California Press, pp. 481–492.
Markowitz, H. (1952): "Portfolio selection." *Journal of Finance*, Vol. 7, pp. 77–91.
Merton, R. (1976): "Option pricing when underlying stock returns are discontinuous." *Journal of Financial Economics*, Vol. 3, pp. 125–144.
Michaud, R. (1998): *Efficient Asset Allocation: A Practical Guide to Stock Portfolio Optimization and Asset Allocation*, 1st ed. Harvard Business School Press.
Ledoit, O. and M. Wolf (2003): "Improved estimation of the covariance matrix of stock returns with an application to portfolio selection." *Journal of Empirical Finance*, Vol. 10, No. 5, pp. 603–621.
Raffinot, T. (2017): "Hierarchical clustering based asset allocation." *Journal of Portfolio Management*, forthcoming.
Rokach, L. and O. Maimon (2005): "Clustering methods," in Rokach, L. and O. Maimon, eds., *Data Mining and Knowledge Discovery Handbook*. Springer, pp. 321–352.

Part 4

金融市場分析のための特徴量

第17章

構造変化

17.1 はじめに

機械学習に基づいた投資戦略を開発するにあたっては、良好なリスク調整ずみリターンを生み出すような要因がそろっているときにベットしたいだろう。ある市場のレジームから他のレジームへ推移するような構造変化は、そうした要因がそろった特に興味深いものの1つである。たとえば、平均回帰的なパターンはモメンタム的なパターンに移行することがありうる。こういった移行が発生すると、市場参加者の多くは不意を突かれ手痛い間違いを犯すだろう。利益があがる戦略の多くは、こうした現象を背景としている。なぜなら、負けている側の当事者は手遅れになって初めて過ちに気づくことが多いからである。彼らは損失を認めるまでの期間は不合理に振る舞い、ポジションを維持しようとし、構造が元の状態に戻ることを望む。また時には自暴自棄になって負けているポジションを増やすことさえするのである。しかし彼らは結局ストップロス（損切り）やストップアウト（強制手仕舞い）に追い込まれる。一方で構造変化は最良のリスク／リワードをもたらす。本章では、構造変化の可能性を測る方法をいくつか概説し、それらに基づいて有益な特徴量を構築できるようにする。

17.2　構造変化の検定の種類

構造変化の検定は、２つの一般的なカテゴリに分類できる。

・CUSUM 検定……累積予測誤差がホワイトノイズから有意に乖離しているかどうかを検定する。

・爆発性（エクスプローシブネス）検定……ホワイトノイズからの乖離だけでなく、過程が指数的な増加や減少を示していないかどうかを検定する。そうした振る舞いはランダムウォークや定常過程とは整合的ではなく、長期的には持続不可能だからである。

　・右裾単位根検定……自己回帰的なモデルを仮定して、指数的な増加や減少の存在を検定する。

　・劣／優マルチンゲール検定……さまざまな関数形のもとで、指数的な増加や減少の存在を検定する。

17.3　CUSUM 検定

第２章で CUSUM フィルターを導入し、バーをイベントに基づいてサンプリングするという文脈において適用した。そのアイデアは、累積予測誤差のような変数が事前に定義した閾値を超えたときは常にバーを抽出するというものであった。この考え方を拡張し、構造変化の検定に適用することができる。

17.3.1　再帰的残差のブラウン・ダービン・エバンズ CUSUM 検定（Blown-Durbin-Evans CUSUM Test）

この検定は Brown, Durbin and Evans[1975]によって提案されたものである。すべての観測時点 $t = 1, \cdots, T$ において、値 y_t に対する予測力をもつ特徴量の配列 x_t があると仮定しよう。行列 X_t は $t \leq T$ の特徴量の時系列データ $\{x_i\}_{i=1,\cdots,t}$ によって構成される。著者らは、β の推定値を再帰的最小二乗法（RLS）によって計算することを提案している。つまり、以下の定式化、

$$y_t = \beta_t' x_t + \varepsilon_t$$

を部分サンプル（[1, k + 1], [1, k + 2], …, [1, T]）で推定し、$T-k$ 個の最小二乗推定値（$\hat{\beta}_{k+1}$, …, $\hat{\beta}_T$）を計算するのである。標準化した1ステップ先の再帰的残差は次のように計算できる。

$$\hat{\omega}_t = \frac{y_t - \hat{\beta}_{t-1}' x_t}{\sqrt{f_t}}$$

$$f_t = \hat{\sigma}_\varepsilon^2 \left[1 + x_t' (X_t' X_t)^{-1} x_t \right]$$

CUSUM 統計量は、以下のように定義される。

$$S_t = \sum_{j=k+1}^{t} \frac{\hat{\omega}_j}{\hat{\sigma}_\omega}$$

$$\hat{\sigma}_\omega^2 = \frac{1}{T-k} \sum_{t=k}^{T} (\hat{\omega}_t - \mathrm{E}[\hat{\omega}_t])^2$$

β がある定数であるという帰無仮説 H_0: $\beta_t = \beta$ のもとでは、$S_t \sim N[0, t-k-1]$ である。この手法の注意点として、始点が恣意的に選ばれており、そのために結果が整合的でない可能性がある。

17.3.2 水準のチュ・スティンクコンベ・ホワイト CUSUM 検定 (Chu-Stinchcombe-White CUSUM Test)

この検定は Homm and Breitung[2012]に従っている。これは $\{x_t\}_{t=1,\cdots,T}$ を除き、H_0:$\beta_t = 0$、つまり変動がない $\left(\mathrm{E}_{t-1}[\Delta y_t] = 0\right)$ という予測を仮定することで前の手法を単純化している。これにより y_t の水準を直接扱うことができ、計算の負荷を減らすことができる。$t>n$ であるような対数価格 y_n に対する、対数価格 y_t の乖離の標準化を次のように計算する。

$$S_{n,t} = (y_t - y_n)(\hat{\sigma}_t \sqrt{t-n})^{-1}$$

$$\hat{\sigma}_t^2 = (t-1)^{-1} \sum_{i=2}^{t} (\Delta y_i)^2$$

帰無仮説 H_0: $\beta_t = 0$ のもとで、$S_{n,t} \sim N[0, 1]$である。時点に依存する片側検定の棄却値は、

$$c_\alpha[n, t] = \sqrt{b_\alpha + \log[t-n]}$$

である。

著者らは、モンテカルロ法によって$b_{0.05}=4.6$であることを導いた。この方法のデメリットは、参照水準y_nが多少恣意的に設定されることである。この欠点を克服するためには、後方移動窓$n \in [1, t]$の列について$S_{n,t}$を推定し、$S_t = \sup_{n \in [1,t]} \{S_{n,t}\}$を使えばよい。

17.4 爆発性検定

爆発性検定は一般に1つのバブルに対する検定と複数のバブルに対する検定とに分けられる。ここでのバブルとは、価格の高騰だけでなく急落も含まれている。バブル・崩壊・バブルのサイクルがある時系列データは単一バブルの検定では定常と判断されることから、複数のバブルを許容する検定のほうがよりロバストである。関連する研究はMaddala and Kim[1998]やBreitung[2014]によくまとめられている。

17.4.1 チャウタイプ・ディッキー・フラー検定（Chow-Type Dickey-Fuller Test）

一連の爆発性検定は、Chow[1960]に始まるグレゴリー・チャウの研究に着想を得ている。次数1の自己回帰過程、

$$y_t = \rho y_{t-1} + \varepsilon_t$$

を考える。ここで、ε_tはホワイトノイズである。帰無仮説はy_tがランダムウォークに従う、つまり$H_0: \rho = 1$であり、対立仮説はy_tがランダムウォークとして始まるが、時点$\tau^* T$（ただし$\tau^* \in (0, 1)$）で爆発的な過程に変化する、つまり、

$$H_1: y_t = \begin{cases} y_{t-1} + \varepsilon_t & \text{for } t = 1, \cdots, \tau^* T \\ \rho y_{t-1} + \varepsilon_t & \text{for } t = \tau^* T + 1, \cdots, T, \text{ with } \rho > 1 \end{cases}$$

である。

時点 T において、時点 $\tau^* T$（構造変化時点）に起こった（ランダムウォークから爆発する過程への）変化を検定することができる。この仮説を検定するためには、次の定式化を推定する。

$$\Delta y_t = \delta y_{t-1} D_t[\tau^*] + \varepsilon_t$$

ここで、$D_t[\tau^*]$は $t < \tau^* T$ のとき0、$t \geq \tau^* T$ のとき1となるダミー変数である。このとき、帰無仮説 H_0: $\delta = 0$ は（片側）対立仮説 H_1: $\delta > 1$ に対して次の統計量を用いて検定される。

$$DFC_{\tau^*} = \frac{\hat{\delta}}{\hat{\sigma}_\delta}$$

この方法の主な欠点は、τ^*が未知であることである。この問題に対処するため、Andrews[1993]はある区間$[\tau_0,\ 1-\tau_0]$のなかでとりうるすべてのτ^*の値を試す新しい検定を提案した。Breitung[2014]が説明しているように、どちらのレジームも十分な観測データを確保できるように（つまり、$D_t[\tau^*]$において十分な数の0と1がなければならない）、標本の始まりと終わりの部分でとりうるτ^*の値の一部を除外すべきである。未知のτ^*を考慮した検定統計量は、DFC_{τ^*}の $T(1-2\tau_0)$ 個の値すべてのなかでの最大値である。

$$SDFC = \sup_{\tau^* \in [\tau_0,\ 1-\tau_0]} \{DFC_{\tau^*}\}$$

チャウのアプローチのもう1つの欠点は、構造変化の時点$\tau^* T$が1つしかなく、またバブルが標本の終わりまで持続する（ランダムウォークに戻らない）ことである。3つ以上のレジーム（ランダムウォーク→バブル→ランダムウォーク…）が存在する状況に対しては、上限拡張ディッキー・フラー（SADF）検定を議論する必要がある。

17.4.2 上限拡張ディッキー・フラー（SADF：Supremum Augmented Dickey-Fuller）検定

Phillips, Wu and Yu[2011]の言葉によれば、「標準的な単位根検定や共和分検定は定常過程と周期的に崩壊するバブルのパターンとをうまく区別できないため、バブル的な振る舞いを検知するには不適切なツールである。周期的に崩壊するバブルのパターンのデータは、爆発的な可能性のある過程というよりも、単位根をもつ、または定常な自己回帰から生成されたデータのようにみえる」。この欠点に対処するために、この著者らは次の回帰式を当てはめることを提案している。

$$\Delta y_t = \alpha + \beta y_{t-1} + \sum_{l=1}^{L} \gamma_l \Delta y_{t-l} + \varepsilon_t$$

ここで、H_0: $\beta \leq 0$, H_1: $\beta > 0$ を検定する。Andrews[1993]に着想を得て、Phillips and Yu[2011]と Phillips, Wu and Yu[2011]は上限拡張ディッキー・フラー（SADF）検定を提案した。SADF は、始点を後方に拡張しながら、各終点 t において上記の回帰式を推定し、

$$SADF_t = \sup_{t_0 \in [1,\, t-\tau]} \left\{ ADF_{t_0,\, t} \right\} = \sup_{t_0 \in [1,\, t-\tau]} \left\{ \frac{\hat{\beta}_{t_0,\, t}}{\hat{\sigma}_{\beta_{t_0,\, t}}} \right\}$$

を計算する。ここで、$\hat{\beta}_{t_0,\, t}$ は t_0 で始まり t で終わる標本上で推定された β、τ は分析で用いられる最小の標本の長さ、t_0 は後方拡張窓の左端、$t = \tau, \cdots, T$ である。SADF の推定で、拡張窓の右端は t で固定されている。標準的な ADF 検定は、SADF で $\tau = t - 1$ とした特別なケースである。

$SADF_t$ と SDFC の間には、２つの大きな違いがある。１つ目は、$SADF_t$ は各 $t \in [\tau, T]$ で計算されるが、SDFC は T でのみ計算される点である。２つ目は、SADF はダミー変数を導入するかわりに、標本の始点を再帰的に拡張（$t_0 \in [1, t-\tau]$）する点である。(t_0, t) でネストされた二重ループのすべての組合せを試すことで、SADF はレジームスイッチの数や構造変化の時点が既知であることを仮定していない。図17－１は、ETF トリック（第２章2.4.1節参照）を適用した E-mini S&P 500先物価格の時系列データおよび価格データから導かれた SADF を示している。SADF は価格がバブル的な振る舞いを示すときに急上昇し、バブルが崩壊すると低い水準に戻る。以降の節で、フィリップスらのオリジナルの SADF 法の改良を議論する。

17.4.2.1　価格の原系列と対数価格

先行研究のなかには、価格の原系列に対して構造変化検定を行っているも

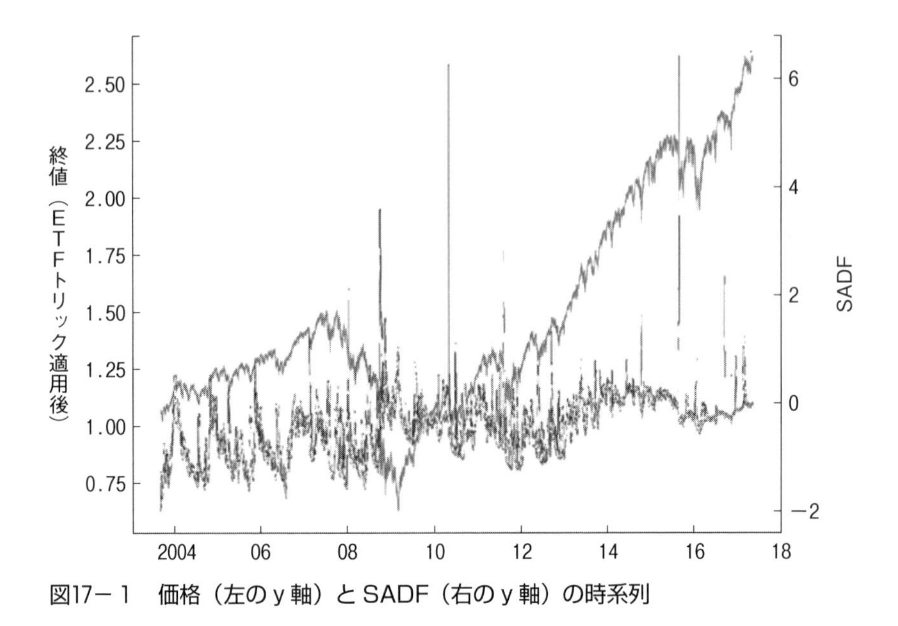

図17－1　価格（左のｙ軸）とSADF（右のｙ軸）の時系列

のも多くみられる。本節では、特にバブルとその崩壊を含む長期の時系列データを扱うときには、対数価格を用いるべきである理由を述べる。

価格の原系列 $\{y_t\}$ に対して、もしADF検定の帰無仮説が棄却されたならば、それは価格が有限な分散をもつ定常な過程であることを意味する。このことは、リターン $\frac{y_t}{y_{t-1}}-1$ が経時的に不変ではないということを示唆する。なぜなら、価格の分散を一定に保つために、リターンのボラティリティは価格が上昇したときには減少し、価格が下落したときには上昇しなければならないからである。したがって、価格の原系列に対してADF検定を行う場合には、リターンの分散は価格水準に対して不変ではないということを仮定していることになる。もしリターンの分散が価格水準に対して不変なのであれば、モデルは構造的に不均一分散なものになる。

それに対して、対数価格を扱うのであれば、ADF検定の定式化は、

$$\Delta\log\left[y_t\right]\propto\log\left[y_{t-1}\right]$$

というものになる。

ここで、$x_t = ky_t$と変数変換をする。このとき、$\log[x_t] = \log[k] + \log[y_t]$であり、ADF検定の定式化は、

$$\Delta\log[x_t] \propto \log[x_{t-1}] \propto \log[y_{t-1}]$$

となる。

この対数価格に基づいた定式化のもとでは、価格水準はリターンの平均を条件づけ、リターンのボラティリティは条件づけしない。実際には小さい標本に対して$k \approx 1$のときにはこの差は問題にならないこともあるが、SADF検定は何十年にもわたって検定を行い、バブルはレジーム間で大きく異なる価格水準を生み出す（$k \neq 1$）。

17.4.2.2　計算の複雑さ

SADF検定が必要とするADF検定の数は、標本の長さの総数Tに対して、

$$\sum_{t=\tau}^{T} t - \tau + 1 = \frac{1}{2}(T - \tau + 2)(T - \tau + 1) = \binom{T - \tau + 2}{2}$$

であるので、アルゴリズムは$O(n^2)$で動く。

$X \in \mathbb{R}^{T \times N}$かつ$y \in \mathbb{R}^{T \times 1}$として、ADFの定式化の行列表現を考えよう。1回のADF回帰の計算は、表17－1に列挙した浮動小数点演算（FLOPs）を伴う。

したがって、1回のADFの推定当り合計で$f(N, T) = N^3 + N^2(2T + 3) + N(4T - 1) + 2T + 2$回のFLOPsを行うことになる。1回のSADFの更新は$g(N, T, \tau) = \sum_{t=\tau}^{T} f(N, t) + T - \tau$回のFLOPsを必要とし（$T - \tau$回の演算はADF統計量の最大値を見つけるためである）、すべてのSADF系列を推定するためには$\sum_{t=\tau}^{T} g(N, T, \tau)$回のFLOPsが必要である。

E-mini S&P 500先物のドルバー系列を考えよう。$(T, N) = (356631, 3)$とすると、1回のADFの推定は11,412,245回のFLOPsを必要とし、1回のSADFの更新は2,034,979,648,799回の演算（およそ2.035テラFLOPs）を必要とする。SADFの時系列全体の計算には241,910,974,617,448,672回の

表17－1　1回のADF推定当りのFLOPs

行列演算	FLOPs
$o_1 = X'y$	$(2T-1)N$
$o_2 = X'X$	$(2T-1)N^2$
$o_3 = o_2^{-1}$	N^3+N^2+N
$o_4 = o_3 o_1$	$2N^2-N$
$o_5 = y - Xo_4$	$T+(2N-1)T$
$o_6 = o'_5 o_5$	$2T-1$
$o_7 = o_3 o_6 \frac{1}{T-N}$	$2+N^2$
$o_8 = \frac{o_4[0,0]}{\sqrt{o_7[0,0]}}$	1

演算（およそ242ペタFLOPs）が必要である。この数はTが増加するにつれて急速に増加する。そしてこの推計にはアラインメント、データの前処理、入出力のジョブなどの、時間がかかることで知られている演算が含まれていない。いうまでもなく、このアルゴリズムの二重ループは多くの演算を必要とする。妥当な時間でSADF系列を推定するためには、アルゴリズムの実行を効率的に並列化したHPC（ハイパフォーマンスコンピューティング）クラスターの稼働が必要かもしれない。第20章では、こうした状況で有益な並列化戦略を提示する。

17.4.2.3　指数的な振る舞いの条件

対数価格のラグ0の定式化、$\Delta\log[y_t] = \alpha + \beta\log[y_{t-1}] + \varepsilon_t$を考えよう。これは$\log[\tilde{y}_t] = (1+\beta)\log[\tilde{y}_{t-1}] + \varepsilon_t$と書き直すことができる。ただし、$\log[\tilde{y}_t] = \log[y_t] + \frac{\alpha}{\beta}$である。この式を段階的に$t$ステップさかのぼることで、$\mathrm{E}[\log[\tilde{y}_t]] = (1+\beta)^t\log[\tilde{y}_0]$、すなわち$\mathrm{E}[\log[y_t]] = -\frac{\alpha}{\beta} + (1+\beta)^t\left(\log[y_0] + \frac{\alpha}{\beta}\right)$を得る。任意の時点でインデックス$t$をリセットして0とし、次の$t$ステップ後の$y_0 \rightarrow y_t$の将来の軌道を推定することができる。

これにより、この動的システムの3つの状態を特徴づける条件がわかる。

・定常……$\beta < 0 \Rightarrow \lim_{t\to\infty} \mathrm{E}\left[\log\left[y_t\right]\right] = -\dfrac{\alpha}{\beta}$

・不均衡は、$\log\left[y_t\right] - \left(-\dfrac{\alpha}{\beta}\right) = \log\left[\tilde{y}_t\right]$。

・このとき、$t = -\dfrac{\log[2]}{\log[1+\beta]}$（半減期）において$\dfrac{\mathrm{E}\left[\log\left[\tilde{y}_t\right]\right]}{\log\left[\tilde{y}_0\right]} = (1+\beta)^t = \dfrac{1}{2}$。

・単位根……$\beta = 0$。このとき、系は非定常で、マルチンゲールとして振る舞う。

・爆発的……$\beta > 0$。このとき、$\lim_{t\to\infty} \mathrm{E}\left[\log\left[y_t\right]\right] = \begin{cases} -\infty, \text{ if } \log\left[y_0\right] < \dfrac{\alpha}{\beta} \\ +\infty, \text{ if } \log\left[y_0\right] > \dfrac{\alpha}{\beta} \end{cases}$。

17.4.2.4　分位 ADF（QADF：Quantile ADF）

SADF検定は、t値の系列の上限$SADF_t = \sup_{t_0 \in [1, t-\tau]} \{ADF_{t_0, t}\}$をとる。このように極端な値を選ぶことは、SADFの推定値がサンプリングの頻度や特定の標本のタイムスタンプに依存して大きく変わりうるというロバスト性の問題を引き起こす。ADFの極値のよりロバストな推定量は、次のようなものである。第一に、$s_t = \{ADF_{t_0, t}\}_{t_0 \in [0, t_1 - \tau]}$とする。第二に、$q \in [0, 1]$で、$s_t$の$q$分位点$Q_{t,q} = Q[s_t, q]$を、大きなADFの値の中心性の尺度として定義する。第三に、$0 < v \leq \min\{q, 1-q\}$となるような$v$を用いて、$\dot{Q}_{t,q,v} = Q_{t,q+v} - Q_{t,q-v}$を、大きなADFの値のばらつきの尺度として定義する。たとえば、$q = 0.95$かつ$v = 0.025$とすればよい。ここで、SADFは単にQADFの特別な例であることに注意しておく。$SADF_t = Q_{t,1}$であり、$q = 1$であるため$\dot{Q}_{t,q,v}$は定義されない。

17.4.2.5　条件付き ADF（CADF：Canditional ADF）

もう1つの方法として、条件付きモーメントを計算することによってSADFのロバスト性の問題に対処することができる。$s_t = \{ADF_{t_0, t}\}_{t_0 \in [1, t_1 - \tau]}$の確率密度関数を$f[x]$とする。ただし、$x \in s_t$である。このとき、規格化定数$K = \int_{Q_{t,q}}^{\infty} f[x]dx$を用いて、$C_{t,q} = K^{-1} \int_{Q_{t,q}}^{\infty} xf[x]dx$を大きなADFの値の中心性の尺度、$\dot{C}_{t,q} = \sqrt{K^{-1}\int_{Q_{t,q}}^{\infty}(x - C_{t,q})^2 f[x]dx}$を大きなADFの値のばらつきの尺度として定義する。たとえば、$q = 0.95$とすればよい。

構成の仕方から、$C_{t,q} \leq SADF_t$である。$C_{t,q}$に対する$SADF_t$の散布図は、この下限をほとんど傾き1の右上がりの直線として表す（図17－2を参照）。SADFが－1.5を超えて大きくなると水平方向の軌道がみられるが、これはs_tの右裾が突然広がることと整合的である。言い換えれば、$SADF_t$が外れ値に対して敏感なため、たとえ$C_{t,q}$が比較的小さくても$(SADF_t - C_{t,q})/\dot{C}_{t,q}$は非常に大きい値に達することがある。

図17－3(a)は、時系列でE-mini S&P 500先物価格について$(SADF_t - C_{t,q})/\dot{C}_{t,q}$を描いている。図17－3(b)は、E-mini S&P 500先物価格について計算した$SADF_t$に対する、$(SADF_t - C_{t,q})/\dot{C}_{t,q}$の散布図である。これらは$s_t$の

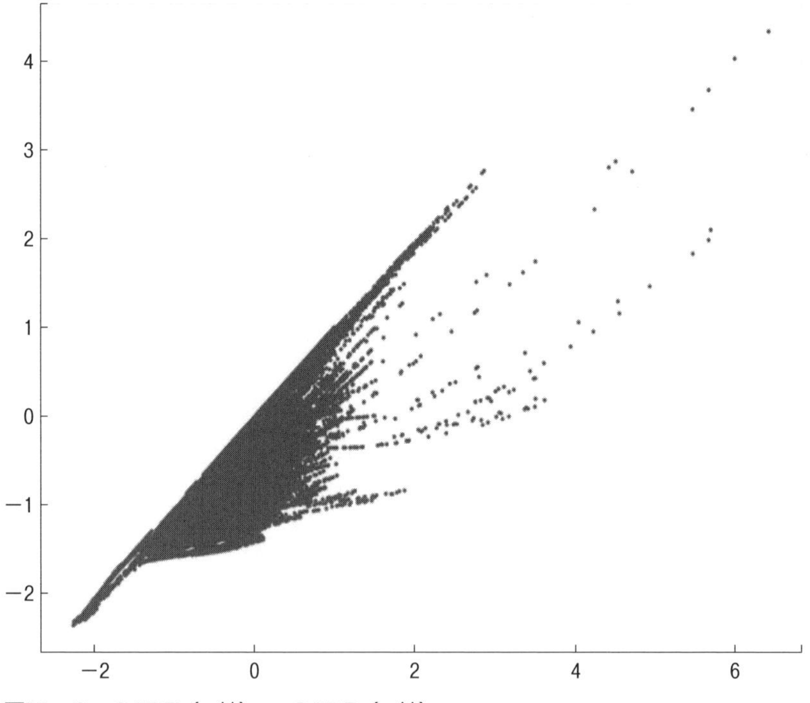

図17－2　SADF（x軸）vs CADF（y軸）

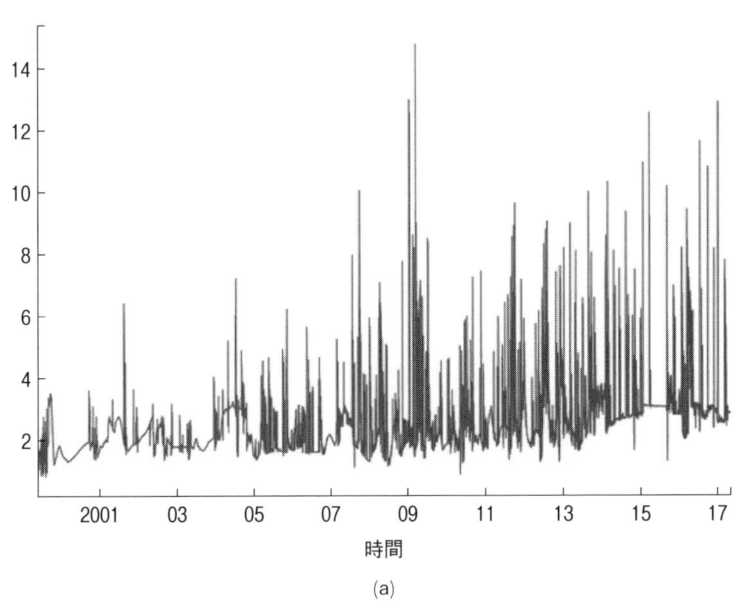

(a)

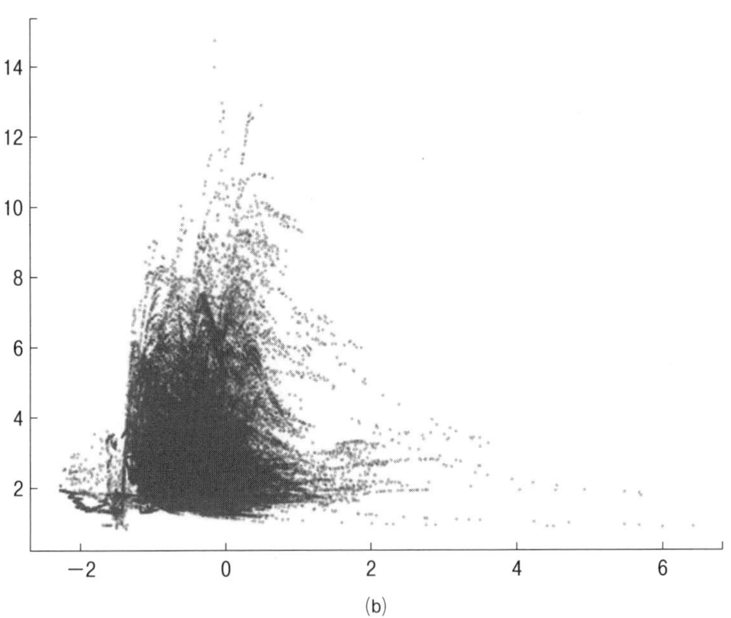

(b)

図17－3　(a)$(SADF_t - C_{t,q})/\dot{C}_{t,q}$の時系列、(b) SADF_t（x 軸）の関数としての$(SADF_t - C_{t,q})/\dot{C}_{t,q}$（y 軸）

外れ値が$SADF_t$に上方バイアスを生むという証拠を示している。

17.4.2.6　SADFの実装

この節では、SADFのアルゴリズムの実装を示す。このコードの目的はSADFを速く推定することではなく、推定にかかわるステップを明らかにすることである。スニペット17.1はSADFの内側ループを記載している。

これは$SADF_t = \sup_{t_0 \in [1, t-\tau]} \left\{ \frac{\hat{\beta}_{t_0, t}}{\hat{\sigma}_{\beta_{t_0, t}}} \right\}$を推定する部分であり、アルゴリズムのバックシフトする要素である。外側ループ（ここには示していない）はtを進めながらこれを繰り返し、$\{SADF_t\}_{t=1, \cdots, T}$を計算する。引数は次のとおりである。

- logP……対数価格を値にもつpandasのSeries
- minSL……最小の標本の長さ（τ）で、最後の回帰に使われる。
- constant……回帰の時間トレンド要素
  - 'nc'：時間トレンドはなく、定数のみ
  - 'ct'：定数プラス線形の時間トレンド
  - 'ctt'：定数プラス2次多項式の時間トレンド
- lags……ADFの定式化に用いられるラグの数

スニペット 17.1　SADFの内側ループ

```
def get_bsadf(logP,minSL,constant,lags):
  y,x=getYX(logP,constant=constant,lags=lags)
  startPoints,bsadf,allADF=range(0,y.shape[0]+\
    lags-minSL+1),None,[]
  for start in startPoints:
    y_,x_=y[start:],x[start:]
    bMean_,bStd_=getBetas(y_,x_)
    bMean_,bStd_=bMean_[0,0],bStd_[0,0]**.5
    allADF.append(bMean_/bStd_)
    if allADF[-1]>bsadf:bsadf=allADF[-1]
  out={'Time':logP.index[-1],'gsadf':bsadf}
```

```
    return out
```

スニペット17.2は関数 getYX を記載している。これは、再帰的に検定を行うのに必要な Numpy のオブジェクトを準備するためのものである。

スニペット 17.2　データセットの準備

```
def getYX(series,constant,lags):
  series_=series.diff().dropna()
  x=lagDF(series_,lags).dropna()
  # ラグをとった水準
  x.iloc[:,0]=series.values[-x.shape[0]-1:-1,0]
  y=series_.iloc[-x.shape[0]:].values
  if constant!='nc':
    x=np.append(x,np.ones((x.shape[0],1)),axis=1)
    if constant[:2]=='ct':
      trend=np.arange(x.shape[0]).reshape(-1,1)
      x=np.append(x,trend,axis=1)
    if constant=='ctt':
      x=np.append(x,trend**2,axis=1)
  return y,x
```

スニペット17.3は引数 lags で指定されたラグを DataFrame に適用する関数 lagDF を記載している。

スニペット 17.3　DataFrame にラグを適用

```
def lagDF(df0,lags):
  df1=pd.DataFrame()
  if isinstance(lags,int):lags=range(lags+1)
  else:lags=[int(lag) for lag in lags]
  for lag in lags:
    df_=df0.shift(lag).copy(deep=True)
    df_.columns=[str(i)+'_'+str(lag) for i in df_.columns]
    df1=df1.join(df_,how='outer')
  return df1
```

最後に、スニペット17.4は実際の回帰を行う関数 getBetas を記載している。

スニペット 17.4 ADFの定式化を当てはめる

```
def getBetas(y,x):
  xy=np.dot(x.T,y)
  xx=np.dot(x.T,x)
  xxinv=np.linalg.inv(xx)
  bMean=np.dot(xxinv,xy)
  err=y-np.dot(x,bMean)
  bVar=np.dot(err.T,err)/(x.shape[0]-x.shape[1])*xxinv
  return bMean,bVar
```

17.4.3 劣／優マルチンゲール検定

この節では、標準的なADFの定式化によらない爆発性検定を導入する。劣マルチンゲールあるいは優マルチンゲールである過程を考えよう。観測値 $\{y_t\}$ を所与として、いくつかの代替的な定式化のもとで $H_0: \beta = 0$, $H_1: \beta \neq 0$ という爆発的な時間トレンドの存在の検定を行う。

・多項式トレンド（SM-Poly 1）：

$$y_t = \alpha + \gamma t + \beta t^2 + \varepsilon_t$$

・多項式トレンド（SM-Poly 2）：

$$\log[y_t] = \alpha + \gamma t + \beta t^2 + \varepsilon_t$$

・指数トレンド（SM-Exp）：

$$y_t = \alpha e^{\beta t} + \varepsilon_t \Rightarrow \log[y_t] = \log[\alpha] + \beta t + \xi_t$$

・べき乗トレンド（SM-Power）：

$$y_t = \alpha t^{\beta} + \varepsilon_t \Rightarrow \log[y_t] = \log[\alpha] + \beta \log[t] + \xi_t$$

SADFと同様に、始点を後方に拡張しながら、各終点 $t = \tau, \cdots, T$ でこの

定式化のうちどれかを当てはめ、

$$SMT_t = \sup_{t_0 \in [1, t-\tau]} \left\{ \frac{|\hat{\beta}_{t_0,t}|}{\hat{\sigma}_{\beta_{t_0,t}}} \right\}$$

を計算する。

絶対値をとる理由は、爆発的な上昇にも急落にも等しく関心があるからである。単回帰の場合（Greene[2008], p.48）、β の分散は $\hat{\sigma}_\beta^2 = \frac{\hat{\sigma}_\varepsilon^2}{\hat{\sigma}_{xx}^2 (t-t_0)}$ となるため、$\lim_{t\to\infty} \hat{\sigma}_{\beta_{t_0,t}} = 0$ である。同様の結果は、多変数線形回帰の場合（Greene[2008], pp.51-52）に対しても一般化できる。長期の弱いバブルの $\hat{\sigma}_\beta^2$ は短期の強いバブルの $\hat{\sigma}_\beta^2$ よりも小さい可能性があるため、この手法では長期のバブルに対してバイアスがかかる。このバイアスを修正するために、最良の爆発性シグナルを得る係数 $\varphi \in [0, 1]$ を決定することで、大きな標本の長さにペナルティをつけることができる。

$$SMT_t = \sup_{t_0 \in [1, t-\tau]} \left\{ \frac{|\hat{\beta}_{t_0,t}|}{\hat{\sigma}_{\beta_{t_0,t}} (t-t_0)^{\varphi}} \right\}$$

たとえば $\varphi = 0.5$ のとき、単回帰の場合に長い標本に伴って $\hat{\sigma}_{\beta_{t_0,t}}$ が低くなるのを補うことができる。$\varphi \to 0$ とすると、補正が弱まり長期のバブルが短期のバブルを覆い隠すため、SMT_t はより長期のトレンドを示すようになる。$\varphi \to 1$ とすると、長期のバブルよりも短期のバブルが選ばれるようになるため、SMT_t にはノイズが多くなる。結果として、これは爆発性シグナルを調整する自然な方法であるので、特定の保有期間を意図して投資機会を絞り込むことができる。機械学習アルゴリズムが用いる特徴量として、幅広い φ の値から推定した SMT_t を含めてもよい。

練習問題

17.1　E-mini S&P 500先物のドルバー系列に対して、

(a)　ブラウン・ダービン・エバンズ法を適用せよ。これはドットコムバブルを識別するだろうか。

(b) チュ・スティンクコンベ・ホワイト法を適用せよ。これは2007年から2008年のバブルを識別するだろうか。

17.2 E-mini S&P 500先物のドルバー系列に対して、

(a) （チャウタイプの）SDFC 爆発性検定を実行せよ。この方法はいつを構造変化日として選ぶだろうか。それは予想とあっているだろうか。

(b) この系列についてSADF の値を計算し、プロットせよ。ドットコムバブル周辺や（2007年以降の）大不況の前に極端な急上昇がみられるだろうか。バブルの崩壊もSADF の急上昇を引き起こすだろうか。

17.3 練習問題17.2に続いて、

(a) 系列が次の状態を示している期間を決定せよ。

(i) 定常

(ii) 単位根

(iii) 爆発

(b) QADF を計算せよ。

(c) CADF を計算せよ。

17.4 E-mini S&P 500先物のドルバー系列に対して、

(a) $\varphi=1$ において、SM-Poly 1 と SM-Poly 2 に対して SMT を計算せよ。それらの相関はどれだけか。

(b) $\varphi=1$ と $\varphi=0.5$ において、SM-Exp に対して SMT を計算せよ。それらの相関はどれだけか。

(c) $\varphi=1$ と $\varphi=0.5$ において、SM-Power に対して SMT を計算せよ。それらの相関はどれだけか。

17.5 各価格について逆数を計算すると、系列 $\{y_t^{-1}\}$ ではバブルが崩壊になり、崩壊がバブルになる。

(a) この変換は崩壊を識別するために必要だろうか。

(b) 本章で述べた方法のうち、この変換を必要とせずに崩壊を識別できるものはどれだろうか。

◆引用文献

Andrews, D. (1993): "Tests for parameter instability and structural change with unknown change point." *Econometrics*, Vol. 61, No. 4 (July), pp. 821–856.

Breitung, J. and R. Kruse (2013): "When Bubbles Burst: Econometric Tests Based on Structural Breaks." *Statistical Papers*, Vol. 54, pp. 911–930.

Breitung, J. (2014): "Econometric tests for speculative bubbles." *Bonn Journal of Economics*, Vol. 3, No. 1, pp. 113–127.

Brown, R.L., J. Durbin, and J.M. Evans (1975): "Techniques for Testing the Constancy of Regression Relationships over Time." *Journal of the Royal Statistical Society, Series B*, Vol. 35, pp. 149–192.

Chow, G. (1960). "Tests of equality between sets of coefficients in two linear regressions." *Econometrica*, Vol. 28, No. 3, pp. 591–605.

Greene, W. (2008): *Econometric Analysis*, 6th ed. Pearson Prentice Hall.

Homm, U. and J. Breitung (2012): "Testing for speculative bubbles in stock markets: A comparison of alternative methods." *Journal of Financial Econometrics*, Vol. 10, No. 1, 198–231.

Maddala, G. and I. Kim (1998): *Unit Roots, Cointegration and Structural Change*, 1st ed. Cambridge University Press.

Phillips, P., Y. Wu, and J. Yu (2011): "Explosive behavior in the 1990s Nasdaq: When did exuberance escalate asset values?" *International Economic Review*, Vol. 52, pp. 201–226.

Phillips, P. and J. Yu (2011): "Dating the timeline of financial bubbles during the subprime crisis." *Quantitative Economics*, Vol. 2, pp. 455–491.

Phillips, P., S. Shi, and J. Yu (2013): "Testing for multiple bubbles 1: Historical episodes of exuberance and collapse in the S&P 500."Working paper 8-2013, Singapore Management University.

第18章

エントロピー特徴量

18.1　はじめに

価格系列は需要と供給に関する情報を伝えている。完全市場では、観測値は製品やサービスに関する既知の情報のすべてを織り込んでいるため、価格変化は予測できない。一方で、完全市場以外では価格は断片的な情報しか織り込まない。そのため、他のエージェントより多くの情報をもつ一部のエージェントは、この情報の非対称性を利用できることになる。したがって、価格系列に含まれる情報量を推定し、機械学習のアルゴリズムが未来の起こりうる結果を学習できるように特徴量をつくることは有用である。たとえば、価格のもつ情報が少ないときはモメンタム（momentum）にベットすると利益が出て、価格のもつ情報が多いときは平均回帰性にベットすると利益が出るといったことが、機械学習のアルゴリズムからわかるかもしれない。本章では、価格系列に含まれる情報量を決定する方法を探っていく。

18.2　シャノンのエントロピー

本節では、本章の残りの部分で利用する情報理論のいくつかの概念についてみていく。情報理論を詳細に学びたい読者については MacKay[2003]を参照されたい。情報理論の父、クロード･シャノンはエントロピー（entropy）を、定常性をもつ情報源から生成される（長メッセージの）平均情報量として定義した。エントロピーとは、一意に復元可能な方法でメッセージを符号化するのに必要となるメッセージ1文字当りの最小ビット数である。Shannon［1948］は、離散確率変数 X が値 $x \in A$ をとり、確率密度 $p[x]$ に従うときのエントロピーを、

$$H[X] \equiv -\sum_{x \in A} p[x] \log_2 p[x]$$

と数学的に定義した。このとき、$H[X]$ は $0 \leq H[X] \leq \log_2 \left[\|A\| \right]$ という性質をもつ。また、$H[X]=0 \Leftrightarrow \exists x | p[x]=1$；$H[X]=\log_2 \left[\|A\| \right] \Leftrightarrow$ すべての x に対して $p[x]=\frac{1}{\|A\|}$ となる。ここで、$\|A\|$ は集合 A の要素数である。ビット情報量を $\log_2 \frac{1}{p[x]}$ として測るとき、エントロピーは X の確率加重平均情報量と解釈できる。情報量を $\log_2 \frac{1}{p[x]}$ と考える論理的根拠は、低い確率で生成される事象は、高い確率で生成される事象よりも多くの情報をもっているという見解からである。言い換えると、予期していないことが起こるときのほうが多くを知ることができる。同様に、冗長性（redundancy）は次のように定義される。

$$R[X] \equiv 1 - \frac{H[X]}{\log_2 \left[\|A\| \right]}$$

このとき、$R[X]$ は $0 \leq R[X] \leq 1$ という性質をもつ。Kolmogorov［1965］はマルコフ情報源の、冗長性と複雑性（complexity）の関係を定式化した。2つの変数間の相互情報量は、同時確率密度から周辺確率密度の積へのカルバック・ライブラー情報量として定義される。

$$MI[X, Y] = \mathrm{E}_{f[x,y]} \left[\log \frac{f[x,y]}{f[x]f[y]} \right] = H[X] + H[Y] - H[X, Y]$$

相互情報量（MI：Mutual Information）は常に0以上かつ対称性をもち、X と Y が独立のときに限り0となる。正規分布変数の場合（確率変数 X、Y が正規分布に従う場合）、相互情報量は、よく知られているピアソンの相関係数 ρ と密接に関係している。

$$MI[X, Y] = -\frac{1}{2}\log\left[1 - \rho^2\right]$$

したがって、相互情報量は、変数が線形か非線形かにかかわらず、変数間の関連性の測度として自然である（Hausser and Strimmer[2009]）。情報の正規バリエーション（The normalized variation of information）は、相互情報量から計算できる、距離の公理を満たす尺度である。エントロピーの推定量に関しては、以下を参照のこと。

・R の場合……http://cran.r-project.org/web/packages/entropy/entropy.pdf

・Python の場合……https://code.google.com/archive/p/pyentropy/

18.3 プラグイン（最尤）推定量

本節では、Gao et al.[2008] に基づいて、エントロピーの最尤推定量について説明する。この名称は、最初は少し変わっているようにみえるかもしれないが、慣れてしまえば便利に感じるだろう。位置1で始まり位置 n で終わる文字列によるデータ系列 x_1^n が与えられているとき、系列内の、長さ $w<n$ のすべての単語の辞書 A^w を作成できる。ここで、長さ w の任意の単語 $y_1^w \in A^w$ を考えよう。$\hat{p}_w\left[y_1^w\right]$を系列 x_1^n における単語 y_1^w の経験確率とする。すなわち、$\hat{p}_w\left[y_1^w\right]$は系列 x_1^n における単語 y_1^w の出現頻度である。データが定常エルゴード過程から生成されると仮定すると、大数の法則から、定数 w、十分大きな数 n に対して、経験分布 $\hat{p}_w$ は、真の分布 p_w に近づくことが保証される。この条件下で、エントロピーレート（すなわち、1文字当りの平均エントロピー）の推定量は、

$$\hat{H}_{n,w} = -\frac{1}{w}\sum_{y_1^w \in A^w} \hat{p}_w\left[y_1^w\right]\log_2 \hat{p}_w\left[y_1^w\right]$$

となる。

経験分布は、真の分布の最尤推定量でもあるため、これはエントロピーの最尤推定量としても扱われる。ここで、$\hat{H}_{n,w}$ が真のエントロピー H に許容できる程度に近づくためには、値 w は十分に大きくなければならない。n の値は w よりも十分に大きい必要があり、そのとき w の経験分布は真の分

布に近づく。スニペット18.1ではプラグインエントロピー推定量を実装している。

スニペット 18.1 プラグインエントロピー推定量

```
import time,numpy as np
#―――――――――――――――――――――――――――――――――――――――――――――――
def plugIn(msg,w):
  # プラグイン(最尤)エントロピーレートの計算
  pmf=pmf1(msg,w)
  out=-sum([pmf[i]*np.log2(pmf[i]) for i in pmf])/w
  return out,pmf
#―――――――――――――――――――――――――――――――――――――――――――――――
def pmf1(msg,w):
  #1次元離散確率変数に対する確率質量関数の計算
  #len(msg)-w 回繰り返す
  lib={}
  if not isinstance(msg,str):msg=''.join(map(str,msg))
  for i in xrange(w,len(msg)):
    msg_=msg[i-w:i]
    if msg_ not in lib:lib[msg_]=[i-w]
    else:lib[msg_]=lib[msg_]+[i-w]
  pmf=float(len(msg)-w)
  pmf={i:len(lib[i])/pmf for i in lib}
  return pmf
```

18.4 レンペル・ジブ推定量（Lempel-Ziv 推定量）

エントロピーは複雑性の尺度として解釈することができる。複雑なデータ系列は通常の（予測可能な）系列よりも多くの情報をもつ。レンペル・ジブ（LZ）アルゴリズムは、効率的にメッセージを非冗長部分文字列に分解する（Ziv and Lempel[1978]）。メッセージの圧縮率は、メッセージの長さに対するレンペル・ジブ辞書の要素数の関数として推定できる。ここから、複雑なメッセージは文字列の長さに対して辞書が大きくなるため、エントロピーが高くなることがわかる。スニペット18.2ではLZ圧縮アルゴリズムの実装を示す。

スニペット 18.2　LZ圧縮アルゴリズムによる辞書構築

```
def lempelZiv_lib(msg):
  i,lib=1,[msg[0]]
  while i<len(msg):
    for j in xrange(i,len(msg)):
      msg_=msg[i:j+1]
      if msg_ not in lib:
        lib.append(msg_)
        break
    i=j+1
  return lib
```

Kontoyiannis[1998]は、メッセージから得られる情報をより効率的に利用しようとしている。ここからはGao et al.[2008]による要約を述べる。彼らのアイデアをスニペットでのコード実装により補完しながら、論文を順々に再現していこう。L_i^nを、インデックスiよりnビット前までの最長マッチの長さに1を足したもの、

$$L_i^n = 1 + \max\left\{l \middle| x_i^{i+l} = x_j^{j+l} \text{ただし} i-n \leq j \leq i-1, l \in [0, n]\right\}$$

と定義する。

スニペット18.3では最長マッチの長さを求めるアルゴリズムを実装している。ここでの注意事項：

・移動ウインドウの場合、値nは一定。拡大ウインドウの場合、$n=i$。

・L_i^nを計算するにはデータx_{i-n}^{i+n-1}が必要である。つまり、インデックスiはウインドウの中心でなければならない。これは一致した文字列が同じ長さになることを保証するために重要である。インデックスiの前後が同じ長さでないならば、lは制約を受け、その最大値は過小評価される。

・2つの部分文字列間に重複はあってもよいが、明らかに両方とも同じイン

デックス i から始めてはいけない。

スニペット 18.3　最長マッチ長を計算する関数

```
def matchLength(msg,i,n):
  #重複させながら、最長マッチ長+1を求める
  # i>=n & len(msg)>=i+n
  subS=''
  for l in xrange(n):
    msg1=msg[i:i+l+1]
    for j in xrange(i-n,i):
      msg0=msg[j:j+l+1]
      if msg1==msg0:
        subS=msg1
        break #より大きなlを探す
  return len(subS)+1,subS #一致した長さ+1
```

Ornstein and Weiss[1993]は、下記の定理が成り立つことを示した。

$$\lim_{n\to\infty}\frac{L_i^n}{\log_2[n]}=\frac{1}{H}$$

コントイアニスはこの結果を使ってシャノンのエントロピーレートを推定している。$\frac{L_i^n}{\log_2[n]}$ の平均を推定し、その逆数を使って H を推定する。直観的に、参照可能な文字列を長くすると、エントロピーが高いメッセージは比較的短い非冗長部分文字列を生成すると予想される。対照的に、エントロピーが低いメッセージは、それを解析するに従い、比較的長い非冗長部分文字列を生成すると予想される。データ $x_{-\infty}^{\infty}$、ウインドウサイズ $n(\geq 1)$、マッチ数 $k(\geq 1)$ が与えられたとき、移動ウインドウ LZ 推定量 $\hat{H}_{n,k}=\hat{H}_{n,k}\left[x_{-n+1}^{n+k-1}\right]$ は下記のように定義される。

$$\hat{H}_{n,k}=\left[\frac{1}{k}\sum_{i=1}^{k}\frac{L_i^n}{\log_2[n]}\right]^{-1}$$

同様に、拡大ウインドウ LZ 推定量 $\hat{H}_n=\hat{H}_n\left[x_0^{2n-1}\right]$ は下記のように定義される。

$$\hat{H}_n = \left[\frac{1}{n} \sum_{i=2}^{n} \frac{L_i^i}{\log_2[i]} \right]^{-1}$$

$\hat{H}_{n,k}$、すなわち、L_i^nを計算するときウインドウサイズnは、一定である。しかし、$\hat{H}_n$を計算するとき、ウインドウサイズはiとともに増加するため、L_i^iを計算することになり、$n=\frac{N}{2}$である。拡大ウインドウの場合、すべてのビットが解析されるためには（x_iがウインドウの中心となるため、奇数長のメッセージでは、最後のビットが読み込まれないことを思い出そう）、メッセージの長さNは偶数でなくてはいけない。

上記の式は、定常性（stationarity）、エルゴード性（ergodicity）をもち、有限個の値をとり、ドーブリン条件（Doeblin condition）を満たす過程を仮定したもとで導出される。ドーブリン条件の直観的な解釈としては、有限のステップr回後に、事前の事象にかかわらず、すべての事象の発生確率が正であり、どんな結果も起こりうるということである。ドーブリン条件を満たさない場合には上記の推定量の修正版となることがわかる。

$$\tilde{H}_{n,k} = \frac{1}{k} \sum_{i=1}^{k} \frac{\log_2[n]}{L_i^n}$$

$$\tilde{H}_n = \frac{1}{n} \sum_{i=2}^{n} \frac{\log_2[i]}{L_i^i}$$

$\tilde{H}_{n,k}$を推定する際の実務上の問題の1つは、ウインドウサイズnを決定する方法である。Gao et al.[2008]では$k+n=N$がメッセージの長さとほぼ等しいべきであると主張している。L_i^nのバイアス（bias）がオーダー$O\left[1/\log_2[n]\right]$であり、$L_i^n$のバリアンス（分散、variance）がオーダー$O\left[1/k\right]$であるため、$k \approx O\left[\left(\log_2[n]\right)^2\right]$あたりでバイアスとバリアンスのバランスがとれる。すなわち、$N \approx n + \left(\log_2[n]\right)^2$となるように$n$を選択できる。たとえば、$N=2^8$の場合、バイアスとバリアンスのバランスのとれたウインドウのサイズは$n \approx 198$となり、このとき$k \approx 58$となる。

Kontoyiannis[1998]は、nが無限大に近づくとき、確率1で$\hat{H}[X]$がシャノンのエントロピーレートに収束することを証明した。スニペット18.4はGao et al.[2008]で議論された理論を実装したものである。Gao et al.[2008]は、同じ長さの２つの部分文字列間の冗長性の最大値を探すことでKontoyiannis [1997]を改善した。

スニペット 18.4 Gao et al.[2008]で議論されたアルゴリズムの実装

```
def konto(msg,window=None):
    '''
    * コントイアニスのLZエントロピー推定量2013年版(中心化ウインドウ)
    * 最小非冗長部分文字列の平均長の逆数
    * 非冗長部分文字列が短い場合、そのテキストのエントロピーは高くなる。
    * 拡大ウインドウ法を使う場合、window ==Noneとする。この場合、len(msg)%2==0である必要がある。
    *msgの最後が関連性が高い場合、konto(msg[::-1])を試してみるとよい。
    '''
  out={'num':0,'sum':0,'subS':[]}
  if not isinstance(msg,str):msg=''.join(map(str,msg))
  if window is None:
    points=xrange(1,len(msg)/2+1)
  else:
    window=min(window,len(msg)/2)
    points=xrange(window,len(msg)-window+1)
  for i in points:
    if window is None:
      l,msg_=matchLength(msg,i,i)
      out['sum']+=np.log2(i+1)/l # ドーブリン条件を避けるため
    else:
      l,msg_=matchLength(msg,i,window)
      out['sum']+=np.log2(window+1)/l # ドーブリン条件を避けるため
    out['subS'].append(msg_)
```

```
    out['num']+=1
  out['h']=out['sum']/out['num']
  out['r']=1-out['h']/np.log2(len(msg)) #冗長性、0<=r<=1
  return out
#――――――――――――――――――――――――――――――――――――――――
if __name__=='__main__':
  msg='101010'
  print konto(msg*2)
  print konto(msg+msg[::-1])
```

この方法の１つ目の注意点は、エントロピーレートが極限において定義されていることである。コントイアニスの言葉で表すと、「データベースのサイズとして大きな整数Nを前提としている」。コントイアニスの論文で使われた定理は漸近収束を証明している。しかし、単調性は主張していない。メッセージが短い場合、解決策は同じメッセージを複数回繰り返すことである。

２つ目の注意点は、マッチングのためのウインドウは対称（マッチする部分文字列について辞書に対して同じ長さ）でなくてはならないので、メッセージの長さが偶数の場合にのみ、最後のビットがマッチングにおいて考慮されることである。解決策の１つは、奇数長のメッセージの最初のビットを削除することである。

３つ目の注意点は、不規則な文字列を読み込む場合、最後のビットが捨てられることである。これも対称なマッチングウインドウの結果である。たとえば、"10000111" のエントロピーレートは "10000110" のエントロピーレートと同じになる。これは、６番目と７番目のビット "11" がマッチすることができないために、最後のビットはエントロピーレートとは無関係であることを意味する。メッセージの終わりが特に関連性が高い場合は、メッセージを逆順にしたもののエントロピーを分析すればよい。こうすると、最後のビット（つまり、逆順にした後の最初のビット）は利用されるし、そのビットが他の部分と一致する可能性がある。前例の逆順、"11100001" のエントロピーレートは0.96だが、"01100001" のエントロピーレートは0.84となる。

18.5 符号化（Encoding）方式

エントロピーを推定するには、メッセージの符号化が必要である。本節では、文献で使用されている収益率（リターン）についての符号化方式を説明する。本章では説明しないが、メモリーを保持しているので、（整数差分よりも）分数次差分系列（fractionally differentiated series）（第5章）から情報を符号化することが望ましい。

18.5.1 2元符号化（Binary Encoding）

各値に有限のアルファベット（訳注：アルファベットは符号に必要なシンボルの各要素を指す）から符号を割り当てられるように、エントロピーレートを推定するために連続変数を離散化する必要がある。たとえば、リターン系列 r_t は正負によって符号化できる。すなわち、$r_t = 0$ の場合は取り除き、$r_t > 0$ の場合は1、$r_t < 0$ の場合は0を割り当てればよい。$|r_t|$ がおおよそ一定となるため、プライスバー（すなわち、開始価格を中心とした上下の対称の値の範囲で変動する価格を含むバー）からサンプリングされたリターン系列を2元符号化することは自然である。

$|r_t|$ が幅広い値をとる場合、2元符号化は潜在的に有用な情報を破棄することになる。これは、ざら場のタイムバーを考える場合に特に当てはまる。ざら場のタイムバーはティックデータの非均一性による不均一分散（heteroscedasticity）の影響を受けるからである。これを部分的に対処する方法のうちの1つは、劣後確率過程に従って、価格をサンプリングする方法である。例として、決まったトレード数を含むトレードバーと決まったボリューム（出来高）を含むボリュームバー（第2章を参照）を利用することがあげられる。この一定時間ごとではない、市場由来の間隔を利用することで、流動性の高い期間にはより頻繁に、流動性が低い期間にはより頻度を落としてサンプリングすることになり、$|r_t|$ の分布を正則化し、多数のアルファベットの必要性を減らすことになる。

18.5.2 クォンタイル（分位点）符号化（Quantile Encoding）

プライスバーを使用しない限り、２つ以上の符号が必要になる可能性がある。１つのアプローチは、各r_tが属する分位点に従って、符号を割り当てることである。分位点の境界は、インサンプル期間（訓練データ）から決定される。インサンプル全体では、各符号に同数のオブザベーションが割り当てられ、アウトオブサンプルでは、各符号あたりの観測数はほぼ同数になるだろう。この方法を使用すると、一部の符号は他の符号よりもカバーするr_tの範囲が大きくなる。符号のインサンプルにおける一様分布、またはアウトオブサンプルにおける一様に近い分布により、エントロピーは平均して増加する傾向がある。

18.5.3 シグマ符号化（Sigma Encoding）

他のアプローチとして、符号数を固定するのではなく、価格系列により実際の辞書を決めることもできる。離散化の幅、σを定数とする。次に、値０を$r_t \in [\min\{r\}, \min\{r\}+\sigma)$に、値１を$r_t \in [\min\{r\}+\sigma, \min\{r\}+2\sigma)$に、のように、すべてのオブザベーションが合計$\mathrm{Ceil}\left[\frac{\max\{r\}-\min\{r\}}{\sigma}\right]$個の符号で符号化されるまで続けていく。ここで、関数Ceil［.］は天井関数である。クォンタイル符号化とは異なり、本符号化では、各符号がカバーするr_tの範囲は等しくなる。符号の分布は一様ではないので、エントロピーはクォンタイル符号化よりも、平均して小さくなる傾向がある。ただし、「まれな」符号が出現すると、そこだけエントロピーが急激に大きくなる。

18.6 ガウス過程のエントロピー

IIDの正規分布に従う過程（Norwich[2003]を参照）のエントロピーは、

$$H=\frac{1}{2}\log\left[2\pi e\sigma^2\right]$$

と導出される。標準正規分布では、$H \approx 1.42$となる。この結果には少なくとも２つの用途がある。１つ目は、エントロピー推定量の性能のベンチマークとすることである。標準正規分布からサンプリングし、推定方法、メッセージの長さ、符号化のどのような組合せが、理論的に導かれる値 H に十分に近いエントロピー推定量 $\hat{H}$ となるのか見つけることができる。たとえば、図18－１はコントイアニスの手法を利用し、長さ100のメッセージのもとで、10、７、５、２文字で符号化したときのエントロピー推定量を、ブートストラップ抽出した分布をプロットしたものである。少なくとも10文字以上ならば、スニペット18.4のアルゴリズムで正しい答えが得られる。文字数が少なすぎると情報は破棄され、エントロピーは過小に見積もられる。

２つ目に、上記の式からエントロピーをボラティリティと結びつけられる。上記の式は $\sigma_H = \frac{e^{H-1/2}}{\sqrt{2\pi}}$ となる。このことから、収益率が実際に正規分布に従う場合、エントロピーインプライドボラティリティの推定値を得られる。

18.7 エントロピーと一般化平均

ここでエントロピーについての興味深い考え方を導入しよう。実数 $x=\{x_i\}_{i=1,\cdots,n}$ と重み $p=\{p_i\}_{i=1,\cdots,n}$ の集合（ただし、$\forall i$ について $0 \leq p_i \leq 1$、$\sum_{i=1}^{n} p_i = 1$）を考える。

乗数 $q(\neq 0)$、ウェイト p の、x についての一般化加重平均は、

$$M_q[x, p] = \left(\sum_{i=1}^{n} p_i x_i^q \right)^{1/q}$$

のように定義される。

$q < 0$ の場合、$\forall i$ について $x_i > 0$ が必要である。これが一般化平均である理由は、特別な場合として下記のような平均が得られるからである。

・最小値……$\lim_{q \to -\infty} M_q[x, p] = \min_i \{x_i\}$

・調和平均……$M_{-1}[x, p] = \left(\sum_{i=1}^{n} p_i x_i^{-1} \right)^{-1}$

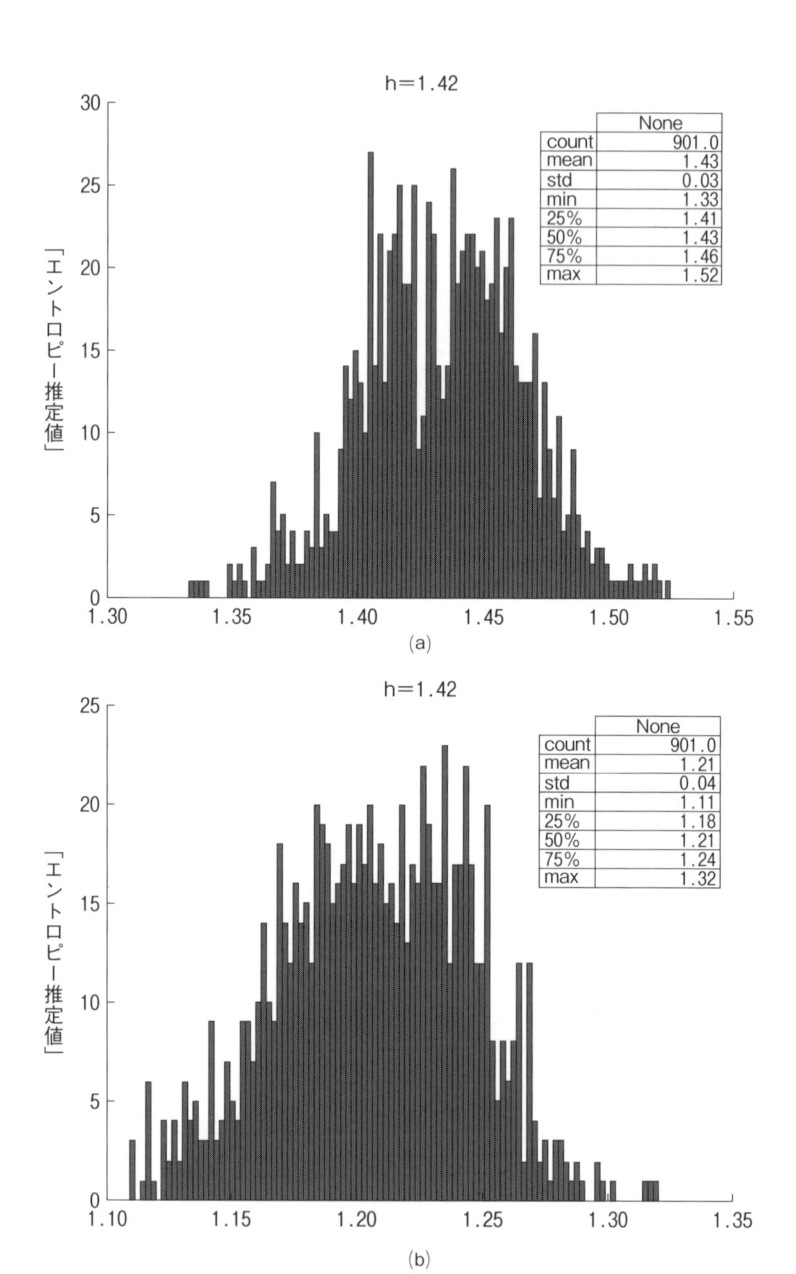

図18－1　長さ100のメッセージを、10文字（上）、および7文字（下）符号化のもとでのエントロピー推定値の分布

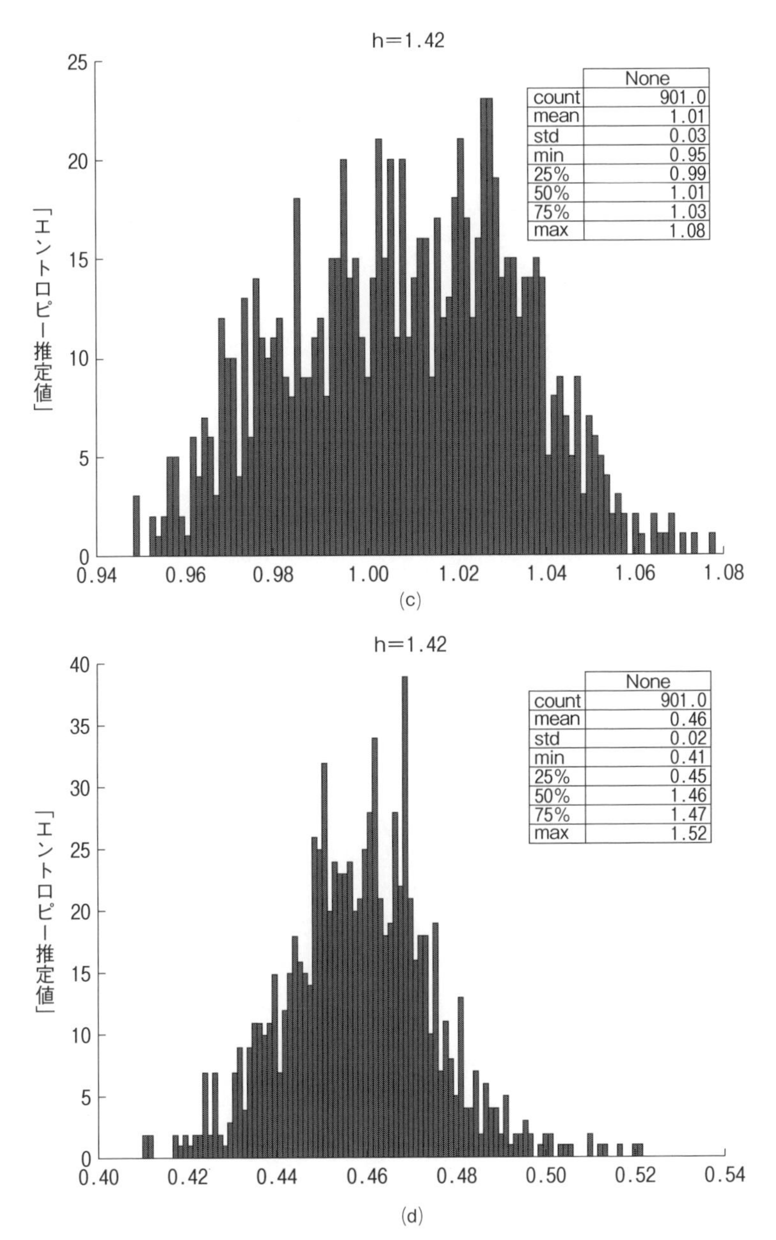

図18－1　（続き）長さ100のメッセージを、5文字（上）、および2文字（下）符号化のもとでのエントロピー推定値の分布

・幾何平均……$\lim_{q\to 0} M_q[x, p] = e^{\sum_{i=1}^{n} p_i \log[x_i]} = \prod_{i=1}^{n} x_i^{p_i}$

・算術平均……$M_1\left[x, \{n^{-1}\}_{i=1,\cdots,n}\right] = n^{-1}\sum_{i=1}^{n} x_i$

・加重平均……$M_1[x, p] = \sum_{i=1}^{n} p_i x_i$

・二乗平均平方根……$M_2[x, p] = \left(\sum_{i=1}^{n} p_i x_i^2\right)^{1/2}$

・最大値……$\lim_{q\to +\infty} M_q[x, p] = \max_i \{x_i\}$

情報理論において、興味深い特別なケースは$x = \{p_i\}_{i=1,\cdots,n}$、すなわち、

$$M_q[p, p] = \left(\sum_{i=1}^{n} p_i p_i^q\right)^{1/q}$$

となるときである。

ここで、$q \neq 1$に対して、数量$N_q[p] = \dfrac{1}{M_{q-1}[p, p]}$と定義しよう。さらに$N_q[p]$において$q < 1$ならば、$\forall i$について$p_i > 0$とならなくてはいけない。$k$個の異なるインデックス（ただし、$k \in [1, n]$）に対して$p_i = \dfrac{1}{k}$、その他のインデックスに対しては$p_i = 0$とするとき、$k$個の異なる要素のウェイトは均等となり、$q > 1$に対して$N_q[p] = k$となる。言い換えれば、$q$によって設定されたウェイトづけの方式に従って、$N_q[p]$により$p$の要素の*有効な数*または*多様性*がわかる。

ジェンセンの不等式から、$\dfrac{\partial M_q[p, p]}{\partial q} \geq 0$が成立するため、$\dfrac{\partial N_q[p]}{\partial q} \leq 0$が成立する。$q$の値が小さいほど、分割された要素のウェイトは均等に近づき、あまり一般的ではない要素のウェイトは比較的大きくなる。さらに$\lim_{q\to 0} N_q[p]$は単に0でないp_iの総数となる。

シャノンのエントロピーは$H[p] = \sum_{i=1}^{n} -p_i \log[p_i] = -\log\left[\lim_{q\to 0} M_q[p]\right] = \log\left[\lim_{q\to 1} N_q[p]\right]$となる。これは、$q \to 1$のとき、リスト$p$内の要素の*有効な数*の対数としてエントロピーを解釈できることを示している。図18－2は、qが1に近づくにつれて、ランダムに生成されたpに対する*有効な数*の対数が、シャノンのエントロピーにどのように収束するかを図示している。同様に、qが大きくなるにつれて、*有効な数*の対数が安定することにも注目しよう。

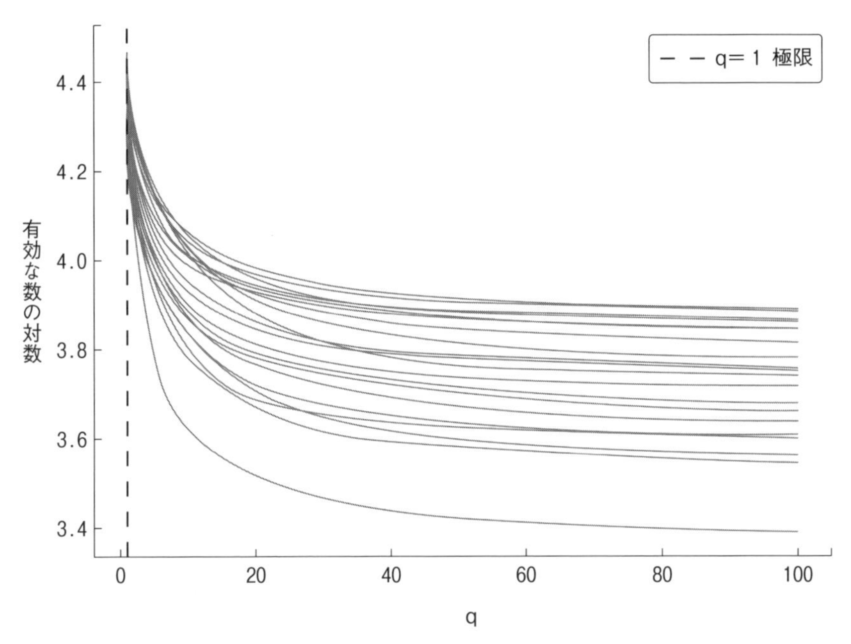

図18－2　ランダムに生成されたpの要素の有効な数の対数

直観的には、エントロピーは確率変数に含まれる*多様性*のレベルにより情報を測っている。この直観は、一般化された平均の概念を通して形式化される。その意味は、シャノンのエントロピーは多様性の尺度の特別な場合である（それゆえにボラティリティと関係がある）ということである。したがって$q \neq 1$のときの、エントロピー以外の多様性の尺度について定義し、計算することができる。

18.8 エントロピーの金融市場への応用

本節では、金融市場のモデリングへのエントロピーの応用例をいくつか紹介する。

18.8.1 市場の効率性

裁定のメカニズムがあらゆる機会で働くとき価格は即座にすべての利用可

能な情報を織り込んでしまうため、認識可能な価格パターンは存在せず、変化を予測することはできない（すなわち、価格はマルチンゲール性をもつ）。反対に、裁定のメカニズムが完全ではないとき、価格には不完全な量の情報しか含まれないため、予測可能なパターンができる。文字列に冗長な情報が含まれているとパターンが生成され、そのパターンの存在が圧縮を有効にする。文字列のエントロピーレートはその最適な圧縮率を決定する。エントロピーが高いほど冗長性が低くなり、情報の中身が増える。それゆえに、価格文字列のエントロピーから、特定の時点における市場の効率性の度合いがわかる。「復元された（decompressed）」市場は価格情報が冗長性をもたないので、効率的市場となる。「圧縮された（compressed）」市場は価格情報が冗長性をもつため、非効率的な市場である。バブルは圧縮された（低いエントロピーの）市場で起きるのである。

18.8.2 最大エントロピー生成

一連の論文のなかで、Fiedor[2014a, 2014b, 2014c]はKontoyiannis[1997]を価格系列に存在するエントロピーの推定に用いることを提案している。また、可能性のある将来の結果のうち、エントロピーを最大にするものが最も利益があがるはずだと主張している。なぜなら、それが頻度主義の統計モデルによる予測が最も困難なものであるためである。ストップロスを引き起こし、値動きを強化し増幅させるフィードバックメカニズムを生み出し、収益率の時系列データにおいて、連続した同じ方向の動き（ラン）をもたらすのはブラックスワンのシナリオである。

18.8.3 ポートフォリオの集中度

収益率により計算された、$N \times N$の共分散行列Vを考えよう。まず、行列の固有値分解、$VW=W\Lambda$を計算する。次に、アロケーション割合ベクトルω（ただし、$\sum_{n=1}^{N} \omega_n = 1$）から、ファクター荷重ベクトル$f_\omega = W'\omega$を計算する[1]。

1　あるいは、保有資産のベクトルを利用するなら、価格変化に対して共分散行列を計算するとよい。

第三に、各主成分によるリスク寄与度の割合を以下の式により導出する(Bailey and López de Prado[2012])。

$$\theta_i = \frac{[f_\omega]_i^2 \Lambda_{i,i}}{\sum_{n=1}^{N} [f_\omega]_n^2 \Lambda_{n,n}}$$

ここで、$\sum_{i=1}^{N} \theta_i = 1$、$\theta_i \in [0, 1]$、$\forall i = 1, \cdots, N$である。第四に、Meucci[2009]は、エントロピーをヒントに、ポートフォリオの集中度合いを以下の式により定義することを提案した。

$$H = 1 - \frac{1}{N} e^{-\sum_{n=1}^{N} \theta_i \log[\theta_i]}$$

最初は、ポートフォリオ集中度のこの定義は印象的に聞こえるかもしれない。なぜなら、θ_iは確率ではないからである。この集中という概念とエントロピーの関係は、第18章18.7節で議論した一般化平均によるものである。

18.8.4　マーケットマイクロストラクチャー

Easley et al.[1996, 1997]は、良いニュース／悪いニュースのオッズが同じなら、インフォームドトレーディング（情報に基づいて行われる取引）の確率（PIN：Probability of INformed trading）が下記のように導けることを示した。

$$PIN = \frac{\alpha\mu}{\alpha\mu + 2\varepsilon}$$

ここで、μはインフォームドトレーダーの注文率、εはそうでないトレーダーの注文率である。αは情報をもつイベントの発生確率である。PINは全体の注文に対するインフォームドトレーダーからの注文の割合と解釈される。

サイズVのボリュームバー内で、ティックルールやリー・レディアルゴリズム等のアルゴリズムに基づいて、ティックを買いまたは売りとして分類できる。ここで、V_τ^Bをボリュームバーτに含まれる買いのティックのボリュームの合計とし、V_τ^Sをボリュームバーτ内の売りのティックのボリュームの合計とする。Easley et al.[2012a, 2012b]は$\mathrm{E}\left[\left|V_\tau^B - V_\tau^S\right|\right] \approx \alpha\mu$となり、

また期待総ボリュームは$\mathrm{E}\left[V_\tau^B+V_\tau^S\right]=\alpha\mu+2\varepsilon$となることを示した。ボリュームクロック（Easley et al.[2012c]）を用いることにより、$\mathrm{E}\left[V_\tau^B+V_\tau^S\right]=\alpha\mu+2\varepsilon=V$の値を外生的に与えることができる。これは、ボリュームクロックのもとで、PINを下記のように変形できることを意味する。

$$VPIN=\frac{\alpha\mu}{\alpha\mu+2\varepsilon}=\frac{\alpha\mu}{V}\approx\frac{1}{V}\mathrm{E}\left[\left|2V_\tau^B-V\right|\right]=\mathrm{E}\left[\left|2v_\tau^B-1\right|\right]$$

ここで$v_\tau^B=\frac{V_\tau^B}{V}$である。$2v_\tau^B-1$は有界の実数値変数であるオーダーフローの不均衡（OI：Order flow Imbalance）、OI_τを表している。ここで、$OI_\tau\in[-1,1]$である。それゆえに、VPIN理論は、PINとボリュームクロックのもとでのオーダーフローの不均衡の持続性を結びつける。このマイクロストラクチャー理論の詳細については第19章を参照のこと。

持続的なオーダーフローの不均衡は、逆選択のための必要だが十分でない条件である。マーケットメーカーがインフォームドトレーダーに流動性を提供するならば、オーダーフローの不均衡$|OI_\tau|$も比較的予測力をもたないはずである。言い換えれば、マーケットメーカーのオーダーフローの不均衡の予測が正確なとき、たとえ$|OI_\tau|\gg 0$でも、マーケットメーカーは逆選択されない。逆選択の確率を求めるために、オーダーフローの不均衡がどの程度予測できないかを判断する必要がある。情報理論を応用することによって、この判断ができる。

シンボルの長いデータ系列を考える。その系列に冗長的なパターンがほとんどない場合、説明し、予測することをむずかしくするレベルの複雑さが発生する。Kolmogorov[1965]は冗長性と複雑性の間のこの関係を定式化した。情報理論では、可逆圧縮は、可能な限り少ないビット数で系列を完全に記述することだ。系列に含まれる冗長性が多いほど、より高い圧縮率を達成することができる。エントロピーは系列の冗長性を特徴づけるので、コルモゴルフ複雑性とその予測可能性をも特徴づける。系列の冗長性と（マーケットメーカーによる）予測不可能性の関係を用いて、逆選択の確率を導出できる。

ここで、オーダーフローの不均衡に内在する複雑性の関数として逆選択の確率を導出する過程について議論しよう。まず、$\tau=1,\cdots,N$でインデックスづけされた、それぞれのサイズがVであるボリュームバーの系列を考え、買いとして分類されたボリュームの割合$v_\tau^B \in [0, 1]$を決定する。次に、$\{v_\tau^B\}$ をq分位に分割し、q個の互いに素な部分集合の集合$K=\{K_1, \cdots, K_q\}$を定義する。第三に、それぞれのv_τ^Bを互いに素な部分集合の1つにマッピングする関数$f: v_\tau^B \rightarrow \{1, \cdots, q\}$を構築する。ここで$f[v_\tau^B]=i \Leftrightarrow v_\tau^B \in K_i$、$\forall i \in [1, q]$である。第四に、それぞれの$v_\tau^B$に、含まれている部分集合$K$のインデックス、すなわち$f[v_\tau^B]$を割り当て、$\{v_\tau^B\}$ を分位に分ける。この結果、オーダー不均衡集合 $\{v_\tau^B\}$ は分位化されたメッセージ$X=[f[v_1^B], f[v_2^B], \cdots, f[v_n^B]]$に変換される。第五に、エントロピー$H[X]$をコントイアニスのレンペル・ジブのアルゴリズムから推定する。第六に、累積分布関数$F[H[X]]$を導出し、逆選択を予測するための特徴量として$\{F[H[X_\tau]]\}_{\tau=1, \cdots, N}$の時系列を用いる。

練習問題

18.1 E-mini S&P 500先物のドルバーを作成せよ。

(a) 収益率系列を2元符号化せよ。

(b) 10文字を用いて、収益率系列をクォンタイル符号化せよ。

(c) σを全収益率の標準偏差として、収益率系列をシグマ符号化せよ。

(d) プラグイン法を用いて、3つの符号化された系列のエントロピーを計算せよ。

(e) コントイアニス法を用いて、ウインドウサイズを100として、3つの符号化された系列のエントロピーを計算せよ。

18.2 練習問題18.1のバーに対して、

(a) 収益率系列 $\{r_t\}$ を計算せよ。

(b) 次のように系列を符号化せよ：$r_t r_{t-1} < 0$の場合は0、$r_t r_{t-1} \geqq 0$の場合は1。

(c) 同じサイズの、重複がない1,000個の部分集合に系列を分割せよ(最初にいくつかのオブザベーションを削除する必要があるかもしれない)。

(d) プラグイン法を用いて、1,000個の符号化された部分集合のそれぞれのエントロピーを計算せよ。

(e) コントイアニス法を用いて、ウインドウサイズを100として、1,000個の符号化された部分集合のそれぞれのエントロピーを計算せよ。

(f) 練習問題18.2(d)と2(e)の結果間の相関を計算せよ。

18.3　標準正規分布から1,000個のオブザベーションを抽出せよ。

(a) この過程の真のエントロピーは何か。

(b) 8分位数に従ってオブザベーションを符号化せよ。

(c) プラグイン法を用いてエントロピーを推定せよ。

(d) コントイアニス法を用いてエントロピーを推定せよ。

(i) ウインドウサイズは10とせよ。

(ii) ウインドウサイズは100とせよ。

18.4　練習問題18.3の$\{x_t\}_{t=1,\cdots,1000}$に対して、

(a) $\rho=0.5$、$y_0=0$として、$y_t=\rho y_{t-1}+x_t$を計算せよ。

(b) 8分位数に従って$\{y_t\}$を符号化せよ。

(c) プラグイン法を用いてエントロピーを推定せよ。

(d) コントイアニス法を用いてエントロピーを推定せよ。

(i) ウインドウサイズは10とせよ。

(ii) ウインドウサイズは100とせよ。

18.5　10資産等金額ポートフォリオを仮定する。

(a) $i(i=1,\cdots,10)$番目の資産による総リスク寄与度の割合が$\frac{1}{10}$のとき、ポートフォリオのエントロピーは何か。

(b) $i(i=1,\cdots,10)$番目の資産による総リスク寄与度の割合が$1-\frac{i}{55}$のとき、ポートフォリオのエントロピーは何か。

(c) $i(i=1,\cdots,10)$番目の資産による総リスク寄与度の割合が$\alpha\frac{1}{10}+(1-\alpha)(1-\frac{i}{55})$(ただし、$\alpha\in[0,1]$)のとき、ポートフォリオのエントロピーを$\alpha$の関数として書け。

◆引用文献

Bailey, D. and M. López de Prado (2012): "Balanced baskets: A new approach to trading and hedging risks." *Journal of Investment Strategies*, Vol. 1, No. 4, pp. 21-62. Available at https://ssrn.com/abstract=2066170.

Easley, D., M. Kiefer, M. O'Hara, and J. Paperman (1996): "Liquidity, information, and infrequently traded stocks." *Journal of Finance*, Vol. 51, No. 4, pp. 1405-1436.

Easley, D., M. Kiefer and, M. O'Hara (1997): "The information content of the trading process." *Journal of Empirical Finance*, Vol. 4, No. 2, pp. 159-185.

Easley, D., M. López de Prado, and M. O'Hara (2012a): "Flow toxicity and liquidity in a high frequency world." *Review of Financial Studies*, Vol. 25, No. 5, pp. 1457-1493.

Easley, D., M. López de Prado, and M. O'Hara (2012b): "The volume clock: Insights into the high frequency paradigm." *Journal of Portfolio Management*, Vol. 39, No. 1, pp. 19-29.

Gao, Y., I. Kontoyiannis and E. Bienestock (2008): "Estimating the entropy of binary time series: Methodology, some theory and a simulation study." Working paper, arXiv. Available at https://arxiv.org/abs/0802.4363v1.

Fiedor, Pawel (2014a): "Mutual information rate-based networks in financial markets." Working paper, arXiv. Available at https://arxiv.org/abs/1401.2548.

Fiedor, Pawel (2014b): "Information-theoretic approach to lead-lag effect on financial markets." Working paper, arXiv. Available at https://arxiv.org/abs/1402.3820.

Fiedor, Pawel (2014c): "Causal non-linear financial networks." Working paper, arXiv. Available at https://arxiv.org/abs/1407.5020.

Hausser, J. and K. Strimmer (2009): "Entropy inference and the James-Stein estimator, with application to nonlinear gene association networks," *Journal of Machine Learning Research*, Vol. 10, pp. 1469-1484. http://www.jmlr.org/papers/volume10/hausser09a/hausser09a.pdf.

Kolmogorov, A. (1965): "Three approaches to the quantitative definition of information." *Problems in Information Transmission*, Vol. 1, No. 1, pp. 1-7.

Kontoyiannis, I. (1997): "The complexity and entropy of literary styles", *NSF Technical Report* # 97.

Kontoyiannis (1998): "Asymptotically optimal lossy Lempel-Ziv coding," *ISIT*, Cambridge, MA, August 16-August 21.

MacKay, D. (2003): *Information Theory, Inference, and Learning Algorithms, 1st ed.* Cambridge University Press.

Meucci, A. (2009): "Managing diversification." *Risk Magazine*, Vol. 22, pp. 74-79.

Norwich, K. (2003): *Information, Sensation and Perception, 1st ed.* Academic Press.

Ornstein, D.S. and B. Weiss (1993): "Entropy and data compression schemes." *IEEE Transactions on Information Theory*, Vol. 39, pp. 78-83.

Shannon, C. (1948): "A mathematical theory of communication." *Bell System Technical Journal*, Vol. 27, No. 3, pp. 379-423.

Ziv, J. and A. Lempel (1978): "Compression of individual sequences via variable-rate coding." *IEEE Transactions on Information Theory*, Vol. 24, No. 5, pp. 530-536.

◆参考文献

Easley, D., R. Engle, M. O'Hara, and L. Wu (2008): "Time-varying arrival rates of informed and uninformed traders." *Journal of Financial Econometrics*, Vol. 6, No. 2,

pp. 171–207.
Easley, D., M. López de Prado, and M. O'Hara (2011): "The microstructure of the flash crash." *Journal of Portfolio Management*, Vol. 37, No. 2, pp. 118–128.
Easley, D., M. López de Prado, and M. O'Hara (2012c): "Optimal execution horizon." *Mathematical Finance*, Vol. 25, No. 3, pp. 640–672.
Gnedenko, B. and I. Yelnik (2016): "Minimum entropy as a measure of effective dimensionality." Working paper. Available at https://ssrn.com/abstract=2767549.

第19章

マイクロストラクチャーに基づく特徴量

19.1 はじめに

マーケットマイクロストラクチャーとは"明示された取引ルール下における資産取引のプロセスと結果"(O'Hara[1995])についての研究である。マイクロストラクチャーのデータセットには、注文のキャンセル、ダブルオークション板、連続注文、一部実行、アグレッサーのサイド、訂正などのオークションの過程に関する情報が含まれている。主なソースはFinancial Information eXchange(FIX)メッセージである。これは取引所から購入できる。FIXメッセージに含まれる詳細な情報から、研究者は市場参加者が自分の意図をどのように隠し、明らかにしているかを理解することができる。そのため、マイクロストラクチャーのデータは予測を行う機械学習モデルを構築する最も重要な要素の1つとなる。

19.2 先行研究レビュー

マーケットマイクロストラクチャー理論の奥深さと複雑さは、利用可能なデータの量と多様性に応じて、時間とともに進化してきた。モデルの第1世代はもっぱら価格情報を用いていた。当時の2つの基本的な結果は、(ティックルールのような)取引分類モデルとRoll[1984]モデルである。第2世代のモデルは、ボリューム(出来高)のデータが利用可能になった後に始まり、研究者はボリュームが価格に与える影響を研究することに注力した。この世代のモデルの2つの例は、Kyle[1985]とAmihud[2002]である。

第3世代のモデルは、Maureen O'Hara、David Easley、および、その他の人々が「probability of informed trading」(PIN) 理論 (Easley et al.[1996]) を発表した1996年以降にやってきた。PINは、流動性の提供者（マーケットメーカー）とポジションテイカー（インフォームドトレーダー、情報をもつトレーダー）との間の連続した戦略的決定の結果としてビッドアスクスプレッドを説明したことで、大きなブレークスルーを起こした。本質的には、マーケットメーカーはインフォームドトレーダーによって逆選択されるオプションの売り手であり、ビッドアスクスプレッドはそのオプションに対してつけられるプレミアムである。Easley et al.[2012a, 2012b]は、ボリュームをもとにしたサンプリングにおけるPINの高頻度推定値であるVPINを推定する方法を説明している。

これらはマイクロストラクチャーの文献で用いられている主要な理論的枠組みである。O'Hara[1995]とHasbrouck[2007]は、低頻度のマイクロストラクチャーモデルの優れた概説を示している。Easley et al.[2013]は、高頻度マイクロストラクチャーモデルの現代的な扱いを示している。

19.3 第1世代：価格系列

第1世代のマーケットストラクチャーモデルは、流動性の代用としてのビッドアスクスプレッドとボラティリティの推定を扱っており、データが限られているなかで、取引過程において、戦略的または連続的な構造を前提とすることなく構築されている。

19.3.1 ティックルール

ダブルオークション板では、さまざまな価格帯で証券を売る（オファー）ため、またはさまざまな価格帯で証券を買う（ビッド）ために気配が置かれる。オファー価格は常にビッド価格より大きい、そうでなければ即時に価格は一致するためである。買い手がオファーに一致するとき、または売り手がビッドに一致するときに必ず取引が発生する。すべての取引には買い手と売り手がいるが、どちらか片側によって取引が引き起こされることになる。

ティックルールは、取引を引き起こすアグレッサーのサイドを決定するために用いられるアルゴリズムである。次の論理に従って、買いから始まる取引は「1」とラベルづけされ、売りから始まる取引は「－1」とラベルづけされる。

$$b_t = \begin{cases} 1 & \text{if } \Delta p_t > 0 \\ -1 & \text{if } \Delta p_t < 0 \\ b_{t-1} & \text{if } \Delta p_t = 0 \end{cases}$$

ここで、p_t は $t=1, \cdots, T$ でインデックスづけされた取引の価格で、b_0は任意であり1と設定しておく。ティックルールは比較的単純だが、多くの研究で高い分類精度を達成することがわかった（Aitken and Frino[1996]）。競合する分類方法には、Lee and Ready[1991]および Easley et al.[2016]等がある。

系列 $\{b_t\}$ の変換は有益な情報をもたらしうる。そのような変換には以下のものがある。①将来の期待値 $\mathrm{E}_t[b_{t+1}]$のカルマンフィルタ、②予測の構造変化（第17章)、③系列 $\{b_t\}$ のエントロピー（第18章)、④ Wald-Wolfowitz のラン検定による $\{b_t\}$ の t 値、⑤ $\{b_t\}$ の累積系列 $\sum_{i=1}^{t} b_i$ の分数次差分（第5章）等。

19.3.2 Roll モデル

Roll[1984]は、証券取引における有効なビッドアスクスプレッドの説明を提案する最初のモデルの1つである。ビッドアスクスプレッドは流動性の関数であるため、Roll モデルは証券の流動性を測る初期の試みとみなせる。ドリフトなしのランダムウォークに従うミッドプライス系列 $\{m_t\}$ を考えると、

$$m_t = m_{t-1} + u_t$$

価格の変化$\Delta m_t = m_t - m_{t-1}$は、同一の正規分布から独立に取り出されている。

$$\Delta m_t \sim N\left[0,\ \sigma_u^2\right]$$

これらの仮定は、もちろん、あらゆる経験的観測に反している。経験的観測から、金融時系列データにはドリフトがあり、分散不均一性があり、系列依存性を示し、収益率分布は正規分布ではないことがわかっている。しかし、第２章でみたように、適切なサンプリング手順を経れば、これらの仮定は非現実的すぎるものではないかもしれない。観測された価格 $\{p_t\}$ は、ビッドアスクスプレッドに対する連続取引の結果である。

$$p_t = m_t + b_t c$$

ここで、c はビッドアスクスプレッドの半分、$b_t \in \{-1,\ 1\}$ はアグレッサーのサイドを表す。Roll モデルは、買いと売りが等しく起こり、$P\left[b_t = 1\right] = P\left[b_t = -1\right] = \frac{1}{2}$、連続的に無相関であり、$\mathrm{E}\left[b_t b_{t-1}\right] = 0$、ノイズと無相関である、$\mathrm{E}\left[b_t u_t\right] = 0$ と仮定している。これらの仮定のもと、Roll は c と σ_u^2 の値を次のように導出している。

$$\sigma^2\left[\Delta p_t\right] = \mathrm{E}\left[(\Delta p_t)^2\right] - \left(\mathrm{E}\left[(\Delta p_t)\right]\right)^2 = 2c^2 + \sigma_u^2$$

$$\sigma\left[\Delta p_t, \Delta p_{t-1}\right] = -c^2$$

その結果、$c = \sqrt{\max\left\{0,\ -\sigma\left[\Delta p_t,\ \Delta p_{t-1}\right]\right\}}$ および $\sigma_u^2 = \sigma^2\left[\Delta p_t\right] + 2\sigma\left[\Delta p_t, \Delta p_{t-1}\right]$ となる。結論として、ビッドアスクスプレッドは、価格変動の系列共分散の関数となり、マイクロストラクチャーノイズを除く、真の（観測されない）価格のノイズは、観測されたノイズと価格変動の系列共分散の関数となる。

データセットに複数の価格帯のビッドアスク価格が含まれている場合、今日では Roll モデルの必要性に疑問があるかもしれない。Roll モデルの限界にかかわらず、まだ利用されている理由の１つは、取引されることがほとんどない、または公表されている気配値が、マーケットメーカーが供給したい流動性の水準を満たしていない場合（例：社債、地方自治体債、政府関係機関債）の、有効なビッドアスクスプレッドを比較的直接決定する方法だからである。Rollの推定方法を利用すると、市場の流動性状況に関する有益な特徴を導き出せる。

19.3.3 高値−安値に基づくボラティリティ推定量

Beckers[1983]は、高値−安値に基づくボラティリティ推定量が、終値に基づくボラティリティの標準的な推定量よりも正確であることを示している。Parkinson[1980]は、幾何ブラウン運動に従う、連続的に観察される価格に対して、次の式を導出している。

$$\mathrm{E}\left[\frac{1}{T}\sum_{t=1}^{T}\left(\log\left[\frac{H_t}{L_t}\right]\right)^2\right]=k_1\sigma_{HL}^2$$

$$\mathrm{E}\left[\frac{1}{T}\sum_{t=1}^{T}\left(\log\left[\frac{H_t}{L_t}\right]\right)\right]=k_2\sigma_{HL}$$

ここで、$k_1=4\log[2]$、$k_2=\sqrt{\frac{8}{\pi}}$、H_tはバーtの高値、L_tはバーtの安値である。ボラティリティσ_{HL}は観測された高値−安値に基づき、ロバストに推定できる。

19.3.4 Corwin and Schultz

Beckers[1983] の研究に基づいて、Corwin and Schultz[2012]は高値と安値を使ったビッドアスクスプレッド推定量を導入した。推定量は、２つの原則に基づく。第一に、高値はほとんど常にオファーに対して約定され、安値はほとんど常にビッドに対して約定される。高値／安値の比率は、価格ボラティリティ自体とビッドアスクスプレッドを反映している。第二に、高値／安値の比率のボラティリティ由来の部分は、２つの観測間の経過時間に比例して増加する。

Corwin and Schultzは、スプレッドは価格に対する割合として次のように推定できることを示している。

$$S_t=\frac{2(e^{\alpha_t}-1)}{1+e^{\alpha_t}}$$

ここで、

$$\alpha_t = \frac{\sqrt{2\beta_t} - \sqrt{\beta_t}}{3 - 2\sqrt{2}} - \sqrt{\frac{\gamma_t}{3 - 2\sqrt{2}}}$$

$$\beta_t = \mathrm{E}\left[\sum_{j=0}^{1}\left[\log\left(\frac{H_{t-j}}{L_{t-j}}\right)\right]^2\right]$$

$$\gamma_t = \left[\log\left(\frac{H_{t-1,t}}{L_{t-1,t}}\right)\right]^2$$

であり、$H_{t-1,t}$は2つのバー（$t-1$とt）の高値、一方で$L_{t-1,t}$は2つのバー（$t-1$とt）の安値である。$\alpha_t < 0 \Rightarrow S_t < 0$であるため、著者らは負のアルファを0に設定することを推奨している（Corwin and Schultz[2012], p.727参照）。スニペット19.1はこのアルゴリズムを実装している。`corwinSchultz`関数は、2つの引数、つまり、列（`High`、`Low`）をもつデータフレーム series とβ_t推定のサンプル長を決める整数値`sl`を受け取る。

スニペット 19.1　Corwin-Schultz アルゴリズムの実装

```
def getBeta(series,sl):
  hl=series[['High','Low']].values
  hl=np.log(hl[:,0]/hl[:,1])**2
  hl=pd.Series(hl,index=series.index)
  beta=pd.stats.moments.rolling_sum(hl,window=2)
  beta=pd.stats.moments.rolling_mean(beta,window=sl)
  return beta.dropna()
#———————————————————————————————————————
def getGamma(series):
  h2=pd.stats.moments.rolling_max(series['High'],window=2)
  l2=pd.stats.moments.rolling_min(series['Low'],window=2)
  gamma=np.log(h2.values/l2.values)**2
  gamma=pd.Series(gamma,index=h2.index)
  return gamma.dropna()
#———————————————————————————————————————
def getAlpha(beta,gamma):
  den=3-2*2**.5
```

```
    alpha=(2**.5-1)*(beta**.5)/den
    alpha-=(gamma/den)**.5
    alpha[alpha<0]=0 # 負のアルファを0にする(論文 p.727を参照)
    return alpha.dropna()
#---------------------------------------------------------------------------
def corwinSchultz(series,sl=1):
    #alpha<0ならば S<0となることに注意
    beta=getBeta(series,sl)
    gamma=getGamma(series)
    alpha=getAlpha(beta,gamma)
    spread=2*(np.exp(alpha)-1)/(1+np.exp(alpha))
    startTime=pd.Series(series.index[0:spread.shape
    [0]],index=spread.index)
    # ベータの計算に使われた1行目のタイムスタンプ
    spread=pd.concat([spread,startTime],axis=1)
    spread.columns=['Spread','Start_Time']
    return spread
```

ボラティリティは最終的なCorwin-Schultzの式には現れないことに注意してほしい。その理由は、ボラティリティが高値／安値推定量に置き換えられたからである。このモデルの副産物として、スニペット19.2に示すようにBeckers-Parkinsonのボラティリティを導出できる。

スニペット 19.2 高値-安値のボラティリティの推定

```
def getSigma(beta,gamma):
    k2=(8/np.pi)**.5
    den=3-2*2**.5
    sigma=(2**-.5-1)*beta**.5/(k2*den)
    sigma+=(gamma/(k2**2*den))**.5
    sigma[sigma<0]=0
    return sigma
```

この手法は、市場集中型注文板がなく、BWIC（Bid-Wanted-In-Competition）

を通じて取引が行われる社債市場で特に役立つ。結果として得られる特徴量であるビッドアスクスプレッドSは、ローリングウインドウから再帰的に推定することができ、カルマンフィルタを使用して平滑化できる。

19.4 第2世代：戦略的取引モデル

第2世代のマイクロストラクチャーモデルは、非流動性の理解と測定に焦点を当てている。非流動性はプレミアムをもつリスクであり、金融機械学習モデルにおける重要で有益な特徴量である。これらのモデルは、トレーディングはインフォームドトレーダーとノイズトレーダーの間の戦略的な相互作用として説明されるという点で、第1世代のモデルよりも強い理論的根拠をもつ。これらのモデルは正負（ビッドかアスクか）付きボリュームとオーダーフローの不均衡に注目している。

これらの特徴量の多くは回帰によって推定される。実際に、私はこれらのマイクロストラクチャー推定値に関連するt値が、（平均）推定値自体よりも有益であることを観測した。先行研究ではこの観測に言及していないが、平均値に基づく特徴量よりもt値に基づく特徴量を優先することの1つの論拠は、t値は推定誤差の標準偏差によって再スケーリングされることである。この標準偏差は平均推定値にはない、異なる次元の情報をもつ。

19.4.1 Kyleのラムダ

Kyle[1985]は次の戦略的取引モデルを導入した。下記の2人のトレーダーと、最終的な価格が$v \sim N\left[p_0, \Sigma_0\right]$のリスク資産を考える。

・vとは独立に、量$u = N\left[0, \sigma_u^2\right]$を取引するノイズトレーダー

・vを知っていて、成行注文を通して数量xを需要するインフォームドトレーダー

マーケットメーカーは、総オーダーフロー$y = x + u$を観測し、それに応じて価格pを設定する。このモデルでは、マーケットメーカーはノイズトレーダーとインフォームドトレーダーからの注文を区別できない。マーケットメーカーは、オーダーフローの不均衡の関数として価格を調整する。オー

ダーフローの不均衡はインフォームドトレーダーの存在を示しているかもしれないからである。したがって、価格変動とオーダーフローの不均衡との間には正の相関があり、これはマーケットインパクトと呼ばれる。

インフォームドトレーダーは、マーケットメーカーが線形価格調整関数 $p=\lambda y+\mu$ を考えていると推測する。ここで λ は流動性の逆数である。インフォームドトレーダーの利益は $\pi=(v-p)x$ で、これは2階条件 $\lambda>0$ で、$x=\frac{v-\mu}{2\lambda}$ のとき最大化される。

反対に、マーケットメーカーは、インフォームドトレーダーの需要は、v の線形関数 $x=\alpha+\beta v$ であると推測する。ここで、$\alpha=-\frac{\mu}{2\lambda}$ と $\beta=\frac{1}{2\lambda}$ となる。流動性が低いことは λ が高いことを意味し、これはインフォームドトレーダーからの需要が低いことを意味する。

Kyle は、マーケットメーカーは利益最大化と市場の効率性の間の均衡を見つけなければならず、上記の線形関数のもとでは、下記のときに、唯一の可能な解となることを主張している。

$$\mu=p_0$$

$$\alpha=p_0\sqrt{\frac{\sigma_u^2}{\Sigma_0}}$$

$$\lambda=\frac{1}{2}\sqrt{\frac{\Sigma_0}{\sigma_u^2}}$$

$$\beta=\sqrt{\frac{\sigma_u^2}{\Sigma_0}}$$

最後に、インフォームドトレーダーの期待利益は次のように書き換えることができる。

$$\mathrm{E}[\pi]=\frac{(v-p_0)^2}{2}\sqrt{\frac{\sigma_u^2}{\Sigma_0}}=\frac{1}{4\lambda}(v-p_0)^2$$

ここからわかることは、インフォームドトレーダーが3つの利益源をもっているということである。

・証券のミスプライシング。

・ノイズトレーダーのネットのオーダーフローの分散。ノイズが多いほど、情報トレーダーは意図を隠しやすくなる。

・最終的な証券価値の分散の逆数。ボラティリティが低いほど、ミスプライシングを収益化しやすくなる。

Kyle のモデルでは、変数λが価格インパクトをとらえている。非流動性は、vの不確実性とともに増加し、ノイズの量とともに減少する。特徴量として、回帰から下記のように推定できる。

$$\Delta p_t = \lambda(b_t V_t) + \varepsilon_t$$

ここで、$\{p_t\}$ が価格時系列、$\{b_t\}$ がアグレッサーフラグの時系列、$\{V_t\}$ が取引ボリュームの時系列、そして $\{b_t V_t\}$ は正負付きのボリュームまたはネットのオーダーフローの時系列である。図19－1は、E-mini S&P 500先物に対して推定されたKyle のラムダのヒストグラムを描いたものである。

19.4.2 Amihud のラムダ

Amihud[2002]は絶対収益率と非流動性の間の正の関係を研究している。

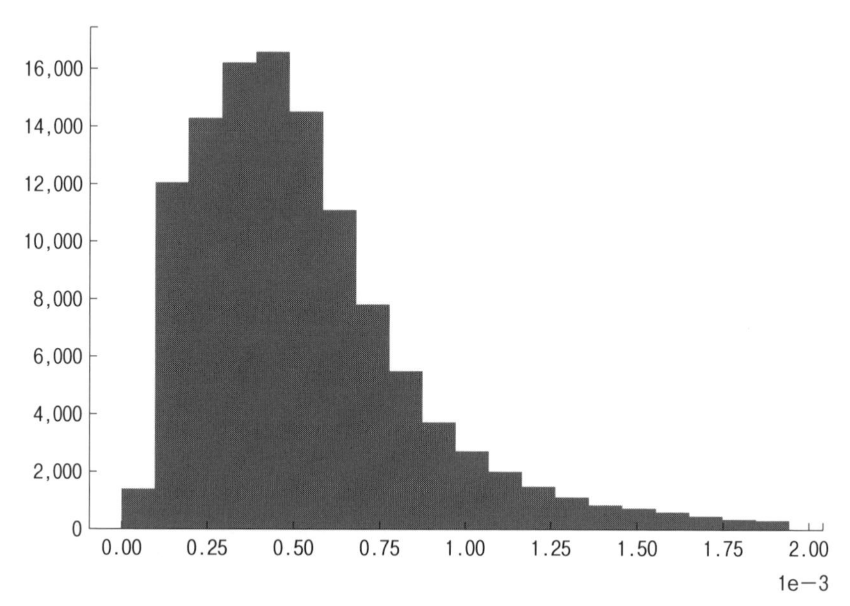

図19－1　E-mini S&P 500先物で推定されたKyle のラムダ

特に、彼は取引ボリューム１ドル当りの１日の価格の反応を計算し、その値は価格インパクトの代理変数であると主張している。この考えの可能な定式化の１つは、下記のようになる。

$$\left|\Delta \log\left[\tilde{p}_{\tau}\right]\right| = \lambda \sum_{t \in B_{\tau}} (p_t V_t) + \varepsilon_{\tau}$$

ここで、B_{τ}はバーτに含まれる取引の集合であり、$\tilde{p}_{\tau}$はバーτの終値であり、そして$p_t V_t$は取引$t \in B_{\tau}$に含まれるドルの量である。単純なようにみえるにもかかわらず、Hasbrouck[2009]は、日次のAmihudのラムダ推定値が日中の実効スプレッドの推定値と高い相関を示すことを発見した。図19－２は、E-mini S&P 500先物で推定されたAmihudのラムダのヒストグラムを描いたものである。

19.4.3　Hasbrouckのラムダ

Hasbrouck[2009]はKyleとAmihudの考えに従い、それらを約定値と気配値（TAQ：Trade-And-Quote）データに基づく価格インパクト係数の推

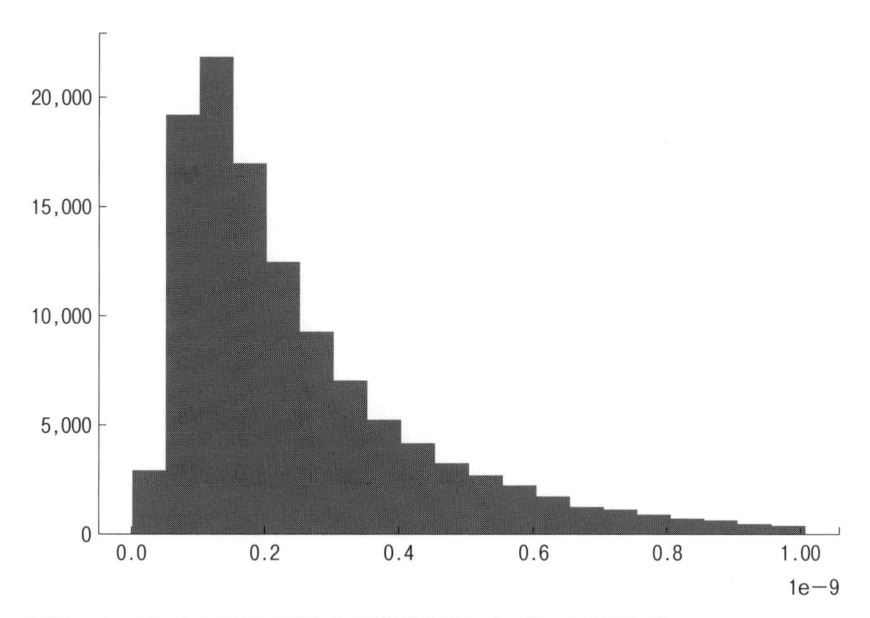

図19－２　E-mini S&P 500先物で推定されたAmihudのラムダ

定に応用している。ギブスサンプリングを用いて回帰からベイズ推定量を下記のように導出した。

$$\log\left[\tilde{p}_{i,\tau}\right]-\log\left[\tilde{p}_{i,\tau-1}\right]=\lambda_i\sum_{t\in B_{i,\tau}}\left(b_{i,t}\sqrt{p_{i,t}V_{i,t}}\right)+\varepsilon_{i,\tau}$$

ここで、$B_{i,\tau}$は証券i（ただし、$i=1,\cdots,I$）のバーτに含まれる取引の集合で、$\tilde{p}_{i,\tau}$は証券iのバーτの終値、$b_{i,t}\in\{-1,1\}$は取引$t\in B_{i,\tau}$が買いから始まったか、売りから始まったかを示し、$p_{i,t}V_{i,t}$は取引$t\in B_{i,\tau}$の売買代金である。それから、すべての証券iについてλ_iを推定し、それを取引の実効コスト（マーケットインパクト）を近似する特徴量として用いることができる。

Hasbrouckは、ほとんどの先行研究と同じように、サンプリングに5分ごとのタイムバーを推奨している。ただし、第2章で説明した理由により、市場の活動と同期した確率的サンプリング方法を用いると、よりよい結果が得られるかもしれない。図19－3は、E-mini S&P 500先物に対して推定されたHasbrouckのラムダのヒストグラムを描いたものである。

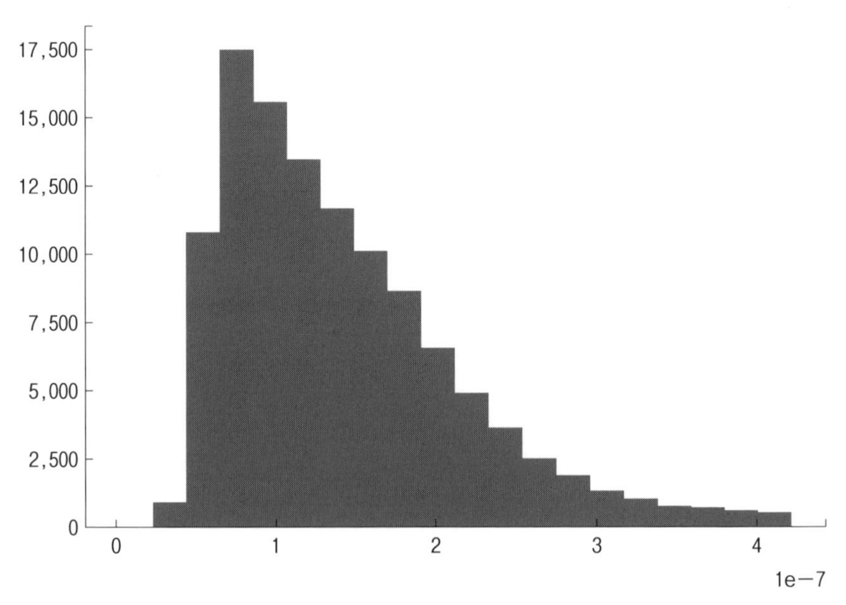

図19－3　E-mini S&P 500先物で推定されたHasbrouckのラムダ

19.5 第3世代：連続取引モデル

前節でみたように、戦略的取引モデルは、複数回取引できる1人のインフォームドトレーダーを考えている。本節では、ランダムに選択されたトレーダーが連続に独立して市場に注文する、別の種類のモデルについて説明する。

登場以来、連続取引モデルはマーケットメーカーの間で非常に人気が高まっている。その理由の1つは、流動性提供者が直面する不確実性の原因、すなわち情報をもつイベントが発生する確率、そのようなイベントがネガティブである確率、ノイズトレーダーの注文割合、およびインフォームドトレーダーの注文割合を、取り入れているからだ。これらの変数によって、マーケットメーカーは気配を動的に更新し、もっている証券を管理する必要がある。

19.5.1 情報に基づくトレーディングの確率

Easley et al.[1996]は、取引データを用い、個々の証券の情報に基づくトレーディングの確率（PIN：Probability of INformed trading）を求める。このマイクロストラクチャーモデルは、トレーディングを複数の取引期間にわたって繰り返されるマーケットメーカーとポジションテイカー間のゲームとみなしている。

証券価格をSとし、現在価値をS_0とする。ただし、一定量の新しい情報が価格に組み込まれると、SはS_B（悪いニュース）またはS_G（良いニュース）のいずれかになる。分析の時間枠内に新たな情報が到着する確率はα、それが悪いニュースである確率はδ、良いニュースである確率は（$1-\delta$）である。著者らは、証券価格の期待値は時刻tに次のように計算できることを証明している。

$$\mathrm{E}[S_t]=(1-\alpha_t)S_0+\alpha_t[\delta_t S_B+(1-\delta_t)S_G]$$

ポアソン分布に従うと、インフォームドトレーダーはレートμで注文し、そうでないトレーダーはレートεで注文する。次に、インフォームドトレーダーからの損失を避けるために、マーケットメーカーは損益分岐点のビッドB_tを考える。

$$\mathrm{E}\left[B_t\right]=\mathrm{E}\left[S_t\right]-\frac{\mu\alpha_t\delta_t}{\varepsilon+\mu\alpha_t\delta_t}\left(\mathrm{E}\left[S_t\right]-S_B\right)$$

損益分岐点のアスクA_tは時刻tでは次のようになる。

$$\mathrm{E}\left[A_t\right]=\mathrm{E}\left[S_t\right]+\frac{\mu\alpha_t(1-\delta_t)}{\varepsilon+\mu\alpha_t(1-\delta_t)}\left(S_G-\mathrm{E}\left[S_t\right]\right)$$

その結果、損益分岐点のビッドアスクスプレッドは次のようになる。

$$\mathrm{E}\left[A_t-B_t\right]=\frac{\mu\alpha_t(1-\delta_t)}{\varepsilon+\mu\alpha_t(1-\delta_t)}\left(S_G-\mathrm{E}\left[S_t\right]\right)+\frac{\mu\alpha_t\delta_t}{\varepsilon+\mu\alpha_t\delta_t}\left(\mathrm{E}\left[S_t\right]-S_B\right)$$

$\delta_t=\dfrac{1}{2}$のときの標準的な場合、下記の式を得る。

$$\delta_t=\frac{1}{2}\Rightarrow\mathrm{E}\left[A_t-B_t\right]=\frac{\alpha_t\mu}{\alpha_t\mu+2\varepsilon}(S_G-S_B)$$

この式から、マーケットメーカーが流動性を提供する価格帯を決定する重要な要素が下記のようになることがわかる。

$$PIN_t=\frac{\alpha_t\mu}{\alpha_t\mu+2\varepsilon}$$

添え字tは、確率αとδがその時点で推定されることを示している。著者らは、各取引が市場に注文された後にベイズ更新を適用して情報を組み込んでいる。

値PINtを求めるために、4つの観測不可能なパラメータ、すなわち$\{\alpha, \delta, \mu, \varepsilon\}$を推定しなければならない。最尤法は、3つのポアソン分布の混合分布、すなわち、下記の式を当てはめる。

$$\begin{aligned}\mathrm{P}\left[V^B, V^S\right]=&(1-\alpha)\mathrm{P}\left[V^B,\varepsilon\right]\mathrm{P}\left[V^S,\varepsilon\right]\\&+\alpha\left(\delta\mathrm{P}\left[V^B,\varepsilon\right]\mathrm{P}\left[V^S,\mu+\varepsilon\right]+(1-\delta)\mathrm{P}\left[V^B,\mu+\varepsilon\right]\mathrm{P}\left[V^S,\varepsilon\right]\right)\end{aligned}$$

ここで、V^Bはアスクに対して取引（買い主導の取引）された量、V^Sはビッドに対して取引（売り主導の取引）された量である。

19.5.2 ボリューム同期の情報トレーディング確率（VPIN：Volume-Synchronized Probability of Informed Trading）

Easley et al.[2008]は、

$$E\left[V^B - V^S\right] = (1-\alpha)(\varepsilon-\varepsilon) + \alpha(1-\delta)\left(\varepsilon-(\mu+\varepsilon)\right) + \alpha\delta(\mu+\varepsilon-\varepsilon)$$
$$= \alpha\mu(1-2\delta)$$

と、特に十分に大きい μ に対して、

$$E\left[\left|V^B - V^S\right|\right] \approx \alpha\mu$$

を証明した。

Easley et al.[2011]は PIN の高頻度推定量を提案し、それをボリューム同期の情報トレーディング確率（VPIN）と名づけた。この手順では、任意の取引高単位で集約するボリュームクロックを採用している。ボリュームクロックは、データのサンプリングと市場活動を同期させる（第2章を参照）。そして、下記のように推定できる。

$$\frac{1}{n}\sum_{\tau=1}^{n}\left|V_\tau^B - V_\tau^S\right| \approx \alpha\mu$$

ここで、V_τ^B はボリュームバー τ 内の買いから始まった取引のボリュームの合計、V_τ^S はボリュームバー τ 内の売りから始まった取引のボリュームの合計、そして n がこの推定量を求めるために使われるバーの本数である。すべてのボリュームバーは同じサイズ V なので、下記のようになる。

$$\frac{1}{n}\sum_{\tau=1}^{n}\left(V_\tau^B + V_\tau^S\right) = V = \alpha\mu + 2\varepsilon$$

したがって、PIN は高頻度時に次のように推定できる。

$$VPIN_\tau = \frac{\sum_{\tau=1}^{n}\left|V_\tau^B - V_\tau^S\right|}{\sum_{\tau=1}^{n}\left(V_\tau^B + V_\tau^S\right)} = \frac{\sum_{\tau=1}^{n}\left|V_\tau^B - V_\tau^S\right|}{nV}$$

VPIN のさらなる詳細とケーススタディに関しては、Easley et al.[2013]を参照のこと。Andersen and Bondarenko[2013]は、線形回帰を用いて、VPIN はボラティリティのよい予測因子ではないと結論づけた。しかし、多

くの研究はVPINがたしかに予測力をもっていることを発見した。いくつかあげるとAbad and Yague[2012]、Bethel et al.[2012]、Cheung et al.[2015]、Kim et al.[2014]、Song et al.[2014]、Van Ness et al.[2017]、Wei et al.[2013]がある。いずれにせよ、線形回帰は18世紀の数学者にはすでに知られていた手法であり（Stigler[1981]）、21世紀の金融市場の複雑な非線形パターンを認識できなかったとしても、経済学者は驚かないはずだ。

19.6 マイクロストラクチャーデータからわかる特徴量

19.3節から19.5節で研究した特徴量は、マーケットマイクロストラクチャー理論によって示唆された。さらに、理論では示唆されていないが、市場参加者の行動や将来の意図について重要な情報をもっていると思われる他の特徴量についても検討する必要がある。そうすることで、機械学習アルゴリズムの力を利用できるだろう。機械学習アルゴリズムは、理論によって直接示されることなしに、これらの特徴量を利用する方法を学習することができる。

19.6.1 オーダーサイズの分布

Easley et al.[2016]は取引サイズごとの取引頻度を調査し、ラウンドサイズ（切りのよいサイズ）の取引が異常に頻繁にあることを発見した。たとえば、ラウンドサイズ{5、10、20、25、50、100、200、…}の取引を除くと、頻度は取引サイズの関数として急速に減衰する。著者らは、この現象をいわゆる「マウス」または「GUI」トレーダー、すなわちGUI（グラフィカルユーザーインターフェース）上のボタンをクリックすることによって注文を送るトレーダーに帰因するとした。たとえば、E-mini S&P 500の場合、サイズ10の取引はサイズ9の2.9倍の頻度となる、サイズ50は、サイズ49の10.9倍だ、サイズ100は、サイズ99より16.8倍頻繁となる、サイズ200は、サイズ199の27.2倍起こっている、サイズ250は、サイズ249の32.5倍の頻度となる、サイズ500は、サイズ499よりも57.1倍頻繁である。このようなパターンは、一般的に市場で足跡を偽装するために取引をランダム化するようにプログラムされている「シリコントレーダー」の典型的な動きではない。

ここでの有用な特徴量とは、ラウンドサイズ取引の通常の頻度を判定し、その期待値からの偏差を監視することかもしれない。人間のトレーダーは基本的な見通し、信念、または確信をもって賭ける傾向があるので、機械学習アルゴリズムは、たとえば、ラウンドサイズ取引の割合が通常より大きいときに、トレンドに関連しているかどうかを判断できる。逆にいえば、シリコントレーダーは通常長期的な見通しをもたないため、ラウンドサイズ取引の割合が通常より低いと価格が横ばいになる可能性が高くなる。

19.6.2 キャンセル率、指値注文、成行注文

Eisler et al.[2012]は成行注文、指値注文、および気配のキャンセルの影響を研究している。著者らは、これらの出来事に対して、小型株式は大型株式とは異なって反応することを発見した。これらの規模を測定することが動的なビッドアスクスプレッドをモデル化するのに有用であると結論づけている。

Easley et al.[2012]はまた、気配のキャンセル率が高いことは、参加者が約定されることを意図していない気配を公表していることであるので、低い流動性の指標となる可能性があると主張している。著者らは略奪的(predatory)アルゴリズムの4つのカテゴリーについて議論している。

- 気配を詰め込む者（Quote stuffers）……「レイテンシーアービトラージ(latency arbitrage)」を行う。この戦略は、大量のメッセージのやりとりをし、競合するアルゴリズムの速度を落とすことだけを意図している。競合するアルゴリズムは発信者だけが無視できることを知っているメッセージを解析することを余儀なくされる。
- 気配で付きまとう者（Quote danglers）……この戦略は、スクィーズされたトレーダーに利益に反する価格を追うことを強いる気配を出す。O'Hara[2011]はこの破壊的な活動の証拠を提示している。
- 流動性をスクィーズする者（Liquidity squeezers）……損失を被った大手投資家が自分のポジションを閉じることを余儀なくされた場合、略奪的アルゴリズムは同じ方向に取引し、できるだけ流動性を低くする。結果とし

て、価格は過剰反応し、利益を得る（Carlin et al.[2007]）。

・集団的な略奪者（Pack hunters）……独立して活動している略奪的アルゴリズムが互いの活動に気づき、連鎖効果を引き起こす可能性を最大化するために集団を形成する（Donefer[2010]、Fabozzi et al.[2011]、Jarrow and Protter[2011]）。NANEX[2011]は、ストップロスを強いる集団的な略奪者のようにみえる存在を示している。個々の行動は規制当局の疑いを高めるには小さすぎるが、集団になると市場を操作する可能性がある。この場合、アルゴリズムたちは分散した自発的な方法で注文を調整するので、彼らの共謀を証明することは非常にむずかしい。

これらの略奪的アルゴリズムは、マーケットメーカーを不利に貶めようとして、気配のキャンセルとさまざまなタイプの注文を利用する。彼らは取引記録には異なる名義を残している。そして気配のキャンセル、指値注文、および成行注文の割合を測定することは彼らの意図の情報をもつ有益な特徴量の基礎となりえる。

19.6.3 時間加重平均価格実行アルゴリズム

Easley et al.[2012]は、特定の時間加重平均価格（TWAP：Time-Weighted Average Price）をターゲットとする実行アルゴリズムの存在を認識する方法を示している。TWAPアルゴリズムは、事前に定義された時間加重平均価格を達成するために、大口注文を小さいものに分割し、一定の時間間隔で発注するアルゴリズムである。著者らは、2010年11月７日から2011年11月７日までの間のE-mini S&P 500先物取引のサンプルを用いる。１日を24時間に分割し、毎時間１秒ごとに取引量を累計する。それから、x 軸は１秒当りのボリューム、y 軸は１日の時間、z 軸は累計ボリュームに割り当てられている空間に、これらの累計ボリュームをプロットする。この分析により、１日の経過とともに１分ごとのボリュームの分布を確認したり、時系列で大量の注文を実行している低頻度のトレーダーを検索したりできる。１分以内のボリュームの集中のピークは、１日のなかでほぼ毎時の最初の数秒の間に発生する傾向がある。00：00から01：00 GMT（アジア市場の開始頃）、05：00から09：00 GMT（英国およびヨーロッパの株式市場開始頃）、13：00から

15：00 GMT（米国市場の開始頃)、20：00から21：00 GMT（米国市場の終了頃）に、これは特に当てはまる。

機械学習の便利な機能により、毎分の始めにオーダーの不均衡を評価し、持続的な要素があるかを判断できるかもしれない。これを利用すると、大規模な機関投資家のTWAP注文の大部分がまだ執行されていない間に、先手をとって行動することができるだろう。

19.6.4 オプション市場

Muravyev et al.[2013]は、米国の株式およびオプションのマイクロストラクチャー情報を用い、この2つの市場が一致しない出来事を研究している。著者らは、プットコールパリティの気配が示す潜在的なビッドアスク範囲を導き出し、それを株式の実際のビッドアスク範囲と比較することによって、そのような不一致を示している。彼らは、この不一致は株価気配を利用すれば解消される傾向があると結論づけている。つまり、オプションの気配には経済的に重要な情報が含まれていないことを意味する。同時に、オプション取引には、株価に含まれていない情報が含まれていることを発見した。これらの発見は、株式オプションのような比較的流動性の低い商品を取引しているポートフォリオマネージャーにとっては驚くべきことではない。たとえスパース（取引が不活発）な価格が情報をもつとしても、気配は長期間にわたって非合理的なままでいる可能性がある。

Cremers and Weinbaum[2010]は、コールが割高の株（ボラティリティスプレッドが高くボラティリティスプレッドの変化が大きい株）が、プットが割高の株（ボラティリティスプレッドが低くボラティリティスプレッドの変化が少ない株）を、1週間に50ベーシスポイント、アウトパフォームすることを発見した。この予測可能性は、オプションの流動性が高く、株式の流動性が低いときに大きくなる。

これらの観察結果に沿って、オプション取引から派生した、プットコールから導かれるインプライド株価を計算することから有用な特徴量を抽出できる。先物価格は将来の平均値または期待値のみを表す。しかし、オプション価格によって、価格づけされた結果の分布全体を導出できる。機械学習アルゴリズムは、さまざまな権利行使や満期で異なるGreeksのパターンを探し出せる。

19.6.5 符号付きオーダーフローの系列相関

Toth et al.[2011]はロンドン証券取引所の株式の符号付きの（ビッドかアスクか）オーダーフローを調べて、注文の正負が何日もの間、正の自己相関をもつことを発見した。著者らはこの見解は2つの候補、すなわち、群集(herding)と注文の分割で説明されると考えている。彼らは、数時間未満のタイムスケールでは、オーダーフローの持続性は、圧倒的に群集ではなく分割のおかげであると結論づけている。

マーケットマイクロストラクチャー理論がオーダーフローの不均衡の持続性をインフォームドトレーダーの存在に起因すると考えると、符号付きのボリュームの系列相関を通して、持続性の強さを測定することは意味がある。このような特徴量は、19.5節で調べた特徴量を補完する。

19.7 マイクロストラクチャー情報とは何か

マーケットマイクロストラクチャーに関する文献でよくある欠陥だと筆者が考えているものを取り上げて本章を締めくくろう。この主題に関するほとんどの論文と本は、非対称的な情報と、戦略的エージェントがマーケットメーカーから利益を得るためにそれをどのように利用するかを研究している。しかし、取引の観点から、情報はどのように正確に定義されているのだろうか。残念なことに、マイクロストラクチャーの意味での広く受け入れられた情報の定義はなく、先行研究では、この概念を驚くほど緩く、むしろ非公式な方法で用いている（López de Prado[2017]）。本節では、マイクロストラクチャーの研究に適用できる、信号処理に基づいた情報の適切な定義を提案する。

マーケットメーカーが特定のレベルで流動性を提供すべきかどうか、または受動的な気配をキャンセルすべきかどうかを判断するために、通常用いられている情報を含む特徴量行列$X=\{X_t\}_{t=1,\cdots,T}$を考える。たとえば、

VPIN、Kyleのラムダ、キャンセル率など、本章で説明したすべての特徴量を列に加えることができる。行列Xでは、各決定時点に対して1行が対応する。たとえば、マーケットメーカーは、10,000回約定されるたびに、または価格に大きな変化が生じるたびに（サンプリング方法は第2章参照)、流動性を提供するか、市場から撤退するかの決定を再検討することができる。第一に、マーケットメイキング利益をもたらす観測値にラベル1を割り当て、マーケットメイキング損失をもたらす観測値に0とラベルをつける（ラベリング方法については第3章を参照）配列$y=\{y_t\}_{t=1,\cdots,T}$を導入する。第二に、訓練データ（X, y）で分類器を学習する。第三に、新しいアウトオブサンプルの観測値$\tau>T$が登場したとき、分類器を利用し、ラベル$\hat{y}_\tau=\mathrm{E}_\tau\left[y_\tau|X\right]$を予測する。第四に、第9章9.4節で説明したように、これらの予測値のクロスエントロピー損失L_τを求める。第五に、カーネル密度推定量（KDE：kernel deusity estimator）を負のクロスエントロピー損失$\{-L_t\}_{t=T+1,\cdots,\tau}$に当てはめて、その累積分布関数$F$を導出する。第六に、時刻$t$におけるマイクロストラクチャー情報を$\phi_\tau=F\left[-L_t\right]$として推定する。ここで$\phi_\tau\in(0, 1)$である。

このマイクロストラクチャー情報は、マーケットメーカーの意思決定モデルが直面している複雑さとして理解できる。通常の市況のもとでは、マーケットメーカーはクロスエントロピー損失の少ない、情報に基づいた予測を行い、ポジションテイカーに流動性を提供することで利益を得ることができる。しかし、（非対称的な）インフォームドトレーダーが存在する場合、マーケットメーカーは、クロスエントロピー損失が大きい、情報に基づいていない予測を行い、逆選択される。言い換えれば、マイクロストラクチャー情報はマーケットメーカーの予測力に関連してのみ定義され測定されうる。その意味は、$\{\phi_\tau\}$が金融機械学習ツールの重要な特徴量になるはずだということである。

2010年5月6日のフラッシュクラッシュを考えよう。マーケットメーカーは、ビッド側の彼らの受動的な気配は約定され、より高い金額で売戻しができるだろうと誤って予測した。クラッシュは1つの不正確な予測によって引き起こされたのではなく、何千もの予測誤差の蓄積によって引き起こされたのである（Easley et al.[2011]）。マーケットメーカーが予測のクロスエントロピー損失の増加を監視していたならば、彼らはインフォームドトレーダーの存在と逆選択される可能性が危険なレベルに上昇していたことを認識していただろう。そうしていれば、オーダーフローの不均衡を止めるであろうレベルにビッドアスクスプレッドを広げられ、売り手はもはや割引かれた価格で売ろうとはしなかっただろう。そのかわり、マーケットメーカーは、非常に寛大なレベルで売り手に流動性を提供し続けたことで、最終的に彼らは撤退することを余儀なくされ、何カ月も何年もの間、市場、規制当局、学者に衝撃を与えた流動性危機を引き起こしたのである。

練習問題

19.1　E-mini S&P 500先物の時系列ティックデータから、

(a)　ティックルールを適用し、取引時系列データに｛1，－1｝のラベルづけをせよ。

(b)　CME（FIX タグ5797）によって提供されている、アグレッサーのサイドと比較せよ。ティックルールの精度はどうか。

(c)　FIX タグ5797がティックルールと一致しない場合を選択せよ。

(i)　不一致を説明するための明確な何かがわかるか。

(ii)　これらの不一致は価格の高騰に関連しているか。または高いキャンセル率か。それとも薄い気配サイズか。

(iii)　これらの不一致は、市場活動の活発なときに起こりやすいか。それとも低調なときか。

19.2　E-mini S&P 500先物の時系列ティックデータの Roll モデルを計算せよ。

(a)　σ_u^2 と c の推定値を求めよ。

(b)　この先物取引は世界で最も流動性の高い商品の１つであり、可能な限り狭いビッドアスクスプレッドで取引されているが、推定値は期待に沿ったものか。

19.3　E-mini S&P 500先物について、高値－安値に基づくボラティリ

ティ推定量（19.3.3節）を計算せよ。

(a)　週次の高値−安値の値を用いた場合、これは週次の終値で計算した利益率の標準偏差とどう違うか。

(b)　日次の高値−安値の値を用いた場合、これは日次の終値で計算した利益率の標準偏差とどう違うか。

(c)　1日当り平均50本となるようなドルバーを用いた場合、これは終値で計算した収益率の標準偏差とどう違うか。

19.4　Corwin-Schultz 推定量を E-mini S&P 500先物の日次時系列に適用せよ。

(a)　推定ビッドアスクスプレッドはどうなるか。

(b)　インプライドボラティリティはどうなるか。

(c)　これらの推定量は、練習問題19.2および19.3の結果と一致しているか。

19.5　下記のデータから Kyle のラムダを計算せよ。

(a)　ティックデータ

(b)　E-mini S&P 500先物のドルバーの時系列データ。ここで

(i)　b_t は取引の正負のボリューム加重平均

(ii)　V_t は、バーのボリュームの合計

(iii)　Δp_t は２つの連続するバーの価格の変化

である。

19.6　練習問題19.5と同様、Hasbrouck のラムダを計算せよ。結果は一致するか。

19.7　練習問題19.5と同様、Amihud のラムダを計算せよ。結果は一致するか。

19.8　E-mini S&P 500先物の時系列ボリュームバーを作成せよ。

(a)　2010年５月６日（フラッシュクラッシュ）の時系列 VPIN を計算せよ。

(b)　VPIN と価格をプロットすると、何がわかるか。

19.9　E-mini S&P 500先物の注文サイズの分布を計算せよ。

(a)　全期間にわたって

(b) 2010年5月6日

(c) 両方の分布に対してKolmogorov-Smirnov検定を行う。それらは95%の信頼水準で有意に異なるか。

19.10 E-mini S&P 500先物データついて、日次の気配キャンセル率と成行注文の割合の時系列を計算せよ。

(a) 2つの時系列間の相関係数はどうなるか。統計的に有意か。

(b) 2つの時系列と日次のボラティリティの相関係数はどうなるか。期待したことと一致しているか。

19.11 E-mini S&P 500先物ティックデータについて：

(a) 毎分の最初の5秒以内に執行されたボリュームの分布を計算せよ。

(b) 毎分執行されるボリュームの分布を計算せよ。

(c) 両方の分布でKolmogorov-Smirnov検定を計算せよ。95%の信頼水準で有意に異なるか。

19.12 E-mini S&P 500先物ティックデータについて：

(a) 符号付きのボリュームの1階の系列相関を計算せよ。

(b) 95%の信頼水準で、統計的に有意か。

◆引用文献

Abad, D. and J. Yague (2012): "From PIN to VPIN." *The Spanish Review of Financial Economics*, Vol. 10, No. 2, pp.74–83.

Aitken, M. and A. Frino (1996): "The accuracy of the tick test: Evidence from the Australian Stock Exchange." *Journal of Banking and Finance*, Vol. 20, pp. 1715–1729.

Amihud, Y. and H. Mendelson (1987): "Trading mechanisms and stock returns: An empirical investigation." *Journal of Finance*, Vol. 42, pp. 533–553.

Amihud, Y. (2002): "Illiquidity and stock returns: Cross-section and time-series effects." *Journal of Financial Markets*, Vol. 5, pp. 31–56.

Andersen, T. and O. Bondarenko (2013): "VPIN and the Flash Crash." *Journal of Financial Markets*, Vol. 17, pp.1–46.

Beckers, S. (1983): "Variances of security price returns based on high, low, and closing prices." *Journal of Business*, Vol. 56, pp. 97–112.

Bethel, E. W., Leinweber. D., Rubel, O., and K. Wu (2012): "Federal market information technology in the post-flash crash era: Roles for supercomputing." *Journal of*

Trading, Vol. 7, No. 2, pp. 9–25.

Carlin, B., M. Sousa Lobo, and S. Viswanathan (2005): "Episodic liquidity crises. Cooperative and predatory trading." *Journal of Finance*, Vol. 42, No. 5 (October), pp. 2235–2274.

Cheung, W., R. Chou, A. Lei (2015): "Exchange-traded barrier option and VPIN." *Journal of Futures Markets*, Vol. 35, No. 6, pp. 561–581.

Corwin, S. and P. Schultz (2012): "A simple way to estimate bid-ask spreads from daily high and low prices." *Journal of Finance*, Vol. 67, No. 2, pp. 719–760.

Cremers, M. and D. Weinbaum (2010): "Deviations from put-call parity and stock return predictability." *Journal of Financial and Quantitative Analysis*, Vol. 45, No. 2 (April), pp. 335–367.

Donefer, B. (2010): "Algos gone wild. Risk in the world of automated trading strategies." *Journal of Trading*, Vol. 5, pp. 31–34.

Easley, D., N. Kiefer, M. O'Hara, and J. Paperman (1996): "Liquidity, information, and infrequently traded stocks." *Journal of Finance*, Vol. 51, No. 4, pp. 1405–1436.

Easley, D., R. Engle, M. O'Hara, and L. Wu (2008): "Time-varying arrival rates of informed and uninformed traders." *Journal of Financial Econometrics*, Vol. 6, No. 2, pp. 171–207.

Easley, D., M. López de Prado, and M. O'Hara (2011): "The microstructure of the flash crash." *Journal of Portfolio Management*, Vol. 37, No. 2 (Winter), pp. 118–128.

Easley, D., M. López de Prado, and M. O'Hara (2012a): "Flow toxicity and liquidity in a high frequency world." *Review of Financial Studies*, Vol. 25, No. 5, pp. 1457–1493.

Easley, D., M. López de Prado, and M. O'Hara (2012b): "The volume clock: Insights into the high frequency paradigm." *Journal of Portfolio Management*, Vol. 39, No. 1, pp. 19–29.

Easley, D., M. López de Prado, and M. O'Hara (2013): *High-Frequency Trading: New Realities for Traders, Markets and Regulators*, 1st ed. Risk Books.

Easley, D., M. López de Prado, and M. O'Hara (2016): "Discerning information from trade data." *Journal of Financial Economics*, Vol. 120, No. 2, pp. 269–286.

Eisler, Z., J. Bouchaud, and J. Kockelkoren (2012): "The impact of order book events: Market orders, limit orders and cancellations." *Quantitative Finance*, Vol. 12, No. 9, pp. 1395–1419.

Fabozzi, F., S. Focardi, and C. Jonas (2011): "High-frequency trading. Methodologies and market impact." *Review of Futures Markets*, Vol. 19, pp. 7–38.

Hasbrouck, J. (2007): *Empirical Market Microstructure*, 1st ed. Oxford University Press.

Hasbrouck, J. (2009): "Trading costs and returns for US equities: Estimating effective costs from daily data." *Journal of Finance*, Vol. 64, No. 3, pp. 1445–1477.

Jarrow, R. and P. Protter (2011): "A dysfunctional role of high frequency trading in electronic markets." *International Journal of Theoretical and Applied Finance*, Vol. 15, No. 3.

Kim, C., T. Perry, and M. Dhatt (2014): "Informed trading and price discovery around the clock." *Journal of Alternative Investments*, Vol. 17, No. 2, pp. 68–81.

Kyle, A. (1985): "Continuous auctions and insider trading." *Econometrica*, Vol. 53, pp. 1315–1336.

Lee, C. and M. Ready (1991): "Inferring trade direction from intraday data." *Journal of Finance*, Vol. 46, pp. 733–746.

López de Prado, M. (2017): "Mathematics and economics: A reality check." *Journal of Portfolio Management*, Vol. 43, No. 1, pp. 5–8.

Muravyev, D., N. Pearson, and J. Broussard (2013): "Is there price discovery in equity options?" *Journal of Financial Economics*, Vol. 107, No. 2, pp. 259–283.
NANEX (2011): "Strange days: June 8, 2011—NatGas Algo." NANEX blog. Available at www.nanex.net/StrangeDays/06082011.html.
O'Hara, M. (1995): *Market Microstructure*, 1st ed. Blackwell, Oxford.
O'Hara, M. (2011): "What is a quote?" *Journal of Trading*, Vol. 5, No. 2 (Spring), pp. 10–15.
Parkinson, M. (1980): "The extreme value method for estimating the variance of the rate of return." *Journal of Business*, Vol. 53, pp. 61–65.
Patzelt, F. and J. Bouchaud (2017): "Universal scaling and nonlinearity of aggregate price impact in financial markets." Working paper. Available at https://arxiv.org/abs/1706.04163.
Roll, R. (1984): "A simple implicit measure of the effective bid-ask spread in an efficient market." *Journal of Finance*, Vol. 39, pp. 1127–1139.
Stigler, Stephen M. (1981): "Gauss and the invention of least squares." *Annals of Statistics*, Vol. 9, No. 3, pp. 465–474.
Song, J. K. Wu, and H. Simon (2014): "Parameter analysis of the VPIN (volume synchronized probability of informed trading) metric." In Zopounidis, C., ed., *Quantitative Financial Risk Management: Theory and Practice*, 1st ed. Wiley.
Toth, B., I. Palit, F. Lillo, and J. Farmer (2011): "Why is order flow so persistent?" Working paper. Available at https://arxiv.org/abs/1108.1632.
Van Ness, B., R. Van Ness, and S. Yildiz (2017): "The role of HFTs in order flow toxicity and stock price variance, and predicting changes in HFTs' liquidity provisions." *Journal of Economics and Finance*, Vol. 41, No. 4, pp. 739–762.
Wei, W., D. Gerace, and A. Frino (2013): "Informed trading, flow toxicity and the impact on intraday trading factors." *Australasian Accounting Business and Finance Journal*, Vol. 7, No. 2, pp. 3–24.

Part 5

ハイパフォーマンスコンピューティング

第20章

マルチプロセッシング（多重処理）とベクトル化

20.1 はじめに

マルチプロセッシングは機械学習に不可欠だ。機械学習アルゴリズムは計算集約であり、CPU、サーバー、そしてクラスターを効率的に使用することが求められる。このため、本書で紹介されているほとんどの関数は非同期マルチプロセッシング用に設計されている。たとえば、`mpPandasObj` という関数を定義することなく頻繁に使用してきた。本章では、この関数が何をするのかを説明する。さらに、マルチプロセッシングエンジンの開発方法についても詳しく説明する。本章で紹介するプログラムの構造は、使用されるハードウェアアーキテクチャーに左右されない。単一サーバーのコアを使用する場合も、高性能コンピューティングクラスターまたはクラウドを使用するような複数の相互接続サーバーに分散されるコアを使用する場合も同様である。

20.2 ベクトル化の例

アレー（配列）プログラミングとも呼ばれるベクトル化は、並列化の最も簡単な例である。ベクトル化により、1回の演算で複数の変数群を1度に処理することができる。最も簡単な例として、各次元が2変数をもつ3つの次元について総当たり検索を実行することを考える。その直積集合をベクトル化せずに実装すると、スニペット20.1のようになる。では100個の次元を検索する必要がある場合、または実行時にユーザーが次元数を定義した場合、このコードはどのようになるだろうか。

スニペット 20.1 ベクトル化されていない直積集合演算

```
#リストのディクショナリの直積集合
dict0={'a':['1','2'],'b':['+','*'],'c':['!','@']}
for a in dict0['a']:
  for b in dict0['b']:
    for c in dict0['c']:
      print {'a':a,'b':b,'c':c}
```

ベクトル化による解法は、すべての明示的な反復子（たとえばFor…ループ）を行列代数演算またはコンパイルされた反復子または生成子で置き換えることになる。スニペット20.2は、スニペット20.1のベクトル化バージョンを実装している。ベクトル化が望ましい理由は、次の４つである。①遅いネストされたFor…ループが、高速反復子に置き換えられる。②コードは、dict０の次元からメッシュの次元を推定することになる。③コードを修正する必要なしに100次元を実行することができる。さもなければ100のFor…ループを必要とすることになる。④Python内部の処理で、CまたはC++で演算を実行できる。

スニペット 20.2 ベクトル化された直積集合演算

```
#リストのディクショナリの直積集合
from itertoolsimport izip,product
dict0={'a':['1','2'],'b':['+','*'],'c':['!','@']}
jobs=(dict(izip(dict0,i)) for i in product(*dict0.values()))
for i in jobs:print i
```

20.3 シングルスレッドVSマルチスレッド VSマルチプロセッシング

最近のコンピュータには複数のCPUソケットが備わっている。各CPU

には多数のコア（プロセッサ）があり、各コアには複数のスレッドがある。マルチスレッドとは、複数のアプリケーションを同じコアの下にある２つ以上のスレッドで並列に実行する手法のことである。マルチスレッドの利点の１つは、アプリケーションが同じコアを共有するため、それらが同じメモリースペースを共有することにある。一方で、複数のアプリケーションによって同じメモリースペースに同時に書込みが行われる可能性がある。これを防ぐために、グローバルインタープリターロック（GIL）は、コアごとに１度に１つのスレッドにのみ書込みアクセス権を割り当てている。GILのもとでは、Pythonのマルチスレッドはプロセッサ当り１スレッドに制限されることになる。このため、Pythonは実際のマルチスレッドではなくマルチプロセッシングによって並列処理を実現している。プロセッサは同じメモリー空間を共有しないため、マルチプロセッシングは同じメモリー空間への書込みの危険性はない。ただし、プロセス間でオブジェクトを共有することもむずかしくなる。

シングルスレッドで実行するために実装されたPython関数は、現代のコンピュータ、サーバー、またはクラスターのパワーのほんの一部しか使用していない。ここで、シングルスレッド実行用に実装されたときに、単純なタスクがいかに非効率的に実行されるかという例をみてみよう。スニペット20.3は、10,000個ある長さ1,000のガウス過程が、標準偏差の50倍の幅の対称二重バリアに接触する最も早い時間を求めている。

スニペット 20.3　ワンタッチダブルバリアのシングルスレッド実装

```
import numpy as np
#———————————————————————————————————————
def main0():
    #経路依存性のある処理：順次実行での実装
    r=np.random.normal(0,0.01,size=(1000,10000))
    t=barrierTouch(r)
    return
#———————————————————————————————————————
def barrierTouch(r,width=0.5):
```

```
  #最も早いバリアタッチのインデックスを見つける
  t,p={},np.log((1+r).cumprod(axis=0))
  for j in xrange(r.shape[1]): #列方向のループ
    for i in xrange(r.shape[0]): #行方向のループ
      if p[i,j]>=width or p[i,j]<=-width:
        t[j]=i
        continue
  return t
#------------------------------------------------------------
if __name__=='__main__':
  import timeit
  print min(timeit.Timer('main0()',setup='from __main__
  import main0').repeat(5,10))
```

この実装をスニペット20.4と比較してみよう。コードは前と同じタスクをプロセッサごとに1つずつ、24個のタスクに分割している。その後、タスクは24個のプロセッサを使用して非同期的に並行して実行される。もし5,000個のCPUをもつクラスターで同じコードを実行すると、実行時間はシングルスレッド実装の約1/5,000になる。

スニペット 20.4　ワンタッチダブルバリアのマルチプロセッシング実装

```
import numpy as np
import multiprocessing as mp
#------------------------------------------------------------
def main1():
  #経路依存性のある処理：マルチスレッドでの実装
  r,numThreads=np.random.normal(0,0.01,size=(1000,10000)),24
  parts=np.linspace(0,r.shape[0],min(numThreads,r.shape[0])
  +1)
  parts,jobs=np.ceil(parts).astype(int),[]
  for i in xrange(1,len(parts)):
    jobs.append(r[:,parts[i-1]:parts[i]]) #パラレルジョブ
```

```
    pool,out=mp.Pool(processes=numThreads),[]
    outputs=pool.imap_unordered(barrierTouch,jobs)
    for out_ in outputs:out.append(out_) # 非同期応答
    pool.close();pool.join()
    return
#———————————————————————————————————————————
if __name__=='__main__':
    import timeit
    print min(timeit.Timer('main1()',setup='from __main__
    import main1').repeat(5,10))
```

さらに、第3章の関数 `applyPtSlOnT1` で行ったように、並列プロセスがベクトル化された pandas オブジェクトを含むサブルーチンを実行するようにして、ベクトル化された関数のマルチプロセスも可能だ。このようにして、1度に2つのレベルの並列化を達成できる。しかし、ここで止めてしまう必要はない。HPC クラスター内でベクトル化コードのマルチプロセス化されたインスタンスを実行することで、3つのレベルの並列化を同時に達成できる。クラスター内の各ノードは、3番目のレベルの並列化を提供する。以下では、マルチプロセッシングの仕組みについて説明する。

20.4 原子（アトム）と分子（モレキュール）

並列化のためのジョブを準備するときは、原子（atoms）と分子（molecules）を区別するのが便利だ。ここでの原子とは不可分のタスクのことだ。これらのタスクを単一のスレッドで順番に実行するのではなく、複数のプロセッサを使用して並列に処理できる分子グループに分割したい。各分子は原子のサブセットであり、単一のスレッドを使用してコールバック関数によって順次処理される。つまり、並列化は分子レベルで行われる。

20.4.1 線形パーティション

分子を形成する最も簡単な方法は、原子のリストを等しいサイズのサブセットに分割することである。ここでサブセットの数は、プロセッサ数と原子数の小さいほうである。N個のサブセットに対して、パーティションを囲むような$N+1$個のインデックスを見つける必要がある。このロジックはスニペット20.5で示される。

スニペット 20.5　linParts関数

```
import numpy as np
#———————————————————————————————————————————————————————————————————
def linParts(numAtoms,numThreads):
  # 単一ループによる原子の分割
  parts=np.linspace(0,numAtoms,min(numThreads,numAtoms)+1)
  parts=np.ceil(parts).astype(int)
  return parts
```

二重のネストしたループを含む演算は一般的なものだ。たとえば、SADF系列の計算（第17章）、複数のバリアタッチの評価（第3章）、位置ずれした系列に対する共分散行列の計算などだ。このような状況では、原子タスクの線形パーティションは非効率的である。なぜなら、プロセッサによっては、他のプロセッサよりもはるかに多数の演算を解かなければならず、計算時間は最も重い分子に依存するためだ。部分的な解決策は、まず原子タスクをプロセッサの数の倍数であるいくつかのジョブに分割してから、次にジョブキューにその重い分子を先に割り当てる方法だ。こうすれば、軽い分子は、重い分子を最初に完了したプロセッサに割り当てられ、ジョブキューが使い果たされるまですべてのCPUがビジー状態に保たれる。次節では、より完全な解決策について説明する。図20－1は、同等の煩雑さをもつ20の原子タスクを6つの分子に線形パーティションを行ったところを示す図である。

20.4.2　二重のネストしたループによるパーティション

外側のループが$i=1,\cdots,N$を繰り返し、内側のループが$j=1,\cdots,i$を繰り返す二重のネストしたループを考える。これらの原子タスク$\{(i,j)|1\leq j\leq i, i=1,\cdots,N\}$を下三角行列（主対角を含む）として並べることができる。これには、$\frac{1}{2}N(N-1)+N=\frac{1}{2}N(N+1)$の演算が必要だ。ここで、

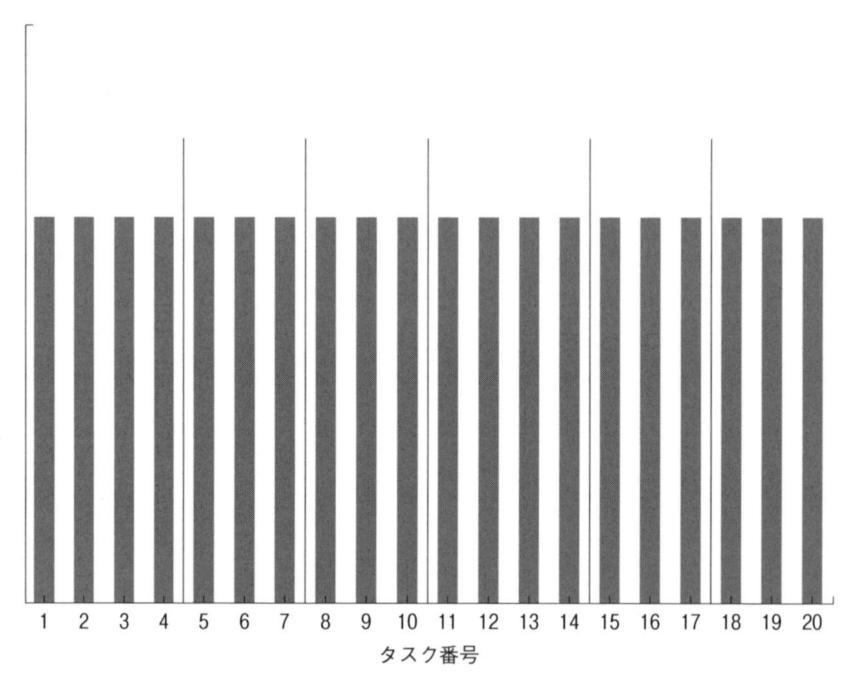

図20－1　6個の分子への20の原子タスクの線形パーティション

$\frac{1}{2}N(N-1)$は非対角、Nは対角部分である。原子タスクをM個の行のサブセット、$\{S_m\}_{m=1,\cdots,M}$に分割することによってこれらのタスクを並列化したい。なお、それぞれのS_mは約$\frac{1}{2M}N(N+1)$個のタスクからなる。次のアルゴリズムは、それぞれのサブセット（分子）を構成する行を決定する。

最初のサブセットS_1は最初のr_1行で構成される。つまり、項目の総数を$\frac{1}{2}r_1(r_1+1)$とすると$S_1=\{1,\cdots,r_1\}$ということになる。ここでのr_1は、$\frac{1}{2}r_1(r_1+1)=\frac{1}{2M}N(N+1)$の条件を満たす必要がある。$r_1$について解くと、下記の正根が得られる。

$$r_1=\frac{-1+\sqrt{1+4N(N+1)M^{-1}}}{2}$$

2番目のサブセットには、項目の総数を$\frac{1}{2}(r_2+r_1+1)(r_2-r_1)$とすると$S_2=\{r_1+1,\cdots,r_2\}$が含まれることになる。ここでの$r_2$は、$\frac{1}{2}(r_2+r_1+1)$

$(r_2 - r_1) = \frac{1}{2M} N(N+1)$の条件を満たす必要がある。$r_2$について解くと、下記の正根が得られる。

$$r_2 = \frac{-1 + \sqrt{1 + 4\left(r_1^2 + r_1 + N(N+1)M^{-1}\right)}}{2}$$

それ以降のサブセット $S_m = \{r_{m-1} + 1, \cdots, r_m\}$ についても同じ議論を繰り返すことができ、この際の項目の総数は$\frac{1}{2}(r_m + r_{m-1} + 1)(r_m - r_{m-1})$ である。ここでの r_m は、$\frac{1}{2}(r_m + r_{m-1} + 1)(r_m - r_{m-1}) = \frac{1}{2M} N(N+1)$の条件を満たす必要がある。$r_m$ について解くと、下記の正根が得られる。

$$r_m = \frac{-1 + \sqrt{1 + 4\left(r_{m-1}^2 + r_{m-1} + N(N+1)M^{-1}\right)}}{2}$$

また、$r_{m-1} = r_0 = 0$ である場合、r_m が r_1になることが容易にわかる。行の数は正の整数であるため、上記の結果は最も近い自然数に丸められる。これは、一部のパーティションのサイズが$\frac{1}{2M} N(N+1)$のターゲットからわずかに外れることを意味する。スニペット20.6はこのロジックを実装している。

スニペット 20.6　nestedParts 関数

```
def nestedParts(numAtoms,numThreads,upperTriang=False):
  # 内側のループでの原子の分割
  parts,numThreads_=[0],min(numThreads,numAtoms)
  for num in xrange(numThreads_):
    part=1 + 4*(parts[-1]**2+parts[-1]+numAtoms*(numAtoms+1.)
    /numThreads_)
    part=(-1+part**0.5)/2.
    parts.append(part)
  parts=np.round(parts).astype(int)
  if upperTriang: # 最初の行が最も重い
    parts=np.cumsum(np.diff(parts)[::-1])
    parts=np.append(np.array([0]),parts)
  return parts
```

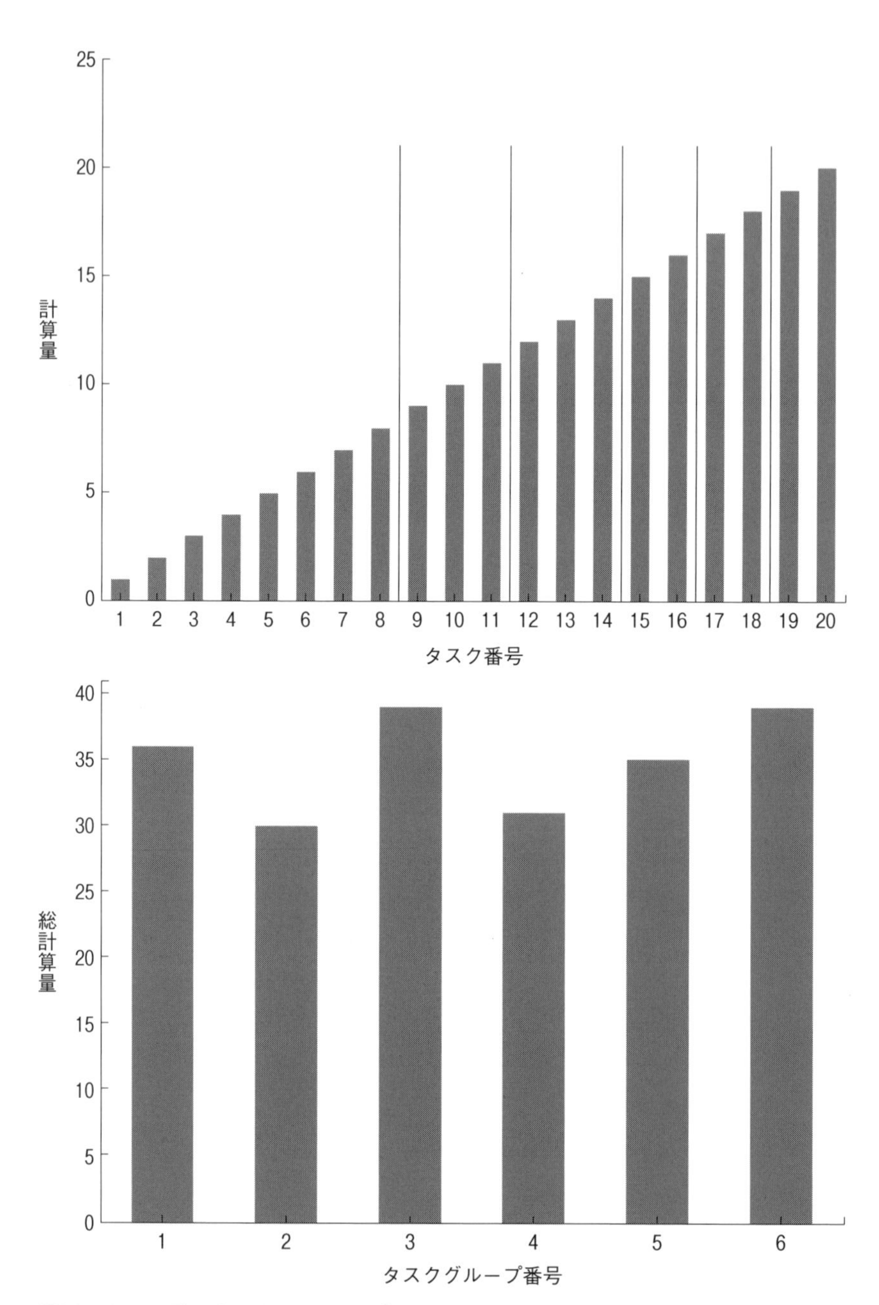

図20－2　二重のネストしたループによる原子の分子への分割

外側のループが$i=1,\cdots,N$を繰り返し、内側のループが$j=i,\cdots,N$を繰り返す場合、これらの原子タスク $\{(i,j)|1\leq i\leq j, j=1,\cdots,N\}$ を上三角行列（主対角を含む）として並べることができる。この場合、引数`upperTriang=True`を関数`nestedParts`に渡す必要がある。好奇心旺盛な読者にとって、これは箱詰め問題の特別な場合と感じることだろう。図20-2は、2つの入れ子になったループにより複雑さが増していく原子を分子へ分割してプロットしたものを表している。結果として得られる6つの分子のそれぞれは、原子レベルでは20倍の負荷の違いがあっても、同様の量の計算を伴う。

20.5 マルチプロセッシングエンジン

おのおののマルチプロセス関数に対して並列化処理を作成するのは誤りである。かわりに、引数や出力構造に関係なく、未知の関数を並列化できるライブラリを開発すべきである。それがマルチプロセッシングエンジンの目標である。本節では、そのようなエンジンの1つについて学習する。ロジックを理解したら、カスタマイズしたさまざまなプロパティを含め、独自のエンジンを開発する準備が整ったことになる。

20.5.1 ジョブの準備

本書の各章では、`mpPandasObj`を頻繁に使用した。この関数は6つの引数を受け取るが、そのうち4つはオプションである。

・`func`……並行して実行されるコールバック関数

・`pdObj`……次のものを含む要素の組（タプル）

　・分子をコールバック関数に渡すために使用される引数の名前

　・分子にグループ分けされる分割不可能なタスク（原子）のリスト

・`numThreads`……並列に使用されるスレッド数（スレッドごとに1つのプロセッサ）

・`mpBatches`……並列バッチ数（コア当りのジョブ数）

・`linMols`……パーティションが線形か二重ネストなのか

・kargs……func に必要なキーワード引数

スニペット20.7は mpPandasObj がどのように機能するのかを示している。最初に、linParts（1分子当りの原子数が等しい）または nestedParts（下三角構造に分布する原子）を使用し、原子を分子にグループ化する。mpBatches が1より大きい場合、コアよりも分子が多くなる。たとえば、あるタスクを10個の分子に分割するが、分子1は残りの分子の2倍の時間がかかると仮定する。このプロセスを10個のコアで実行すると、9個のコアが実行時間の半分アイドル状態になり、最初のコアが分子1を処理するのを待つことになる。そのかわりに、mpBatches=10に設定して、同じタスクを100個の分子に分割することもできる。そうすることで、たとえ最初に処理を行う10個の分子が次に処理を行う20個の分子と同じくらいの時間がかかるとしても、すべてのコアの作業負荷は同等となる。この例では、mpBatches=10で実行すると、mpBatches=1で消費される時間の半分ですむ。

2番目に、ジョブリストを作成する。ジョブは、分子を処理するために必要なすべての情報、つまりコールバック関数、そのキーワード引数、および分子を形成する原子の部分集合を含むディクショナリである。3番目に、numThreads==1の場合はジョブを順番（スニペット20.8を参照）に処理し、それ以外の場合は並行して（20.5.2節を参照）処理する。ジョブを順番に実行するオプションが必要なのは、デバッグ目的のためだ。プログラムが複数のプロセッサで実行されている場合、バグを見つけるのは簡単ではない[1]。コードがデバッグされたら、numThreads>1を使用する。最後に、すべての分子からの出力を単一のリスト、シリーズ、またはデータフレームにまとめる。

スニペット 20.7　mpPandasObj（本書においてさまざまな箇所で使用）

```
def mpPandasObj(func,pdObj,numThreads=24,mpBatches=1,linMols
=True,**kargs):
    ジョブを並列化し、DataFrame または Series を返す
    + func：並列化する関数。DataFrame を返す
```

1　ハイゼンベルクの不確定性原理にちなんで名づけられたハイゼンバグは、精査されると行動を変えるバグを説明している。マルチプロセッシングのバグはその代表的な例。

```
  + pdObj [0]：分子を渡すために使用される引数の名前
  + pdObj [1]：分子にまとめられる原子のリスト
  + kargs：funcに必要な他の引数
  例：df1=mpPandasObj(func,('molecule',df0.index),24,**kargs)
  import pandas as pd
  if linMols:parts=linParts(len(pdObj[1]),numThreads*mpBatches)
  else:parts=nestedParts(len(pdObj[1]),numThreads*mpBatches)
  jobs=[]
  for i in xrange(1,len(parts)):
    job={pdObj[0]:pdObj[1][parts[i-1]:parts[i]],'func':func}
    job.update(kargs)
    jobs.append(job)
  if numThreads==1:out=processJobs_(jobs)
  else:out=processJobs(jobs,numThreads=numThreads)
  if isinstance(out[0],pd.DataFrame):df0=pd.DataFrame()
  elif isinstance(out[0],pd.Series):df0=pd.Series()
  else:return out
  for i in out:df0=df0.append(i)
  return df0.sort_index()
```

20.5.2節では、スニペット20.8のprocessJobs_関数のマルチプロセッシング版についてみていきたい。

スニペット 20.8　デバッグのためのシングルスレッド実行

```
def processJobs_(jobs):
  # デバッグのために順次ジョブを実行
  out=[]
  for job in jobs:
    out_=expandCall(job)
    out.append(out_)
  return out
```

20.5.2 非同期コール（呼び出し）

Python には、multiprocessing という並列化ライブラリがある。このライブラリは、多くの sklearn アルゴリズム[2]で使用されているエンジンである joblib[3]などのマルチプロセッシングエンジンの基盤である。スニペット20.9は、Python の multiprocessing ライブラリへの非同期コールの方法を示す。reportProgress 関数は、完了したジョブの割合についての情報を与える。

スニペット 20.9　Python のマルチプロセッシングライブラリへの非同期コールの例

```
import multiprocessing as mp
#———————————————————————————————————————
def reportProgress(jobNum,numJobs,time0,task):
  # 非同期ジョブが完了したときに進行状況を報告
  msg=[float(jobNum)/numJobs,(time.time()-time0)/60.]
  msg.append(msg[1]*(1/msg[0]-1))
  timeStamp=str(dt.datetime.fromtimestamp(time.time()))
  msg=timeStamp+' '+str(round(msg[0]*100,2))+'% '+task+'
  done after '+ \
    str(round(msg[1],2))+' minutes. Remaining '+str(round(msg
    [2],2))+' minutes.'
  if jobNum<numJobs:sys.stderr.write(msg+'\r')
  else:sys.stderr.write(msg+'\n')
  return
#———————————————————————————————————————
def processJobs(jobs,task=None,numThreads=24):
  # 並行して実行
```

2　https://pypi.python.org/pypi/joblib
3　http://scikit-learn.org/stable/developers/performance.html#multi-core-parallelism-using-joblib-parallel

```
    #expandCallの場合、ジョブには'func'コールバックを含める必要
    がある。
    if task is None:task=jobs[0]['func'].__name__
    pool=mp.Pool(processes=numThreads)
    outputs,out,time0=pool.imap_unordered(expandCall,jobs),
    [],time.time()
    #非同期出力を処理し、進行状況を報告
    for i,out_ in enumerate(outputs,1):
      out.append(out_)
      reportProgress(i,len(jobs),time0,task)
    pool.close();pool.join() #これはメモリーリークを防ぐために必要
    return out
```

20.5.3 コールバックのアンラッピング（展開）

スニペット20.9では、インストラクションConsolasは、シングルスレッドでConsolas内の各項目（分子）を実行することによってConsolasを並列化した。スニペット20.10は、ジョブ（分子）内の項目（原子）をアンラップし、コールバック関数を実行するConsolasを実装している。この小さな関数は、マルチプロセッシングエンジンの中核をなすトリックである。つまり、ディクショナリをタスクに変換している。これが果たす役割を理解すれば、読者は読者自身のエンジンを開発することができるだろう。

スニペット 20.10 コールバック関数へのジョブ（分子）の受渡し

```
def expandCall(kargs):
    #コールバック関数kargs ['func']の引数拡張
    func=kargs['func']
    del kargs['func']
    out=func(**kargs)
    return out
```

20.5.4 オブジェクトの直列（Pickle）化／非直列（Unpickle）化

マルチプロセッシングは、メソッドを異なるプロセッサに割り当てるためにそれらを直列化しなければならない。問題は、Python のバウンドメソッド（bound methods）が直列化できないことだ[4]。この問題を回避するために、ライブラリにこの種のオブジェクトを処理する方法が指示するような機能を、エンジンに追加する。スニペット20.11には、マルチプロセッシングエンジンライブラリの1番上にリストされるべきインストラクションが含まれている。このコードが必要な正確な理由について興味がある場合は、Ascher et al.[2005]のセクション7.5を読んでいただきたい。

スニペット 20.11 読者のプログラムエンジンの先頭にこのコードを置くこと

```
def _pickle_method(method):
  func_name=method.im_func.__name__
  obj=method.im_self
  cls=method.im_class
  return _unpickle_method,(func_name,obj,cls)
#———————————————————————————————————————
def _unpickle_method(func_name,obj,cls):
  for cls in cls.mro():
    try:func=cls.__dict__[func_name]
    except KeyError:pass
    else:break
  return func.__get__(obj,cls)
#———————————————————————————————————————
import copy_reg,types,multiprocessing as mp
copy_reg.pickle(types.MethodType,_pickle_method,_unpickle_
method)
```

4 http://stackoverflow.com/questions/1816958/cant-pickle-type-instancemethod-when-using-pythonsmultiprocessing-pool-map

20.5.5 出力の削減

プログラムエンジンが1つの利用可能なコアに各分子を割り当てることを目的として、タスクを24個の分子に分割するとする。スニペット20.9のprocessJobs関数は24個の出力を取得してリストに保存する。このアプローチは、大きなアウトプットを含まない問題に効果的である。出力を単一の出力に結合する必要がある場合は、まず最後の分子の処理が完了するのを待ってから、次にリスト内の項目の処理を行う。この後処理によって追加される待ち時間は、出力のサイズと数が小さい限り重要ではない。

ただし、出力が大量のRAMを消費し、それらを1つの出力にまとめる必要がある場合は、それらすべての出力をリストに格納するとメモリーエラーが発生する可能性がある。結果がfuncによって非同期的に返されるので、最後の分子が完成するのを待つよりも、すぐに出力縮小の演算を実行するほうがよい。processJobsを改善することでこの懸念に対処できる。具体的には、分子の出力をどのようにして単一の出力に削減させるかを決定する3つの追加の引数を渡すことになる。スニペット20.12はprocessJobsの拡張版であり、次の3つの新しい引数を含む。

- redux……これは、削減を実行する関数へのコールバックである。たとえば、出力データフレームを加算して集計することによって削減を実行する場合は、redux=pd.DataFrame.addとなる。
- reduxArgs……これはreduxに渡す必要があるキーワード引数（ある場合）を含むディクショナリである。たとえば、redux=pd.DataFrame.joinの場合、可能性としてはreduxArgs={'how'：'outer'}がある。
- reduxInPlace……reduxの演算がin-place演算（訳注：元のデータを演算結果で置き換える方法）かどうかを示すboolean（真：Trueか偽：Falseかの値）。たとえば、redux=dict.updateおよびredux=list.appendでは、リストの追加と辞書の更新はどちらもin-place演算であるため、reduxInPlace=Trueとする必要がある。

スニペット 20.12 その場での出力削減を実行するための processJobs の拡張版

```
def processJobsRedux(jobs,task=None,numThreads=24,redux=None,
reduxArgs={},reduxInPlace=False):
  '''
  並行して実行
  expandCall の場合、ジョブには 'func' コールバックを含める必要がある
  redux はその場で出力を減らすことによりメモリーの浪費を防ぐ
  '''
  if task is None:task=jobs[0]['func'].__name__
  pool=mp.Pool(processes=numThreads)
  imap,out,time0=pool.imap_unordered(expandCall,jobs),None,time.
  time()
  # 非同期出力を処理し、進行状況を報告する
  for i,out_ in enumerate(imap,1):
    if out is None:
      if redux is None:out,redux,reduxInPlace=[out_],list.
      append,True
      else:out=copy.deepcopy(out_)
    else:
      if reduxInPlace:redux(out,out_,**reduxArgs)
      else:out=redux(out,out_,**reduxArgs)
    reportProgress(i,len(jobs),time0,task)
  pool.close();pool.join() # これはメモリーリークを防ぐために必要
  if isinstance(out,(pd.Series,pd.DataFrame)):out=out.sort_
  index()
  return out
```

processJobsRedux が出力をどう処理するかがわかったので、スニペット20.7の mpPandasObj を拡張することもできる。スニペット20.13では、

新しい関数mpJobListが3つの出力縮小引数をprocessJobsReduxに渡す。これにより、mpPandasObjがそうであったように、出力リストを処理する必要がなくなるため、メモリーと時間を節約できる。

スニペット 20.13　その場での出力削減を実行するためのmpPandasObjの拡張版

```
def mpJobList(func,argList,numThreads=24,mpBatches=1,linMols
=True,redux=None,reduxArgs={},reduxInPlace=False,**kargs):
  if linMols:parts=linParts(len(argList[1]),numThreads*mpBatches)
  else:parts=nestedParts(len(argList[1]),numThreads*mpBatches)
  jobs=[]
  for i in xrange(1,len(parts)):
    job={argList[0]:argList[1][parts[i-1]:parts[i]],'func':func}
    job.update(kargs)
    jobs.append(job)
  out=processJobsRedux(jobs,redux=redux,reduxArgs=reduxArgs,
  reduxInPlace=reduxInPlace,numThreads=numThreads)
  return out
```

20.6　マルチプロセッシングの例

本章でこれまでに提示したことを使用して、大規模な数学演算を数桁スピードアップすることができる。本節では、マルチプロセッシングのもう1つの動機、メモリー管理について説明する。

第8章8.4.2節で行ったように、$Z'Z$のかたちの共分散行列のスペクトル分解を行ったとする。ここで、Zのサイズは$T\times N$である。これにより、$Z'ZW=W\Lambda$を満たす固有ベクトル行列Wおよび固有値行列Λが得られる。

ここで、全分散のうちτの割合（$0\leq\tau\leq1$）を説明するような直交主成分を導出したいとする。そのために、まず$P=Z\tilde{W}$を計算する。ここで、$\tilde{W}$はWの最初の$M\leq N$列を含み、$\left(\sum_{m=1}^{M}\Lambda_{m,m}\right)\left(\sum_{n=1}^{N}\Lambda_{n,n}\right)^{-1}\geq\tau$を満たし

ているものとする。$P=Z\tilde{W}$の計算は、次のように記述することにより並列化できる。

$$P=Z\tilde{W}=\sum_{b=1}^{B} Z_b\tilde{W}_b$$

ここで、Z_bは$T\times N_b$アイテムのみを含むスパース（疎）な$T\times N$行列（残りは空）、$\tilde{W}_b$は$N_b\times M$アイテムのみをもつ$N\times M$行列（残りは空）、そして$\sum_{b=1}^{B} N_b=N$を満たす。

このスパース性は、列の集合をB個のサブセットからなるパーティションに分割し、列のb番目のサブセットのみをZ_bにロードすることによって得られる。このスパース性の概念は、最初は少し複雑に思えるかもしれないが、スニペット20.14はpandasがどのようにその概念をシームレスな方法で実装することを可能にするかを示している。関数getPCsは引数eVecを通して$\tilde{W}$を受け取る。引数moleculesはfileNames内のファイル名のサブセットを含み、各ファイルはZ_bを表す。把握しなければならない重要な概念は、Z_bとZ_bの列で定義された$\tilde{W}_b$の行のスライスとの内積を計算し、分子の出力はその場で集約される（redux=pd.DataFrame.add）ことである。

スニペット 20.14　列のサブセットの主成分

```
pcs=mpJobList(getPCs,('molecules',fileNames),numThreads=24,mp
Batches=1,path=path,eVec=eVec,redux=pd.DataFrame.add)
#————————————————————————————————————————
def getPCs(path,molecules,eVec):
  #1度に1つのファイルをロードし主成分を取得
  pcs=None
  for i in molecules:
    df0=pd.read_csv(path+i,index_col=0,parse_dates=True)
    if pcs is None:pcs=np.dot(df0.values,eVec.loc[df0.
    columns].values)
    else:pcs+=np.dot(df0.values,eVec.loc[df0.columns].
    values)
  pcs=pd.DataFrame(pcs,index=df0.index,columns=eVec.columns)
```

```
    return pcs
```

このアプローチには2つの利点がある。第一に、getPCsはデータフレームZ_bを順番にロードするため、Bが十分大きい場合、RAMは使い果たされることはない。第二に、mpJobListは分子を並列に実行するため計算が高速化される。

実際の機械学習アプリケーションでは、Zに何十億ものデータポイントが含まれるデータセットに遭遇することがよくある。この例が示すように、並列化が有益なのは実行時間を短縮するという点だけではない。機械学習の多くの問題は、たとえ時間を気にしないとしても、メモリーの制限の問題があるために並列化なしでは解決できなかったのである。

練習問題

20.1 スニペット20.1と20.2をtimeitで実行せよ。100回の実行のバッチを10回繰り返そう。各スニペットの最小経過時間を求めよ。

20.2 スニペット20.2のインストラクションは、ユニットテスト、総当たり探索、およびシナリオ分析に非常に役立つ。本書のどこでそれらをみたかを思い出してみよう。ほかにどこで使うことができるだろうか。

20.3 線形スキームではなく、二重のネストしたループのスキームを使用して分子を形成するよう、スニペット20.4を調整せよ。

20.4 timeitを用いて比較せよ。

(a) スニペット20.4、100回実行のバッチを10回繰り返す。各スニペットの最小経過時間はいくらか。

(b) （練習問題20.3の）修正されたスニペット20.4。100回実行のバッチを10回繰り返す。各スニペットの最小経過時間はいくらか。

20.5 mpPandasObjを使用してスニペット20.4を単純化せよ。

20.6 上三角構造について二重にネストしたループのスキームを使用し、分子を形成する可能性を扱えるようにmpPandasObjを修正せよ。

◆引用文献

Ascher, D., A. Ravenscroft, and A. Martelli (2005): *Python Cookbook*, 2nd ed. O'Reilly Media.

◆参考文献

Gorelick, M. and I. Ozsvald (2008): *High Performance Python*, 1st ed. O'Reilly Media.
López de Prado, M. (2017): "Supercomputing for finance: A gentle introduction." Lecture materials, Cornell University. Available at https://ssrn.com/abstract=2907803.
McKinney, W. (2012): *Python for Data Analysis*, 1st ed. O'Reilly Media.
Palach, J. (2008): *Parallel Programming with Python*, 1st ed. Packt Publishing.
Summerfield, M. (2013): *Python in Practice: Create Better ProgramsUsing Concurrency, Libraries, and Patterns*, 1st ed. Addison-Wesley.
Zaccone, G. (2015): *Python Parallel Programming Cookbook*, 1st ed. Packt Publishing.

第21章

総当たり法と量子コンピュータ

21.1 はじめに

階層的クラスタリング、グリッドサーチ、閾値に基づく決定、整数最適化など、離散数学は複数の機械学習における問題において自然に使われることになる。時としてこれらの問題は既知の（閉形式の）解析解がなく、あるいはそれを近似するための発見的方法さえも存在しないため、最後の希望としては総当たり法（brute force）で探すことになる。本章では、現代のスーパーコンピュータでは扱いにくい金融に関する問題が、整数最適化問題としてどのようにして再定式化されるのかを検討する。そのような表現により、この問題は量子コンピュータに適したものとなる。この例から、読者はファイナンスにおける機械学習の難解な問題をいかに量子的な総当たり探索に変換できるかを推測することができる。

21.2 組合せ最適化

組合せ最適化問題は、有限数の変数の離散値を組み合わせることから生じる実行可能な解が有限個ある問題として記述することができる。実行可能な組合せの数が増えるにつれて、徹底的な検索は実用的ではなくなる。巡回セールスマン問題は、NP 困難（NP-Hard）であることが知られている組合せ最適化問題の 1 例である（Woeginger [2003]）。NP 困難とは、非決定性多項式時間（NP：nondeterministic polynomial time）と同等以上に困難というカテゴリーの問題である。

総当たり探索が実用的でない理由は、標準的なコンピュータが実行可能な解決策を順番に評価して格納することである。しかし、すべての実行可能な解決策を１度に評価して保存できるとしたらどうだろうか。それが量子コンピュータのゴールである。

標準的なコンピュータのビットは１度に２つの可能な状態（{0，1}）のうちの１つしか採用できないのに対して、量子コンピュータはキュービット（量子ビット）を利用する。それは両方の状態の線形重ね合わせを保持できる記憶素子である。

理論的に、量子コンピュータは量子力学的現象によりこのことを達成することができる。いくつかの実装形態では、キュービットは、同時に２方向に流れる電流をサポートすることができ、したがって望んだ重ね合わせを提供する。この線形重ね合わせについての特性のため、量子コンピュータはNP困難な組合せ最適化問題を解くのに理想的である。量子コンピュータの機能に関する一般的な論文については、Williams［2010］を参照のこと。

このアプローチを理解するための最善の方法は、特定の事例を検討することである。ここでは、一般的な取引コスト関数の影響を受ける動的ポートフォリオ最適化問題が、量子コンピュータにとって扱いやすい組合せ最適化問題としてどのように表現できるかをみていこう。Garleanu and Pedersen［2012］とは異なり、ここでは収益がIID（独立同分布）のガウス分布から抽出されるとは仮定していない。この問題は、大規模な資産運用会社にとって特に重要である。過剰な売買回転率やインプリメンテーションショートフォールによるコストが投資戦略の収益性を著しく低下させる可能性があるためである。

21.3 目的関数

資産 $X=\{x_i\}$, $i=1, \cdots, N$ の集合を考える。リターンは時間範囲 $h=1, \cdots, H$ のそれぞれで異なる平均と分散をもつ多変量正規分布に従うものとする。リターンは多変量正規で、時間軸において独立であるが、ただし時間的に同一分布ではないと仮定する。トレーディング軌道を$N \times H$行列ωとして定義し、H個の時間範囲それぞれにわたってN資産のそれぞれに割り当てられる資本の割合を示すものとする。ある時間範囲$h=1, \cdots, H$における予測平均リターンをμ_h、予測分散をV_h、予測取引コスト関数を$\tau_h[\omega]$とする。これは、トレーディング軌道ωが与えられると、期待投資リターンベクトルrを次のように計算できることを意味する。

$$r = \mathrm{diag}[\mu'\omega] - \tau[\omega]$$

なお、$\tau[\omega]$は任意の関数形式を採用できる。一般性を失うことなく、次の場合を考える。

- $\tau_1[\omega] = \sum_{n=1}^{N} c_{n,1}\sqrt{|\omega_{n,1} - \omega_n^*|}$
- $\tau_h[\omega] = \sum_{n=1}^{N} c_{n,h}\sqrt{|\omega_{n,h} - \omega_{n,h-1}|}$, for $h=2, \cdots, H$
- ω_n^*は資産$n(n=1, \cdots, N)$への初期配分率

なお、$\tau[\omega]$は取引コストの$H \times 1$ベクトル。つまり、各資産に関連する取引コストは、資本配分率の変化の平方根の合計を、資産固有の係数$C_h = \{c_{n,h}\}_{n=1,\cdots,N}$でリスケールしたものである。なお、$C_h$は$h$ごとに変化する。つまり、$C_h$は、資産間の相対取引コストを決定する$N \times 1$ベクトルである。

リターンrのシャープレシオ（第14章参照）は、（μ_hがリスクフリーレート控除後であるとすれば）次のように計算できる。

$$SR[r] = \frac{\sum_{h=1}^{H} \mu_h'\omega_h - \tau_h[\omega]}{\sqrt{\sum_{h=1}^{H} \omega_h' V_h \omega_h}}$$

21.4 解くべき問題

下記の問題を解く最適なトレーディング軌道を計算したい。

$$\max_{\omega} SR[r]$$

$$\text{s.t.}: \sum_{i=1}^{N} |\omega_{i,h}| = 1, \forall h = 1, \cdots, H$$

この問題は、平均分散最適化によって導出される静的最適値（第16章を参

照）とは対照的に、大域的動的最適解を計算しようする。不連続な取引コストがrに含まれていることに注意しよう。標準的なポートフォリオ最適化計算と比較すると、これは少なくとも下記の3つの理由で凸（convex）あるいは2次（quadratic）計画問題ではない。①μ_hとV_hがhとともに変化するため、リターンが同分布でない（identically distributed でない）。②取引コスト$\tau_h[\omega]$が不連続であり、hとともに変化する。③目的関数$SR[r]$が凸（convex）ではない。以下に、目的関数の解析的性質を利用せずに解を計算する方法（したがって、このアプローチの一般化された性質）を示す。

21.5 整数最適化アプローチ

この問題の一般性は標準的な凸最適化技術には手に負えないものである。ここでの解決策は、整数最適化に適したものになるように離散化することである。これにより、量子計算テクノロジーを使用して最適な解決策を見つけることができる。

21.5.1 ピジョンホールパーティション（分割における鳩の巣原理）

K個の資本単位をN個の資産に割り当てる方法の数を数える。なお、$K>N$とする。これは$x_1+\cdots+x_N=K$に対する非負の整数解の数を求めることと等価である。これは精密な組合せ解$\binom{K+N-1}{N-1}$をもつ。これは、Hardy と Ramanujan（そして後に Rademacher）が漸近式を証明した整数論における古典的な整数分割問題と類似している（Johansson［2012］を参照のこと）。順序は分割問題では重要ではないが、われわれの問題においては大変重要である。たとえば、$K=6$および$N=3$の場合、（1，2，3）と（3，2，1）の分割は異なるものとして扱う必要がある（明らかに（2，2，2）は並べ替えの必要はない）。図21－1は、6つの資本単位を3つの異なる資産に配分するときの順序の重要性を示している。これは各分割のすべての順列を考慮しなければならないことを意味する。そのような配分数を見つけるための優れた組合せの解があるが、それでもKとNが大きくなるにつれて見つけることが計算集約的となるかもしれない。ただし、スターリングの近似

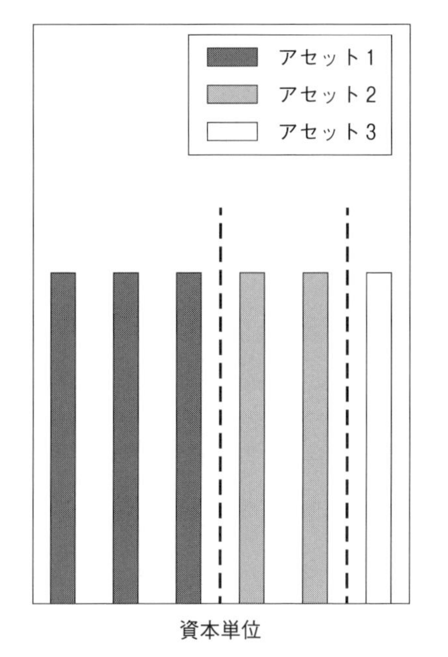

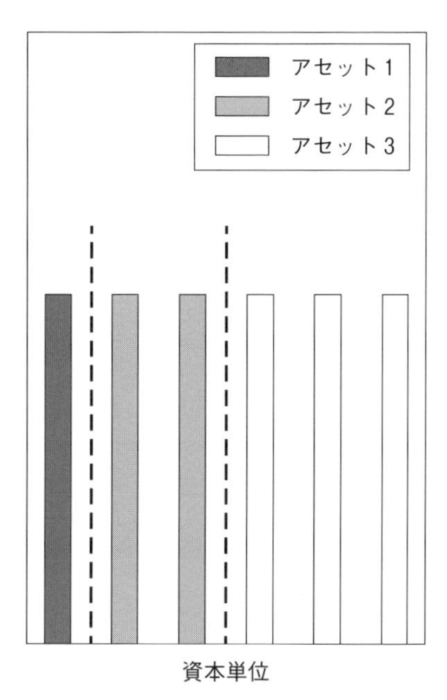

図21－1　組合せ（1，2，3）と（3，2，1）は異なるものとして扱う必要がある

を使って簡単に見積りを出すことはできる。

スニペット21.1は、すべての分割の集合を生成するための効率的なアルゴリズムを提供する。$p^{K,N}=\left\{\{p_i\}_{i=1,\cdots,N} \middle| p_i \in \mathbb{W}, \sum_{i=1}^{N} p_i = K\right\}$、ここで、$\mathbb{W}$はゼロを含む自然数（負を除く整数）である。

スニペット 21.1　*k*個のオブジェクトを*n*個のスロットに分割

```
from itertools import combinations_with_replacement
#———————————————————————————————————————————————————
def pigeonHole(k,n):
  #ピジョンホール問題(n個のスロットにk個のオブジェクトをまとめる)
  for j in combinations_with_replacement(xrange(n),k):
    r=[0]*n
    for i in j:
      r[i]+=1
    yield r
```

21.5.2 実行可能な静的ソリューション

与えられた任意の時間範囲hにおけるすべての実行可能な解の集合を計算したい。これをΩと表す。K個の資本単位からN個の資産への分割の集合、$p^{K,N}$を考える。各パーティション$\{p_i\}_{i=1,\cdots,N} \in p^{K,N}$に対して、$|\omega_i| = \frac{1}{K} p_i$のように絶対ウェイトベクトルを定義することができる。ここで$\sum_{i=1}^{N} |\omega_i| = 1$（フルインベストメント制約）である。このフルインベストメント（レバレッジなし）制約は、すべてのウェイトが正または負のいずれかになる可能性があることを意味しているため、絶対ウェイト$\{|\omega_i|\}_{i=1,\cdots,N}$のすべてのベクトルに対して、$2^N$の（符号付き）ウェイトのベクトルを生成できる。これは、$\{|\omega_i|\}_{i=1,\cdots,N}$の要素に、$N$回の繰り返しを伴う$\{-1、1\}$の直積集合の項を乗ずることによって達成できる。スニペット21.2は、すべてのパーティションに関連する重みのすべてのベクトルの集合Ωを生成する方法を示す。ここで$\Omega = \left\{ \left\{ \frac{s_j}{K} p_i \right\} \middle| \{s_j\}_{j=1,\cdots,N} \in \underbrace{\{-1, 1\} \times \cdots \times \{-1, 1\}}_{N}, \{p_i\}_{i=1,\cdots,N} \in p^{K,N} \right\}$である。

スニペット 21.2 すべての分割に関連する全ベクトルの集合Ω

```
import numpy as np
from itertools import product
#---------------------------------------------------------------
def getAllWeights(k,n):
  #1) Generate partitions
  parts,w=pigeonHole(k,n),None
  #2) Go through partitions
  for part_ in parts:
    w_=np.array(part_)/float(k) #abs(weight)ベクトル
    for prod_ in product([-1,1],repeat=n): #符号を追加
      w_signed_=(w_*prod_).reshape(-1,1)
      if w is None:w=w_signed_.copy()
      else:w=np.append(w,w_signed_,axis=1)
  return w
```

21.5.3 軌道の評価

全ベクトルの集合Ωを与えられたものとして、われわれは、H回の繰り返しを有するΩの直積集合としてすべての可能な軌道の集合Φを定義する。次に、すべての軌道について、その取引コストとSRを評価し、Φ全体で最適なパフォーマンスをもつ軌道を選択する。スニペット21.3はこの機能を実装する。params オブジェクトはC、μ、Vの値を含むディクショナリのリストである。

スニペット 21.3 すべての軌道を評価する

```
import numpy as np
from itertools import product
#———————————————————————————————————————————————
def evalTCosts(w,params):
  # 特定の軌道の t-cost 算出
  tcost=np.zeros(w.shape[1])
  w_=np.zeros(shape=w.shape[0])
  for i in range(tcost.shape[0]):
    c_=params[i]['c']
    tcost[i]=(c_*abs(w[:,i]-w_)**.5).sum()
    w_=w[:,i].copy()
  return tcost
#———————————————————————————————————————————————
def evalSR(params,w,tcost):
  # 複数の時間範囲について SR を評価
  mean,cov=0,0
  for h in range(w.shape[1]):
    params_=params[h]
    mean+=np.dot(w[:,h].T,params_['mean'])[0]-tcost[h]
    cov+=np.dot(w[:,h].T,np.dot(params_['cov'],w[:,h]))
  sr=mean/cov**.5
```

```
  return sr
#------------------------------------------------------------------
def dynOptPort(params,k=None):
  # 動的最適ポートフォリオ
  #1)パーティションの生成
  if k is None:k=params[0]['mean'].shape[0]
  n=params[0]['mean'].shape[0]
  w_all,sr=getAllWeights(k,n),None
  #2)直積集合として軌道を生成
  for prod_ in product(w_all.T,repeat=len(params)):
    w_=np.array(prod_).T # 積を連結して軌道を生成
    tcost_=evalTCosts(w_,params)
    sr_=evalSR(params,w_,tcost_) # 軌道を評価
    if sr is None or sr<sr_: # 優れている場合に軌道を保存
      sr,w=sr_,w_.copy()
  return w
```

この手順は、凸最適化に頼ることなくグローバルな最適軌道を選択することに留意されたい。共分散行列が悪条件であったり、取引コスト関数が不連続であったりしても、解は見つかる。この一般性のためにわれわれが支払う代償は、解の計算が非常に計算集約的であるということだ。実際、すべての軌道を評価することは巡回セールスマン問題に似ている。デジタルコンピュータは、このようなNP完全問題またはNP困難問題には適切ではない。しかし、量子コンピュータは、線形重ね合わせの性質により、1度に複数の解を評価するという利点をもつ。

本章で提示されたアプローチは、量子アニーラーを使用して最適なトレーディング軌道問題を解決するRosenberg et al.[2016]の基礎となった。トレーディング軌道のように経路依存性を含む幅広い経済的問題についても同じロジックを適用することができる。手に負えない機械学習アルゴリズムは離散化され、量子コンピュータを対象とした総当たり検索に変換されうるのである。

21.6 数値例

以下では、デジタルコンピュータを使用して、実際にグローバル最適解を見つける方法を説明する。量子コンピュータは1度にすべての軌道を評価するが、デジタルコンピュータはこれを逐次的に行う。

21.6.1 ランダム行列

スニペット21.4は既知のランクをもつガウス値のランダム行列を返す。これは多くのアプリケーションで役に立つ（練習問題21.2参照）。次回多変量モンテカルロシミュレーションやシナリオ分析を実行するときには、このコードを考慮することを勧める。

スニペット 21.4 与えられたランクのランダム行列を作成する

```
import numpy as np
#———————————————————————————————————————
def rndMatWithRank(nSamples,nCols,rank,sigma=0,homNoise=True):
  #与えられたランクでランダム行列X を作成
  rng=np.random.RandomState()
  U,_,_=np.linalg.svd(rng.randn(nCols,nCols))
  x=np.dot(rng.randn(nSamples,rank),U[:,:rank].T)
  if homNoise:
  # 分散均一的なノイズを付加
    x+=sigma*rng.randn(nSamples,nCols)
  else:
  # 分散不均一的なノイズを付加
    sigmas=sigma*(rng.rand(nCols)+.5)
    x+=rng.randn(nSamples,nCols)*sigmas
  return x
```

スニペット21.5は、平均、共分散行列、および取引コストファクターであるC、μ、Vを含むH個のベクトルを生成する。これらの変数はparamsリストに格納される。

スニペット 21.5 パラメータを生成する

```
import numpy as np
#------------------------------------------------------------------
def genMean(size):
    #平均のランダムベクトル生成
    rMean=np.random.normal(size=(size,1))
    return rMean
#------------------------------------------------------------------
    #1)パラメータ
    size,horizon=3,2
    params=[]
    for h in range(horizon):
        x=rndMatWithRank(1000,3,3,0.)
        mean_,cov_=genMean(size),np.cov(x,rowvar=False)
        c_=np.random.uniform(size=cov_.shape[0])*np.diag(cov_)**.5
        params.append({'mean':mean_,'cov':cov_,'c':c_})
```

21.6.2 静的解

スニペット21.6は、局所的な（静的な）最適条件から生じる軌道のパフォーマンスを計算する。

スニペット 21.6 静的解の計算と評価

```
import numpy as np
#------------------------------------------------------------------
def statOptPortf(cov,a):
    #静的最適ポートフォリオ
    #「制約のない」ポートフォリオ最適化問題の解
    cov_inv=np.linalg.inv(cov)
    w=np.dot(cov_inv,a)
    w/=np.dot(np.dot(a.T,cov_inv),a) # np.dot(w.T,a)==1
    w/=abs(w).sum() # フルインベストメント制約のためのリスケール
```

```
  return w
#------------------------------------------------------------
#2)静的最適ポートフォリオ
w_stat=None
for params_ in params:
  w_=statOptPortf(cov=params_['cov'],a=params_['mean'])
  if w_stat is None:w_stat=w_.copy()
  else:w_stat=np.append(w_stat,w_,axis=1)
tcost_stat=evalTCosts(w_stat,params)
sr_stat=evalSR(params,w_stat,tcost_stat)
print 'static SR:',sr_stat
```

スニペット21.7は、本章全体を通して説明されている関数を適用し、グローバルで動的な最適軌道におけるパフォーマンスの計算を行う。

スニペット 21.7 動的解の計算と評価

```
import numpy as np
#------------------------------------------------------------
#3)動的最適ポートフォリオ
w_dyn=dynOptPort(params)
tcost_dyn=evalTCosts(w_dyn,params)
sr_dyn=evalSR(params,w_dyn,tcost_dyn)
print 'dynamic SR:',sr_dyn
```

練習問題

21.1 ピジョンホール原理（鳩の巣原理）を使って、以下を証明せよ。

$$\sum_{n=1}^{N}\binom{N}{n}=2^{N}-1$$

21.2 スニペット21.4を使ってサイズ（1000, 10）、sigma＝1、さらに下記を満たすランダム行列を生成せよ。

(a) ランク＝1。共分散行列の固有値をプロットせよ。

(b) ランク＝`5`。共分散行列の固有値をプロットせよ。

(c) ランク＝`10`。共分散行列の固有値をプロットせよ。

(d) どのようなパターンが観察できるか。それをマーコウィッツの呪い（第16章）とどのように結びつけるか。

21.3 21.6節の数値例を実行せよ。

(a) `size` ＝ `3` を使い、`timeit` で実行時間を計算しよう。100回の実行を10回繰り返してみよう。どのくらいかかったか。

(b) `size`＝ `4` を使い、`timeit` で実行時間を計算しよう。100回の実行を10回繰り返してみよう。どのくらいかかったか。

21.4 第21章のすべてのスニペットのレビューを行うこと。

(a) いくつがベクトル化できるだろうか。

(b) 第20章の技法を使うと、いくつ並列化できるだろうか。

(c) コードを最適化する場合、どの程度スピードアップできると思われるか。

(d) 最適化されたコードを使用し、1年以内に何次元の問題を解決できるだろうか。

21.5 どのような状況下で、グローバルに動的な最適軌道は局所的な最適の順序と一致するだろうか。

(a) それは現実的な一連の仮定か。

(b) そうでなければ、

(i) それがなぜナイーブな解がマーコウィッツ（第16章）のものを上回ったのか説明できるか。

(ii) なぜ大変多くの組織が局所最適のシーケンス（一連の局所最適）計算に多くの努力を費やすのだろうか。

◆引用文献

Garleanu, N. and L. Pedersen (2012): "Dynamic trading with predictable returns and transaction costs." *Journal of Finance*, Vol. 68, No. 6, pp. 2309–2340.

Johansson, F. (2012): "Efficient implementation of the Hardy-Ramanujan-Rademacher formula," *LMS Journal of Computation and Mathematics*, Vol. 15, pp. 341–359.

Rosenberg, G., P. Haghnegahdar, P. Goddard, P. Carr, K.Wu, and M. López de Prado (2016): "Solving the optimal trading trajectory problem using a quantum annealer." *IEEE Journal of Selected Topics in Signal Processing*, Vol. 10, No. 6 (September), pp. 1053–1060.

Williams, C. (2010): *Explorations in Quantum Computing*, 2nd ed. Springer.

Woeginger, G. (2003): "Exact algorithms for NP-hard problems: A survey." In Junger, M., G. Reinelt, and G. Rinaldi: *Combinatorial Optimization—Eureka, You Shrink!* Lecture notes in computer science, Vol. 2570, Springer, pp. 185–207.

第22章

ハイパフォーマンス計算知能と予測技術

Kesheng Wu and Horst Simon

22.1 動　機

本章では、ローレンス・バークレー国立研究所（LBNL：Lawrence Berkeley National Laboratory）の計算知能と予測技術（CIFT：Computational Intelligence and Forecasting Technologies）プロジェクトを紹介する。CIFTの主な目的は、ストリーミングデータ分析に対するハイパフォーマンスコンピューティング（HPC：High Performance Computing）ツールの活用を促進することである。SEC（米国証券取引委員会）とCFTC（米国商品先物取引委員会）が2010年のフラッシュクラッシュについての報告書を発行するために、5カ月遅れた説明として提出したデータ量に注目が集まった後に、LBNLはHPC技術を金融データの管理・分析へ応用するため、CIFTプロジェクトを開始した。ストリーミングデータに関するタイムリーな意思決定は、緊急時の電力系統の故障や金融市場における流動性危機を回避するといった多くの現実的な問題解決に必要となる。このような状況において、HPCツールは複雑なデータ依存関係に対処してタイムリーな解決策の提供を扱うのに非常に適している。長年にわたり、CIFTは交通渋滞、電力系統、電力使用量などの多くの異なる種類のストリーミングデータに取り組んできた。次節では、HPCシステムの主な特徴の説明、これらのシステムで使われるいくつかの特別なツールの紹介、これらのHPCツールを使ったストリーミングデータ分析の例の提示を行う。

22.2 2010年フラッシュクラッシュに対する規制対応

2010年5月6日の午後2時45分頃（米国東部夏時間）、米国株式市場はダウ平均株価で10％近く暴落した後、その下落幅のほとんどがほんの数分で回復するという経験をした。規制当局はこの事象の調査報告書を作成するのに5カ月もの期間を要した。このクラッシュに係る議会の調査委員会の関係者に対して、報告に5カ月も要したことの主な理由として、そのデータ量（～20テラバイト）が原因であったとの説明がなされた。国立エネルギー研究科学計算センター[1]（NERSC：National Energy Research Scientific Center）の例にみられるように、HPC システムは日常的に数分内に何百万ものテラバイトデータを扱っており、金融市場のデータ処理においても支障はない。これがHPC 技術とツールを金融データ分析に応用するというミッションをもつCIFT プロジェクトの設立につながった。

金融ビッグデータの重要な側面は、それがほとんど時系列データで構成されることである。長年にわたりCIFT チームは大勢の共同研究者たちとともに、多様なストリームデータと時系列データの分析技術を発展させてきた。本章ではハードウェアを含むHPC システム（22.4節）とソフトウェア（22.5節）、そして近年のいくつかの成功例（22.6節）を簡単に紹介する。最後に展望のまとめを行い、現状までの取組みと興味をもった読者のための連絡先の情報を提示する。

22.3 背　景

コンピュータ技術の発展によって、複雑なパターンの発見が大幅に簡単なものになった。ヒッグス粒子の発見（Aad et al.[2016]）や重力波（Abbott et al.[2016]）などの、近年の多くの科学的ブレークスルーの背景には、このパターン発見能力がある。この能力は同時に、主要なインターネット企業において、ユーザーと広告のマッチング（Zeff and Aronson[1999], Yan et

1　NERSC はLBNL にある米国エネルギー省設立の国立研究施設である。詳細な情報は http://nersc.gov/を参照のこと。

al.[2009]）にも使われている。しかし、科学研究の分野で使われるハードウェアやソフトウェアと、商業目的で使われるものとは事情がまったく異なっている。HPC ツールは多様なビジネス要件に役立つ決定的な優位性をもっている。

科学者のためのツールは通常ハイパフォーマンスコンピューティング（HPC）プラットフォームで構築されるが、一方で商業目的用のツールはクラウドコンピューティングプラットフォームでつくられる。有益なパターンを発見するために大容量のデータにふるいをかける目的としては、この2つのアプローチが両方とも効果的に機能することが示されてきた。しかし、HPC システムならではの利用法は、数日以内の局所的な嵐の予測に使われる気象モデルのような大規模シミュレーションである。対照的に、商業用クラウドはたくさんの独立したデータの同時処理（データ並列化タスク）を行う必要性から生まれたものである。

本研究では主にストリーミングデータ分析に関心がある。とりわけ、国の電力系統や高速道路システムのモニタリングを行うセンサーネットワークなどの高速複雑データストリームである。このストリーミングの処理量は、以下で議論するように HPC システム、クラウドシステムどちらにとっても理想的でないが、HPC エコシステムのほうが、クラウドエコシステムと比較して、ストリーミングデータ分析を扱える余地が大きい。

クラウドシステムはもともと、多くの独立したデータを同時に処理できるような並列データ処理のために設計されたものである。したがってこのシステムは大量の処理を目的に設計されており、リアルタイム応答を生み出すものではない。しかし、現実の問題の多くはリアルタイム応答もしくはそれに近い応答速度を要求している。たとえば、電力系統の不安定な事象は、数分のうちに悪化、進展して災害を引き起こす。ここでは明らかな兆候を充分早期に察知することが災害を回避することにつながる。同じように、流動性枯渇が現れはじめる兆しは金融分野の先行文献においても確認されている。市場取引が活発なうちにこれらの兆候を素早く察知することは市場へのショックを防ぎ、フラッシュクラッシュを回避する選択肢を与えることになる。こういったケースでは素早い応答時間を優先する能力が不可欠である。

データのストリームでは、当然ながら順繰りにデータを使うことになる。それゆえ、並列で処理できるデータは多くはない。一般的に、最も直近のデータ記録というのはたかだか限られた量しか分析に利用されない。こうした場合、多くの中央演算装置（CPU）の計算能力を効果的に活用する方法は、1つのデータオブジェクト上の（もしくは1つの時間ステップ上の）分析作業を分割して、たくさんのCPUに渡すことである。HPCエコシステムはクラウドエコシステムよりもこういった類の作業のための先進的なツールを多く保有している。

これらがこの研究を動機づける主要なポイントである。HPCシステムとクラウドシステムとのより徹底的な比較のために、興味のある読者にAsanovic et al.[2006]の研究を紹介する。また特に、Fox et al.[2015]はあらゆる適用事例を広範囲に分類して、類似点と相違点とを整理している。

簡潔にいうと、HPCコミュニティはストリーミング分析のための最先端技術を押し進めるために大きな貢献ができる。CIFTプロジェクトはストリーミングビジネスへの応用に向け、LBNLのHPC専門技術の転用を使命として設立された。当プロジェクトは協業、実演そしてツール開発を通じてこの使命を追求している。

HPC技術の潜在的な利用法を評価するために、さまざまな応用への取組みに時間が費やされてきた。この取組みはHPC専門技術を多様な分野へ触れさせるのみならず、実践設備を構築するための金融支援を集めることも可能にしている。

この試みの早期支援者たちからの素晴らしい協力によって、この研究に費やすことのできるコンピュータクラスターが大量に立ち上がることになった。この専用コンピュータ（dirac1と名づけられた）により、ユーザーはHPCシステムとその実装の評価を利用することが可能となっている。

また、HPCシステムをよりストリーミング分析により適したものにするためのツール開発も行われてきた。次節では、実演とツール開発の取組みのいくつかの事例とともに、専用CIFTマシンのハードウェアとソフトウェアを紹介する。そこでは、データハンドリングの21倍の改善や早期警告指標の計算速度が720倍速くなったなどの注目すべき例がある。

22.4 HPC ハードウェア

ビッグデータシステムの第1世代は大学キャンパスから予備のコンピュータ部品をかき集めたものでつくられた、という言い伝えがある。この話は都市伝説だと思われるが、同時にHPCシステムとクラウドシステムとの違いについての重要な点を強調することになった。理論的にはHPCシステムはカスタマイズされた高コストの部品で構築される一方、クラウドシステムは標準的な低コスト汎用部品で構築されることになる。しかし現実に世界的にみてもHPCシステムへの投資規模はPCへの投資規模よりもはるかに小さいため、HPC市場向けに特化した部品をつくるメーカーはいない。真実は、HPCシステムはクラウドシステム同様、ほとんど汎用部品を使って組み立てられているということである。しかし、何に応用するかによって部品の選択にも違いがある。

ここでは、演算器、ストレージシステムそしてネットワークシステムを順に説明する。図22－1は2010年頃のマゼランクラスター（Jackson et al.

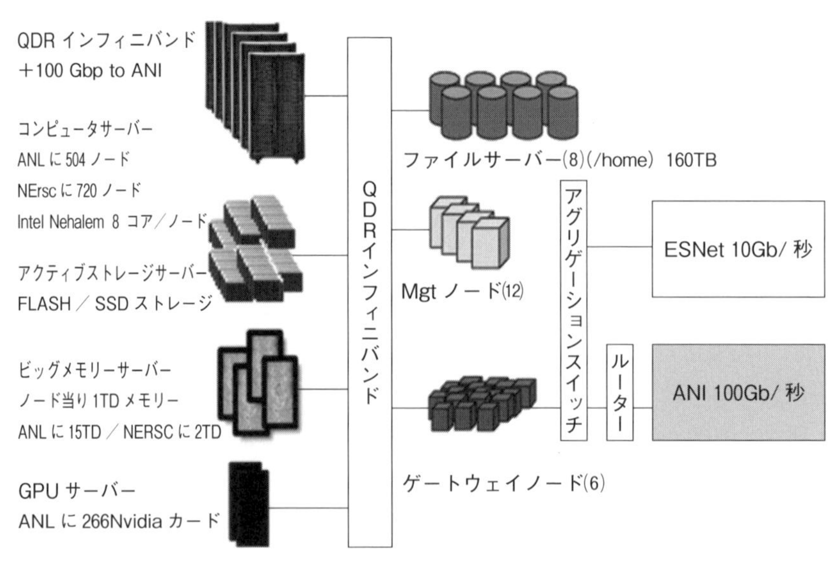

図22－1　HPC コンピュータクラスターの例：マゼランクラスター（circa2010）の概要

[2010]、Yelick et al.[2010]）の主要構成要素を表した簡単な回路図である。このコンピュータ構成要素はCPUやGPU (Graphic Processing Units) のどちらも組み込まれている。これらのCPUとGPUは、ほとんどが商業用製品である。たとえば、dirac1のノードは24コア2.2GhzのIntelプロセッサを使っており、クラウドコンピュータシステムでは一般的である。現在のところdirac1ではGPUを使っていない。

ネットワークシステムは2つの部分から構成されている。クラスター部分につながるインフィニバンドネットワークと外部世界につながる切替えネットワークである。この例では外部接続は“ESNet”と“ANI”と示されている。インフィニバンドネットワーク切替えはクラウドコンピューティングシステムにおいては一般的である。

図22－1のストレージシステムは回転ディスクとフラッシュストレージの両方を含んでいる。この組合せも一般的である。クラウドコンピューティングシステムがストレージシステムをコンピュータノード内に分散してもっているのに対して、HPCシステムはコンピュータノード外に集中したストレージシステムを保有している点が異なっている。この2つのアプローチにはそれぞれメリットとデメリットが存在する。たとえば、集中型ストレージは、通常グローバルファイルシステムとしてすべてのコンピュータノードに出力され、ファイルへのデータ保存が簡単になる。しかし、これはCPUとディスク間をつなぐ大きな許容量をもつネットワークを求めることになる。対照的に、分散型ストレージのアプローチはそれぞれのCPUに近いところにストレージがあるため、小さい許容量のネットワークで事足りる。一般的に、グーグルのような分散型ファイルシステム（Ghemawat, Gobioff, and Leung[2003]）は、ストレージがすべてのCPUにアクセス可能となるようにクラウドコンピューティングシステムの上にある階層構造になっている。

単純にいうと、現世代のHPCシステムとクラウドシステムはほとんど同じ商業用ハードウェア部品を使っている。両者の違いは、主にストレージシステムとネットワークシステムの配置にある。ストレージシステムの設計の違いは、アプリケーション性能に明らかな影響を与える。クラウドシステムの仮想化レイヤーはアプリケーション性能の違いの大きな要因になりうる。

次節ではソフトウェアとライブラリという、よりいっそう大きな影響を及ぼす可能性のある要因について議論する。

仮想化は同一ハードウェアを複数のユーザーが使えるようにし、あるソフトウェアが他のものから独立した環境になるようにするために、クラウドコンピューティング環境で一般的に使われる技術である。これがHPC環境とクラウドコンピューティング環境とを分ける主な特徴である。ほとんどの場合、コンピュータシステムの3つの基本的な構成要素、すなわちCPU、ストレージそしてネットワークはすべて仮想化されている。この仮想化は多くのメリットをもたらす。たとえば、再コンパイルなしで既存アプリケーションをCPUチップ上で走らせることができる、多くのユーザーが1つのハードウェアを共有できる、ハードウェア障害が仮想化ソフトウェアを通じて修正される、障害を起こしたコンピュータノードは簡単に他のノードに乗り換えることができる、などである。しかし仮想化レイヤーは同時に実行時オーバーヘッド負荷があるためアプリケーション性能を低下させる。即時性を求められるアプリケーションでは、この性能低下は致命的な問題になりうる。

いくつかの実験によると、システムによって性能差がきわめて大きいことが示されている。次にJackson et al.[2010]で報告された性能に関する研究を簡単に紹介する。図22－2は異なるコンピュータシステムを使った性能の低下を示したものである。横軸の名前はNERSCでよく使われる異なるソフトウェアパッケージ名である。左の棒グラフは商業用クラウド、真ん中がMagellanそして（時折消えているが）右側がEC2-Beta-Optシステムに対応している。最適化されていない商業用クラウドインスタンスはこれらのパッケージを実行するのに、NERSCのスーパーコンピュータより2倍から10倍ほど遅いのがわかる。より高価な高性能インスタンスですら、顕著な速度低下がみられる。

図22－3はPARATECパッケージを使った場合の主な速度低下要因の調査結果である。図22－2では、PARATECの商業用クラウド上での実行速度はHPCシステムに比べ53倍遅いことを確認した。図22－3からコア数（横軸）が増加するに従い、計測されるパフォーマンス（浮動小数点演算毎秒基準で測定）の差は大きくなる。特に“10G-TCPoEth Vm”という名前

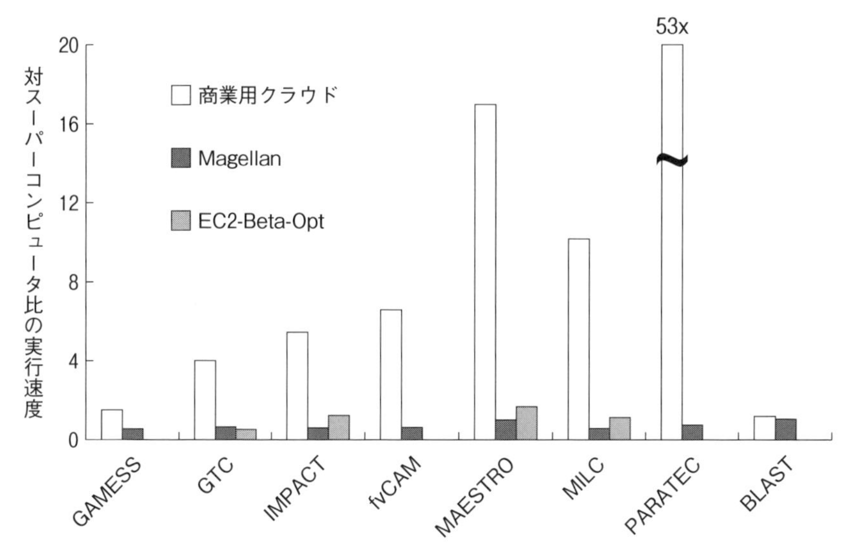

図22－2　クラウドを使った科学分析用アプリケーションの実行はHPCシステムよりも顕著に遅い（2010年頃）

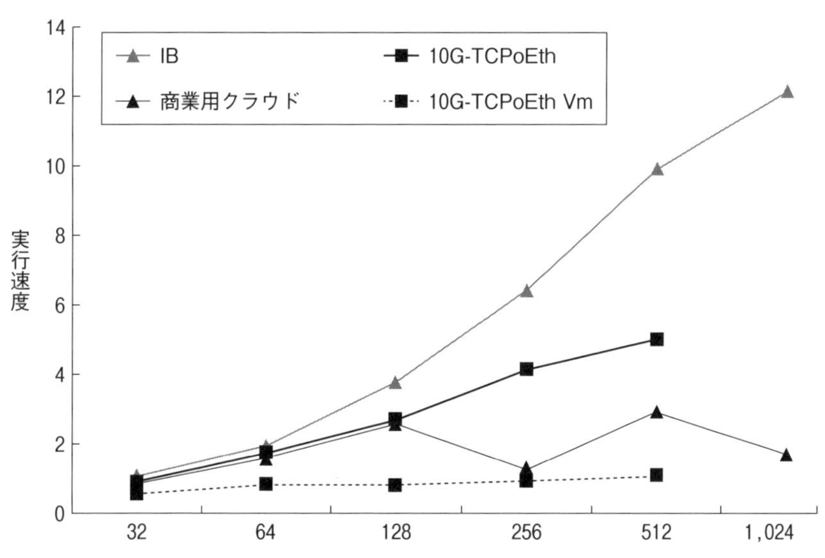

図22－3　コア数が増えるにつれて（横軸）仮想化のオーバーヘッドはより顕著に大きくなる

の線グラフはコア数が増加してもほとんど上昇していない。これはネットワークインスタンスに仮想化ネットワーク（TPC over Ethernet）を使っている場合である。ネットワーク仮想化のオーバーヘッドは顕著でありクラウドを利用する意味がなくなるほどである。

仮想化のオーバーヘッドの問題は広く認識されている（Chen et al.[2015]）。I/O仮想化オーバーヘッド（Gordon et al.[2012]）やネットワーク仮想化オーバーヘッド（Dong et al.[2012]）などに焦点を当てた研究がたくさん存在する。最先端の技術は少しずつ商業製品化されるため、オーバーヘッドの問題は将来改善すると見込まれるが、ある程度のオーバーヘッド処理が残ることは避けられないだろう。

本節を締めくくるために、簡単に対クラウドでみたHPCの経済性について述べる。一般的にHPCシステムは非営利研究機関や大学で動いている一方で、クラウドシステムは民間企業によって提供される（Armbrust et al.[2010]）。2011年、Magellanプロジェクトの報告によると、“コスト分析の結果、DOEセンターはコスト競争力があり、商業用クラウドプロバイダーと比べると3から7倍安くなる”（Yelick et al.[2010]）ことがわかった。

高エネルギー物理学のある学者グループは彼らの実用例はクラウドコンピューティングにとても適していると考え、詳細な比較研究を実施した（Holzman et al.[2017]）。潜在的な高負荷のデータ移動を回避するためにデータの入出力に厳しい制限をかけた場合の研究ではあるが、彼らのコスト比較結果は、同程度の計算タスクに対して、商業用クラウドが専用HPCシステムよりも50%ほど割高であることを示した。本節で議論されるストリーミングデータ分析のような、より複雑な計算作業に対しては、このHPCのコスト優位性は将来も依然として残ると予測される。2016年の米国科学アカデミーは、Amazonからのより長期のリースですらNSFの予想される科学計算を処理するためには2倍から3倍ほど割高である、という同様の結論にたどり着いた（米国科学アカデミーBox 6.2[2016]）。

22.5 HPCソフトウェア

皮肉なことだが、スーパーコンピュータの真価はその特化したソフトウェア内にある。HPCシステムならびにクラウドシステムの両方に対して利用可能なソフトウェアパッケージは幅広く存在する。ほとんどの場合、同じソフトウェアはどちらのプラットフォームでも使える。したがって、ここではHPCシステムにのみ特化しており、計算能力と予測技術を潜在的に改善しうるソフトウェアパッケージに着目する。

HPCソフトウェアエコシステムの1つの注目すべき特徴は、そのアプリケーションソフトウェアのほとんどが、メッセージパッシングインターフェース（MPI：Message Passing Interface）を通じてプロセッサ間の通信を行っている点である。事実、ほとんどの計算科学の教科書はMPIを基礎においている（Kumar et al.[1994]、Gropp, Lusk, and Skjellum[1999]）。これに従い、HPCソフトウェアツールの議論もMPIに関することから始める。本書はデータ処理アルゴリズムを扱うため、データ管理ツールについて注目する（Shoshami and Rotem[2010]）。

22.5.1 メッセージパッシングインターフェース

メッセージパッシングインターフェースは並列計算のための通信プロトコルである（Gropp, Lusk, and Skjellum[1999]、Snir et al.[1988]）。これは多くのポイントツーポイントのデータ変換とグループ通信処理を定義している。MPI規格は移植性のある通信ライブラリを生成することを目的とした、いくつかの初期実験に基づき確立された。このMPICHと名づけられたアルゴンヌ国立研究所の初期の実装は、高性能、拡張性そして移植性があった。これによりMPIは科学者ユーザーの間で幅広く支持されるようになった。

MPIの成功は、一部には言語バインディングから切り離された言語に依存しない仕様（LIS：Language Independent Specifications）であったことによる。これにより同じ主要機能が異なるプログラミング言語に供給され、その普及に貢献した。最初のMPI規格は、LISとともにANSI CとFortran-77のバインディングを仕様に定めた。仕様書は、1994年のスーパーコンピュータ学会においてユーザーコミュニティに提出された。

もう1つのMPI普及に寄与した要因は、MPICHのオープンソースライセンスである。このライセンスのおかげで、ベンダーはソースをカスタマイズでき、HPCシステムベンダーは迅速に独自のMPIライブラリをつくることができる。今日では、すべてのHPCシステムがMPIをサポートしている。またこれが広く浸透することが、HPCシステムユーザーの間でMPIが人気の通信プロトコルであり続けることにつながった。

22.5.2 階層化データフォーマット5（HDF5：Hierarchical Data Format5）

HPCのハードウェア部品について述べるなかで、HPCプラットフォームのストレージシステムがクラウドプラットフォームのものと異なることを説明した。同様に、大部分のユーザーがストレージシステムにアクセスするために使うソフトウェアライブラリも異なっている。一般的にHPCのアプリケーションは多次元配列を扱うため、HPCシステム上の最も普及しているI/Oライブラリも、多次元配列で機能するように設計されている。ここでは広く使われている配列フォーマットライブラリであるHDF5を紹介する（Folk et al.[2011]）。

HDF5は第5版の階層化データフォーマットで、HDFグループによって誕生した[2]。HDF5の基本単位は、属性、次元そしてデータ型などの情報が付いた配列である。同時にHDF5はデータセットとしても知られる。データセットは、グループと呼ばれる大きな単位にまとめられ、グループはさらに高次のグループに集約することができる。この柔軟な階層組織によりユーザーはデータセット間の複雑な構造を表現することができる。

ユーザーデータをファイルにまとめるための基本ライブラリの枠を超えて、HDFグループは異なるアプリケーション向けにHDF5の一連のツールと特化版機能を提供している。たとえば、HDF5はパフォーマンス解析ツールをもっている。NASAは地球観測システム（EOS：Earth-Observing Sys-

---

2　HDFグループのウェブサイトはhttps://www.hdfgroup.org/。

tem）から得たデータを分析するのに特化した特化版のHDF5を保有している。次世代のDNA配列コミュニティはBioHDFと呼ばれる生命情報科学データのための特化版HDF5を生み出した。

HDF5は、HPCシステム上のストレージシステムにアクセスするための効率的な方法を提供している。株式市場データの保存にHDF5を使った実験では、分析処理は明らかに高速化した。これは主に、I/Oオペレーションのネットワークトラフィックを最小化する効率的な圧縮／解凍アルゴリズムによるものであり、それが次のポイントになる。

22.5.3 インサイチュ処理（In Situ Processing）

過去数十年で、ディスク処理能力の増加は年率5％未満である一方で、CPU処理能力は18カ月ごとに約2倍になってきた（ムーアの法則）。この差がCPUメモリーの中身を書き出すためにとても時間がかかる要因となっていた。この問題に対処するために、インサイチュ処理能力に注目した研究がたくさん行われてきた（Ayachit et al.[2016]）。

現世代の演算システム内では、ADIOS（Adaptable I/O System）が最も広く使われている（Liu et al.[2014]）。ADIOSが採用する多くのデータ転送エンジンにより、ユーザーはI/Oストリームに入り込み分析処理を行うことができる。これは、関係のないデータをストリーム内で除くことができるため非常に便利で、遅延や大量のデータ蓄積を避けることができる。このインサイチュ処理メカニズムのおかげで、書込み処理を非常に速く終わらせることができる。実際、当初においてはその書込み速度のためにADIOSは注目されることになった。以来、ADIOS開発者はI/Oパイプラインと分析能力を改善するために、大規模なチームとともに開発してきた。

ADIOSはストリーミングデータアクセスをサポートするため、CIFTの研究と強く関係している。多くの実演において、ICEE転送エンジンを搭載したADIOSは分散ストリーミング分析をリアルタイムで処理することができた（Choi et al.[2013]）。次節では、核融合プラズマ内のブロップ（Blobs）を実用例の1つとしてあげる。

まとめると、インサイチュ処理能力はHPCエコシステムの非常に役立つツールの1つである。

22.5.4 今後の展望（収束）

はじめに述べたように、HPCハードウェア市場はコンピュータハードウェア市場全体のごく一部である。さらにHPCソフトウェア市場は、ソフトウェア市場全体と比べるとよりいっそう小さい。いまのところ、HPCソフトウェアエコシステムの大部分は、一部のオープンソースの協力者と少数のベンダーによって支えられている。それゆえ、HPCシステムユーザーは、より充実したサポートのクラウドソフトウェアシステムへ移行するという大きな圧力を受けている。これは、HPC向けソフトウェアとクラウド向けソフトウェアとの収束の主な要因になる（Fox et al.[2015]）。

両者が収斂していくことは避けられないものの、先に述べたようなソフトウェアの利点が残るような選択への収束が望まれる。将来のコンピュータ環境にこれらのツールを移行する方法を探ることが、CIFTプロジェクトの動機の1つである。

22.6 使用事例

データ処理は、現代の科学研究の重要な分野であり、研究者のなかにはこれを科学の第四のパラダイムだという人もいる（Hey, Tansley, and Tolle[2009]）。経済学においては、データドリブンの研究活動は、広く知られている行動経済学につながっている（Camerer and Loewenstein[2011]）。近年のデータドリブンの研究の優位性は、機械学習の応用が基礎となっている（Qiu et at.[2016]、Rudin and Wagstaff[2014]）。惑星科学や生物情報学などの多様な分野での機械学習の成功が、幅広い領域の研究者たちの相当の関心を引き付けた。本節の残りでは、CIFTプロジェクト内で開始した使用事例から、先進的なデータ分析技術をさまざまな分野に適用した例をいくつか紹介する。

22.6.1 超新星探索

天文学において、宇宙の拡大膨張速度のような重要な事実の判断は、Ia型超新星爆発から放たれる光を観測することで行う（Bloom et al.[2012]）。超新星爆発を探すための宇宙の観測は、シノプティックサーベイ（Synoptic Survey）と呼ばれる。パロマー・トランジエント・ファクトリー（PTF：Palomar Transient Factory）は、このようなシノプティックサーベイの実例である（Nicholas et al.[2009]）。PTF望遠鏡は、宇宙を観測して45分おきに画像を生成する。新しい画像は、同じ区画の直前の観測結果と比較されて、何が変化したかの特定と変化分の分類を行う。これらの特定と分類作業を以前は天文学者が手作業で行っていた。しかし、現在のPTF望遠鏡から入ってくる画像の数は多すぎて手作業による検査ができない。これらの画像処理の自動化作業は、多くの計算センターで開発、実施されてきた。

図22－4は、爆発過程の早期から特定された超新星である。2011年8月23日、宇宙の画像にはこの星は存在しなかったが、8月24日におぼろげな光が浮かび上がった。この迅速な発見により、世界中の天文学者は、より詳しい追跡観測を実施することができた。こういった早期の詳細な観測は宇宙の膨

図22－4　天体観測画像の分類の全自動化の結果として、超新星SN 2011feは最初の爆発の証拠から11時間後に発見された

張に関連するパラメータ決定にとって重要である。

超新星の迅速な特定においては、自動化プロセスにおける機械学習能力の果たす役割が大きい。この作業は、直前に観測された画像から変化のあったものを取り出すために、画像処理をすることである。次に変化した対象を、過去の学習に基づいて候補となる型を特定するために分類する。素早く変化する過渡信号から新しい科学的知見を取り出すための追跡に必要な資源は貴重であり、分類作業は想定される型の特定が必要なだけでなくその分類の確度と信頼性も求められる。PTFデータで学習された分類アルゴリズムを使うことで、過渡信号と変光星の誤判定は、誤差率で3.8%となった。さらなる研究には、大型シノプティックサーベイ望遠鏡のような観測データにおいて、より高い精度を達成することが期待される。

22.6.2 核融合プラズマ内のブロッブ

物理学や気象学のような領域における大掛かりな科学調査は、何千人もの科学者を巻き込む国際的で大規模な共同作業である。こういった共同作業から生み出されるデータは加速度的に増加しており、既存の業務管理システムはその増加に対応するために圧迫されている。必要な解決策は、相対的に低速のディスクストレージシステムにたどり着く前に、データを処理し、分析し、要約し、間引くことである。こういったプロセスはイントランジット処理（もしくは、インフライト分析）と呼ばれる。ADIOS開発者とともに研究するなかで、共同作業の業務システムのデータハンドリング能力を飛躍的に増加することのできるICEE転送エンジンが実装された（Choi et al. [2013]）。この新しい機能は、分散された業務フローのデータ管理を著しく改善した。検証によると、ICEEエンジンのおかげで、国際的で大規模な多くの共同作業がリアルタイムに近い意思決定をできるようになった。ここではKSTARを巻き込んだ核融合の共同研究を簡潔に紹介する。

KSTARは、すべて超伝導磁石でつくられた核融合炉である。その核融合炉は韓国に設置されているが、世界中に多くの関連する研究チームが存在する。核融合実験を実施する間に、研究者の一部はKSTARにある物理装置を操作するが、他の研究者は次の実行に向けてどのように装置を調整すべきかについてのアドバイスを行うべく、先行実験の分析を共同して行う必要がある。実験計測データの分析をする間、科学者たちはパラメータ選択の調査のためにシミュレーションの実施や前回シミュレーションの検証をする必要がある。一般的に、連続する2つの実験の間には10分から30分の時間があり、すべての共同分析は、次の実験に反映するために、この時間枠内で終了する必要がある。

ICEEシステムの役割は2種類のデータを扱うことである。1つはKSTARで測定された電子サイクロトロン放射イメージング（ECEI：Electron Cyclotron Emission Imaging）データで、もう1つはXGCモデルからの統合診断データを含むものである。分散されたエンジンは、これら2つの情報源からデータを集め、ブロッブと呼ばれる特徴を抽出し、ブロッブの動きを追跡し、実験計測におけるブロッブの動きを予測し、実行するための助言を行う。図22－5はECEIデータがどのように処理されるかを示す。XGCシミュレーションデータの流れは、XGCデータがNERSCに位置するという点を除いては、図22－5にあるものと類似している。

このような分析をリアルタイムで実行し終えるためのADIOSのICEE転

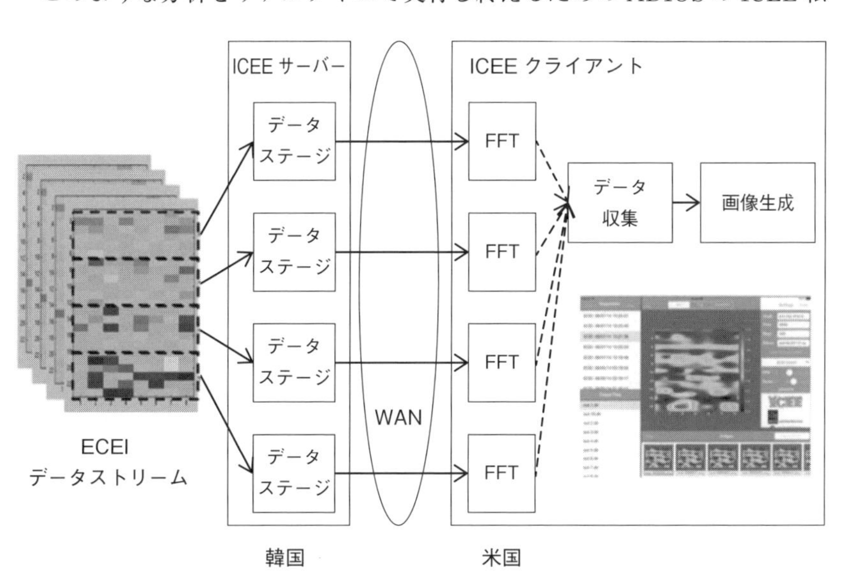

図22－5　核融合プラズマの動きを観測するための分散システムフロー

送エンジンを使った効率的なデータ管理は、ほんの一部の話にすぎない。次のポイントは、効率的にブロッブを検出することである（Wu et al.[2016]）。この研究で求められることは、必要な部分だけを選択することでWAN（Wide Area Network）を通るデータ転送量を減らすことである。そこで、ブロッブ内のすべてのセルを特定して、それぞれの連結領域がブロッブをかたちづくるような、空間内の連結領域にセルをグループ化する。この新しく開発されたアルゴリズムは、ノードと同一ノード内のCPUコア内で使えるシェアメモリーとの間の通信におけるMPIのメリットを最大限生かすことで、作業負荷を異なるCPUコアに分割する。さらに、機械側でブロッブを正しく認識するための連結領域ラベリングのアルゴリズムを更新した。これは以前の抽出アルゴリズムでは、頻繁に間違ったラベリングをしていた。結果として、新しいアルゴリズムは、HPCシステムで使える並列化のメリットを最大限生かすことで、各ステップのブロッブの判定を数ミリ秒以内に行えるようになった。

22.6.3 日中最大電力使用量

公益企業は、空間的、時間的にみてこれまでにないほど詳細に電力消費量を把握するためにAMI（Advanced Metering Infrastructure）を配備している。この膨大かつ急速に成長するデータの流れは、ビッグデータ分析プラットフォームを使った予測能力についての重要な実験の場を提供している。行動理論と相まってこれらの最先端科学技術により、電力消費パターンとその駆動要因に関する新しい知見をもたらす行動分析が可能となった（Todd et al.[2014]）。

電力は簡単に保存することができないため、発電による供給を需要にあわせなければならない。需要が発電可能量を超えてしまうと、ブラックアウトが起こる。一般に、こういう事態は消費者が最も電力を必要とする時間に起こることになる。発電可能量を増大させるためにはコストがかかり、また何年もの歳月を必要とするため、規制当局と公益企業は需要が最大となる時間に不必要な電力消費を抑制するような価格体系を考案している。

ピーク需要に係る価格政策の効果を測る目的で、AMIから得た電力消費量データを分析することができる。本研究は、行動分析研究のために世帯電力消費量のベースラインモデルを生み出すことである。理想的にはベースラインモデルが新しい料金体系を除いたすべての特徴量を含んだ世帯電力消費量のパターンをとらえることになる。そのようなモデルを構築するためにはおびただしい数の困難が存在する。たとえば、エアコンの設定温度や新しい冷蔵庫の購入といった電力消費に影響を及ぼすであろうものの、情報として記録されていない多くの特徴量が存在することである。そのほかに、外気温などの観測可能な特徴量もあるが、これらの影響は単純な関係性ではとらえることはむずかしい。

本研究では先のようなニーズを満たす新しいベースラインモデルをいくつか開発した。現在のところ、代表的なベースラインモデルは、うまく調整された無作為化対照群（コントロールグループ）である。本研究のデータドリブン型ベースラインモデルが、対象となる平均電力消費量を正確に予測できたことを紹介する。モデル評価のため、５月から８月にかけての午後と夜半に電力消費が最大となるような米国のとある地域における綿密に企画された事例研究を取り上げる。本研究は、統制群に対して新しいベースラインモデルが効果的であることを証明するために取り組んでいるが、この新しいモデルが将来における個々の世帯の研究にも有効であると考える。

本研究では、いくつかの標準的なブラックボックスアプローチを試した。機械学習の方法のなかでは、GTB（Gradient Tree Boosting）が、他のものよりも効果があることが判明した。最も精度の高いGTBモデルは特徴量としてラグ変数を使う（たとえば、１日前と１週間前の電力使用量）。この研究では、ＴからＴ＋１年後のベースライン電力使用量を求めるためにＴ－１年からのデータを使う必要がある。１日や１週間前のラグ変数は、Ｔ－１年のようなものと異なり直近の情報を織り込んでいる。１日や１週間前の実測データの代替として直近の予測値を使うように試しに予測方法を修正した。しかし、予測誤差が時間とともに積み上がり、結果としては月ごとや夏季シーズンごとの予測は非現実的なものとなった。この種の予測誤差の蓄積は、時系列分析の連続予測においてよくみられる。

この問題を解決するために、いくつかのホワイトボックスアプローチを開発した。最も有力なLTAPとして知られるモデルをここでは紹介する。LTAPは、日次の電力消費量の累計は日次の平均気温の区分線形関数で正確に記述できる、という事実に基づき設計されている。これにより全体の日次電力消費量の予測を行うことができる。この研究では各世帯の消費特性が将来的にも変わらないと仮定することによって、日次の累計消費量から時間帯ごとの電力消費量を算出することができる。このアプローチは実証的にも整合性がある。というのも、この予測方法は正確にT－1年の電力使用量をよく再現し、TからT＋1にかけての予測はきわめて実際の計測データと近くなる。また、両実験グループのピーク需要時間帯における電力使用量は減り、また積極グループは消極グループよりも消費量の削減が大きかった。この結果は他の研究と整合的である。

この新しいデータドリブン型ベースラインモデルであるLTAPは、実験グループの平均電力消費量を正確に予測する一方で、ピーク需要時間帯の電力使用量を抑えるように設計された時間帯別料金のインパクト予測においてある程度の誤差が生じる（図22－6）。たとえば、ベースラインとしての実験グループに対して、積極グループの電力消費の削減量は、ピーク需要時間帯において新価格体系導入の初年度で0.277kWh（2kWhのうち）、2年目で0.198kWhであった。ベースラインモデルをLTAPとした場合、平均削減量はどちらの年に対しても0.164kWhである。この予測誤差は、実験グループ、とりわけ積極グループにおける自己選択バイアスで説明できるかもしれない。こういった世帯は、実験に参加しようとはっきりと意志表示をする。積極グループに参加を決めた世帯は、提示された新しい料金体系を最大限活用するのに適していそうである。LTAPベースラインは自己選択バイアスを引き起こすやり方だと思われるため、これを検証するための追加的な研究を行う予定である。

22.6.4 2010年のフラッシュクラッシュ

SECとCFTCが2010年のフラッシュクラッシュの調査のために報告書提出期限を延長したことが、CIFTのこの研究のそもそもの発端であった。政府の調査官たちはクラッシュの根本原因を探るために、10テラバイトのデー

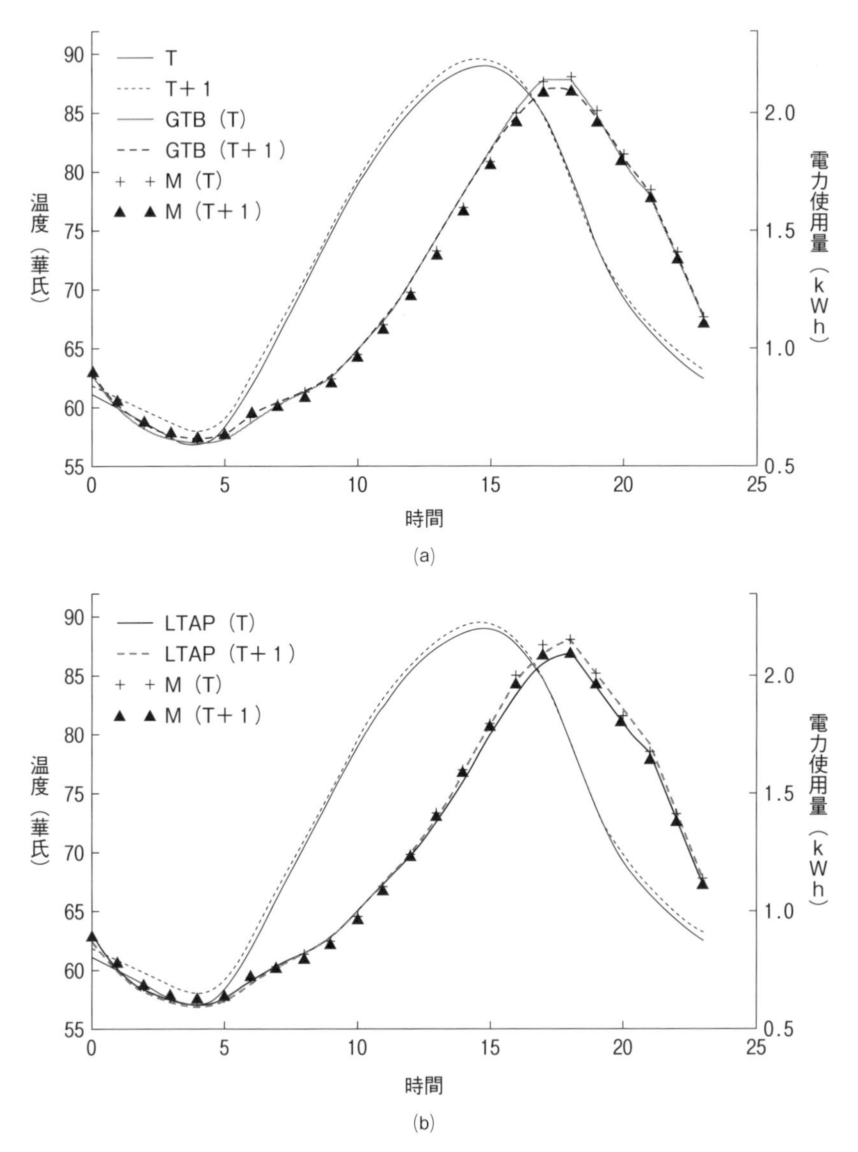

図22－6　GTBは直近の電力使用量に引っ張られすぎており、そのため新しく開発されたLTAPのようにベースライン消費量を予測できない。(a)実験グループにおけるGTB、(b)実験グループにおけるLTAP、(c)消極グループにおけるGTB、(d)消極グループにおけるLTAP、(e)積極グループにおけるGTB、(f)積極グループにおけるLTAP

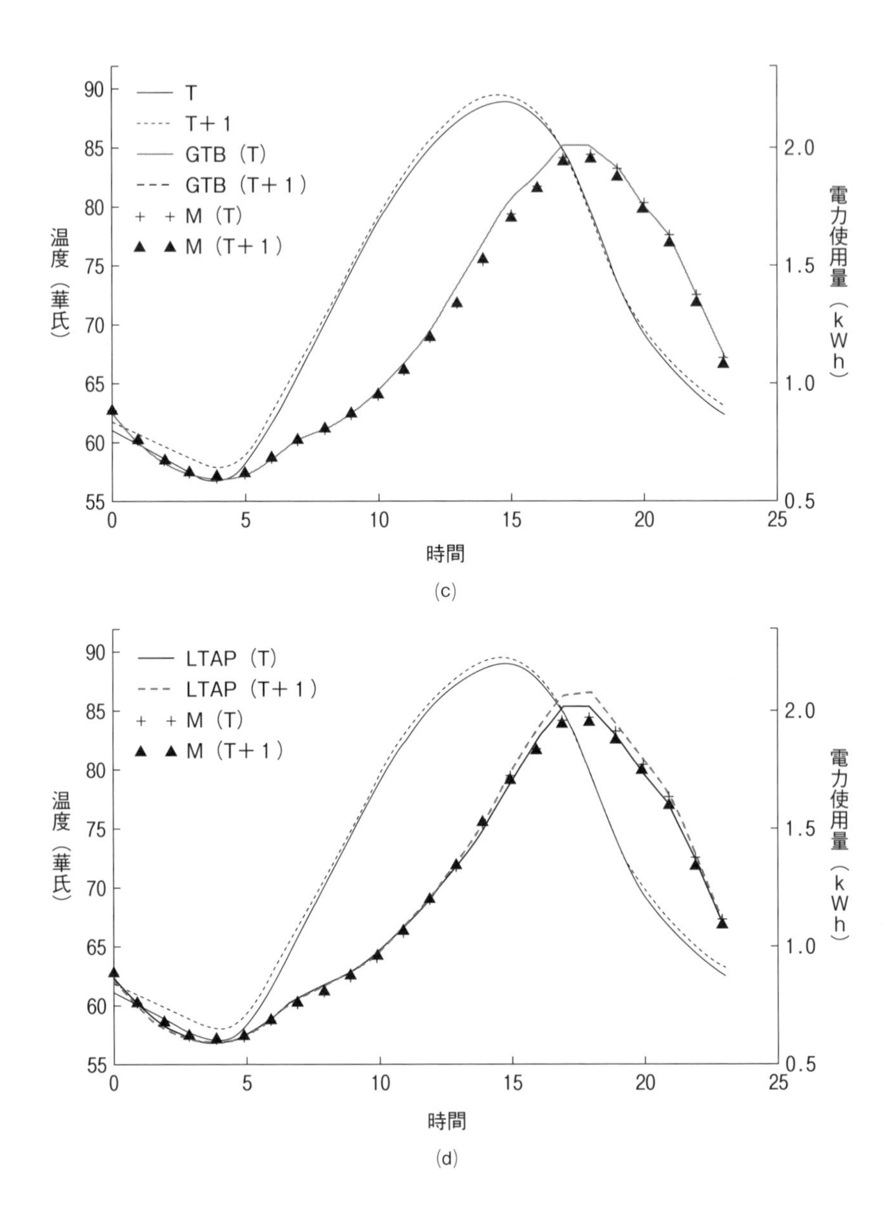

T
T＋1
GTB（T）
GTB（T＋1）
M（T）
M（T＋1）
温度（華氏）
電力使用量（kWh）
時間
90
85
80
75
70
65
60
55
2.0
1.5
1.0
0.5
0
5
10
15
20
25

(c)

LTAP（T）
LTAP（T＋1）
M（T）
M（T＋1）
温度（華氏）
電力使用量（kWh）
時間

(d)

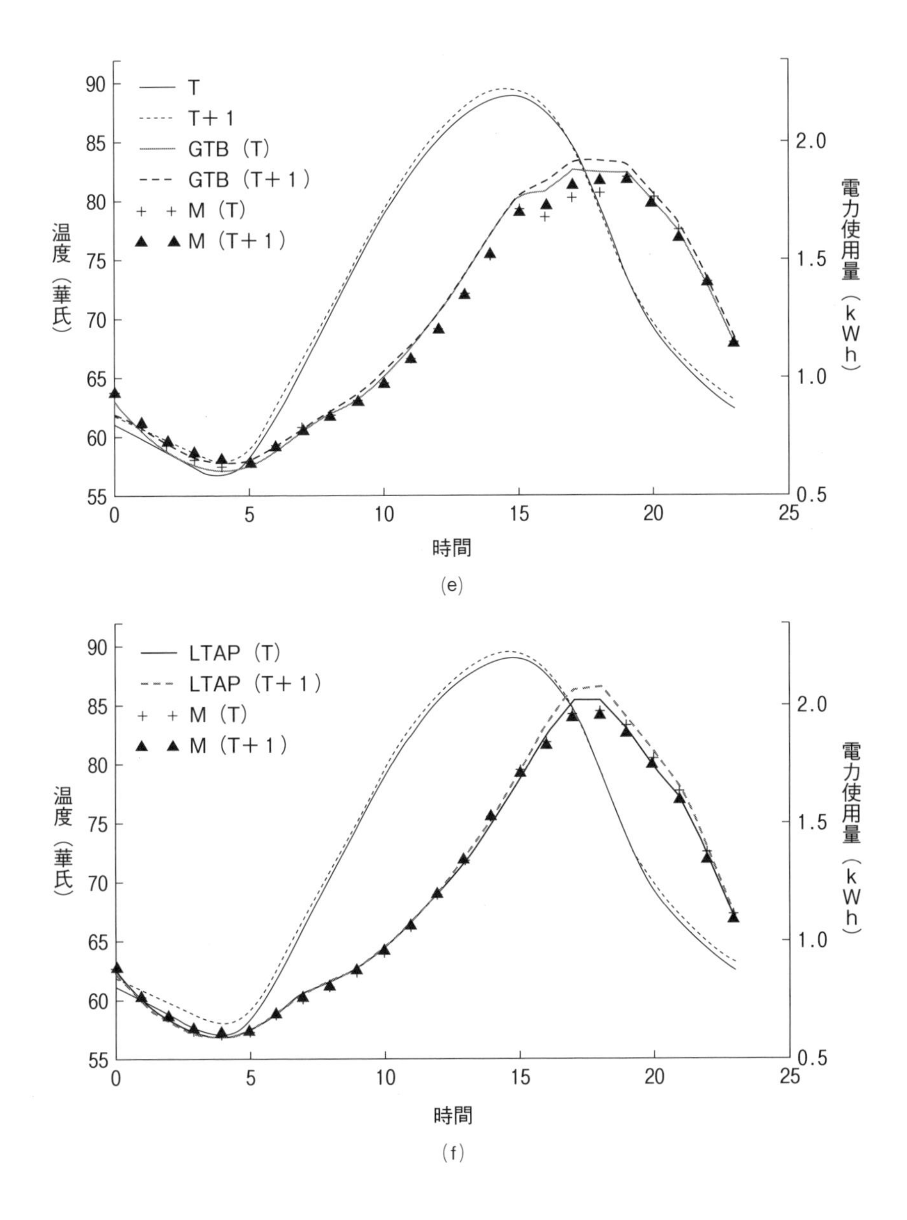
T
T+１
GTB（T）
GTB（T+１）
M（T）
M（T+１）
温度（華氏）
電力使用量（kWh）
時間
90
85
80
75
70
65
60
55
2.0
1.5
1.0
0.5
0
5
10
15
20
25

(e)

LTAP（T）
LTAP（T+１）
M（T）
M（T+１）
温度（華氏）
電力使用量（kWh）
時間
90
85
80
75
70
65
60
55
2.0
1.5
1.0
0.5
0
5
10
15
20
25

(f)

タをふるいにかける必要があった。CFTCは報告書提出の延期の原因が膨大なデータ量にあると主張したため、CIFTは最初に、10テラバイトのデータを容易に扱うことができるHPCのツールを調べることから研究に取り掛かった。I/Oライブラリで一般的に使われているのはHDF5であるため、巨大な株取引データの整理にHDF5を応用するところから研究を開始した。

2010年のフラッシュクラッシュの間、何が起きたかを手短に回顧してみよう。5月6日の午後2時45分頃（米国東部夏時間）ダウ平均株価は10％近く下落し、多くの株は1株1セントで取引された。これは取引可能な範囲で最も安い値段である。図22－7はもう1つの極端な例、アップル株（APPL）が1株10万ドルで取引された例である。これは取引所が定める取引可能な価格のなかで最大の株価である。これらの事象は明らかに異常であり、金融市場における投資家の信用と自信が損なわれた状態である。投資家はこの事象の原因追究を求めた。

この研究を金融分野に役立てるためにHDF5の使い道を試行錯誤し、早期警告指標の計算という具体的成果につなげた。機関投資家、規制当局そして学術界のグループからの助言に基づき、フラッシュクラッシュに先行する“早期警告”の兆候をもつと判明した2つの指標を開発した。VPIN（Vol-

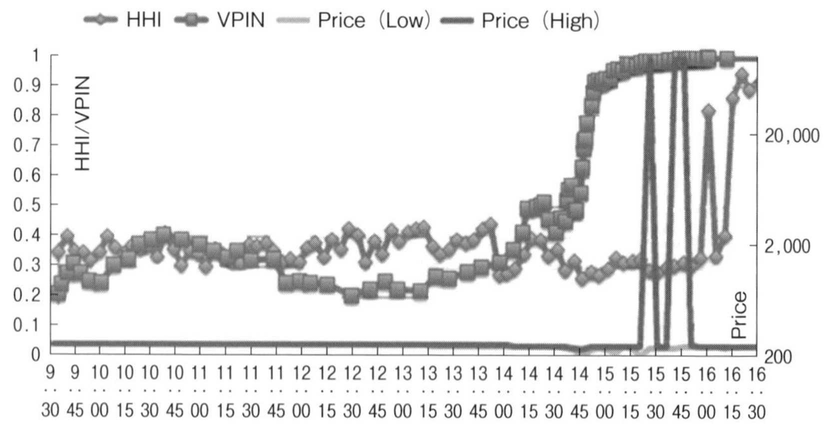

図22－7　2010年5月6日の取引時間中におけるアップルの株価、HHIおよびVPINの5分ごとの推移

ume-Synchronized Probability of Informed Trading)(Easley, López de Prado, and O'Hara[2011])と、市場分断性を示すハーフィンダール・ハーシュマン・インデックスを応用した指標(HHI:Herfindahl-Hirschman Index)(Hirshman[1980])である。HPCシステムの能力を最大限生かすために、プロセッサ間の通信にはMPIを使いながら、これらの指標をC++で実装した。このように実装した背景には、どちらかの早期警告指標が機能することがわかれば、高速の計算能力によって早く警告を出すことができ、適切な対応をする時間が残るだろう、という考えがある。こういった工夫は、早期警告指標が充分に速く計算することができるということを示すための第一歩である。

研究のために2つのバージョンのプログラムを実装した。1つはデータ整理にHDF5を使うもの、もう1つは一般的なASCIIテキストファイルからデータを読み込むものである。図22－8に、S&P500銘柄の10年間の取引記録を処理するのに要した時間を示す。10年の取引データ量は比較的小さいため、データを元の10倍になるように複製した。シングルCPUコア(図22－

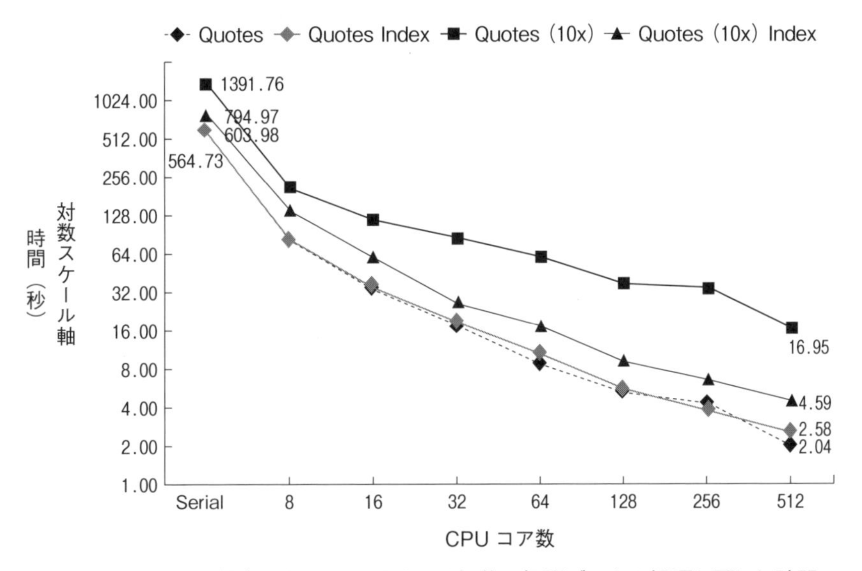

図22－8　HDF5に保存されたS&P500の10年分の気配データの処理に要した時間、ASCIIファイルを使った場合は21倍の時間を要した(603.98秒と3.5時間)

8の“Serial”）上では、ASCIIデータでは3.5時間かかった一方で、HDF5では603.98秒しか要しなかった。512個のCPUコアを使った場合は、HDF5では234倍の速度改善となり、2.58秒まで所要時間が低減した。

より大きな（複製）データセットでは、これらの処理におけるHPCコードのメリットがよりいっそう明らかである。10倍のデータに対して、この処理を完了するための時間は2.3倍と、線形以下の伸びとなった。より多くのCPUを使えば、HPCはよりいっそう強化される。

図22－8は、大きなデータセットのデータアクセスを改善するために、HDF5のインデックス技術をさらに活用することができることを示している（結果として全体の処理時間の短縮につながる）。512個のCPUコアを使った場合は、このHPCのインデックス技術のおかげで、全体の実行時間は16.95秒から4.59秒と、3.7倍の速度向上となった。

22.6.5 VPIN（Volume-Synchronized Probability of Informed Trading）のキャリブレーション

金融市場のボラティリティを理解するためには、膨大なデータ処理が求められる。データ集約型科学に基づく技術をこの分析に応用し、大量の先物データについてVPINと呼ばれる早期警告指標を計算することでその有効性を示す。検証データには、最も流動性の高い先物100銘柄の67カ月分の取引データを含む。ある先物の67カ月分のデータを処理するのに平均で1.5秒を要する。HPCが実装される前は、同じ処理に18分かかっていた。HPCによる実装のおかげで、720倍の速度改善が達成された。

前述の速度改善は、純粋にアルゴリズムの改良に基づくものであり、並列化によるメリットは享受されていない数値である。HPCコードは、MPIを使い並列化したマシン上で実行できるため、計算時間はさらに改善することができる。

この研究で採用されたソフトウェア技術は、HDF5による高速I/Oアクセスと同じように、VPINを計算するためのデータのバーとバケットを格納するため、より合理化されたデータ構造も含んでいる。より細かい情報はWu et al.［2013］を参照されたい。

より速くVPINを計算するプログラムについて、パラメータ選択をもっと詳細に調べた。たとえば、100個の先物についてVPINの誤検知率を20%から7%まで減少させるパラメータを特定できた（図22－9参照）。これのためのパラメータ選択は次のとおりである。①トレード価格の中央値を使いボリュームバーの価格を決めること（通常の分析で使われるバー内の終値ではなく）、②1日当り200バケットとすること、③1バケット当り30バーとすること、④VPINの計算期間は1日、イベント継続期間は0.1日とすること、⑤v=0.1のパラメータをもつスチューデイントのt分布を使いバルク・ボリューム分類を行うこと、⑥VPINのCDFの閾値を0.99とすること、である。あらためていうが、これらのパラメータは先物のデータにおける全体的な誤検知率を下げるためのものであり、個々のフィッティングの結果によるものではない。

先物個々の分類においては、より低い誤検知率を達成するパラメータの選択も可能である。いくつかの場合では誤検知率は1%以下まで顕著に低下することもある。図22－9によると、金利と指数先物は低い誤検知率を示すようである。エネルギーや金属のような商品先物は、全体的に誤検知率が高く

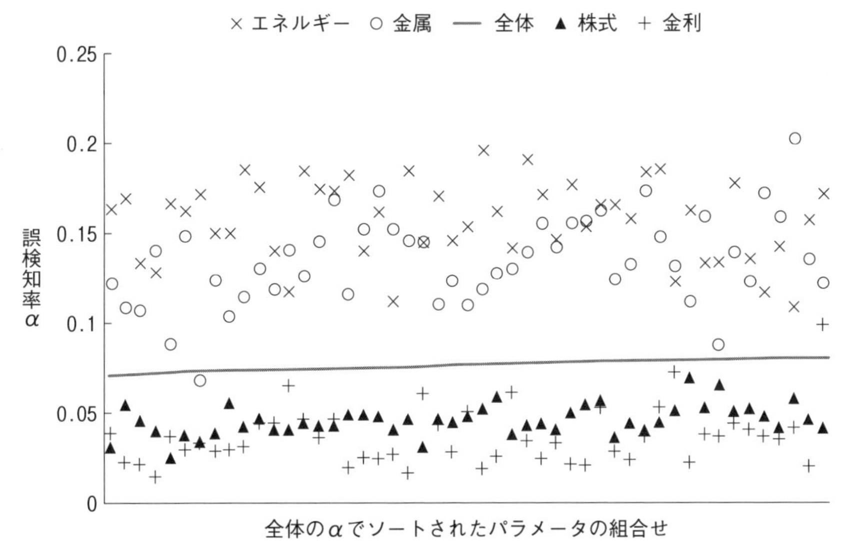

図22－9　平均値でソートした、先物のアセットクラス別の平均誤検知率（α）

なる。

加えてVPIN算出の高速プログラムのおかげで、VPINで検出されるイベントが、VPINのCDFの閾値のような時間経過に伴い変化するパラメータがイベントの検出件数に少ししか影響を与えないという意味で、“内在的”であるということが検証できた。もしランダムにイベントを与えた場合、この閾値を0.9から0.99に変化させることで、イベント件数が10分の1に減少した。より高速なVPIN計算プログラムによって、VPINのリアルタイムの有効性も確認できた。

22.6.6　不均一高速フーリエ変換を用いた高頻度イベントの抽出

高頻度取引（HFT：High Frequency Trading）はすべての金融市場の電子取引で普及している。これらのアルゴリズムは元来人間が行っていた業務を代替しており、このため2010年のフラッシュクラッシュのようなカスケード効果が発生しやすくなっている。この研究（Song et al.[2014]）では、取引活況度の状況把握精度を改善するためのハイパフォーマンスな信号処理ツールを持ち込んだ。実例として、天然ガス先物の取引価格にフーリエ解析を応用した例を紹介する。

フーリエ解析は通常等間隔データに適用される。が、市場は突然活況になるため、取引活況度指数に従い金融データをサンプリングしたい。たとえば、VPINは出来高の関数として時系列データをサンプリングする。しかし、時系列における金融データへのフーリエ解析は依然有効性があるかもしれない。この目的のために不均一高速フーリエ変換（FFT）という手法を用いる。

天然ガス先物市場のフーリエ解析から、市場におけるHFTの存在の強い証拠を確認した。HFTに対応するフーリエ成分は、①近年ますます顕著になっており、②市場構造から予想される以上に強い。さらに、毎分の最初の1秒で取引活況度の顕著な増加が発生しており、これは時間加重平均価格（TWAP：Time-Weighted Average Price）をねらい撃ちしたアルゴリズムによる取引が存在する強い証拠である。

取引データに対するフーリエ解析によって、1分周期の活況度が他の周期の活況度よりも明らかに高いことが示された（図22－10）。y 軸は対数スケール化されている。１分周期の活況度は、他の周期のものよりも10倍程度大きい。さらに、きわめて正確に１分周期で動いているため、これは計画的に設計された機械的なイベントによって引き起こされたトレードであることを示唆している。これは、TWAP アルゴリズムがこの市場において大きな存在感をもつことの強い証拠である。

当初は周波数解析によって日次の周期が観測できるのではないかと期待した。図22－10では365周期の振幅が大きくなると思われた。しかし、最大の振幅は366周期のものであった。これは、2012年がうるう年であったことが原因と考えられる。これは、不均一 FFT が期待された信号を捕捉できた証拠である。２番目、３番目に高い振幅のものは、732周期と52周期であった。それぞれ半日周期、週次周期に対応する。これも予想どおりの結果であ

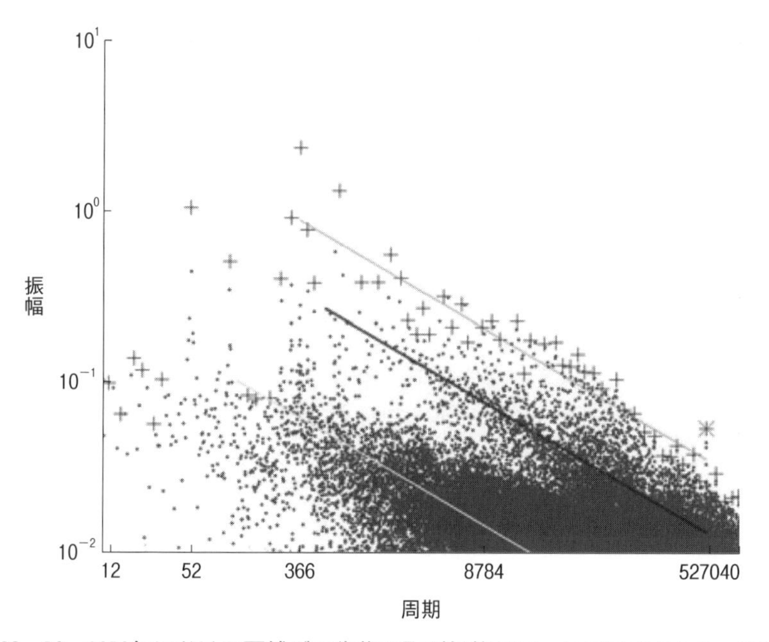

図22－10　2012年における天然ガス先物の取引価格のフーリエスペクトル。不均一 FFT によって１日周期（周期＝366）、半日周期（周期＝732）、１分周期（周期＝527040＝366*24*60）での激しい取引があることが特定された

る。さらに出来高に対して不均一FFTを応用してみたところ、アルゴリズム取引が行われていることのより詳しい証拠が発見された。そしてまた、この結果は近年ますますアルゴリズム取引の存在感が増していることを示唆している。不均一FFTアルゴリズムが、きわめて不規則な時系列データの分析に向いているのは明らかである。

22.7 結論と今後の展開

いまのところ、大規模計算プラットフォームを構築する基本的な方法は2つある。1つはHPCアプローチで、もう1つがクラウドアプローチである。科学計算タスクの大部分はHPCアプローチを採用している一方、商業目的のタスクのニーズのほとんどは、クラウドアプローチによって満たされている。一般的な見方では、HPCアプローチは小さなニッチ分野でありとるに足らないものと考えられているが、これは正しくない。HPCシステムは科学研究の進歩にとって重要である。HPCシステムは、ヒッグス粒子や重力波の発見のような刺激的な科学的発見において重要な役割を果たしてきた。HPCシステムは行動経済学のような新しい研究テーマやインターネットを通じた新しい商取引の発展を加速させてきた。巨大なHPCシステムの有効性は2015年の国家戦略コンピューティングイニシアチブ（National Strategic Computing Initiative）につながった[3]。

ビジネス分野においてHPCツールの採用を加速させることで、もっと便利なものにしようとする試みが行われている。HPC4Manufacturingプロジェクト[4]は、米国製造業に対するこのノウハウの委譲を先駆けて取り組んでおり、非常に高い注目を浴びている。いまこそHPCが他の重要なビジネスニーズに対応できるように協力して努力すべき時である。

ここ数年、HPCツールと技術からの恩恵を受けることのできるような幅

3 国家戦略コンピューティングイニシアチブの計画はhttps://www.whitehouse.gov/sites/whitehouse.gov/files/images/NSCI%20Strategic%20Plan.pdfとhttps://en.wikipedia.org/wiki/National_Strategic_Computing_Initiativeに詳しい。

4 HPC4Manufacturingの情報はhttps://hpc4mfg.llnl.gov/を参照。

広いビジネスでの応用として、CIFT プロジェクトを発展させてきた。電力変圧器の電圧変動や差し迫る金融危機の早期警告シグナルにどう対応すべきかといった意思決定において、HPC ソフトウェアツールは、意思決定者のためにそういったシグナルを十分に早く計算し、十分な予測信頼性を提供し、破滅的な出来事が発生する前にそれを予測することを容易にする。こういった例では、複雑な計算が求められ、しばしば厳しい反応速度も必要となる。HPC ツールはクラウドベースのツールよりも、こういったニーズによく対応している。

この研究では、HPC のI/O ライブラリのHDF5によってデータアクセス速度が21倍も改善したことやHPC で使われる技術によりフラッシュクラッシュの早期警告指標であるVPIN の計算が720倍速くなった例を紹介した。また、将来の日次のピーク電力消費量を予測できるような新しいアルゴリズムも開発された。HPC のツールと技術を他の事例にも応用することで、同じような大きな成果をあげることができるだろうと思われる。

前述のような性能面に加えて、多くの研究がHPC システムは価格面でも同様に顕著な優位性があることを示している（Yelick et al.[2011]、Holzman et al.[2017]）。CPU、ストレージ、ネットワーク上の作業負荷の要求に対応して、クラウドシステムの利用はHPC システムよりも50％以上コストが割高であり、あるケースでは7倍以上のコストになることもある。本書で述べたような複雑な計算処理のための分析データを継続的に取り込む必要性に関していうと、このコスト面での優位性は引き続き大きいと思われる。

CIFT は、大規模分析装置からの価格と性能からみた恩恵を享受できるように、HPC 技術を民間企業へ移植する取組みを推進している。最初の頃の協力者は、この研究専用のHPC システムを稼働するための資金を提供してくれた。この資金源のおかげで、協業に興味のある人たちがHPC システムを使った応用を試してみることが飛躍的に容易になった。CIFT に係る詳しい情報は、CIFT のウェブサイト（http://crd.lbl.gov/cift/）をご覧いただきたい。

22.8 謝　辞

CIFT プロジェクトは、David Leinweber 博士の発案である。Horst Simon 博士は2010年に LBNL へこの案件を持ち込んでくれた。E.W.Bethel 博士と D. Bailey 博士は 4 年間にわたりこのプロジェクトを率いてくれた。

CIFT プロジェクトは、多くの篤志家たちからの惜しみない協力を受けてきた。この研究は一部では、プロジェクト番号 DE-AC02-05CH11231のもとで米国エネルギー省の先端科学コンピュータ研究局（Office of Advanced Scientific Computing Research）によって支えられてきた。この研究はまた、同契約のもとに NERSC（National Energy Research Scientific Computing Center）の研究資源を使わせていただいた。

◆引用文献

Aad, G., et al. (2016): "Measurements of the Higgs boson production and decay rates and coupling strengths using *pp* collision data at $\sqrt{s}$=7 and 8 TeV in the ATLAS experiment." *The European Physical Journal C*, Vol. 76, No. 1, p. 6.

Abbott, B.P. et al. (2016): "Observation of gravitational waves from a binary black hole merger." *Physical Review Letters*, Vol. 116, No. 6, p. 061102.

Armbrust, M., et al. (2010): "A view of cloud computing." *Communications of the ACM*, Vol. 53, No. 4, pp. 50–58.

Asanovic, K. et al. (2006): "The landscape of parallel computing research: A view from Berkeley." *Technical Report UCB/EECS-2006-183*, EECS Department, University of California, Berkeley.

Ayachit, U. et al. (2016): "Performance analysis, design considerations, and applications of extreme-scale in situ infrastructures." Proceedings of the International Conference for High Performance Computing, Networking, Storage and Analysis. IEEE Press.

Bethel, E. W. et al. (2011): "Federal market information technology in the post Flash Crash era: Roles for supercomputing." Proceedings of WHPCF'2011. ACM. pp. 23–30.

Bloom, J. S. et al. (2012): "Automating discovery and classification of transients and variable stars in the synoptic survey era." *Publications of the Astronomical Society of the Pacific*, Vol. 124, No. 921, p. 1175.

Camerer, C.F. and G. Loewenstein (2011): "Behavioral economics: Past, present, future." In *Advances in Behavioral Economics*, pp. 1–52.

Chen, L. et al. (2015): "Profiling and understanding virtualization overhead in cloud." *Parallel Processing (ICPP)*, 2015 44th International Conference. IEEE.

Choi, J.Y. et al. (2013): ICEE: "Wide-area in transit data processing framework for near real-time scientific applications." 4th SC Workshop on Petascale (Big) Data Analytics: Challenges and Opportunities in Conjunction with SC13.

Dong, Y. et al. (2012): "High performance network virtualization with SR-IOV." *Journal of Parallel and Distributed Computing*, Vol. 72, No. 11, pp. 1471–1480.

Easley, D., M. López de Prado, and M. O'Hara (2011): "The microstructure of the 'Flash Crash': Flow toxicity, liquidity crashes and the probability of informed trading." *Journal of Portfolio Management*, Vol. 37, No. 2, pp. 118–128.

Folk, M. et al. (2011): "An overview of the HDF5 technology suite and its applications." Proceedings of the EDBT/ICDT 2011 Workshop on Array Databases. ACM.

Fox, G. et al. (2015): "Big Data, simulations and HPC convergence, iBig Data benchmarking": 6th International Workshop, WBDB 2015, Toronto, ON, Canada, June 16–17, 2015; and 7th InternationalWorkshop, WBDB 2015, New Delhi, India, December 14–15, 2015, Revised Selected Papers, T. Rabl, et al., eds. 2016, Springer International Publishing: Cham. pp. 3–17. DOI: 10.1007/978-3-319-49748-8_1.

Ghemawat, S., H. Gobioff, and S.-T. Leung (2003): "The Google file system," *SOSP '03: Proceedings of the nineteenth ACM symposium on operating systems principles*. ACM. pp. 29–43.

Gordon, A. et al. (2012): "ELI: Bare-metal performance for I/O virtualization." *SIGARCH Comput. Archit. News*, Vol. 40, No. 1, pp. 411–422.

Gropp, W., E. Lusk, and A. Skjellum (1999): *Using MPI: Portable Parallel Programming with the Message-Passing Interface*. MIT Press.

Hey, T., S. Tansley, and K.M. Tolle (2009): *The Fourth Paradigm: Data-Intensive Scientific Discovery*. Vol. 1. Microsoft research Redmond, WA.

Hirschman, A. O. (1980): *National Power and the Structure of Foreign Trade*. Vol. 105. University of California Press.

Holzman, B. et al. (2017): "HEPCloud, a new paradigm for HEP facilities: CMS Amazon Web Services investigation. *Computing and Software for Big Science*, Vol. 1, No. 1, p. 1.

Jackson, K. R., et al. (2010): "Performance analysis of high performance computing applications on the Amazon Web Services Cloud. *Cloud Computing Technology and Science (CloudCom)*. 2010 Second International Conference. IEEE.

Kim, T. et al. (2015): "Extracting baseline electricity usage using gradient tree boosting." IEEE International Conference on Smart City/SocialCom/SustainCom (SmartCity). IEEE.

Kumar, V. et al. (1994): *Introduction to Parallel Computing: Design and Analysis of Algorithms*. Benjamin/Cummings Publishing Company.

Liu, Q. et al., (2014): "Hello ADIOS: The challenges and lessons of developing leadership class I/O frameworks." *Concurrency and Computation: Practice and Experience*, Volume 26, No. 7, pp. 1453–1473.

National Academies of Sciences, Engineering and Medicine (2016): *Future Directions for NSF Advanced Computing Infrastructure to Support U.S. Science and Engineering in 2017–2020*. National Academies Press.

Nicholas, M. L. et al. (2009): "The Palomar transient factory: System overview, performance, and first results." *Publications of the Astronomical Society of the Pacific*, Vol. 121, No. 886, p. 1395.

Qiu, J. et al. (2016): "A survey of machine learning for big data processing." *EURASIP Journal on Advances in Signal Processing*, Vol. 2016, No. 1, p. 67. DOI: 10.1186/s13634-016-0355-x

Rudin, C. and K. L.Wagstaff (2014) "Machine learning for science and society." *Machine Learning*, Vol. 95, No. 1, pp. 1–9.

Shoshani, A. and D. Rotem (2010): "Scientific data management: Challenges, technology, and deployment." *Chapman & Hall/CRC Computational Science Series.* CRC Press.
Snir, M. et al. (1998): *MPI: The Complete Reference. Volume 1, The MPI-1 Core.* MIT Press.
Song, J. H. et al. (2014): "Exploring irregular time series through non-uniform fast Fourier transform." Proceedings of the 7th Workshop on High Performance Computational Finance, IEEE Press.
Todd, A. et al. (2014): "Insights from Smart Meters: The potential for peak hour savings from behavior-based programs." Lawrence Berkeley National Laboratory. Available at https://www4.eere.energy.gov/seeaction/system/files/documents/smart_meters.pdf.
Wu, K. et al. (2013): "A big data approach to analyzing market volatility." *Algorithmic Finance.* Vol. 2, No. 3, pp. 241–267.
Wu, L. et al. (2016): "Towards real-time detection and tracking of spatio-temporal features: Blobfilaments in fusion plasma. *IEEE Transactions on Big Data,* Vol. 2, No. 3, pp. 262–275.
Yan, J. et al. (2009): "How much can behavioral targeting help online advertising?" Proceedings of the 18th international conference on world wide web. ACM. pp. 261–270.
Yelick, K., et al. (2011): "The Magellan report on cloud computing for science." U.S. Department of Energy, Office of Science.
Zeff, R.L. and B. Aronson (1999): *Advertising on the Internet.* John Wiley & Sons.

事項索引

【英数字】

【ア行】

【カ行】

【サ行】

【夕行】

【マ行】

【ヤ行】

【ラ行】

ファイナンス機械学習
――金融市場分析を変える機械学習アルゴリズムの理論と実践

2019年12月24日　第1刷発行
2022年11月10日　第4刷発行

著　者　マルコス・ロペス・デ・プラド
監訳者　長尾　慎太郎／鹿子木　亨紀
訳　者　大和アセットマネジメント
発行者　加藤　一浩

〒160-8520　東京都新宿区南元町19
発　行　所　一般社団法人 金融財政事情研究会
企画・制作・販売　株式会社 き　ん　ざ　い
出 版 部　TEL 03(3355)2251　FAX 03(3357)7416
販売受付　TEL 03(3358)2891　FAX 03(3358)0037
URL https://www.kinzai.jp/

校正：株式会社友人社／印刷：奥村印刷株式会社

ISBN978-4-322-13463-6